충분히 괜찮은 삶

완벽하지 않은 오늘을 살아가는 삶의 철학

대니얼 밀러

THE GOOD ENOUGH LIFE

Copyright © Daniel Miller 2024
All rights reserved.
The edition is published by arrangement with Polity Press Ltd., Cambridge

Korean translation copyright © 2025 by SangSangSquare
Korean translation rights arranged with Polity Press Ltd., Cambridge
through EYA Co.,Ltd

이 책의 한국어판 저작권은 EYA Co., Ltd를 통해 Polity Press Ltd., Cambridge와
독점 계약한 주식회사 상상스퀘어에 있습니다.
저작권법에 의하여 한국 내에서 보호를 받는 저작물이므로 무단 전재 및 복제를 금합니다.

완벽하지 않은
오늘을 살아가는 삶의 철학

The Good Enough Life
충분히 괜찮은 삶

대니얼 밀러 지음 | **박홍경** 옮김

상상스퀘어

목차

도입
07

1장 | 유례없는 자유 사회인가?
61

2장 | 자유의 철학자들
111

3장 | 최초의 만족하는 사회
133

4장 | 철학자와 소비주의
177

5장 | 불평등, 약물, 우울증
203

6장 | 공정함으로서의 정의
257

7장 | 신체와 스포츠
295

8장 | 스포츠 철학의 기원
331

9장 | 지역사회의 조성
351

10장 | 하이데거의 위치
383

11장 | 세상과의 소통
403

12장 | 스토아 학파와 에피쿠로스 학파
433

결론: 헤겔, 인류학, 철학
469

감사의 글
500

각주
502

참고문헌
546

The Good Enough Life

도입

쿠안과 칸트

이 책은 인생을 어떻게 살 수 있고 어떻게 살아야 하는지에 관해 평가를 내릴 수 있는 두 가지 잠재적 원천을 비교한다. 만족스러운 삶에 대해 논한 특정 철학자들의 저술과, 만족스러운 삶을 산다고 묘사되는 아일랜드 소도시 주민에 대한 민족지학 연구다. 서양철학은 일반적으로 고대 그리스와 그 식민지에서 약 기원전 6세기부터 잘 사는 방법에 초점을 두고 발전했다고 간주된다. 일반적으로 행복하거나 만족스러운 삶으로 번역되는 유다이모니아eudaimonia에 대한 아리스토텔레스의 논의가 그러한 예다. 다행히 유다이모니아는 영어의 '만족스럽다'라는 모호한 단어와 공명한다. 만족스러운 삶을 산다고 할 때는 보통 행복한 상태를 가리킨다. 그러나 선한 삶을 살고자 한다고 말할 때는 주로 덕과 윤리를 지칭한다. 초기 철학자들은 양자의 관계에 관심을 두었다. 소크라테스는 이렇게 말했다.

"모든 사람이[01] 행복을 갈망하고, 행복은 이미 살펴봤듯 삶의 올바른 요소를 사용하면서 찾아온다. 그러한 올바른 사용과 이를 통해 획득하는 운은 지식으로 얻는다. 따라서 가능한 한 지혜로운 사람이 되도록 노력해야만 함을 유추할 수 있다."[02]

아리스토텔레스는 《니코마코스 윤리학》에서 유다이모니아가 삶의 궁극적 목표임을 확인했다(1097 15-21).[03] 또한 이성의 건전한 사용으로 인간은 아레테(탁월함/덕)를 통해 번영한다고 밝혔다. 이 모두는 조화를 이루고 고매한 정신에 따라 사려 깊게 행동하는 것으로 드러난다.

  이는 철학적인 이상이지만 실제 인생은 어떨까? 오늘날 인간은 덕과 행복 간 관계에서 자신감을 덜 느낀다. 이기적이고 탐욕스러운 사람이 행복할 수 있을까? 도덕적인 사람은 반드시 행복할까? 마침 이 민족지학 연구에 기여한 사람들 대다수는 '덕 있는 삶이 개인의 행복에 이르는 가장 효과적인 길'이라는 유다이모니아의 이상을 공유하는 듯하다. 다만 이 책에서 다룬 덕의 예시는 철학의 추상적인 '이성' 개념이 아니라 손주 양육이나 환경보호주의 같은 활동에서 가져왔다. 그러나 현장 연구에서 만난 사람들은 현명하다고 판단하는 근거로 '이성적'이라는 원칙을 적잖게 활용하고 있다. 철학과 민족지학의 비교를 수행한 출발점은 서로 다른 관찰에서 비롯되었다. 현장 연구 초기부터 나는 이 공동체 사람들이 자신이 거주하는 마을과 그에 따라 부여된 정체성에 큰 애정을 가지고 있음을 발견했다. 만족스러운 삶이란, 폴리스로 알려진 특정 도시국가와 연계된 시민권에 기반해 부여된다는 것을 당연시했던 그리스철학의 토대를 연상시키는 감정이었다.

  이 책은 저명한 철학자나 학파에 관한 장과 더불어 아일랜드 소도시의 은퇴자에 관한 민족지학 연구에서 발견한 사항을 나란히 제시하는 방식으로 구성된다. 이 은퇴자들은 스스로를 만족스러운 삶의 전형이라거나 철학자로 인식하지 않았다. 인류학적 민족지학 연구는 사람들의 발언보다 행동의 관찰에 초점을 둔다는 점에서 대부분의 사회 연구와 다르다. 이 사람들의 만족스러운 삶에 대한 묘사는 주로 인터뷰보다는 일상생활에서 도출한 것이다. 그들이 사는 삶이 곧 증거다. 이 책의 전제는 실제 존재하는 인구를 사회가 도달할 수 있고 그렇게 되어야 하는 이상적인 모델과 비교하여 고찰할 때 이점이 있다는 것이다. 이는 민족지학이 특정 철학적 질문을 의미 있게 보완하는 역할을 할 수 있음을 시사한다. 철학의 한 분야에서 만족스러운 삶에 대한 고찰은 철학의 범위와 깊이가 확대됨에 따라 논리, 인식론, 정치 그리고 다른 많은 사항과 함께 고려되었다. 따라서 이 책의 관심사는 현재와 과거 철학에서 극히 일부분에만 해당한다. 이 책만의 특징은 만족스러운 삶의 예를 들기 위해 민족지학을 활용한 것이다. 사회과학이라는 학문은 살수록 비판적 관점의 지배를 받는 듯하지만, 이 책은 대체로 칭찬과 긍정의 모음이 될 것이다.

이 민족지학에 등장하는 사람들은 모두 아일랜드인이다. 그러나 이것이 아일랜드 인구를 대표한다는 의미는 아니다. 나는 16개월 동안 아일랜드 동부 해안의 작은 마을에서 은퇴자들과 생활했으며 이 마을에는 쿠안^{Cuan}이라는 가명을 붙였다. 내겐 차가 없었고 마을을 거의 떠난 적도 없었다. 따라서 그들이 얼마나 전형적인 아일랜드인에 가까운지 말할 수 없지만, 발견한 사항은 대체로 유사한 인구로 구성된 더블린 지역에서 폴린 가비$^{Pauline\ Garvey}$와 공동으로 동시대에 병행해 수행한 민족지학 연구와 일반적으로 일치했다.[04] 게다가 연구의 정보 제공자들 대다수는 쿠안에서 태어나지 않았고 아일랜드의 다른 지역이나 해외에서 이주한 사람들이었다. 때로는 함께 일한 사람들을 설명하기 위해 편의상 쿠안이라는 용어를 사용하겠지만, 내 주장은 오직 연구 참가자에게만 적용되며 이들은 쿠안의 나머지 인구와 달리 대부분 은퇴자다.

민족지학 연구는 이 인구 집단을 '만족스러운' 삶의 예로 특징짓는다. 의미는 이상적이지 않다. '만족스럽다'라는 말은 충분히 좋다는 것을 의미하는 것으로 보일 수 있는데, 미덕을 성취하는 데 더 나은 결과를 낼 수 없기는 하지만 다소 자기만족에 가까운 연습이 될 것이다. 이는 여기서 의도한 '만족스럽다'라는 의미가 아니다. 이 표현은 학계에서 주로 심리학자인 도널드 위니컷$^{Donald\ Winnicott}$이 만족스러운 양육을 연구한 저서를 통해 학계에 알려졌다.[05] 위니컷은 종종 어려운 환경에서 양육을 방해하는 온갖 장애물에 직면한 어머니가 아이에게 세심하게 반응하여, 안전하고 보살피는 환경을 조성한 것을 비난하기보다 칭찬해야 한다고 주장했다. '만족스럽다'라는 문구는 또한 이상적 사회의 모습과 관련하여 만족스러운 삶을 고려하는 철학자들의 방식과도 구별하는 수단으로서도 중요하다. 반면 인류학자들은 어떤 이상에 맞서기보다는 기존의 다른 사회와 비교하는 경향이 있다. 따라서 이 책은 쿠안을 이상적이라고 주장하는 것이 아니라, 언급할 각종 결점에도 불구하고 현저하게 더 나은 또 다른 사회를 찾기가 어렵다는 점을 시사한다.

이 책의 각 장은 만족스러운 삶의 특정 요소에 초점을 맞춘다. 존 롤스John Rawls(6장)는 쿠안에서 발견되는 불평등과 다른 문제들에 대해 정의와 공정함을 고려하도록 돕는다. 소크라테스는 쿠안 사람들에게 스포츠의 중요성을 설명하는 데 인용된다(8장). 하이데거는 쿠안이 장소로 구성된 방식과 대조를 이룬다(10장). 스토아 학파와 에피쿠로스 학파는 나이가 들면서 인간이 무엇을 해야 하는지를 두고 은퇴자들과 비교하여 설명할 것이다(12장).

다른 철학자들은 자유의 본질(1장) 또는 부(3장)에 대한 의견으로 선택되었는데 이 둘에 대해서는 여러 장을 할애하여 쿠안 주민들의 특성을 설명할 것이다. 마사 누센바움Martha Nussbaum과 아마르티아 센Amartya Sen의 능력 접근은 알레스데어 매킨타이어Alasdair MacIntyre의 덕의 상실과 마찬가지로, 이 민족지학 연구와 공통된 목표를 가지고 있다. 결론적으로 이러한 철학적 접근법과 민족지학의 교훈 사이의 주요 차이점 중 일부를 해소하는 데 헤겔의 주장이 활용된다. 모든 경우에서 이 같은 비교 과정에서 제시된 철학자들의 주장은 내가 시도한 해석에 불과하다. 사실 나는 학문적으로 철학 분야에서 훈련받은 적이 없다.

그런데 지금 만족스러운 삶에 대해 책을 쓰는 이유는 무엇인가? 우리는 불안한 세상에 살고 있다. 수 세기 동안 수억 명이 더 나은 삶을 찾기 위해 이주했다. 시간이 지남에 따라 북아메리카의 땅을 식민지로 만들어 원주민 숫자를 크게 줄인 사람들을 생각해 보라. 또는 최근 중국의 산업 지대로 이주한 2억 5000만 명의 사람들에 대해 신위안 왕은 농촌에서 산업 지대로, 오프라인에서 온라인으로의 이주를 동시에 비교하는 훌륭한 연구를 수행했다.[06] 현대의 많은 이주자가 전쟁과 압제로 인한 난민이다. 최빈곤층에게는 이주에 필요한 자원이 거의 없다. 중국 이주 사례와 같이 대다수는 '더 나은 삶'을 찾기 위해 움직인다. 이 '더 나은 삶'이라는 용어가 의미하는 바는 그들이 더 높은 소득이나 더 나은 의료 서비스 또는 자녀를 위한 교육의 기회를 찾고 고통과 압제에서 벗어나기를 추구한다는 뜻이다. 이러한 많은 이민자는 주로 중산층과 교외에 거주하는 생활을 꿈꾸며[07] 한두 세대 안에 그 열망이 이뤄지기를 바란다.

  이 대목에서 중요한 질문을 제기할 수 있다. 오늘날 대부분의 세계인이 갈망하는 중산층, 교외, 정착된 삶을 어떻게 바라봐야 할까? 이는 완벽하게 합리적인 이상이며, 거의 모든 사람이 모방할 수 있고 모방해야 하는 삶의 유형인가? 이 생활 방식에 해당하는 만족스러운 삶이나 삶의 목적에 부합하는 적절한 개념이 존재하는가? 아니면 이 열망은 그저 환상이나 함정이거나 요즘 때로 '신자유주의 자본주의'라고 하는 광범위한 정치 경제가 순응하는 생활 양식을 유도하기 위해 꾸며낸 이미지에 불과한가? 어떤 이상에 도달하기는커녕 이 과정에서 진흙탕에 빠지고 마는 것일까?

과거에는 이상적인 삶을 구상하는 유일한 방법은 사변적인 유토피아를 그려보는 것이었다. 그러나 21세기에는 상당수의 이주자가 현재 거주하는 국가에서 추구하던 삶을 대부분 이뤄냈다. 사변적 유토피아 대신 복지국가 교외의 중산층 거주지에서 수백만 명의 평범한 사람이 살아가는 방식을 평가할 수 있는 상황이다. 이 생활 방식이 이미 존재하고 이를 관찰할 수 있다면, 우리는 그러한 삶의 가치를 고려할 수 있는 지점에 도달한 것이다.

아일랜드는 중도 성향의 정부와 복지국가를 표방하며 대체로 중산층으로 구성된 국가다. 쿠안은 더블린에서 통근 가능한 거리에 위치하여 교외로 분류할 수 있다. 따라서 이 책의 주 관심사인 쿠안의 인구 집단은 이주자의 열망에 부합하는 지역으로 보인다. 의도적으로 민족지학에 포함한 집단 중 하나는 아일랜드 외부에서 쿠안으로 이주해 온 이주자다. 쿠안은 생활비가 상대적으로 비싼 곳이기에 이주자가 많지 않았지만, 연구 참가자들은 이민자로서의 이상을 분명히 달성할 수 있는 도시로 간주했다.

나는 이 책에 언급된 다른 사회과학자들과 논의하면서 종종 끔찍한 말을 들었다. 예를 들자면, '빈곤층이나 심한 억압을 받는 사람을 연구하지 않는 이유가 무엇인가? 전 세계 사람들이 얼마나 고통받고 있는지 모르는가?' 하는 문제 제기다. 그런데 놀라운 사실은 공교롭게도 지금껏 내가 했던 작업이 대부분 그런 인구를 대상으로 했다는 점이었다. 나는 들판 외에는 어떤 종류의 화장실도 없고, 전기가 간헐적으로 공급되며 하루에 세 끼가 아닌 두 끼만 먹을 수 있는 사람들과 상당 기간을 어울려 살았다. 또한 환자들이 사망 선고를 받고 죽음을 향해가는 호스피스 병동에 관한 책을 출간한 바 있다.[08] 가난, 고통, 고난을 관찰하고 보고하는 일은 중요하다. 그러나 그 이외의 조건에 있는 삶에 대해 쓰는 것도 중요하다. 심리학과 많은 사회과학 부문의 한계는 주로 현대 생활의 문제와 병리에 관한 주제를 다뤄 그러한 상황의 개선을 도우려 하면, 세상의 상당 부분을 병리학적 관점에서 바라보는 전략적 접근을 야기한다는 점이다. 반면 인류학의 최우선적 임무는 인류의 문화적 다양성을 탐구하고 모두가 다름 아닌 나 자신이 된다는 것이 무엇을 의미하는지 실증적으로 이해하도록 돕는 것이다. 현재 인류학 식민지와 특권 기원을 부인하고 보다 더 평등한 환경에서 이를 추구할 수 있도록 노력하고 있다.

모든 인구는 호기심 많은 인류학자의 연구 대상이 될 가능성과 인류학자가 될 가능성이 동일해야 한다. 이것이 내가 살고 있는 영국보다 약간 더 부유한 인구를 연구하는 데 착수한 또 다른 이유였다.

사람들이 (종종) '오, 그들은 인류학자에게 흥미로운 대상일 테니 그들을 연구해야 한다'라고 말하는 것을 들을 때마다 한숨이

나왔다. 인류학에서는 어떤 인구도 다른 집단보다 더 진실하다거나 흥미롭다고 여겨서는 안 되기 때문이다. 인류학자 자신이 타인이 보기에 놀랍고 설명이 필요하다고 생각하는 이상한 문화적 신념과 가정을 품고 있다면 조사해봐야 한다. 그렇지 않으면 자신이 더 자연스럽고 명백한 신념을 가지고 있고 조사가 필요한 대상은 타인뿐이라고 가정할 것이다. 대부분 연구 참가자와 마찬가지로 나 역시 중산층으로 교외에 거주하며 연구 과정에서 많은 공통점을 발견했다. 하지만 또한 쿠안 사람들의 삶에 대한 접근 방식이 런던 외곽의 현장에서 비슷한 규모의 인구를 조사했던 민족지학 연구와는 현저하게 다르다는 사실을 발견했다.[09] (나는 런던 사람이다.) 쿠안을 많은 이가 갈망하는 유형의 사회로 보는 것이 타당하지만 이를 넘어 전형적인 사회로 보기는 어렵다. 현대 사회과학에서 신자유주의적 자본주의의 맥락은 어떤 관찰의 원인으로 매력적인 경우가 많다. 그러나 신자유주의적 자본주의에 사는 인구는 그렇지 않은 인구만큼이나 이질적으로 보인다. 쿠안이 최근 내가 기술한 잉글랜드의 지역과 크게 다르다면[10] 영국과 아일랜드 자본주의의 근본적인 차이 때문으로 볼 수 없다.

민족지학을 때로는 유사하고 때로는 대조되는 철학적 논의와 병치하는 이유 중 하나는 이 책의 목적이 관찰뿐만 아니라 평가라는 데 있다. 평가에는 쿠안을 비교할 수 있는 척도가 필요하며 철학이 이러한 역할을 했다.[11] 인류학적 접근과 철학적 문제를 병치하는 시도는 여러 번 있었으며, 최근 인류학에서 덕, 행복, 윤리와 같은 주제에 대한 관심도 증가했다. 가장 유사한 연구로는 해리 워커Harry Walker와 이자 카베디야Iza Kavedžija가 펴낸 컬렉션일 텐데, 두 사람은 행복과 유다이모니아 간의 관계에 대한 유사한 질문을 명시적으로 다뤘다.[12] 인류학 저서에서 예상할 수 있듯 만족스럽다거나 행복한 삶을 측정하려는 시도는 없었다.

오히려, 민족학은 다수의 가치와 우선순위를 보여준다. 고령의 일본인들은 평온함에 더 관심을 두고, 자율성과 의존성 사이에서 균형을 추구하며, 일상 습관에서 소박한 미적 목표에 집중한다. 미국 청년들이 행복과 흥분을 연관 짓는 것과는 극명하게 엇갈린다. 인문주의자들은 행복을 덕과 더 가깝게 연결 짓는 반면 중국 부모들은 자신들의 행복과 자녀들의 행복 중 어디에 초점을 맞출 것인지 저울질한다. 사람들은 대개 행복을 다른 목표의 부산물로 간주하며, 행복을 명시적 토론을 통해 반드시 증진할 수 있는 것도 아니라는 것이 이 책에서 제시된 증거로 강화될 결론이다. 많은 인류학자가 훌륭한 삶의 다양한 측면에 대해 관심을 가지며[13] 인류학과 철학의 관계 내에서 다른 관점의 연구물을 조사한다.[14] 다만 이 책에서 활용한 대안적 병치 구조를 누가 그대로 채택할지 알지 못한다. 이 책이 단지 서양철학(그 자체가 매우 문제적인 용어임)만을 검토한다는 점과, 그 이외의 분야를 모험할 지식을 갖추지 못했다는 점에 양해를 구한다. 학문적 철학에 공식적인 배경이 없다는 것을 감안하면, 논의될 여러 철학자를 거론하는 것 자체가 이미 상당한 오만으로 행동처럼 느껴질 수 있다. 하지만 적어도 해당 철학자들은 내가 사회과학을 연구하면서 수십 년 동안 마주친 인물이기도 하다.

만약 인류학이 철학과 교류한 기록을 가지고 있다면 다른 방향으로 향할 수도 있다. 주목할 만한 영향은 철학자 알레스데어 매킨타이어가 과거에 덕에 대해 보다 일반적이거나 보편적 접근 방식을 고안하려는 철학자들의 시도를 비평한 것이다.[15] 매킨타이어는 덕에 대한 우리의 관념이 특정 전통과 문화 가치로의 사회화에 깃들어 있다고 주장한다. 이는 문화 연구로부터 유다이모니아를 추론하고[16] 공유와 같은 관행을 관찰함으로써 덕을 분석하는 인류학적 접근법을 허용할 것이다.[17] 문화와 비교의 필요성에 관한 유사한 주장은 마사 누스바움Martha Nussbaum과 아마르티아 센Amartya Sen의 저작에서도 발견된다.[18] 이 책의 후반부에서는 쿠안의 예가 이러한 문헌에서 나타난 기대와 사뭇 다르다는 점이 분명해질 것이다. 이 인구 집단의 덕은 예상했던 것보다 전통과 관련성이 훨씬 약했다. 결론의 주장은 사회가 집단적으로 문화를 창조하고 그에 따라 스스로를 재창조하는 방식에서 비롯된 헤겔의 덕과 자유에 대한 논거에서 제시하는 바에 더 가깝다.

한편 '척도'라는 용어를 사용하는 과정에서 흥미로운 다른 가능성이 대두된다. 철학적 토론의 범위가 민족지학에 반하여 설정된다면, 마찬가지로 철학자의 아이디어를 실제 인구에 대입하는 방법을 검토함으로써 해당 철학자에 대한 평가를 시도할 수 있을 것이다. 이 볼륨은 두 가지 가능성에 모두를 동일하게 고려한다. 민족지학은 일부 철학자들의 기여를 재고하는 데 사용되며, 쿠안을 판단하는 데 롤스와 같은 철학자들을 소환한다. 그렇다면 이 책은 두 권의 책을 통합하는 셈이다. 철학에 관한 섹션을 읽을 때 잠이 온다면 민족지학에 집중하는 다른 장을 읽을 수 있으며 그 반대 경우도 마찬가지다.

연구 참가자들이 그런 방식으로 이용되는 것에 대해 다소 충격을 받을 수도 있다. 일반적으로 그들은 꽤 겸손한 사람들이다. 그들 중 누구라도 위대한 철학자들과 자신을 비교하는 오만함은 말할 것도 없고, 자신이 이상적인 삶을 대표한다고 생각하는 경우를 상상할 수 없다. 그들은 어떤 식으로든 스스로를 특별하게 여기지 않는다고 말할 수 있다. 물론 그것이 바로 해당 연구 참가자들이 연구의 목적에 부합하는 이유이기도 하다. 이상적인 사회를 찾으려는 노력은 없었다. 민족지학의 가치는 사람들이 실현 가능한 범위에서 열망할 수 있는 '만족스러운' 사회를 이해하는 데 있다. 아일랜드 '다윗'과 철학자 '골리앗'을 대비시키는 구상을 한 것에 지인들과 연구 참가자들에게 미안한 마음을 전한다. 전적으로 그들의 덕을 이러한 방식으로 활용하여 겸손을 이용한 것은 저자가 마련한 장치임을 분명히 밝힌다.

이미 언급했듯, 초기에 쿠안을 지속적으로 관찰한 것이 이 책에 대한 구성을 구체화하는 촉매제 역할을 했다. 쿠안 사람들은 쿠안 자체에 심취해 있다고 보일 정도였다. 전혀 다른 양상의 연구 프로젝트를 시작한 단계에서는 만족스러운 삶을 주제로 책을 쓰겠다는 계획을 세우지도 못했다. 쿠안 사람들이 자기 개인의 삶을 화려한 용어로 묘사하지 않았지만, 쿠안 자체가 만족스러운 삶을 살 만한 이상적인 장소라는 점을 끊임없이 강조했다는 증거에서 이 책이 시작되었다. 이는 훌륭한 삶과 그리스 도시국가의 폴리스 사이의 관계에 해당하는 사례로 보였다. 이 책은 탐정소설이 아니며 결론에서부터 읽을 수도 있다. 연구 참가자들이 얼마나 만족스러운 삶을 사는지 확인하고 이들이 쿠안이라는 도시를 만든 방식이 그러한 삶의 원인을 제공했음을 알 수 있다.

쿠안을 향한 애정

나는 완전히 다른 목적으로 쿠안에 정착했다. 유럽 연구위원회가 지원하는 국제 프로젝트를 운영하고 있었는데 바로 스마트폰과 스마트 에이징의 인류학[ASSA] 연구였다. 이 비교 프로젝트의 일환으로 쿠안에서 해당 주제를 연구했으며 동료이자 아일랜드 메이누스 대학교에서 인류학을 가르치는 폴린 가비는 더블린 교외에서 유사한 프로젝트를 수행하고 있었다. 그 후 연구 결과를 기록했는데 거기서 아일랜드의 스마트폰과 노화Ageing with Smartphones in Ireland[19] 내용이 ASSA 프로젝트에서 파생된 일부 논문과 상당 부분 일치하는 것으로 드러났다. 이 책을 집필하는 과정에서 전작에서 이미 논의된 일부 주제를 필연적으로 반복한 것에 사과를 드린다. 하지만 전작은 스마트폰이나 노화에 관심이 있는 사람들이 읽을 가능성이 높은 반면 이 책은 더 포괄적인 주제를 다룬다.

전통 인류학의 염원 중 하나는 전체론적 방법론을 찾는 것이었다. 민족지학 또는 참가자 관찰로 알려진 방법은 연구 대상과 함께 생활하며 관찰하는 것으로, 이 경우 언급했듯 16개월 동안 실시되었다. 대부분 기간을 연구 참가자의 회사에서 보내고 함께 활동에 참여했으며 때로는 직접 인터뷰도 했다. 인류학자는 연구가 필요한 주제, 이 경우에는 노화와 스마트폰에 도달한다. 그러나 민족지학은 일상 생활의 일부로 해당 주제를 조사한다. 스마트폰 사용의 결과를 이해하려면 대부분 연구가 사람들의 오프라인 생활에 대한 것이어야 한다. 기기로 하는 활동을 해석하는 데 있어 가정 생활, 종교, 교육, 성별 등에서 무엇이 도움을 줄지 미리 알 수 없기 때문이다. 따라서 스마트폰 사용과 결과에 대한 설명에 확신을 갖기 위해 참가자들의 삶에서 일어나는 모든 일을 조사해야 한다. 결국 누구도 학문적 주제 안에서 살지 않으며 모든 것을 한 번에 살아낸다. 이러한 방식을 전체론적 맥락화라고 하겠다. 민족지학은 실제 진행되는 삶에 대응하려는 유일한 학술 연구 방법으로 고유성을 가질 것이다.

이미 알려진 변수로만 연구를 수행하는 가설 검정과는 거의 대척점에 있다. 민족지학은 또한 관찰 내용을 데이터나 정량화 가능한 것으로 축소하기를 거부하는 정성적 방법이다. 결국 자연과학과 비슷한 척 포장할 수 없으며 실제로 다른 학문에서는 민족지학에 하드 데이터로 간주할 만한 요소가 거의 없다는 점에서 무시당하기 일쑤다. 대신 민족지학은 인위적인 매개 변수나 만남의 결과가 아닌 삶에 대한 이해를 담고 있다. 나는 그저 바다에서 수영하면서 약 16개월이라는 시간을 보냈다. (공교롭게도 쿠안 사람들 대부분은 실제로 바다에서 수영을 하며 추위에 떨던 나를 겁쟁이로 여겼다.) 많은 인류학자는 인터뷰조차도 인위적 연구 도구로 의심한다. 대신, 우리는 주변에서 펼쳐지는 상황을 관찰하고 자연스럽게 일어나는 대화를 엿듣는 생활에 기반한 관찰은 신뢰한다.

종종 민족지학에서 가장 보람된 부분은 상상조차 할 수 없던 주제와의 조우다. 그러면 민족지학은 탐험의 항해가 된다. 이 책은 결코 사전에 연구를 의도하지 않았던 주제들로 가득 차 있다. 만족스러운 삶뿐 아니라 반려견, 빙고, 코카인, 스포츠, 또는 사람들의 휴가지 선택 등 모두가 평범한 배경의 액자에 담겨 있다. 그러나 이러한 요소 중 단연 강렬한 인상을 남긴 것은 도착하고 며칠 내에 알아차릴 수밖에 없었던, 쿠안 사람들이 쿠안에 품은 애정이었다. 이들은 또한 아일랜드인이라는 사실에 큰 자부심을 느꼈다.

현재 쿠안의 거주자 대부분은 아일랜드 바깥에서 온 이주자로 '타지인blow-in'이라고 칭한다. 쿠안에 도착하고 얼마 지나지 않아, '쿠안에 처음 도착했을 때 몰랐지만 돌아보니 마법 같은 결정이었다'라는 많은 경험담을 접했다. 그곳에 머무는 내내 모두가 이러한 감정에 압도되었다. 거의 모든 사람이 내가 얼마나 쿠안을 사랑하는지 확인하려 했다. 이제 쿠안은 다른 곳에서의 삶은 상상할 수 없을 정도로 완벽한 장소로 밝혀졌다. 하지만 이 중 무엇도 연구의 질문에서 나온 답이 아니었다. 쿠안의 많은 이가 이러한 감정을 대화 중에 고백하는 것을 중요하게 생각하는 듯했다. 그리고 시간이 지남에 따라 이러한 고백이 그들 사이에서도 빈번하게 일어나며 그저 나의 유익을 위해 언급되지 않았다는 사실을 분명히 알게 되었다. 쿠안 사람들은 쿠안에 매료되어 있었고 '천국'이라는 단어를 심심치 않게 입에 담았다. 처음 인용했듯 이주자들은 쿠안에 오기 전까지 이런 사실을 몰랐다. 그 점에서 순전히 운이 좋았음을 보여주는 예라는 것을 반복적으로 언급할 수밖에 없다. 그들은 그저 운이 좋았던 것이다.

쿠안에 대한 칭송은 여러 형태로 나타났다. 널리 사용된 진술은 활동 범위에 관한 것이었다. 쿠안이 수영장, 호텔, 영화관을 제외한 모든 요소를 갖추고 있다는 주장은 백 번 이상 들었으며 항상 같은 세 가지 설명이 뒤따랐다. 쿠안의 상징적 산책로는 해안가다. 산책을 하면서 바다를 응시할 때마다 매번 다른 모습으로 보여 무한한 즐거움을 주었다. 이 특별한 산책에서는 필연적으로 사회적 교류로 이어졌는데 10분간 멈춰 서서 대화를 하다 보면 산책 내내 여러 시간 동안 사람들과 대화를 할 수 있다. 공통적으로 거론된 또 다른 덕은 범죄가 없고 은퇴 장소로 적합하며 아일랜드의 다른 지역과 비교해 날씨가 좋다는 점이었다. 이밖에도 누군가가 새로운 기술이나 활동을 시작하기 원한다면 반드시 함께 실현시킬 다른 사람들을 찾을 수 있다는 칭찬도 종종 들을 수 있었다. 이 책의 7장 대부분을 차지하는 주장은 쿠안이 즐길 수 있는 스포츠의 범위 면에서 천국과 다름없다는 것이었다.

스포츠에 대한 강조는 쿠안에 진심 어린 찬사를 보내는 또 다른 요인과 밀접하게 관련이 있다. 노년층에게는 자녀가 고향으로 다시 돌아오리라는 희망이었다. 어느 지역이든 소도시에 사는 사람들은 자녀들이 언젠가 더 크고 더 나은 생활 터전을 찾아 떠날 것이라는 두려움에 직면한다. 쿠안의 자녀들은 대학에 가거나 일자리를 구할 때 이곳을 떠난다. 십대 시절이 끝날 무렵에는 마을에서 즐길거리가 없다며 권태감에 몸부림을 친다. 그러나 많은 경우에는 자녀가 출산을 고려하기 시작하면 자신의 긍정적 경험을 물려줄 수 있도록 이 도시로 돌아오기를 희망했다. 이러한 추세는 대부분 어린아이들에게 즐거움과 목표를 심어주는 스포츠의 성공에 달려 있다. 아일랜드의 경기 침체에서 한 가지 위안거리는 쿠안의 자녀들이 경기가 좋았다면 최초 주택 구입자가 감당할 수 없

없을 부동산을 살 수 있었다는 것이다. 신규 주택 지구에 관한 내 연구에 따르면 값이 비싸더라도 해당 주택 구매자의 3분의 1은 쿠안에서 자란 사람들이다. 쿠안에서 일어나는 선순환의 예는 또 있다. 9장에서는 이러한 긍정적인 지역사회 활동에 정부 보조금이 차등적으로 지원되었으며 더욱 살기 좋은 곳으로 만들었다고 설명한다.

이곳에 대한 칭찬의 수준이 지나치게 보일 수도 있다. 그러나 또 다른 증거는 이를 더욱 독특하게 만든다. 쿠안이 천국이라는 주장은 이곳에서 여러 해 거주한 사람들이 보편적으로 하는 말이지만, 이곳을 벗어나면 그러한 견해가 공유되지 않았다. 오늘날에도 쿠안은 대체로 무시되는 장소다. 오랜만에 더블린을 방문했을 때 사람들은 내 연구 대상지로 그 벽지를 선택한 것에 항상 놀라움을 표현했다. 쿠안은 아일랜드 관광 가이드를 참고해서 고른 장소가 아니었다. 사람들은 부모님 날에 방문하는 해변가로 알고 있었지만 스페인 날씨가 훨씬 좋기 때문에 쿠안에 갈 이유를 딱히 찾지 못했다. 쿠안보다 아름답고 더블린에 훨씬 가까워서 접근성이 좋은 해변과 마을이 많다. 마치 쿠안이 망각의 강에 둘러싸여 있어 그 안에 있는 사람들만 영광의 날을 기억하는 듯하다. 아무도 쿠안이 인류학자에게 '흥미로운' 장소가 되리라 제안하지 않았고, 그렇기 때문에 그곳에 정착하는 것이 매력적으로 느껴졌다.

어떻게 내부적으로는 평가가 좋으면서 외부에서는 알아차리지 못하는 장소가 존재하겠는가? 나 역시 이런 감정을 표현할 수 있었음을 고백한다. 주로 노년층을 상대로 연구를 진행할 계획이었기 때문에 이동의 편의와 노인 친화적이라는 평판에 따라 현장 연구지를 쿠안으로 선택했다. 그러나 다른 사람들처럼 그곳을 좋아하게 되었고 어느 별이 내 운명을 이끌었는지 감사한 마음마저 들었다. 처음에는 쿠안의 열정적인 자기애가 당황스럽게 느껴졌다. 그러나 학문적으로는 분명 설명이 필요했다. 쿠안 사람들이 자신들의 지역에 매몰되어 있는 이유뿐 아니라 만족스러운 삶을 경험하는 것이 분명하다면, 삶의 의미와 목적에 대해 사람들이 일반적으로 생각하는 방식에 대해 무엇을 시사하는가? 노화와 스마트폰에 대한 저자들의 프로젝트 주제 중 하나가 삶의 목적에 관한 것이라는 점도 유용했다. 마침 사람들이 인생에서 무엇을 더 원하는지에 대한 질문에 직면할 가능성이 더 높은 은퇴 시기에 집중한 프로젝트에서 자연스럽게 도출된 주제다.

  현장 조사가 진행됨에 따라 나 역시 쿠안에 대한 애정을 고백하게 되었고 참가자들과 많은 가치와 관심사를 공유하게 되었음을 깨달았다. 나는 아일랜드인이 아니고 아일랜드 조상도 없는 유대인이기 때문에, 잉글랜드인이라는 인식이 없다. 다만 아일랜드인 손주들이 있기 때문에 아일랜드에서 살면서 가족의 정체성에서 다른 부분을 알아가고 싶다는 생각을 한다. 하지만 더 일반적으로는 연구 참가자들과 비슷한 연령이라는 점이 작용했다.

이상하게 들리겠지만 은퇴하지 않고 은퇴에 관한 책을 쓰는 덕분에 나는 은퇴자들이 느끼는 행복을 맛보고 있다. 나 역시 그들과 비슷한 자유주의적 좌파 성향이며 정보 제공자 대부분은 내가 당원으로 소속된 영국 노동당의 불행을 동정하는 듯했다. 휴가와 더 넓은 세상에 대한 공통의 관심사를 가지고 있고 비슷한 수준의 편안함과 수입을 갖고 있기도 하다. 우리는 같은 TV 시리즈와 같은 프리미어 리그 축구 경기를 시청했고 종종 〈가디언The Guardian〉 등 같은 신문을 읽었다. 아내가 망명 신청자들을 돕는 프로젝트를 지원하는데, 이는 쿠안에서 흔히 볼 수 있는 자선 활동과 유사하다. 지금껏 수행한 다른 어떤 민족지학 연구보다 연구 참가자들에게서 나 자신을 발견하며 쿠안에서 행복하게 지내고 있음을 자각한다. 이는 분명 쿠안 사람들이나 나 자신의 가치와 의견을 표현할 것인지의 문제를 제기한다. 독자들에게 하고 싶은 말은, 이 책에 나오는 가치관과 관행을 인정한다면 그것은 쿠안에서 비롯된 것이지만, 자기 만족의 순진함에 당황스럽다면 그것은 필자인 나에게서 비롯된 것이다.

아일랜드 소개 [20]

물론 이 책은 아일랜드에 관심이 있거나 지식이 있는 사람들만을 위한 책이 아니다. 아일랜드 역사에 대한 지식이 없다면 민족지학 연구 관련 장을 온전히 이해하기 어려울 것이므로 문제가 될 수 있다. 다행히도 이 책을 집필하는 중에 아일랜드 역사를 탁월하게 풀어낸 책이 발간되었다. 핀탄 오툴Fintan O'Toole의 《우리는 자신을 모른다We Don't Know Ourselves》는 이 민족지학의 배경이면서도 민족지학이 역사가 예고하는 바와 다르게 진행된다는 점에서 유용하다.[21] 저자는 자신의 개인사, 아일랜드의 정치와 경제사, 아일랜드 국민 생활의 일반적인 변화들을 훌륭하게 엮어냈으며 개인사의 성격이 강하다는 점이 특징이다. 내 책에 등장하는 아일랜드인은 오툴과 연령대가 비슷하기 때문이다. 오툴의 책에서 자세히 설명된 삶은 필자의 연구 참가자가 경험한 삶이기도 하며, 일부 참가자는 오툴과 더블린의 가까운 지역에서 태어났다.

그러므로 오툴의 저서를 읽은 적이 있다면 이 책에서 이어지는 내용을 더 잘 이해할 것이다.

인구가 서의 500만인 아일랜드 공화국은 인구가 약 180만으로 영국의 일부인 북아일랜드와 섬을 공유한다. 아일랜드는 1919년 영국으로부터 독립을 선언했고 1921년에 이를 인정받았다. 수도 더블린의 인구는 약 60만 명이고, 더블린 카운티에는 130만 명가량이 거주한다. 쿠안은 더블린에서 한 시간 거리에 있다. 아일랜드는 1973년 유럽연합EU 회원국이 되었다. 당시에는 유럽 경제공동체EEC라고 했다. 대부분 연구 참가자들이 경제적으로 롤러코스터를 평생 겪었다. 청년들은 아일랜드가 겪은 사회적, 경제적 변화를 경험하지 못했기에 이해하지 못한다. 독립 당시에는 노동자의 58퍼센트가 농업에 종사했다.²² 오툴은 누구도 여기에 변화가 있으리라 기대하지 않았다고 지적한다. 아일랜드는 유럽의 저소득층 농촌 벽지로 남을 운명이었다. 많은 연구 참가자가 변두리에서 태어났으며 농장뿐만 아니라 더블린에서도 경험한 빈곤한 삶을 생생하게 들려줬다. 자신이 오늘날과 같은 모습이 되리라 상상하지 못했다. 오툴은 또한 20세기 아일랜드의 특징으로 국외 이주의 보편성을 강조했는데 전 세계에 디아스포라가 널리 흩어졌다.²³ 아일랜드에서 아일랜드인이 사라질 가능성이 진지하게 논의될 정도였다. 이들이 태어난 시대의 놀라운 특징은 1922년 이래 에이먼 데 벌레라Éamon de Valera의 지도 아래 새롭게 독립한 아일랜드가 식민지 권위를 체계적으로 가톨릭교회의 권위로 대체했다는 사실이다. 교회는 거의 모든 교육 체계를 운영했고 정부와 국민의 일상생활을 강력하게 장악하여 아일랜드가 사실상 신정국가로 여겨질 정도였다. 예를 들어 1930년대에 도입된 결혼 관련 금지는 1971년까지 공무원 여성들이 결혼 이후 자녀를 양육하고 가족을 돌보는데 집중하도록 장려하기 위해 합법적으로 일을 포기해야 한다는 사실을 의미했다.²⁴

많은 응답자는 부모가 매우 보수적이었다고 언급했으며 자신도 그렇다고 종종 밝혔다. 종교에 대한 의견 차이는 수십 년에 걸쳐 가족 내부에 균열을 초래하고 깊은 상처를 남겼다. 기독교 형제단 같은 가톨릭 기관은 교육과 일반적 행동을 감시했다.

1979년 교황의 방문은 이러한 헌신의 정도를 반영하는 듯 보였다. 이 신정국가에 대한 설명은 영국 식민지 지배로부터 완전히 단절을 주장하는 독립운동의 주요 목표와 관련된다. 가톨릭교회는 앞서 수백 년 동안 개신교 영국에 의한 식민지 통치기에 상대적 억압을 받은 대가로 권력을 부여받은 듯했다. 마찬가지로, 아일랜드어 사용을 확산하기 위한 각고의 노력이 펼쳐졌지만 별다른 효과는 없었다. 쿠안에서 일상 대화 중에 한 문장이라도 아일랜드어가 사용되는 것을 듣지 못했다. 다만 동부가 아닌 서부 해안이었다면 아일랜드어를 접했을 가능성은 있다. 내가 받은 인상은 쿠안에서 아일랜드어가 현대 세속 아일랜드 내에서서 라틴어를 효과적으로 대체하는 일종의 성스러운 수행적 언어가 되었다는 것이다.

놀랍게도 농촌의 신정 통치는 변화의 낌새도 없이 단기간에 완전히 달라졌다. 사회학자 톰 잉글리스Tom Inglis는 아일랜드가 고립된 가톨릭 농업 사회에서 비즈니스, 상업, 첨단 초국적 기업을 주축으로 자유주의적 개인주의, 세속적, 도시 사회로 변모했다고 주장한다.[25] 2000년대 초반 아일랜드는 개방된 세계 경제에 편입된 것으로 인식되었다. 교회는 1980년대부터 터진 일련의 스캔들에도 권위 측면에서 갑자기 붕괴되듯 쇠퇴하지 않았다.[26] 2018년 현장 조사 중 낙태 금지에 대한 헌법 개정 투표에서 찬성이 우세하면서 정점을 찍은 것으로 보인다.[27] 그러한 변화의 규모는 1993년 말까지 아일랜드에서 동성애가 불법이었다는 점에서 분명하다. 하지만 22년 후인 2015년에 일반 투표에 따라 전 세계 최초로 동성결혼을 합법화한 나라가 되었으며 〈뉴욕타임스〉는 사회 진보의 선봉에 있다고 칭송했다.[28]

'롤러코스터'라는 표현은 아일랜드가 경제적으로 단순히 성장 일로를 보이지 않았다는 점에서 적절하다. '켈트 호랑이'로 지칭되는 호황기도 있었지만 2008년 이후 심각한 경제 위기가 닥치면서 호랑이도 공격을 받았다. 은행 시스템의 붕괴로 촉발된 경제 위기는 국제통화기금IMF과 EU의 구제금융 지원으로 이어졌다.[29] 이 기간은 높은 수준의 실업률, 대대적인 국외 이주, 국내 건설업 붕괴, 유럽 중앙 은행의 긴축 조치로 점철되었다.[30] 2017년 현장 조사를 시작할 당시 경기 침체는 대부분 지나갔지만 많은 상처를 남긴 상태였다.

긴축 조치로 불평등이 심해지고 (절대적은 아니라도) 상대적 빈곤 위험에 처한 아일랜드 인구의 비율이 21퍼센트로 뛰었다. 그런데도 2016년 부동산 가격은 과거 '켈트 호랑이' 시대를 반영한 상승률로 급등했다. 2017년에는 경제 성장률이 EU에서 가장 높은 수준을 기록했다(7.3%). 그러나 아일랜드의 경제 수치에는 오해의 소지가 있다. 주로 IT 부문에서의 활동이 왜곡을 이끌었는데, IT 기업에 대한 국가의 저세율 적용 덕분에 관련 산업이 번창한 것이었다. 국내 활동도 4.9퍼센트 증가했으며 고용 증가율도 높았다. 국외 이주의 긴 역사는 '켈트 호랑이' 기간 중 아일랜드가 이주 장소로 각광받으면서 중단되었다. 하지만 경기 침체로 그러한 추세는 반전되었고 아일랜드 경제 회복함에 따라 다시 흐름이 바뀌었다. 2013년에는 국외 이주자를 다시 초청하는 상황으로 변했다.[31] 나의 현장 연구는 자신감이 다시 회복된 기간에 수행되었으나 여전히 많은 이의 삶에 침체의 그늘이 드리웠다.[32] 경기 침체기에 미래를 비관하여 자살한 사람들의 이야기가 들려왔다. 경기 침체를 극복한 후 아일랜드는 유럽에서 가장 빠르게 성장하는 경제가 되었는데도 침체의 유산과 씨름하고 있었다. 그야말로 롤러코스터였다. 또 다른 중요한 요소는 내가 이전에 일했던 잉글랜드에서보다 사람들이 더 많은 연금을 받는 곳에서 현장 조사를 수행한 것이다. 과거가 어떠했든 현재는 상당히 안온했다.

신정 통치에서 현대의 세속 아일랜드로의 전환도 마찬가지로 극적이었다. 1990년대와 2000년대에 아동 성 학대, 막달레나 세탁소의 '타락한' 여성들 대우, 돌봄 아동들의 사망 등 연이어 성직자 스캔들이 터지면서 교회의 신뢰성을 훼손했다. 동성결혼, 이혼, 동거에 대한 과거의 태도가 반전되면서 규범이 새롭게 정립되었다.[33] 아일랜드의 독특한 점은 이러한 자유주의적 가치들이 아니라, 대부분의 다른 지역보다 더 늦었지만 더 빠르게 변화했다는 사실이다.[34] 그러나 변화를 과장해서는 안 된다. 세속적 가치와 자유주의적 개인주의의 일부 형태가 증가해왔지만[35] 부모 모두가 있는 핵가족은 여전히 아일랜드에서 아이들이 자라는 가장 전형적인 환경이다.[36] 이혼율은 6퍼센트로 다른 유럽 국가의 추세와 비교할 때 낮다.

유럽 국가 대부분은 고령 인구 증가와 낮은 출산율을 우려하지만 아일랜드의 인구는 상대적으로 젊고 출산율은 유럽에서 가장 높은[37] 여성당 어린이 1.9명이다.[38] 세대 간 연대는 여전히 강하다.[39]

현장 연구를 실시한 기간은 영국의 과거 식민지 권력의 국제적 명성이 급격히 떨어지면서 유럽인으로서의 정체성에 대한 긍정적인 감각이 강화되었다. 브렉시트 소동을 계기로 영국에 대한 존중이 사라진 분위기는 1장에서 다룬다.[40] 그러나 한편으로는 북아일랜드 국경의 미래에 대한 새로운 불안과 노딜 브렉시트의 잠재적 경제 불황을 의미했다. 또한 긴축 기간에 주택과 같은 기본 국가 서비스가 줄었으며 건강 및 복지 제공은 여전히 취약했다. '위기'라는 단어는 건강과 주택 분야 모두에 해당하는 공통적 형용사였다. 주택은 아일랜드의 국가와 시민 간 계약에 특히 강력한 요소이며[41] 경제 호황과 불황은 현실에 기반한 상상력으로 측정되는 것으로 보인다. 아일랜드가 2017년 선진국 중 가장 높은 부동산 가격 상승률(12.3%)을 보였다는 점은 경기 침체 이전의 지속 불가능한 부동산 붐을 연상시켰다. 오늘날 아일랜드에서는 소득 불평등에 대한 다양한 이야기를 접할 수 있으며 나는 양자 간 관계를 판단할 수 있는 전문가가 아니다. 하지만 5장에서는 그러한 불평등이 쿠안에서 어떻게 나타나는지를 자세히 설명할 것이다.

대조적으로, 아일랜드 정치는 상대적으로 안정되어 있었고 독립 이후의 격렬한 내전에 기원을 둔 두 정당이 한 세기 동안 상당한 예측 가능성을 가지고 정권을 이어받았다. 바로 피어나 팔과 피너 게일 당이다. 거친 갈등에 뿌리를 두고 있지만 요즘에는 중도 성향의 동전 양면으로 간주되고 있다. 중산층이 주를 이루는 쿠안은 대체로 자유주의적 합의를 강하게 반영한다. 주요 정치적 변화는 사람들이 신뢰할 만한 야당을 찾으면서 노동당, 녹색당 또는 신페인을 오갔으며 세 정당의 구체적인 이념은 그 역할에 내포된 가능성보다 덜 중요했을 것이다.

더 눈에 띄는 요인은 아일랜드 디아스포라의 크기였다. 널리 알려진 대로 미국으로의 이주가 단행된 이후 1950년대와 1980년대에 영국 이주자가 증가하면서 아일랜드 인구가 줄었다.[42] 반면 아일랜드 이외 지역에서 온 이주자는 높은 부동산 가격 때문에 쿠안에 정착하는 경우가 드물었지만 동유럽 여성들은 특히 음식 공급과 돌봄 분야에 노동력을 제공했다. 쿠안 근처의 도시들은 날카로운 대조를 보여줬다.

오래된 프롤레타리아트의 역사는 대대적인 이주로 가려졌으며 아프리카와 아시아에서 온 이주자가 인구의 약 15퍼센트를 차지했다.

오늘날 국내외에서 아일랜드 정체성은 긍정적 인상을 얻고 있다. 유럽인으로서의 정체성 강화는 영국에 대한 존중이 쇠퇴하는 동시에 브렉시트 협상 동안 유럽이 아일랜드의 입장을 지지하면서 배가되었다. 해외 여행에 대한 관심이 증가했으며 아일랜드인들은 대체로 온화하고 평등한 인상을 받고 있음을 알고 있다. 동시에 많은 사람이 특히 아일랜드 문화의 아이콘에 대한 관심을 유지하거나 발전시키고 있다. 여기에는 게일 스포츠와 더불어 전통음악의 부흥이 포함된다. 쿠안 사람들은 소설가 세바스찬 배리Sebastian Barry와 샐리 루니Sally Rooney부터 후기 펑크 음악가인 폰테인즈 D. C.Fontaines D. C. 등이 이끄는 아일랜드 음악과 문학이 기대를 훨씬 뛰어넘는다는 사실에 자부심을 느꼈다. 대체로 긍정적이면서 낭만적이고 종종 정형화된 미국계 아일랜드 정체성은 영화와 텔레비전 프로그램을 통해 널리 퍼졌고 핀탄 오툴도 자세히 다룬 바 있다.

오툴이 펴낸 책의 중요성은 미처 예견하되지 못했다. 연구 참가자들은 오툴과 연령대가 비슷하며 그가 들려준 모든 이야기를 직접 경험했다. 모두가 아일랜드 지방의 보수적이고 신정 통치가 훗날 세속적이고 도시적이며 자유주의적 세계주의로 변화한 과정을 기억한다. 다만 오툴은 역사가 전개되는 과정에서 대량 소비의 증가와 부, 지위, 물질주의에 대한 관심이 증가한 데 많은 지면을 할

애한다. 이 책의 3장에서 기술한 내용은 예측하지 못했는데, 3장은 오늘날 쿠안에서 지위를 결정짓는 가장 중요한 척도가 환경보호주의와 소비 절제주의라고 설명한다. 오툴의 책은 비열함, 부패, 스캔들에 대한 특별한 이야기들을 담고 있지만, 이 민족지학은 쿠안이 베버가 인정했을 만한 정직성과 시민권을 발휘하는 인구 집단을 대상으로 한다.

더 복잡한 것은 민족지학과 오툴의 《우리는 자신을 알지 못한다》의 기본 주제가 맺고 있는 관계다. 오툴의 책은 모든 것을 숨기려는 사람들에 대해 폭로하는데, 잘 알려진 정보조차 인정하기를 거부하는 이들이다. 그는 유명 정치인부터 주변 거리의 알아볼 수 없는 사람들에 이르기까지 다양한 사례를 잇달아 심도 있게 다루는데, 그의 저서와 일부분 연결된다. 하지만 가령 도심 한복판의 저소득층 가구에 눈감지 않은 지역은 한 번도 가보지 못했다. 대신 더 개괄적으로, 쿠안 사람들은 존경할 만한 자기 통찰력과 그들 자신의 (대부분) 악과 덕에 대한 솔직함을 드러냈다고 말할 수 있다. 결론적으로, 이 쿠안을 그린 책의 설명과, 연구 참가자들이 살아낸 최근 아일랜드 역사를 탁월하고 설득력 있게 그려낸 오툴의 저서가 놀라울 정도로 대조되는 부분을 찾을 수 있을 것이다.

오툴의 마지막 장은 2018년의 현실을 다루는데 내가 쿠안에서 지낸 기간인 만큼 서로 이야기가 수렴되는 중요한 지점도 있다. 이 시점에서 오툴은 아일랜드가 낙태 금지를 철회하고 동성결혼을 허용한 과정을 설명한다.[43] 그는 폐지에 찬성표를 던진 65세 이상의 인구 숫자에 주목한다. 이러한 결과는 오늘날 아일랜드인이 정해진 과거나 자체 역사적 서사로 돌아가기보다는 끊임없는 변화를 토대로 유산을 이어간다는 폭넓은 주장을 뒷받침한다. 이는 결국 우리의 진술이 궁극적으로 양립 가능한 이유를 설명한다. 오툴의 책에서는 벌어지고 있는 현상의 인정을 거부하는 데 초점을 맞췄다면 이 책은 일생에 걸쳐 벌어진 놀라운 변화를 설명하기 때문이다. 이 책에서 추적하는 민족지학 연구의 많은 부분은 오툴이 묘사한 아일랜드와 대조를 이루지만 아일랜드가 변화의 속도를 늦추지 않았음을 다시금 확인시킨다. 이 책의 주장이 오늘날에 대한 것이라면 곧 과거의 이야기가 될 것이다.

쿠안

쿠안은 과거 일정 기간 중요한 어항 역할을 했으며 18세기에 정점에 이르렀다. 19세기 후반을 향하면서 선박은 석탄과 같은 화물을 거래하는 데 사용되었다. 주변 지역은 비옥하지만 잉글랜드 지주들이 임차인에게 관리를 맡겼기 때문에 언제든 쫓겨날 위기에 노출되어 불안한 삶을 살았다. 일반적으로 아일랜드의 대부분 지역과 마찬가지로 가난했지만 아일랜드 서부와 비교해 기근의 영향이 약해 식량난이 덜했다. 역사적 기록은 1916년 반란에서 공화당을 지지하고 거리 이름에 순교자들의 이름을 붙이는 등 영웅주의를 강조한다.

    이 시기와 이어진 내전 중에는 가족 내부에서조차 분열이 심각했고 패자를 지지한 사람들은 해외 이주를 갈 정도였지만 충분히 다뤄지지 않았다. 이러한 갈등에 제1차 세계대전의 파괴적 영향이 더해졌다.

    현대에 인구가 증가하기 이전에는 그 수가 약 2300명이었다. 대부분의 연구 참가자가 태어났을 당시 쿠안은 휴양지로 알려져 있었고, 현지인들은 여름에 자기 집을 내주고 대신 정원에 지은 작은 거처에서 지냈다. 이 기간 동안 쿠안은 휴가 캠프와 관련 무도회장, 볼룸과 음악으로 이름을 날렸다. 최초의 민간 주택 지구가 건설되었을 때 매우 중요했는데, 이 주택을 구입하기로 선택한 많은 사람이 자신이나 부모의 휴가를 통해 쿠안을 알고 있었기 때문이다. 휴양 산업은 1890년대에 성행했지만 아일랜드 사람들이 1970년대 들어 저렴한 해외여행을 떠나기 시작하면서 급격히 붕괴되었다. 그 결과 쿠안의 현재 상태는 무시되었고 실질적으로 사람이 머물 곳이 없었다.

    쿠안에서는 제조업이 발전한 적이 없었다. 계급 정체성은 주로 지리적 산물이었다. 사람들은 지리적으로 어느 한편에 위치한 프롤레타리아 계급보다는 높은 계급으로, 그 반대편에 위치하여 더블린의 여행객을 계속 유치했던 고급 주거지 주민보다는 낮은 계급으로 스스로를 인식했다. 이러한 지리적 입지는 쿠안 사람들이 자신을 이해하는 데 큰 영향을 미쳤다. 그들이 중산층이라고 생각한 이유는 일부분 말 그대로 상류층과 노동자 계층 사이에 위치한 데서 유래되었다. 쿠안의 내부 계급 분화와 관해 두 가지 주요 국영 주택 사업이 영향을 미쳤다. 첫 번째 주거 지역은 당시 도시의 경계였던 외곽에 눈에 띄게 조성되었다. 민간 주택은 1970년대에 본격적으로 조성되었고 이 기간에 인구는 두 배로 증가했다. 이후 거의 지속적으로 새로운 부동산이 건설되었고 오늘날에도 마찬가지다. 그 결과 인구가 크게 증가해 현재 약 만 1000명에 이르렀다. 국영 주택의 상당수가 매각되어 200채 미만이 남아 있다. 쿠안의 성인 자녀가 20대에 외부로 떠났다가 30대에 가정을 이루면 돌아오는 것이 일반적이다. 새로운 지구의 많은 사람이 업무나 학업을 위해 더블린을 오간다.

약 700명의 쿠안 주민은 가정을 위해 머무는 경우다. 주목할 만한 특징은 주거지와 더블린 통근 가능성에 이끌려 유입되어 인구의 대부분을 구성하는 '타지인'이 지역사회 활동에 매료되었다는 것이다. 사람들은 누군가가 쿠안 태생인지 아니면 타지에서 왔는지를 크게 의식하며, 이 주제는 9장에서 다룰 것이다.

마을의 식당과 술집은 고급스러우며 더블린을 제외하고 인근 마을과 도시보다 수준이 높은 편이다. 그밖에 중심가는 전형적인 아일랜드 도시와 같아 대형 마트 한 곳, 현지 마트 한 곳, 주유소한 곳, 은행 두 곳, 다수의 미용실과 약국이 몰려 있다. 쿠안에 대한 애정의 공개적 표현은 아일랜드 전역에서 펼쳐지는 타이디 타운즈Tidy Towns 대회에서 드러난다. 정치적으로 쿠안은 상당히 자유로운 지역이며 투표에서 아일랜드의 주된 성향이 반영되어 피너 게일과 피어너 팔, 노동당 지지를 오갔고 최근에는 녹색당과 신페인에 대한 지지층이 두드러지게 증가했다.

현재 쿠안에는 네 가지 유형의 주택이 있다. 첫 번째는 전체의 3분의 1을 차지하는 구도시다. 이 지역에는 고상하게 지어진 대형 주택과 바다 전망을 차지하기 위해 부유층이 지은 신축 대형 주택이 뒤섞여 있다. 또한 훨씬 규모가 작은 주택도 있으며 여전히 초가지붕을 한 전통 방갈로 지구도 있다. 두 번째 지역은 1970년대부터 1990년대까지 건설된 대규모 지구로, 방 서너 칸이 있는 적당한 크기의 주택이 비슷한 모양으로 주를 이룬다. 세 번째는 앞서 언급한 국영 주택 지구로 바트리 지구가 대표적이며 주택은 방 3개로 규모가 작다. 마지막으로 쿠안의 외곽에 새로 조성된 대규모 브리타스 지구가 있다. 역시 방이 서너 칸이지만 규모가 훨씬 크고 3분의 1은 쿠안 주민이나 그 자녀들이 구입했다.

쿠안의 주택은 인근 대부분의 도시와 마을보다 비싸지만 더블린 중산층 주거지나 쿠안과 수도 사이의 일부 도시보다는 저렴한 수준이다. 침실 3칸짜리 부동산은 약 35만 유로에 거래되며 침실 4칸짜리는 45만 유로, 바다 전망이 보이는 주택은 55만 유로에 매매된다. 90퍼센트 이상이 아파트가 아닌 주택이다. 인구는 동질성이 높아 외국 태생은 8퍼센트에 불과하며, 그중 최대 집단은 영국인(종종 아일랜드계)이고 도시에서 일하는 동유럽 국가 출신이 뒤를 잇는다.

  인구 통계 분석에 따르면 전체 소득수준은 전국 평균보다 약간 높다. 그 결과 중심부의 일부 국영 주택 지역을 제외하고 주로 중산층이 거주하는 도시가 형성되었으며, 전반적으로는 오늘날 아일랜드의 전형적인 도시라 부를 만하다. 엄격한 의미에서 교외는 아니지만 교외 생활이 도시와 변두리 생활의 타협으로 도시에 통근이 가능하지만 농촌도 손쉽게 접근할 수 있는 양식으로 간주한다면, 교외라는 표현은 적절하다.[44]

현장 연구 방식

  민족지학은 주로 참가자 관찰로 구성되며, 이 연구에서는 필자인 내가 16개월 동안 쿠안에서 살았다. 현지 극장에서 차를 내리는 자원봉사 활동을 시작했으며 사람들이 모이는 카페 두 곳을 오가고 다양한 활동에 참여했다. 주로 참석했던 모임은 은퇴자들의 빙고 게임 활동, 멘즈 셰드, 우쿨렐레 모임, 다양한 전통음악 세션, 산책, 세트 댄스 수업, 독서 모임, 영화 모임, 지역 역사 학회, 가톨릭교회 미사 참석, 항해 클럽 토론회, 타이디 타운즈를 위한 쓰레기 줍기 등이다. 그러자 사람들이 집에 초대하기 시작했고, 폴린 가비의 조언에 따라 나는 항상 브랙을 선물로 가져갔다. 브랙은 일종의 달콤한 과일이 들어간 빵으로, 어린 시절 농촌에서 특별한 간식으로 이 빵을 먹었던 노년층의 연구 참가자들에게 특히 반응이 좋았다.

참가자의 관찰과 더불어 약 170명을 한두 번씩 인터뷰했다. 소그룹 모임에서는 각각 스마트폰, 노화, 건강에 관한 세 번의 인터뷰를 진행했다. 아울러 전문 지식이 있는 사람들의 인터뷰도 도움이 되었는데 약사, 미용사, 수의사, 경찰, 물리 치료사, 자원봉사자, 수녀, 대안 요법 치료사 등으로 다양했다. 각 전문가는 일반적인 현장 연구에서는 얻을 수 없는 시각을 제공했다. 예를 들어 은퇴에 관한 문제로 어려움을 겪고 있는 일부 남성들은 심리 치료사에게만 마음을 열었기 때문에 이들을 통해 은퇴와 관련된 문제의 심각성을 알 수 있었다.

참가자 관찰이 가장 중요했다. 사람들이 말하는 것은 실제로 하는 행동의 정확한 설명보다는 정당화에 더 가깝기 때문이다.

앞서 언급했듯 쿠안 사람들 역시 나를 관찰했으며 처음에는 내가 이전에 경험하지 못했던 정도로 잉글랜드 사람이라는 틀을 부여했다. 사람들이 나를 잘 알게 되면서 비로소 그들 눈에 한 사람의 개인이 되었다. 잉글랜드 배경이 중요했을까? 어떤 면에서 현장 연구는 실험이다. 나는 나이 많은 잉글랜드 남성이지만 폴린 가비는 젊은 여성이고 완벽하게 아일랜드인이다. 가비는 더블린에서 매우 유사한 인구 집단을 대상으로 현장 연구를 수행했다. 우리는 가끔 만났지만 현장 연구는 서로 독립적으로 진행되었다. 하지만 공동 집필을 시작하자 놀라운 정도로 어우러지는 부분이 있었다. 우리는 기본적으로 현장에서 관찰한 바와 진행되고 있는 현상을 어떻게 이해하는가에 동의했다. 유일한 차이점이 있었다면 가비의 연구 참가자들의 연령대가 더 낮았다는 사실이다. 덕분에 공저를 집필하는 것은 쉬운 일이었다. 이 사례에서 민족지학자의 '위치'라는 것이 그리 중요하지 않았음을 시사하는 대목이다. 그보다 더 중요한 것은 전문 인류학자로서 서로 공유한 교육이었다.[45]

내 현장 연구의 대부분은 옛 쿠안 중심가에 위치했지만 도시 끝자락에 위치한 신흥 지구의 거주자뿐 아니라 공공 지원 주택에 사는 가정, 주로 최근에 동유럽에서 온 이주자들을 포함하기 많은 노력을 기울였다. 세 집단을 추가한 것은 민족지학 연구의 폭을 넓히기 위한 시도였다. 쿠안에는 고립된 사람들 또는 사회성의 기술을 상실한 사람들이 있다. 그러한 개인을 발굴하여 연구에 포함하는 것은 중요했다. 민족지학 연구자가 손쉽게 참여할 수 있는 공개 활동에서 마주치는 활동적인 사람들에 초점을 맞추는 방법론적 편향이 민족지학 연구에 반영될 수 있기 때문이다. 이 책에 사회적 참여의 정도에 관한 주장이 포함된 것을 감안할 때 방법론에 인위적인 편향이 작용하지 않도록 만드는 것이 중요했다.

연구의 초점은 50~90대 노년층의 '취약하지' 않은 참가자들이었다. 추정컨대 65세 이상의 쿠안 주민 중 4분의 1 이상과 대화를 나눈 것 같다. 동의를 얻을 때는 소속된 대학교와 자금 지원 윤리 위원회 규정을 따랐다. 하지만 주된 윤리적 관심사는 위원회의 요구 사항 준수가 아니라 해를 끼치지 않는다는 지침이었다.

일반적으로 이 책에서 연구 참가자들의 익명 처리는 신원 공개로 피해를 입을 수 있는 정도와 관련이 있다. 익명화는 설명에 포함된 중요하지 않은 인물들의 세부 정보를 변경하는 방식으로 보장했다.

검색 엔진과 온라인 지도가 보편화된 시대에 쿠안이 어느 지역인지 알아내는 것은 어렵지 않겠지만 개인의 익명성을 보호하려는 윤리적 목적을 지지하도록 필명을 존중해주기를 독자들에게 요청한다.

칸트에 관한 농담

이 책은 대체로 민족지학 연구로 구성되어 있다. 철학으로 민족지학을 판단하고, 또 그 반대의 시도를 할 수 있도록 도와주는 (앞서 언급한) 기준과는 별개로 철학자들을 책에 등장시키는 병치 방법을 채택한 이유가 두 가지 더 있다. 첫 번째는 민족지학에 대한 접근의 부산물이다. 피에르 부르디외Pierre Bourdieu 같은 인류학자들과 어빙 거프만Erving Goffman 같은 사회학자들의 영향으로 나는 상대적으로 중요하지 않거나 배경이 없다고 간주되는 활동에 이끌린다. 많은 경우 사람들의 가치는 정치와 같이 명백하게 논쟁할 수 있는 문제보다는 당연시하고, 따라서 문제 삼지 않는 삶의 평범한 부분에서 드러난다고 믿는다. 빙고, 반려견 산책, 휴일 선택, 조부모 양육에 대한 설명을 본문에서 접할 것이다. 이러한 요소를 철학과 관련지어 고찰하는 한 가지 목적은, 지나치기 쉬운 일상적 활동들이 사실은 철학에서 명시적으로 논의된 많은 심오한 문제와 마주치는 지점임을 밝히는 것이다.

두 번째 목적은 인류학과 철학의 관계를 보다 일반적으로 재설정하는 것이다. 많은 이들처럼 나도 철학서를 읽을 때 경외감에 사로잡힌다. 이로 인해 철학을 우러러보는 경향과 그에 관한 일반적이고 추상적인 논의를 하게 된다. 이 책은 인류학과 철학 사이의 보다 동등하고 부차적인 관계 전환을 위해, 일상생활의 복잡한 맥락에서 철학적 질문을 재고하며 얻은 통찰력에 초점을 맞춘다. 여기에 제시되는 내용은 나의 해석일 뿐이며 대부분 원본 텍스트(영어 번역본)를 실었다. 이를 해당 철학자들의 권위로서 받아들여서는 안 된다. 그러나 경우에 따라 철학적 논증의 '요지'에 해당하는 바가 민족지학적 자료를 전혀 다른 시각으로 바라보는 데 도움이 될 수 있다. 따라서 철학을 이 책에 포함시킨 데 대한 정당한 이유가 되기를 바란다. 철학에 관한 한 나는 아마추어인 만큼 철학 텍스트를 간략히 옮기는 데 있어 의심할 여지 없이 오판과 무지가 개입되어 있다. 그 책임은 나에게 있고 이에 대해 양해를 구한다.

쿠안 사람들이 쿠안에 푹 빠져 있다고 한다면, 과거의 나 역시 철학에 빠져 있었다. 그리스 로마 신화와 전설에 대한 어린 시절의 관심은 소크라테스, 이어 소피스트와 다른 고전 작품을 향한 관심으로 이어졌다. 십대였던 1970년대에 사르트르와 실존주의는 대단한 유행이었다. 나중에 학부에서 고고학을 배우면서 학부생으로서 실증주의와 인식론에 대한 끝나지 않는 토론에 참여했다. 인류학을 가르치는 동안에도 포스트모더니즘과 후기 구조주의와 같이 학문에 영향을 미치는 철학 운동을 따라잡고자 늘 노력했다. 철학을 받아들이려는 가장 큰 노력은 유니버시티 칼리지 런던에서 고고학에서 인류학으로 전공을 바꿔 물질문화 연구 강사로 일하기 시작할 당시 각광받던 서구 마르크스주의 내에서 일어나는 논쟁에 참여한 것이다. 이 변화는 헤겔에 대한 변함없는 관심으로 이어졌고, 헤겔은 내 첫 번째 이론서인 《물질문화와 대량 소비》[46]에 핵심적인 영향을 미쳤다. 그 이후에도 계속 영감의 원천 역할을 했다.

그렇다면 이 책의 철학 관련 부분을 독일 철학자 이마누엘 칸트Immanuel Kant(1724~1804년)에 대한 논의로 시작한 이유는 무엇일까? 한 가지 영향은 칸트가 철학의 아이콘이 되었으며, 철학 자체에 대한 내 상상력을 상징하는 인물이었다는 것이다. 하지만 주된 이유는, 칸트를 다시 읽어보면 선험적인 것에 그가 천착한 것을 고려해 무엇이 칸트에게 선험적인지에 대해 시시한 농담을 던지게 된다. 이 '농담'은 다음 섹션에서 칸트를 다루면서 다시 언급할 것이다. 농담은 인류학 자체의 가장 중요한 특징을 요약하기 때문이며, 사회성과 사회적 관계를 연구한 이 책에서 철학자들에 대한 논의와 병치될 것이다.

피상적 수준에 머물고 있는 나쁜 아니라 칸트의 작품을 접한 대다수 사람들은 칸트의 가장 잘 알려진 《순수이성비판》으로 시작했을 것이다.[47] 《순수이성비판》은 그 자체로 사물에 대해 알 수 없는 문제를 고찰한다. 우리가 아는 것은 우선 능력으로 중재되며 우리에게 미치는 인상을 결정한다. 다른 차원에 존재하는 물체가 있다면 그에 대해 우리는 알 수 없다. 그 차원을 인식할 능력이 없기 때문이다. 이성 그 자체는 일련의 선험적 조건이나 지각을 통해 얻는 근본적인 범주에 의존하므로 순수이성의 원칙에서 시작한다고 주장할 수 없다.

정신은 보이는 대로 사물을 받아들이도록 전제한다. 칸트가 분석한 범주의 유형에는 시간 감각과 공간에서의 방향감각이 포함된다. 칸트는 객관적인 세계가 우리가 세계를 지각하도록 만드는 동일한 선험적 범주의 조건에 부합해야 한다고 주장했다. 우리는 공간과 시간 속에서 사물을 바라보며, 적어도 공간과 시간은 그러한 사물의 특성이라고 상상한다.

그래서 어떻다는 것인가? 이러한 주장과 민족지학 사이에는 특별한 연관성이 없다. 하지만 칸트의 도덕철학을 읽을 때 대체로 유사한 원칙에 기초한 것으로 보인다는 점에서 둘 사이의 연관성을 찾는 것은 중요하다. 이성보다 앞선 근본적인 범주에 대한 칸트의 논의를 이론철학이라고 한다. 도덕 분야는 실천철학으로 알려져 있다. 《실천이성비판》은[48] 《순수이성비판》과 병렬 논리를 따른다. 다시 한번 칸트는 우리가 믿을지 모르는 신을 포함하여 도덕 이면에 있는 기본을 직접 관찰할 수 없다고 주장한다. 역시 선험적 범주에 해당한다. 《순수이성비판》과 관련 저술에서 칸트는 선험적 가정에 기초한 이성적 행동의 조건을 살핀다. 그는 '지상명령'을 제안하는데 이는 실천이성을 구조화하고 의무와 이성의 동시적 요구와 동일시한다. 오직 도덕적으로 의무에 따른 행동만이 이성적이다. 민족지학과 병치하려는 시도에서 보면 도덕의 기본에 대한 칸트의 접근에서 놀라운 부분이 발견된다. '모든 도덕철학은 순수 영역에 달려 있다. 인간에게 적용하면 인간 자신의 지식에서 가장 작은 부분도 빌려오지 않는다.'[49] 이는 도덕의 기본을 찾는 과정에서 칸트가 맥락과 역사를 초월하는 원칙을 추구함을 의미한다.

이는 도덕성에 대한 우려의 출발점이 인간의 자율성을 주장하는 것임을 시사한다. 심지어 어떤 특정한 욕망으로부터도 자율성을 유지한다. 이 자율적 자유는 이성적 존재인 인간의 선험적 속성으로서 부여된 것이 아니라 내재된 것으로 간주된다.[50] 기본적인 도덕법을 이해하기 위해서는 도덕성을 부여하는 보편 원리로 돌아가고 어떤 특정한 맥락의 고려로 편향하지 않도록 해야 한다. 칸트가 자유를 기본 조건으로 여기는 것에도 동일하게 적용된다. 자유는 실제 행동한 방식과 다르게 행동할 수 있었던 의식적 감각이 아니다.

자유와 동일시되도록 도덕적 판단은 문화적 조건과 관계없이 보편적 원칙이라고 가정한다.

칸트는 도덕적 인간이 특정 상황을 넘어서서 일어나고 모든 사람에게 적용되는 금언이나 기본 원칙에 따라 판단해야 한다고 생각한다. 이성적인 인간인 우리 모두가 자명하게 알아야 할 몇 가지 기본 원칙이 있다. 예를 들어 '나는 거짓말하지 않겠다'라는 금언을 모든 사람이 거짓말을 피해야 하는 이상과 연결 짓는 것은 적절하다.[51] 빚을 갚기 위해 돈을 빌려야 한다는 것은 다수 부적절한 제안이다. 모든 사람이 이런 행동을 취하면 어떻게 될지 자문할 것이기 때문이다. 그렇다면 도덕은 지상명령이며, 그것이 보편적 법칙으로서 어떻게 작동할 것인지와 보편적 적용에 따른 결과에 대한 기준을 근거로 시험한다면 이해할 수 있다. 물론 실제로 우리는 범주적으로 해야 하는 조치보다는 특정한 욕망에 따라 행동할 수 있다.[52]

칸트가 주장한 선험의 핵심은 이성이나 도덕에 관한 것이든 판단을 내릴 수 있는 정신의 추정이다. 이 정신은 개인 속에 있으며 보편적 세계와의 관계가 칸트의 관심사다. 선험적인 기본은 인지적 범주와 도덕적 법칙에 관해 모두에게 동일하다. 순수하게 자유로운 개인에 대한 이러한 강조를 고려할 때 칸트가 철학을 본질적으로 자유로운 학문으로 만드는 데 핵심 기여를 한 인물로 간주되는 것은 놀랍지 않다. 외부 영향 밖에서 도덕적 선택을 할 수 있도록 개인의 자율성을 주장하는 것은 경제학 원칙 내에서 다른 조건을 참고하지 않고 소비를 선택하는 개인에 관한 전통 모델과 상당히 유사하다.[53] 6장에서는 롤스의 주장과 개인 의지의 자유를 존중한다고 주장하는 자유주의 국가의 원칙에 대한 논의를 통해, 이러한 자유주의와 도덕과의 연관성을 보다 직접적으로 고려할 것이다.[54] 보편성과 관련하여 개인을 고찰하는 이러한 방식은 아리스토텔레스로 거슬러 올라가며 역사적 시기의 반추라기보다는 철학의 장르가 아니냐는 반론이 제기될 수 있다.

칸트에 선험하는 것

칸트의 글을 읽으며 처음에는 농담처럼 떠올랐는데 그다음에는 진지하게 생각하게 되었다. 칸트는 글에서 내내 선험을 끊임없이 언급하는데, 그에게 무엇이 선험하는지 살펴보는 것도 흥미롭다.

인류학에서 선험적인 것에 대응하는 유사한 무엇이 있는가? 개인적으로 선험적인 것의 후보가 될 만한 것이 있다고 생각하는데, 이 요소가 없다면 민족지학이나 인류학을 학문으로 설명할 수 없을 것이다. 연구 참가자들에게서 눈에 띄게 드러난 특징은 사회성에 대한 지속적인 추정이다. 모든 것은 사회적 관계에서 시작된다. 사회성은 선험적이다. 홀로 세상에 떨어진 사람은 없으며, 혼자서는 생존하지 못한다. 개인주의를 향한 흐름을 허용하는 사회도 있다. 하지만 쿠안 사람들은 딱히 그렇지 않다.

쿠안에서의 민족지학 연구는 사회성이 이 인구 집단에 선험적이라는 것을 인식했을 때에야 비로소 진전을 보이기 시작했다. 쿠안 사회를 이해하는 핵심은 두 낯선 사람이 만났을 때 서로 공통점을 깨닫는 상황과 같다. 처음에는 대체로 조심스레 행동하고 피상적인 인사말을 건넬 수 있다. 특정인을 공통으로 알고 있다는 사실이 중요하다. 인맥에서 중복되는 부분이 확인되면 모든 긴장이 풀어지고 소통은 친밀해진다. 처음에 주민들은 나를 의심스럽게 바라봤다. 종종 그들은 '당신이 사람들이 말하던 영국인이군요'라는 말로 시작했다. 식민지 과거를 지닌 아일랜드 마을에서는 딱히 긍정적인 부류가 아니다. 더 많은 사람을 알게 된 것 자체보다는 그러한 정보를 퍼뜨리는 방식이 중요했다. 누군가를 마주쳐서 대화가 시작되면 곧장 '그 거리에서 살고 계시니 …를 아시겠어요' 또는 '그 스포츠를 즐기시니 …를 아시나요', '…로부터 들었습니다'라고 말한다. 일단 상대방과 공통으로 아는 개인이 있다고 드러나면 나는 더는 '영국인'이 아니라 편하게 대화를 나눌 수 있는 사람이었다. 현장 연구를 시작하고 6개월 동안 절망스럽고 보람 없이 지내다가 마지막 3개월에는 '멋진' 경험을 할 수 있었던 비결이다.

이미 다른 많은 나라에서 민족지학 연구를 하면서 유사한 패턴을 발견했다. 그러나 다른 나라에서의 관행은 쿠안에서 동일하게 작동하지 않았다. 예를 들어 트리니다드에서는 양 당사자가 다른 사람에 대해 아는 것이 유용한 이유를 설명하는 잠재적 도구주의가 있다.[55] 이는 그러한 도구적 구성 요소가 없는 쿠안에서 인맥이 작동하는 방식과 매우 다르다. 아일랜드와 트리니다드를 비교하는 것은 칸트에 있어 동일하게 중요한 대조가 된다.

사회가 개인에 우선한다는 주장을 할 때 인류학자는 보편성의 함의를 회피하는 것이다. 사회성이 의미하는 바는 지역적 맥락과 관련이 있기 때문이다. 사회적 예의는 특정 문화와 규범 가치의 표현으로 기능한다. 인류학의 경우 개인주의라는 개념조차도 그 자체로 선험적이다. 인류학자들은 우선 개인주의에 대한 특정한 문화적 관념을 검토하기 때문이다. 한 예로 메릴린 스트래선Marilyn Strathern이 《자연 이후After Nature》[56]에서 다룬 내용은 동료인 앨런 맥팔레인Alan Macfarlane의 잉글랜드 개인주의 기원에 관한 연구에서 영향을 받았다. 맥팔레인은 그 기원을 중세에서 찾았는데 개인에 대

한 유럽의 개념적, 제도적 이해와는 뚜렷하게 대조되었다.[57]

이 접근법은 개인의 평가에서 주의를 돌리자는 의도가 아니다. 집단이나 '민족지학' 연구를 참고하여 개인을 특징짓는 것은 분명 지나친 일반화를 야기하며, 각 개인의 특수성에 대한 존중을 약화시킬 수 있다. 그런 이유에서 민족지학에는 구체적이면서도 항상 보편적인 개인의 이야기가 포함된다. 이미 언급했듯이 쿠안에는 외로운 사람들이 있으며 그들을 찾아내려는 시도도 있었다. 여기에는 상당한 노력이 필요했다. 이 연구는 내가 수행한 비교 민족지학 연구에서 두 번째로 규모가 큰 연구의 일환으로 진행되었다. 5년 전에는 '우리는 왜 포스팅하는가Why We Post'라는 프로젝트에서 소셜 미디어의 성격과 결과를 연구하기 위해 유사한 규모의 프로젝트를 진행했다.[58] 해당 프로젝트를 위해 16개월 동안 쿠안과 비슷한 크기의 영국 현지에서 민족지학 연구를 실시했다(영국에서는 만 1000명의 정착지를 마을이라고 하지만 아일랜드에서는 도시라고 한다). 영국의 현장 연구에 대한 보고서에서 많은 부분은 갈수록 뚜렷해지는 고립과 외로움에 대한 조사 결과였다.[59] 특히 더 큰 연구의 일부였던 호스피스 환자에 대한 연구에서 그 점이 두드러졌다.[60] 나는 영국 자체에 고유한 특성이 있다고 주장했는데, 예를 들면 집안에서 개인의 사생활을 존중하는 것이다. 영국의 연구에서는 외롭거나 고립된 사람들을 찾는 노력이 필요하지 않았다.

현장에서 만난 영국인과 아일랜드인 모두 은퇴하면 취미, 관심사, 활동 범위를 넓힐 계획이었다. 쿠안에서 열린 국제 여성의 날 기념식과 유사한 여러 행사에서 연설자는 여성들에게 특히 사회적 인맥을 넓히기 위한 목적으로 새로운 관심사를 개발하라고 권했다. 사실 그들에게는 어떤 격려도 필요하지 않았다.

중요한 차이점은 영국 마을에서 그림과 글쓰기와 같은 새로운 취미는 본질적으로 개인의 자기 표현을 주된 목적으로 하는 개인적 추구로 간주되는 경향이 있다는 것이다. 그러나 쿠안에서는 글쓰기와 그림 같은 동일한 취미가 일반적으로 사회 활동으로 수행되었다. 카페에서 한 무리의 화가가 수업에서 나와 잠시 쉬는 모습을 종종 볼 수 있다. 창작 글쓰기 모임에서는 회원들이 초고를 교환하고 토론했다. 쿠안에서 두드러진 점은 이러한 은퇴자가 추구하는 모임의 성격이 집단적이라는 것이며 브릿지, 빙고, 타이디 타운즈, 산책에 대중이 참여하는 규모와 더불어 성행한다. 또한 어떤 구실이나 관련 활동을 하지 않더라도 주변에 거주하는 친구나 가족과 카페에서 매주, 때로는 매일 만나면서 관계를 형성한다. 팬데믹 이후 쿠안으로 돌아와 코로나의 주요 영향을 질문했을 때 돌아온 가장 흔한 대답 중 하나는, 하루 일과로 해변을 자주 산책하면서 새로운 사람들을 사귀었다는 것이었다.

쿠안과 잉글랜드의 현장 연구는 뚜렷한 차이를 보였다. 쿠안 사람들 역시 영국의 연구에서 흔히 확인되던 고립과 외로움의 문제를 상상하기는 했지만, 아일랜드에서는 고립과 외로움을 느끼는 집단으로 악명이 높은 먼 시골의 농사 짓는 노총각을 그리는 수준에 그쳤다.[61] 누군가가 항상 특정 지역과 주민을 관찰하는 쿠안 같은 곳에서는 상상조차 할 수 없는 상태였다. 영국에서 호스피스 연구를 수행할 당시 극단적 사례이긴 하지만 가족을 포함해 아무도 오지 않은 장례식도 목격했다. 반면 쿠안의 장례식은 사실상 교회를 한가득 채운 행사였다. 이러한 예는 인류학이 실질적으로 사회의 선험성에 접근하는 특징적인 방식이다. 사회성은 항상 선험적이라는 일반적 주장을 제기하고 칸트의 자율적인 개인과 대조할 수 있다. 그러나 이 주장에 담긴 명백한 보편주의는 즉시 부인된다. 인류학자들이 연구하는 각 인구 집단에서 나타나는 다양한 형태의 사회성이나 개인주의에 대해 즉각 되물을 것이기 때문이다. 영국이 개인주의를 조장하는 경향을 가진 문화적 가치를 중시할 수도 있지만 그것이 선험적으로 사회성의 기본 원칙과 모순되지 않는다. 영국에서도 외로움과 고립은 사회의 적합한 속성보다는 실패와 문제로 간주되었다.

사회성을 선험적으로 간주하는 것은 쿠안을 특징짓는 인류학의 관점에서도 동일하게 근본적이다.[62] 인류학에 대한 합리적인 정의는 사회적 관계에 대한 연구로 설명하는 것이다. 무엇보다도 사회인류학의 문제는 모든 것을 사회적 관계로 축소하려는 경향이다. 종종 에밀 뒤르켐Émile Durkheim이나 메리 더글러스Mary Douglas 같은 이론가들은 모든 연구 대상을 근본적인 사회적 관계에 대한 반영으로 되돌리려는 욕망에 충실하다는 비판을 받는다.[62] 인류학의 기원은 기본 조직 원리로 거의 필연적으로 친족을 이용하는 소규모 사회에 대한 연구다. 결론적으로 인류학자가 연구하는 사회와 인류학이라는 학문 모두가 사회적 관계와 사회를 선험적으로 받아들인다. 개인은 개인으로 이해되기 전에 관계적 존재로 이해된다. 여기에는 칸트의 또 다른 관심사인 인식과 이성이 포함된다. 세계와의 관계는 적어도 멜라니 클라인Melanie Klein에 따르면 어머니 가슴의 존재나 부재에 대한 영아의 초기 의식에서 시작된다.[64] 나중에야 우리는 자신을 개인으로 볼 뿐이다.

이러한 점은 칸트가 채택한 두 가지 주요 단위의 중간 지대에 민족지학을 위치시킨다. 바로 순수 자율적 인간에 대한 상상과 보편주의다. 철학자들이 보편적 논쟁을 논리적으로 구성하기 위해 사회성의 맥락에서 추상화된 조건을 상상하기 원하는 이유가 있다. 따라서 칸트는 인류학자들이 시도하지 않을 많은 성취를 달성할 수 있다. 그는 인간을 삶으로부터 멀어지게 하는 것이 아니라, 모든 사람이 동의해야 할 품위에 대한 공통된 인식을 형성할 수 있는 조건을 더 깊이 들어가도록 이끄는 메커니즘을 제공하려 했다. 그러나 인간은 누구나 복잡한 맥락 밖에서 살지 않기 때문에 그러한 조건은 추측에 근거할 뿐임을 언제나 유념해야 한다. 이는 현존하는 인구의 민족지학 연구에 기초한 인류학의 보완적인 역할에 가능성을 부여한다.[65] 민족지학에서는 사람들이 합리적이고 도덕적인 판단을 내리는 방법에 대한 검토가 선험적이기보다는 후험적 질문이 된다. 언제나 판단은 정립된 관습과 후속 결정에 따른 결과로 주어진 제약과 가능성 안에 기초하기 때문이다.[66]

방금 언급했듯이, 도덕적 결정을 내리는 탈맥락화된 개인에 대한 칸트의 의존은 뒤에 있는 현대 경제학에서 많은 담론의 전제가 된다.

현대 경제학은 또한 자율적 개인이 내린 자유로운 선택을 토대로 이론화하고 모델을 만드는 경향이 있다. 그러나 현대 사회과학 내에서는 그러한 가정을 옹호하는 자가 드물다. 결국에는 사회과학이기 때문이다. 이 시점에서 철학 자체에서 칸트에 대한 유사한 비판적 논의가 일어나리라 예상할 수 있다. 칸트의 개인 자율 개념을 관계 자율 관념으로 대체할 것을 제안한 카트리오나 매켄지 Catriona Mackenzie 등의 저술에서 그 예를 찾을 수 있다.[67] 이들의 비판은 주로 인류학적 감성에 가까운, 칸트를 페미니스트 시각으로 해석하는 시도의 출현에 초점을 맞추고 있다.

결론적으로, 사회성을 선험적으로 간주해야 한다는 주장에 대한 직접적인 영감은 뒤르켐 이후의 공통된 방식의 해석이 아닌, 쿠안에서 수행한 민족지학 연구의 관찰에서 비롯되었다. 이러한 주장은 도덕적 모순에 직면한 개인이 '해야 할 일'에 대한 이해에 칸트가 미친 중요한 기여를 퇴색시키지 않는다. 칸트는 현실을 표현하기 위해 이상을 제한하려던 것이 아니라 현실을 판단하기 위해 이상을 제시하려 했다.⁶⁸ 그러나 같은 이유로, 사뭇 다른 선험적인 것에서 시작하는 다른 논의를 보완하는 것이 중요해 보인다. 이 민족지학 연구에서 발견되는 인류학적으로 선험적인 두 가지 특성이 있다. 첫째는 사회성과 사회적 관계의 추정이다. 그러나 아일랜드의 한 도시에 관한 이 연구는 어떤 보편주의에도 반대되는 문화의 추정에 가세한다. 이는 쿠안과 규모가 유사한 영국의 현장이 대조를 이루었다는 앞선 지적처럼 인류학의 일반적인 비교 경향에서 명백히 드러난다. 또한 순수한 상대주의가 제기하는 문제를 인식하고 있는 경우의 문화적 상대주의도 마찬가지다.⁶⁹

끝으로 특별히 주지해야 할 내용이 있다. 첫째, 내가 연구한 쿠안 사람들이 아일랜드 또는 쿠안 사람들을 대표한다는 증거가 없다. 둘째, 칸트에 대한 논의와 개인과 보편성 간의 관계에 기초한 집필 양식이 특정 철학자들에게 적용될 수 있지만, 분명 '서구' 철학 전체에 적용되는 것은 아니다. 민족지학을 연구하는 각지의 철학 분야의 각 철학자는 저마다 고유하다. 그런데도 전형성과 특징적인 수준에서 분석하는 것도 여전히 가능하다.

결론에서는 철학에 전형적인 인류학 논의와 쿠안의 많은 주민에 대한 추정과는 다른 공통 특성이 있다고 밝힌다. 예를 들어 많은 철학자는 (놀랍지 않게도) 개인적 사유와 삶의 목표 자체를 진지하게 논하는 경향이 있다. 다른 사람들 무리와 즐거운 시간을 갖는 재미^craic라는 아일랜드의 이상과는 거의 공통점이 없다.

마지막 질문은 이 책에 등장하는 선별된 철학자들에게 향한다. 왜 다른 사람도 아닌 철학자들인가? 나는 소크라테스와 스토아 학파를 포함한 고전 철학부터 헤겔 등의 후기 계몽주의 철학자들에 이르기까지 다양한 철학자를 포함하고자 노력했으며, 한편으로는 하이데거, 아도르노, 사르트르 등의 근대 철학 창시자들과 알라스데어 맥킨타이어, 마사 누스바움 같은 현대 철학자들을 포함하려 했다. 두 번째 기준은 앞선 장에서 비교된 인류학적 자료와 연관되는 철학자를 설득력 있게 배치하는 것이었다. 그런 이유에서는 소크라테스는 스포츠와, 사르트르는 자유와, 롤스는 불평등과 관련해 고려된다. 독자들 역시 가능한 대안적인 철학적 기여에 대해 생각해볼 수 있을 것이다. 하지만 포괄적 조사를 시도하기보다는 각 사례에 대해 특정 철학자나 철학 운동에 초점을 맞춰 보다 명쾌한 책을 쓰고자 했다. 여전히 가장 중요한 목표는 훌륭한 삶에 대한 철학적 접근과 만족스러운 삶에 대한 민족지학적 접근을 비교하는 것이다.

The Good Enough Life

1장
유례없는 자유 사회인가?

1장에서는 아일랜드 한 소도시의 은퇴자 무리가 이례적으로 자유로운 사람들을 대표한다는 논지를 펼칠 텐데, 어떤 면에서 이들은 역사상 그 어떤 인구 집단보다 더 많은 자유를 누린다고 할 수 있다. 하지만 이러한 진술이 표현만큼 극단적인 것은 아니다. '대표한다'라는 단어는 여기에서 일종의 경고 역할을 한다. 이 은퇴자들은 특별한 경우에 해당하지 않으며 아일랜드를 비롯해 세계의 점점 더 많은 지역에서 발견되는 인구 집단의 한 사례일 뿐이다. 각 인구 집단은 특유의 역사와 특정 제약을 극복하는 과정에서 여러모로 유례없는 수준의 자유를 쟁취했다. 종합적으로, 이 인구 집단은 전 세계 인구에서 소수 집단을 대표하며, 확언할 수는 없지만 아무쪼록 계속 증가하는 추세를 보이기를 바란다. 한편 1장에서는 이 집단이 기왕에 실재하고 연구에도 개방적인 태도를 보이는 만큼 무엇을 배울 수 있는지 중점적으로 고민할 것이다.

특정 인구 집단이 예외적으로 또는 유례없이 자유로운 상태를 대표한다는 주장은 무슨 의미일까? '자유'라는 단어는 특정 부담이나 제약으로부터 놓여남을 의미하는 것이 아니다. 이러한 주장은 사람들이 과거의 광범위한 제약과 의무로부터 동시다발적으로 해방되는 한편 욕구를 충족하는 능력이 향상될 때 자유를 누리게 된다는 사실로 뒷받침된다. 이 책의 여러 장과 마찬가지로 이어질 몇몇 예시는 필자가 폴린 가비^{Pauline Garvey}와 공동 집필한 저서에 이미 소개된 바 있다.[01] 또한 이 공동체의 자유에 기여하는 중요한 요소 중 하나인 상대적 풍요는 3장에서 자세히 설명할 것이다. 역사적으로 보면 특별히 부유한 인구 집단이 존재해왔다. 예를 들어 로마 제국의 상류층이나 중국 왕조 시대의 관료들은 주체할 수 없는 수준의 부를 거머쥐었다. 하지만 오늘날 부의 개념은 단지 재정적인 측면에 국한되지 않는다. 현대인은 의료 서비스, 교통 체계, 디지털 소통을 비롯해 과거에 돈으로 누릴 수 없었던 기타 여러 시설을 이용할 수 있다. 진통제, 자동차, 비행기, 인터넷을 사용할 수 있는 생활은 과거인들의 생활과 극명하게 다르다. 이 역시 유례없는 자유에 대한 주장을 뒷받침하는 중요한 요소다.

폴린 가비와의 공저에서는 노동으로부터의 자유, 가족으로부터의 자유, 종교로부터의 자유, 나이로부터의 자유를 비롯한 자유의 여러 측면을 자세히 설명했다. 따라서 1장에서는 관련 부분을 간략하게 짚고 넘어갈 것이다. 대신 전작에서 다루지 않았던 정체성 정치학 등 정치로부터의 자유를 집중 조명한다. 이 예시가 자세히 살펴볼 유일한 예에 불과하더라도 1장의 전체 목표는, 유례없는 자유에 대한 주장을 함께 뒷받침하는 각종 자유에 대해 설명하는 것이다.

종교로부터의 자유

이 아일랜드 인구 집단에서 (우리가 일상적으로 사용하는 용어라는 점에서) 가장 중요하면서도 의식적인 자유의 요소를 꼽는다면, 지난한 역사를 통해 직접 자유를 쟁취해냈다는 성취감일 것이다. 종종 이들은 현재 처한 환경을 어릴 때의 기억과 비교하면서 유년기 삶의 많은 측면에 신정 통치가 얼마나 큰 영향을 미쳤는지 떠올린다. 이 책의 도입부에서 설명했듯, 신정 통치가 실시된 배경에는 운동의 유산과 이후의 유혈 낭자한 내전이 자리하고 있다. 에이먼 데 벌레라Éamon de Valera는 아일랜드 독립 과정에서 핵심 인사가 된 이후 영국 식민주의로부터 해방된 아일랜드의 진정한 정체성을 형성하는 일에 집중했다. 여기에 아일랜드 가톨릭교의 부활이 중추적인 역할을 했고 이 비전은 독립 운동의 모든 부문에서 지지를 받았다. 그 결과 교회가 정부의 의사 결정에 강한 영향을 미치는 신정 통치 시대가 열렸고 교육과 같은 국가의 기능이 지역 수준에서 직접 관리되었다. 가톨릭교회, 특히 예수회는 1937년 헌법 입안에 확실한 영향을 미쳤는데, 이 헌법은 1973년 5차 개정안이 입안되어 폐지되기 전까지 교회의 '특별한 지위'를 인정했다. 정보 제공자들은 이에 대해 진술하면서 교회가 장악한 교육을 받은 경험을 설명했다. 또한 공공건물의 사용 허가부터 어떤 연극을 상영할지에 이르기까지 청년 시절에 겪은 사건들의 배경에는 대부분 교회 관계자가 연루되어 있었으리라 짐작했다. 이러한 신정 통치가 일반 국민에게 미친 영향은 핀탄 오툴Fintan O'Toole의 《우리는 자신을 모른다We Don't Know Ourselves》에 자세히 기록되어 있다.

쿠안 마을의 한 은퇴자는 교회에서 교육을 통제하던 주요 집단인 크리스천 브러더스Christian Brothers에서의 세월을 그린 책을 펴냈다. 결국 이 은퇴자는 조직을 떠나기로 마음먹었지만 조직에 머무는 동안에는 추후 폭로된 성적 학대나 다른 학대가 일어났음을 감지할 만한 구석이 없었다는 주장을 펼쳤다. 다만 그의 세대에서는 아주 어린 나이에 그러한 조직에 합류하는 것이 무척 자연스러운 결정이었으며 많은 사람이 수도사나 수녀가 되었다고 설명했다. 대가족에서는 한 명 이상의 동기간이 교회에 몸담으리라 기대하는 경우가 많았으며 종교가 삶에서 중요하고 밀접한 부분을 이루었다. 물론 이러한 현상이 획일적으로 나타난 것은 아니었다. 은퇴자 대부분은 청년 시절에 미사에 참석하는 것이 의무였다고 했지만, 쿠안 태생의 한 은퇴자는 자신과 친구들은 미사에 거의 참석하지 않았으며 몇몇은 부모 세대보다 세속적인 삶을 살았다고 전했다. 하지만 전반적으로는 종교 의식이 강력한 영향을 미치고 신정정치가 이루어졌으며 거의 모든 형태의 권한이 교회에 양도된 시대였다는 기억이 우세했다.

다만 쿠안은 일찍이 교회의 영향에서 빗어난 도시 중 하나였는데 여기에는 관광업의 영향이 컸을 것이다. 아일랜드 사람들이 1970년대 스페인에서 여름 휴가를 보낼 여유가 생기기 전까지 쿠안은 사람들이 때때로 교회의 압박을 피해 춤을 추며 즐거운 시간을 갖고 싶을 때 찾는 대중오락의 중심지였다. 그렇기에 아일랜드의 대부분 지역에서는 교회의 권위가 공고하다가 일련의 대형 스캔들을 계기로 급격히 붕괴되었으나, 쿠안에서는 초기부터 점진적으로 자유주의를 향해 나아갔다. 물론 교회의 추문이 연달아 폭로되면서 쿠안의 주민들도 모두 충격에 빠져 교회를 다시 평가하는 과정을 겪어야 했다. 그동안에도 교회 스캔들이 어느 정도 알려져 있었으나 그 폭로가 쉬쉬하던 행태들을 인정하는 계기가 되면서 파장이 더 커졌다고 오툴은 풀이한다.[02] 크리스천 브러더스에서 자행된 성적 학대 스캔들은 이 단체가 교육을 장악하고 있었다는 점에서 충격이 더 컸다. 심지어 교회가 맡은 사생아들을 방치했다는 또 다른 스캔들이 불거졌는데, 내 연구에 참여한 한 참가자는 그 피해자들이 노인이 될 때까지 평생 도왔다. 오늘날에는 믿는 사람들도 청년들에게 신앙이 없음을 알고 있으며 자신들이 신앙을 지키는 마지막 세대일 것이라 생각한다. 쿠안 지역에서 낙태 합법화를 위한 8차 개정안 폐지에 찬성한 유권자 비율은 72퍼센트에 달했다.

다시 말해 투표에서 28퍼센트만 낙태권에 찬성하지 않는다는 의사를 밝힌 것인데, 인구구성 측면에서 이들이 이 연구의 주요 대상자인 것으로 추정된다. 필자가 교회 예배에 참석한 경험에 비추어 보면 약 1만 1000명의 인구 중에서 600~800명이 각종 미사 중 하나에 거의 매주 참석하며 대부분이 노년층이다. 하지만 이들 중 다수가 사회적인 이유로 미사에 참석한다. 예배 후 교회에서 제공하는 공간을 비롯해 서너 곳 중 한 곳에서 차를 마시면서 다른 사람들을 만나는 것이다. 이들에게 교회는 지역사회 생활의 중심지 역할을 하며 TV 시리즈 〈파더 테드Father Ted〉 등의 대중문화 콘텐츠에 그러한 역할이 잘 묘사되어 있다. 〈파더 테드〉에서는 교회가 지향하는 목표에서 상당히 멀어졌지만 덕분에 친절을 베풀 수 있는 집단으로 묘사했다. 많은 노인에게 종교는 익숙한 관습을 통해 편안함을 제공하며 기본적인 신앙이 약해진 상황에서도 계속 위안을 주었다. 현재 쿠안의 성직자는 교회에 변화가 필요하다는 것을 잘 알고 있으며, 사회적 지원 방안을 모색하고 보다 일반적이며 보편적인 도덕적 책임감과 윤리인식을 전달하는 데 중점을 두고 있다. 지금까지 교회는 이러한 목적을 효과적으로 수행한 것으로 보였다.

폴린 가비와 공동 집필한 전작에서 밝혔듯 쿠안에서는 '모태 가톨릭 신자였지만 교회가 스캔들과 학대로 자멸하면서 자유로운 기독교인이 되었다'라는 식의 고백을 빈번하게 들을 수 있다.[03] 이렇게 고백하는 의도는 유년기에 전통적으로 죄와 저주를 강조해온 엄격하고 권위주의적인 가톨릭교회의 가르침을 받으며 살았음을 밝히려는 것으로 보인다. 하지만 오늘날 사람들은 가톨릭교를 좋은 사람이 되려는 윤리적인 열망을 이뤄주는 수단으로 보고자 하며 자신의 자유의지에서 우러난 행동으로 타인과 관계를 맺는다. 신앙이 없는 사람들이라도 선한 기독교인이 되고 싶다는 보편적인 감정에는 고개를 끄덕인다. 그 결과 오늘날 사람들과 가톨릭 교회의 교류는 과거와 그 양상이 매우 다르면서도 보다 일반적으로 수용 가능한 방식으로 바뀌었다.

무엇보다 1장의 가장 중요한 목적은 이 변화가 대대적으로 일어났음을 보여주는 것이다. 아일랜드는 유럽에서 가장 신앙심이 깊은 청년들의 나라에서 자유라는 가치의 수호에 앞장서는 나라로 변모했으며, 이러한 변화는 지역 차원을 넘어 국가 차원에서 일어났다.[04] 쿠안에서 태어난 주민들도 그렇지만 벽지에서 이주한 사람들에게는 삶의 다른 여러 측면의 토대를 이룬다는 점에서 더더욱 자유를 실감할 수 있게 하는 중요한 변화다. 자유를 누리고 세속적인 삶을 산다는 것은 사상의 자유를 얻는 것이며, 특히나 과거에 정반대의 상황을 겪은 만큼 심오한 깨달음을 얻은 것처럼 느껴지기까지 했다.

노동으로부터의 자유

유례없는 자유를 구성하는 두 가지 다른 요소는 성인의 삶에서 상당 부분을 차지하는 노동과 가정생활과 관련되어 있다. 사상의 자유가 값지긴 하지만 이 자유를 누리려면 생각할 수 있는 시간 여유가 필요하다. 노동인구에 포함될 수 있는 연령이 되면 업무가 하루 일과에서 상당 부분을 차지하고 정체성의 핵심을 이루는 경우도 많았다. 사람들은 가게 주인이 되거나 스포츠 물리치료사가 되거나 학교 경비원 등이 되었다. 다만 초창기에는 여성의 취업이 제한적이었는데, 관련된 자유는 가족을 다루는 다음 섹션에서 설명할 것이다.

스마트폰과 스마트 에이징 인류학ASSA 프로젝트의 주된 목적 중 하나는 기대수명 증가에서 비롯된 결과를 확인하는 것이었다. 대다수 지역에서 은퇴 이후를 삶의 부가적인 단계로 바라보지만 현실에서는 인생을 은퇴 이전에 했던 일이나 양육으로 정의한다. ASSA 프로젝트에서는 비교 연구의 관점에서 은퇴를 관찰할 수 있었다. 이 연구에서는 상파울루 기반의 연구에서 발견된 사실과 쿠안의 사례가 극명한 대조를 이루는 것으로 확인되었다. 마릴리아 두케Marília Duque는 상파울루 사람들이 은퇴할 때 수십 년간의 근로로 쌓아 올린 지위와 정체성이 유지되느냐에 가장 큰 관심을 보인다는 사실을 발견했다.[05] 은퇴자들은 옛 직업에서 획득한 정체성으로 자신을 계속 바라봐줄 새로운 종류의 일자리나 방법을 찾곤 했다. 과거에 했던 일이 곧 자기 자신인 셈이다. 여기서 이 연구가 이루어진 환경을 주목해야 하는데, 브라질의 모든 도시 중에서도 상파울루는 열심히 일해서 성공하고 번영하는 것을 정체성으로 인식하는 시각이 가장 두드러진 지역이다. 리우데자네이루 등지와는 인식이 무척 다르다.

나는 주로 은퇴한 남성으로 구성된 쿠안 멘즈 셰드Men's Shed(남성들의 헛간)의 주간 모임에 일 년가량 참석해 관찰했다. 가장 놀라웠던 점은 상대에게 직접 묻지 않고서는 이전에 했던 일을 짐작할 수 없었다는 것이다. 무엇보다 저임금이나 육체노동을 하던 사람들과 비교해 상당히 고위직에 있었던 남성들이 이전 지위를 과시하지 않는 경향을 보였다. 양 집단 사이의 차이가 확연하게 드러났던 경우가 딱 한 번 있었는데, 멘즈 셰드가 성가신 관료 절차를 맞닥뜨렸을 때였다. 규정에 따르면 자원봉사를 하려면 멘즈 셰드에서 각종 데이터 보호 규정, 보험 정책, 신원조회 절차, 이와 유사한 요건을 충족해야만 했다. 이 과정에서 일부 구성원이 관련 요건을 충족하는 업무에 무척 익숙한 것으로 드러났고 자발적으로 나서서 성가신 일을 해결하기에 이르렀다.

    그렇다고 사람들이 과거의 직업을 숨긴 것은 아니었다. 일주일에 한 번씩 마을 카페에서 만나는 남성 무리는 서로 공유하는 과거의 유산으로 결속되어 있었다. 예를 들어 한 집단은 교육계에 종사한 사람들로, 또 다른 집단은 공무원들로 이루어져 있었다. 많은 경우 사람들은 은퇴 후에도 새로 임용된 교사들을 평가하는 업무를 돕거나 이전에 근무했던 정부 부처에 자문을 제공하는 등 과거에 했던 역할을 몇 년간 이어갔다. 하지만 얼마 지나지 않아 그러한 활동을 중단하고 여러 면에서 새로운 인생을 시작하여 은퇴자에게 허락된 새로운 활동을 발전시키는 데 전념했다.[06]

    악기 배우기부터 전문적인 사진 촬영, 걷기 동호회 가입, 역사

학회의 발표를 위한 조사에 이르기까지 은퇴 후의 활동은 과거 직업과는 대체로 관련이 없었다. 오히려 은퇴 후에 시작한 새로운 활동에 매료되어 삶의 경계가 확대된 것을 느낄 수 있는 다양한 경험을 시도했다. 폴린 가비와의 공저에 담긴 핵심 주장은 《삶이 기술이 될 때When Life Becomes Craft》라는 책 제목에 잘 요약되어 있다. 이 책은 은퇴자가 참여하는 여러 기술 활동을 설명하기보다는 자신의 삶을 빚어나가는 역량이야말로 다른 모든 기술을 압도하는 핵심적인 기술이라고 주장한다. 은퇴자들은 사회생활, 활동, 휴일, 여가 시간을 조직하고 새로운 삶으로 인도하는 관심사를 더하거나 빼는 기술을 연마하고 있었다. 연구에서는 스마트폰의 역할에 주목했다. 왓츠앱WhatsApp과 캘린더Calendars 등 여러 앱이 분주한 은퇴 생활에 질서를 부여하는 데 중요한 역할을 하는 것으로 나타났다. 은퇴자들은 일상의 상당 부분이 정해져 있는 월급생활자들과는 대조적으로 자유롭게 활동을 선택했다. 이 사례에서 자유의 경험이 무엇으로부터의 자유가 아닌, 무엇을 할 자유라는 것을 알 수 있다.

은퇴 생활의 확장은 비교적 최근에 대두된 현상이기 때문에 이것이 어떤 결과로 이어졌는지에 대해서는 연구가 거의 이뤄지지 않았다. 특히 전문 직종에 종사하려면 장기간 교육받아야 하는 경우가 많다. 이십 대에 진입하고 꽤 지나야 임금을 받는 사람들의 비중이 증가하는데, 연구에 참여한 다수가 오십 대 후반에 은퇴한 것으로 나타났다. 즉 은퇴자 상당수가 30년 미만의 기간을 급여 생활자로 지내다 은퇴 후 또 다른 30년의 삶을 이어가는 것이다. 일한 세월과 맞먹는 기간을 은퇴 이후에도 보내야 한다면 두 기간은 동일하게 중요한 것으로 간주해야 한다. 하지만 학계, 언론, 심지어 일반 대중도 그렇게 인식하지 않는 것이 분명하다. 노동과 관련해 모든 독자를 대상으로 하는 수많은 책이 발간되었지만, 그 대상에서 은퇴자는 제외되어 있다. 은퇴 이후의 삶이 상당히 오랫동안 지속된다는 사실은 이 시기를 인생살이 기술 측면에서 접근해야 한다는 주장에도 영향을 미친다. 이제는 이 기술을 수십 년에 걸쳐 연마할 수 있다. 은퇴하자마자 어떤 일을 할지 선택하는 문제를 넘어 은퇴하고 20년 뒤 어떤 기술을 개발하기를 원하는지도 관심사다.

가족으로부터의 자유

특히 여성의 경우, 업무와 관련된 문제 이상으로 여가 시간을 제약한 문제가 있다면 가사와 연관되었을 가능성이 높았다. 대다수 여성은 서너 아이의 어머니로서 특히나 고된 삶을 살았던 시기를 기억할 것이다. 가족에 대한 인류학 연구는 가정에서의 역할에 따른 사회적 의무와 분류에 주로 초점을 맞춰왔다. 그 결과 최근 가족 관계에서 일어난 변화에 마땅한 관심을 기울이지 못했으며,

가정에서의 역할과 관련된 경험에 주목해야 할 필요성이 더 높아졌다.

오늘날 쿠안 주민들의 삶에서 가족과의 교류는 간헐적인 경험으로 이어지는 양상을 보인다. 십 대 후반에서 이십 대 초반 사이에 자녀로 살아가다가 부모가 되는 중요한 변화가 일어나는데, 이 시기에 가족과 별다른 연락 없이 지내는 사람이 대다수다. 쿠안에서 이 나이대의 사람들은 해외에서 생활하거나 고향에서 떨어져서 살아갈 가능성이 높다. 그러다 많은 수가 가정을 이루기 위해 쿠안으로 돌아온다. 앞서 언급했듯, 자녀로 지냈던 경험을 돌아볼 때 쿠안이 아이들을 키우기에 적합하다고 생각하기 때문이다. 또한 쿠안에서는 가족에게 실질적인 도움을 얻을 수 있다. 가족 간 유대감은 자녀가 성장해 집을 떠나면서 약해졌다가 손주 양육을 통해 어느 정도 되살아난다. 연로하거나 죽음을 앞둔 부모를 부양하면서 가족 간에 강한 유대감이 마지막으로 형성되며, 이후에는 자신도 다른 누군가의 보살핌을 받게 된다. 즉 가족은 단순한 분류를 뛰어넘는 관계다. 가족의 유대 관계가 강한 영향력을 미치는 기간이 있지만 인생의 나머지 기간에는 그 영향력이 미미하다.

은퇴자들에게 공통으로 관찰되는 특징은 은퇴와 맞물려 자유를 얻으리라 기대한다는 것이다. 하지만 은퇴 시기가 되면 공교롭게도 부모가 기력을 잃기 시작하며 때로는 치매로 고통받기도 한다. 기대 수명이 증가하면서 치매 유병률도 뚜렷하게 상승했다. 치매를 비롯한 노화는 미처 준비되어 있지 않은 대부분의 자녀에게 매우 큰 부담을 주며, 자녀마다 부모 봉양에 대한 능력이나 의지가 다르기에 분란이 일어나는 경우도 많다. 하지만 부모가 사망한 후에는 은퇴 이후에 기대했던 자유를 누릴 수 있다.

폴린 가비와 나는 별도 논문에서[07] 은퇴와 관련한 가족 관계의 핵심 범주인 손주 양육이[08] 이전보다 더 중요한 가족 관계의 요소가 되었으며, 특히 은퇴자의 자유에 큰 영향을 미친다고 주장한 바 있다. 손주와의 관계 자체보다는 손주 양육이 가족과 과거에 나눈 경험에 영향을 미치기 때문이다. 논문에서는 손주 양육이 자녀와의 껄끄러웠던 관계를 어떻게 해소하는지를 기술했다. 자녀는 부모가 손주를 양육하면서 주는 도움과 지원에 감사하고, 자신이 부모로서 양육에 따르는 어려움을 직접 경험하며 부모와 더 큰 공감대를 형성하게 된다. 아울러 연구에서는 조부모가 손주 양육을 계기로 자신의 유년기를 다시 평가하게 되었음을 깨달았다. 많은 조부모가 소득이 적고 식구가 많으며 알코올의존증이 만연하고 때로는 트라우마를 남기는 환경에서 유년기를 보냈다.

이와 더불어 중요한 점은 조부모가 손주 양육이 개인의 자유에 대한 제약이 아니라 자유의 표현임을 드러내기 위해 애쓴다는 사실이다. 이들은 그러한 차원에서 적극적인 손주 양육이 가족으로서의 의무가 아니라 자발적인 기여라고 표현한다. 아만다는 손주를 돌보는 일이 크게 힘들지도, 그렇다고 무척 수월한 일도 아니라면서 자발성을 강조했다. 아만다와 남편은 유치원에 손녀를 통원시키는데, 12시에 손녀를 집으로 데려와 오후 3시에 조카딸이 데려갈 때까지 돌보는 날도 있다. 도움을 줄 수 있어 만족하고 있지만 또 한편으로는 자신의 자유에 큰 지장을 주지 않는다는 데 감사한다. 적절한 균형을 유지할 수 있다는 점에서 아이의 조부모와 부모 모두가 비교적 부유한 환경에 있음을 알 수 있다. 아일랜드의 모든 지역이 아만다의 사례와 같지는 않기 때문이다.

자유에 관한 관심에는 조부모의 과거 양육 경험이 반영되어 있다. 올해 64세인 올리브는 비교적 소득수준이 낮은 바트리 지역에 거주하며 세 자녀에게 좋은 부모였다고 자부했다. 부모로서의 임무를 성공적으로 마치기는 했지만 손주까지 양육해야 한다는 의무감이 들지는 않았다. 하지만 딸은 직장으로 복귀하기를 간절히 바랐는데 올리브가 종일 아이를 돌봐주어야만 가능했다. 올리브는 단호하게 양육을 거부했다.

손주를 보는 데 반대한 적이 없고 실제로 일 년 동안 돌봐주기도 했지만 딸이 다시 임신하여 아이를 돌봐달라고 했을 때는 안 된다고, 그런 일은 없을 거라고 말했다. 대신 [가게를 청소하는] 내 일을 할 생각이었다. 딸은 직장에 복귀하기를 바랐지만 그러려면 내가 아침 7시부터 저녁 7시까지 아이들을 돌봐줘야 했다. 아이들의 할머니가 아니라 엄마 역할을 하는 셈이다. 예순이 되었는데 다시 엄마가 될 마음은 없었다. 딸은 아직 직장에 복귀하지 못했다. 과거의 내가 그랬듯, 아이들이 학교에

입학할 때까지 돌봐야 할 것이다.

   손주 양육을 자유의 표현으로 바꾸면 두 가지 이점이 따른다. 첫째는 양육에 관련된 사람들이 손주 양육을 손주와 자녀 모두에 대한 사랑의 표현으로 받아들일 수 있다는 것이다. 조부모의 노고를 의무로 간주한다면 돌봄을 사랑의 표현으로 보기 어렵다. 또한 일상적인 의무를 줄이면 필요할 때 예외적으로 성의를 보일 수 있는 여지가 생긴다. 종종 조부모들은 누군가가 아프거나 위기가 발생하면 열 일을 제쳐두고 돕겠다고 말한다. 중요한 시기에 도우면 큰 인정을 받는 반면 일상적인 보살핌은 이내 당연시되고 만다는 사실을 잘 아는 것이다. 올리브가 '고정적인 아이 돌봄'을 거부하면서도 아이가 아프거나 학교에 갈 수 없는 등 도움이 필요할 때 기꺼이 나서는 것도 이런 이유에서다. 올리브는 자신의 도움을 '필요한 경우 빈자리를 메우는' 것이라고 설명했다.

   이 같은 현상을 폭넓은 맥락에서 보면, 사회적 관계를 가족 간의 유대보다는 친밀함으로 접근하는 경향이 강해지고 있다.[9] 필자도 이 은퇴자들처럼 어릴 때 부모님이 친척이라기보다는 친구에 가까운 존재를 '이모'나 '삼촌'이라고 소개하는 것을 듣고 자랐다. 하지만 오늘날에는 비슷한 상황에서 '내 동생 또는 어머니이지만 가까운 친구이기도 한' 사람이라고 소개한다. 이처럼 친밀함이 가족의 유대를 대신하는 현상은, 친구는 선택할 수 있지만 친척은 그럴 수 없다는 점에서 비롯되었다. 관계에서 의무가 아닌 자발성이 진실성의 기초를 이루는 근본적인 변화가 일어난 것이다. 과거에는 인류학자들이 표현하고 이해하는 분류상 의무에 따라 조부모의 역할이 정의되었다. 하지만 오늘날에는 사랑의 표현을 통해 그 역할이 정의되는 경우가 많으며, 상대적으로 자유로운 상태에서 도우려는 열망이나 의지를 드러낼 때 더욱 두드러진다.

세월이 흐르면서 많은 은퇴자의 부모가 사망한다. 반면 세상으로 나간 손주들은 가족과 유대감이 희미해지고 저항감을 나타내기도 한다. 그렇다고 해서 가족과의 정서적 교류가 사라진다는 의미는 아니다. 대부분의 경우 은퇴자들은 사랑과 애정이 충만한 가족과의 관계가 세상을 떠나기 전까지 이어진다고 말했다. 하지만 가족과의 관계가 일상에서 차지하는 비중이 줄고 노인들이 가족에게 기대하는 만큼의 관심을 받지 못한다고 느낄 수도 있다. 일정 부분은 가족 관계가 의무에서 자유로 변화한 현상의 부정적인 결과일 수 있다. 날마다 가족과 교류하더라도 그저 휴대폰 메신저를 통해 연락하거나 잠깐 들렀다 가기도 한다. 전반적으로 여성이 남성보다 가족과의 관계에 훨씬 더 꾸준히 많은 시간을 들인다. 그렇더라도 종일 엄마 역할을 하며 쉼 없이 일해야 하는 여성들에 비해 남성들은 누리는 자유에 감사하고 삶을 다채롭게 만드는 각종 새로운 활동에 대해 열정적으로 말할 가능성이 높다.

나이로부터의 자유

종교, 노동, 가족으로부터의 자유는 폴린 가비와의 공저에서도 다룬 주제다. 그런데 사실 가비와의 공저에서 전체를 관통하는 주제는 나이로부터의 자유라고 할 수 있다. 주장을 요약하면, 역사적으로 인간은 노화를 정체성이라는 전통적인 범주를 통해 경험해왔다. 은퇴자의 부모 세대가 속해 있던 사회를 포함한 대부분 사회에서는 노인들에게 역할과 기대를 명확하게 부여해왔고 노년층이나 고령자로 분류했다. 이러한 범주는 성숙함이나 지혜와 같은 긍정적인 의미뿐 아니라 노쇠함의 암시와 같은 부정적인 연관성도 내포했다. 빛바랜 사진 속에서 흔들의자에 앉아 있는 할머니는 사실 50대 여성일 수도 있지만 사진에서는 이 여성을 규정하고 제한하는 지위와 역할 속에 고정한다.

최근 수십 년 동안에는 노화에 대한 문화적 해석이 크게 약화되었다. 연구에 참여한 정보원들은 60대, 70대, 80대 또는 90대가 되면 나이 들었다고 느끼게 되리라 짐작했지만 막상 그 나이가 되어 보니 숫자가 바뀌는 것에 불과했다고 말했다. 새로운 차원의 연령대에 진입하는 대신 젊은 시절이 이어지는 연장으로 느껴졌다. 디지털 기술의 발전 덕분에 스포티파이를 통해 1970년대의 음악을 70대에 즐기는 등 젊었던 시절과 관련된 경험을 다시 누릴 수 있게 되었다. 나는 플렌티 오브 피쉬Plenty of Fish라는 데이트 앱을 유용하게 활용하는 은퇴자도 여럿 알고 있다. 한편으로는, 통상 나이가 들고 경험이 쌓이면서 축적되던 지혜를 요즘 은퇴자들에게는 기대할 수 없다. 오늘날에는 농사보다는 새로운 기술이 더 높은 평가를 받는다. 하지만 지혜의 상실은 나이에 크게 주목하지 않고 보다 동등한 관계를 맺는 긍정적 결과로 이어질 가능성이 있다. 자발적 단체를 운영하는 위원회에서 연장자가 논의에 참여한다면, 나이에 상관없이 얼마나 의미가 있느냐에 따라 발언 가치를 인정받는다. 연장자들은 그 사람이 누구인지보다는 어떤 기여를 할 수 있는지에 따라 가치를 평가받아 왔다.

연령을 기반으로 하는 기존 정체성 구분이 점차 사라지면서 신체 건강이 연구에 참여한 정보원들을 구분하는 핵심 요소가 되었다. 건강을 잃어서 이전에 하던 일을 더는 할 수 없는 상황이 되기 전까지 사람들은 젊음이 이어진다고 느낀다. 그러다 더는 운전하거나 산책하거나 기억하지 못하는 순간이 찾아올 수 있다. 이 가운데 어떤 일을 당하더라도 이전의 자신과는 크게 달라지는 기점이 되어 점차 약해지다가 끝내 사망에 이르게 된다. 하지만 심각한 노화 현상을 겪기 전에는 나이가 90대 초반이라도 많은 사람이 지금껏 경험한 신체적 손상보다 젊음의 지속이 더 큰 영향을 미친다고 느낀다. 이들은 평생을 걸쳐 가꾼 특성의 집합체다. 허튼 농담이든 천문학에 대한 전문 지식이든 30대 또는 60대에 발전시킨 특성일 것이다. 노인학의 용어로 표현하자면 제4연령기가 아닌 제3연령기에 있는 것이다.[10] 나이로부터 얻는 자유는 오늘날 사람들이 누리는 유례없는 자유의 또 다른 예다.

보다 구체적인 질문은 특정 연령에 이르면 노화에 따른 존재론적 유익이 있느냐는 것이다. 16개월 동안 연구를 수행했어도 확신을 가지고 단언할 수 있는 사실은 제한되어 있다. 걱정할 날이 많이 남지 않은 사람들은 미래를 덜 걱정하는가? 죽음이라는 미래를 보다 적극적으로 인정하는가 아니면 두려워하는가? 사람들이 죽음보다 치매 발병을 더 무서워한다는 통념은 사실인가? 이러한 사안에 대해 사람들이 실제로 어떻게 생각하는지 판단하기 어려운 한 가지 이유는, 사람들이 자신을 잘 모른다는 것이다. 나 역시 이 문제들에 대해 자문자답한 내용이 실제 생각하는 바와 일치한다고 확실하게 말할 수 없다. 하물며 나 자신에 대해서도 그러할진대 다른 사람들에게 어떤 기대를 할 수 있겠는가?

정치로부터의 자유

· 문명화된 아일랜드인: 대문자 P의 정치

이 시점에서 논의의 관점을 폴린 가비와의 공저에서 자세히 다룬 주제에서 오늘날 자유의 형태와 성격을 나타내는 다른 분야로 돌리고자 한다. 정치로부터의 자유를 사유할 때 얻을 수 있는 추가적인 유익은 이 책에서 향하는 일반적 궤적의 일부다. 우리를 무엇으로부터의 자유가 아닌 무엇에 대한 자유로 인도한다는 것이다. 앞서 도입부에서 언급했듯 현장 연구를 수행하는 동안 현대 아일랜드에서 주요 정치적 화두 중 하나였던 8차 헌법 개정안의 폐지 문제가 불거졌다. 1983년의 8차 헌법 개정에서는 낙태에 대한 정치적 반대가 사실상 법제화하면서 낙태가 불법이 되었다. 헌법 개정은 1983년 치열한 국민투표에서 통과되었는데 67퍼센트가 개정에 찬성을, 33퍼센트가 반대 의사를 밝혔다. 2018년에 현장 연구를 진행할 때 8차 개정에 반대하는 캠페인이 펼쳐졌는데 1983년과 거의 정반대에 가까운 결과로 이어졌다.[11] 앞서 언급했듯 쿠안은 특별히 자유로운 지역으로, 8차 헌법 개정 폐지에 72퍼센트가 찬성표를 던졌다.

각 캠페인 조직에서 거리에 많은 전단을 붙였지만, 활발한 토론은 과거에 낙태에 반대했던 노년층에서조차 놀라울 만큼 찾아보기 어려웠다. 딱 한 번, 객원 포크송 가수가 노골적으로 낙태를 찬성하는 노래를 불렀다가 비난받기도 했지만 그조차도 다른 누군가의 기분을 나쁘게 할 수 있다는 우려에서 제기된 것이었다. 사람들은 과거에 논쟁이 얼마나 활발하게 일어났는지 회상했지만 이제는 서로 어떤 의견을 갖고 있는지 잘 알았다. 투표가 어떻게 흘러갈지에 대해서는 별다른 의문이 없었기 때문에 분열을 초래하는 논쟁을 벌일 마땅한 이유가 없었다.

정치적으로 간주될 수 있는 문제를 사람들이 일반적으로 회피한 것은 아니었다. 카페에서 만나는 은퇴자들은 주택 문제나 의료 서비스와 같은 주제를 놓고 무엇이 잘못되었으며 어떤 조치를 취했어야 하는지를 두고 끝없는 토론을 벌였다. 모두가 그러한 문제가 발생한 역사적 배경을 잘 알았다. 토론에는 당시 권력을 쥐고 있던 사람들에 대한 비판이 빠지지 않고 등장했지만, 어느 한 정당에 대한 지지도를 높이려는 의도가 깔려 있는 정치화된 토론이 아니었다. 미국에서는 트럼프가, 영국에서는 브렉시트 논란이 한창이던 시기였다. 아일랜드를 제외하고 사람들이 가장 관심 있게 지켜보던 두 나라가 갈수록 정치화될 뿐만 아니라 양극화되고 있음을 모두가 알았다. 정치가 이토록 중시되고 분열을 일으킨 적이 없었다. 사람들은 트럼프와 브렉시트가 자아내는 공포에 사로잡혀 뉴스에서 시선을 떼지 못하곤 했다. 이러한 사례는 모두에게 분열이 부정적인 결과를 끊임없이 일으킨다는 사실을 상기하는 역할을 했다.

분열의 정치를 회피하려는 더 오래되고 심오한 이유도 있었다. 북아일랜드의 '문제'로 얼마나 많은 난민이 쿠안에 정착했는지는 확실하지 않지만, 인근 지역으로 더 넓혀보면 난민 수는 훨씬 더 많을 것이다. 사람들은 북아일랜드를 화제 삼아 이야기할 때 종종 인상적인 표현을 쓴다. 누군가가 '가톨릭도 똑같이 나쁘다'라고 주장하는 것이다.

쿠안 사람들에게는 모든 북아일랜드 인구와 연관된 행동과 구분 짓는 것이 중요했다. 신페인을 지지한다고 해도(잘 알고 지내던 일부 사람들이 그랬다) 역사적 활동을 지지해서라기보다는, 주요 정당들에 대한 신뢰할 수 있는 대안으로서 성공을 거둔 것과 관련이 있었다. 이는 북아일랜드가 분리 입장을 고집하며 여전히 골칫거리를 안겨준다는 믿음과 전적으로 양립한다. 북아일랜드 사람들이 지나치게 정치적으로 보일 수 있는 반면, 쿠안 주민들은 비교적 정치에 관심이 없다는 자화상을 확고히 했다.

그러한 논의에서 참고할 점은 '문명화'라는 이상이다. 북아일랜드는 쿠안 주민들이 시민임을 확증하는 데 이용되었으며, 주민들은 정치 성향을 뛰어넘어 서로에 대한 존중과 관심을 보여주었다. 문명 사회와 시민 사회를 둘러싼 이러한 신념은 수동적으로 형성된 것이 아니다. 타인에게 적극적인 관심을 보이고 맡은 바 책임을 다한다는 이상이 통합된 결과다. 코로나19 대유행 기간에 종종 경찰 못지않게 모두가 정부의 제한을 준수하는지 면밀히 관찰하던 것과 동일한 감정이다. 모두가 선량하고 의무를 준수하는 시민의 역할을 다하고 있음을 확인하는 데 더해 브렉시트, 트럼프, 북아일랜드의 대비를 통해 문명화 상태를 가시적으로 확인했다.

과거에는 쿠안에 머물지 않았기 때문에 과거와 관련된 주장을 하는 것은 어리석지만, 정치적 논의를 하지 못하도록 강요당하던 시대를 암시하는 증거가 있었다. 다만 완전히 다른 이유에서였다. 역사를 살펴보면, 사람들이 정치를 언급할 때 압도적으로 등장한 것은 다름 아닌 영국으로부터 독립 투쟁을 이끈 영웅적 묘사였다. 거의 모든 이가 아일랜드의 자유를 이끌어낸 사건들에 대해 잘 알고 있는 듯 보였고, 매우 자세하게 암송할 수 있었다. 쿠안에는 특히 폭력적인 블랙 앤 탄Black and Tans(독립전쟁 당시 영국 편을 들었던 아일랜드 경찰을 지칭한다—옮긴이)에게 살해된 희생자의 이름을 딴 거리가 있다. 술집에서 독립 투쟁의 영웅을 찬양하는 노래를 연주하지 않고 음악 세션을 진행하는 일은 드물었다. 식민지 시절 탐욕스러운 주인이 세운 기념물을 마을에서 누구도 철거하지 않았고, 여전히 영국의 집주인에게 임대료를 지불하는 부동산이 있음을 듣고는 무척 놀랐다. 나와 같은 영국인을 의심과 분노로 대할 만한 이유가 충분했다.

나는 과거 식민지 권력의 자손이라고 볼 수 있기 때문이다. 이러한 사건들 뒤에는 수 세기에 걸친 압제, 기근이 자리한다. 그 이전 17세기 시대로 거슬러 올라가면 올리버 크롬웰의 파괴를 들 수 있다.

하지만 이러한 역사의 활용은 독립 이후 1922~1923년 사이 잔혹한 내전이 벌어진 기간에 대해서는 적용하기 어려웠다. 독립 운동 때보다 더 많은 사람이 목숨을 잃고 수많은 잔혹 행위와 보복이 뒤따랐다. 쿠안은 양 진영에 많은 사람이 포함되었을 가능성이 높은 위치다. 아마 전쟁이 끝날 무렵에는 많은 가족이 패배한 편에 속해 있었기 때문에, 정치 토론에 참여하기가 매우 어려웠을 것이다. 당시 쿠안을 떠났다가 오랜 세월 후에야 돌아온 사람들의 이야기가 종종 들려왔다. 이는 너무나 분열적이어서 정치 토론을 회피하는 유산에 대해 잘 알려주는 사례다.

오늘날 상황도 거의 다를 바 없다. 주요 정당인 피너 게일과 피어너 팔은 사실상 내전에서 대립한 세력들의 후손이며 나중에는 자연스럽게 정부의 정당을 구성했다. 1920년대 이후 아일랜드에는 과반 정부가 없었다. 시간이 지남에 따라 양당은 기원에서 비롯된 급진주의를 포기하여 동등하게 주류가 되고 서로 대동소이하게 되었다. 수십 년 동안 아일랜드 인구는 주로 중도정치의 두 다른 세력을 놓고 투표했다. 어느 한 편이 정부의 실수나 실패로 명성을 잃으면 나머지 한 편이 정권을 잡는 식이었다. 1980년대의 대공황과 같은 충격적인 사건조차도 양당 간에 실질적인 차이를 만들지 못했다. 노동당이나 녹색당과 같은 대안 정당에 표를 행사하더라도 연립 정당이 되면 특색은 희석되기 마련이었다. 실제 정치에 참여하면서 문제와 타협에 책임을 져야 했기 때문이다. 쿠안은 사람들이 정치에 대해 토론하고 투표하는 장소가 되었지만, 문명화되고 대체로 정치에 무관심한 삶을 영위한다는 것에 자부심을 느꼈다.

국제적 맥락

정치로부터의 이러한 자유에 대한 또 다른 기여는, 국제 무대 내에서 아일랜드가 부정적인 위치에서 영국, 이어 유럽을 향한 긍정적 방향으로 이동한 것이다. 내가 태어날 당시 영국에서는 아일랜드인을 건설 노동자나 게으른 사람들로 인식했고 자주 농담과 모욕의 대상으로 삼곤 했다.

프로젝트를 위해 아일랜드에 도착했을 때 나는 최대한 빨리 대화에 끼려고 애썼다. 아일랜드 조상이 없지만 딸이 아일랜드 남성이랑 결혼하면서 적어도 자손 중에는 아일랜드인이 있기 때문이었다. 머릿속에는 이것이 마치 정체성 애착 이불과도 같았다.

과거의 역사 때문에 처음에는 사람들이 내게 적대감과 의심을 품으리라 예상했다. 하지만 점차 그들의 태도가 정반대임을 깨달았다. 단기간의 역사는 물론 장기간의 시각에서 인용할 만한 역사도 있다. 대부분 사람들은 아일랜드 디아스포라를 생각할 때 미국에 주목한다. 그러나 1950년대와 1980년대에 아일랜드 이주자가 주로 향한 곳은 영국이었다. 2016년 미국 인구 조사에서는 12만 5840명의 시민이 아일랜드 태생이었지만, 2001년 영국 인구 조사에서는 86만 9093명에 달했다. 오늘날 영국 인구의 약 10퍼센트가 아일랜드계로 추정된다.[12] 쿠안의 많은 사람도 영국에 가족이 있으며 영국에서 결혼한 경우도 많다. 쿠안에서 구할 수 있는 신문의 대다수는 영국 신문의 지역 버전이다. 한 강사는 잉글랜드 프리미어리그 축구 팀 중 한 곳에 충성하지 않으면 수업하기가 어렵다고 인정했다. 사람들은 〈라인 오브 듀티 Line of Duty〉나 최신 넷플릭스 드라마 등 동일한 프로그램을 즐겼고 런던에서나 아일랜드에서 동일한 브랜드의 제품을 구매했다.

영국인에 대한 양가감정은 유머로 표현되었다. 현장 연구가 끝날 무렵, 약 40명의 연구 참가자와 술집에서 송별회를 했다. 모임 중에 한 사람이 다가와서 '물론 우리는 축하하러 왔습니다. 총알을 쓰지 않고 영국인을 제거할 생각이죠'라고 말했다. 영국인인 나도 다양한 농담을 즐겼지만, 이러한 농담은 등 뒤에서 나를 겨냥한다기보다는 애정의 표현이자 기꺼이 포용하는 시도로 느껴졌다. 사람들이 나에게 일관적으로 공유한 부정적 견해는 영국인을 신뢰할 수 없고 그래서도 안 된다는 것이었다. 하지만 일을 매우 효과적으로 마무리한다는 점에서 영국인들을 대체로 인정하기도 했다. 민족지학 연구를 수행한 시기는 주로 브렉시트에 대한 혼란으로 인해 과거의 이러한 인식에 현저한 변화가 일어났다.[13]

쿠안의 거의 모든 사람은 EU에 편입되어 꽤 잘해냈다고 생각했고 경제적 성공에 상당히 기여했다고 간주했다. 오늘날 쿠안 사람들은 대부분 영국에서 유사한 위치의 시민보다 더 많은 연금과 더 많은 소득, 더 나은 복지를 누리고 있다. 영국과의 불편한 관계와는 달리 사람들은 이제 아일랜드 정체성을 버리지 않고도 유럽인으로서 긍정적 인식을 가지고 있다.

유럽인이라는 강한 정체성은 과거 식민지 정체성에서 벗어나는 데도 기여한다. 유럽인이 된다는 것은 아일랜드인의 필수적인 속성으로 여겨진다. 선거철에 등대에 부착된 정치 포스터는 유럽에서 아일랜드를 위해 일하겠다는 공약으로 경쟁한다.

이러한 이유에서 브렉시트 투표 결과는 이해할 수 없는 것이었다. 어떻게 영국인들은 유럽 회원국으로서의 혜택을 '이해하지' 못하는가? 자기 발등을 쏘는 이유가 무엇인가? 영국의 국민 투표 직후 이러한 질문이 제기되었다. 하지만 위기의 시작에 불과했다. 16개월간 민족지학 연구를 수행하는 도중 날마다 방송에서는 영국 의회가 하드 브렉시트에 반대하여 단결하지 못한 것을 비롯해 영국 정부가 매우 무능하다는 인상을 줬다. 당시 반대파의 지도자 역시 똑같이 무능하게 비쳤다. 시간이 갈수록 일간지는 곤궁에 처한 영국이 어떻게 문제를 더 키우고 있는지 전했다. 쿠안 사람들은 이러한 정치적 웃음거리를 입을 벌린 채 지켜봤다. 점차 그간 폄하하던 것보다 영국인이 훨씬 더 무능했다는 일반적인 인식이 확산되었다. 이어진 모욕에는 '분노보다는 슬픔이 더 많이' 섞여 있었다. 나는 의심의 대상에서 동정할 대상으로 변해 있었다. 나는 몇 번이고 하드 브렉시트가 실제로 일어날 수 없다고 강조했지만 이는 명목에 불과했다. 당시에는 나 역시 완전히 잘못 생각하고 있었기에 영국인 바보가 한 명 더 추가된 셈이었다.

물론 의견은 다양했다. 유럽을 긍정적으로 거부하는 영국인의 총명함을 축하하는, 예외도 드물게나마 있었다. 일반적으로는 브렉시트가 영국인을 신뢰할 수 없다는 견해를 더 고착화하는 역할을 했고, 영국인은 이번에도 아일랜드인들을 무시와 경멸로 대했다. 쿠안에서는 브렉시트의 결과로 폭력과 불황을 우려했지만 영국에서는 이를 전혀 이해하지 못했다. 하지만 영국인이 효율적이고 일을 제대로 마무리한다는 인식은 브렉시트의 파도 속에 무너져 내렸고 그나마 한 줄기 긍정적인 면을 찾을 수 있다. 브렉시트는 한때 식민지 지배를 받았던 사람들이 과거의 식민 통치자에 대한 인식을 바꾸는 촉매제 역할을 했다. 브렉시트는 아일랜드의 장기적인 탈식민지화에 중요하게 기여했다고 드러나게 될 수도 있다. 결국, 식민주의는 영국인의 어떤 특별한 자질과는 무관하며 그저 잔인함의 표현일지도 모른다.

어떤 면에서 이는 자유에 대한 또 다른 기여이며 영국으로부터의 진정한 자유다.

만족스러운 정부

종종 카페 토론에서 사람들은 아일랜드의 의료 검사 실패나 '켈트 호랑이'의 몰락 이후 침체에 대한 두려움을 표현한다. 그러나 두 중도정당의 특징을 고려할 때 대안이 되는 정치 이념을 지지하는 주장보다는 무능을 드러내는 증거로 간주되었다. 발언하지 않는 쪽은 그러한 중도 성향의 정치가 만족할 만한 정부를 만들었음을 암시한다. 정부는 끔찍한 실수를 저지를 수 있었지만 이념에 주도되는 정부들보다 신뢰를 받았다. 녹색당, 노동당, 신페인과 같은 보다 이상주의적인 정당들이 할 수 있는 최선의 역할은, 안주를 피하기 위해 정부의 뒤를 쫓는 시도를 이어가는 것이다.

가난한 유럽 국가에서 태어난 아일랜드 사람들은 현재 상태에 대해 특히 감사할 것이다. 이들은 국가 의료보험의 미비와는 별개로 거의 모든 면에서 영국보다 낫다고 인식한다. 옳든 그르든, 사람들은 아일랜드가 상대적 평등을 촉진하는 가장 진보적인 과세 체계를 갖췄고 덕분에 미국 등보다 훨씬 평등한 사회를 이뤘다고 생각한다. 《평등이 답이다》에 나온 탁월한 설명처럼 부는 상대적 평등과 결합될 때 보다 일반적인 행복감을 준다.[14] 소셜 미디어가 대두하고 교육 수준이 상승하면서 사람들은 상대적으로 작은 나라의 사람들에 대해 책임을 느낄 가능성이 더 크다. 정부는 더 인간적이고 친근하게 느껴지며, 완전히 동떨어져 있는 압제 세력으로 투사하기 어렵다.

아일랜드인의 일반적인 자유주의 정신은 민족지학을 연구할 때도 반영되었다. 인도계이자 게이였던 레오 바라드카 총리는 이러한 이상을 적절하게 구현하는 듯했다. 그의 정체성에 대해 한 번도 부정적인 의견을 듣지 못했다(총리로서의 처신에 대해서는 많은 불만이 있었다). 의사로서 그는 국민이 정부에 기대하는 중요한 복지를 보장하기 위해 열망을 품고 일하는 듯했다. 쿠안의 사례는 아니지만 일부 지방에서는 나쁜 정부로 분류할 만한 전혀 다른 환경이었다. '아일랜드 일부 지역은 서비스 공급이 취약하여 지역사회가 원하는 서비스와 시설을 자체적으로 마련해야 한다'라는 증거가 있었다.[15]

이 모두는 정치로부터의 상대적 자유에 대한 추가 증거를 제공한다. 만족스러운 정부의 조건에서 정부의 활동은 배경으로 희미해지는 경향이 있다. 누군가는 조만간 도로 체계, 수자원, 전기, 경찰, 소방관 등의 서비스 문제를 해결할 것이다. 대기자가 매우 많기는 해도 병원과 요양원이 존재했다. 국가는 국가 차원에서 책임을 지고 탁월한 수준은 아니라도 충분히 합리적인 선에서 계속 운영하리라 예상되었다. 이는 존슨, 트럼프, 스토몬트와 비교했을 때 특히 좋아 보였지만 최근의 심각한 경제 불황과 비교하면 충격적일 정도였다. 부동산 가격이 다시 과열되리라는 두려움이 커졌는데 지나친 성공이 문제라는 식으로 들렸다. 브렉시트의 긍정적 면은 이제 더블린이 EU 최대의 영어권 도시를 자처할 수 있다는 사실이다. 만족스러운 정부와 만족할 만한 삶을 사는 것은 더 수월해졌을 것이다.

소문자 p의 정치

지금까지 논의한 바를 종합하면 정치로부터의 자유라는 개념이 마치 정치적으로 소극적이거나 안주하는 인구 집단과 동일하다는 결론으로 이어진다고 보일 수 있다. 이 모든 현상을 '무엇으로부터의' 자유로 부를 수 있다. 따라서 이 민족지학 연구가 그 반대 경우를 확인한다면 상당한 의미가 있다. 쿠안은 국가 정치(대문자 P의 정치)와 관련해 이례적으로 탈정치화되었다고 보인다. 하지만 이는 주로 소문자 p의 정치에 자발적으로 참여하는 자유처럼 '무엇을 할 자유'가 부상한 결과다. 정치 관여 측면에서 쿠안은 놀라울 정도로 활발한 공동체다. 가장 흔한 참여로는 거리에서 쓰레기를 줍고 도시 전반의 청결을 유지하는 대회인 타이디 타운즈 활동이 있다. 하지만 그 활동은 다양한 환경보호주의 기준을 통합하는 방향으로 나아가고 있다. 더 중요한 것은 자원 봉사의 범위였다. 구명정에서 봉사를 하거나 자폐아를 돕거나, 스포츠 위원회를 조직하거나, 학교를 지원하거나, 환경보호 프로젝트를 시작하거나, 식사 배달 서비스를 하거나, 시 축제나 브릿지 클럽을 조직하는 등이다. 사람들은 정치로부터 상대적으로 자유로운 시민이었기 때문에 시민권을 적극적으로 행사하는 데 편안해 보였다.

이처럼 구별된 모습을 가장 분명하게 보여주는 증거가 도시를 대표하고 조직을 지원하는 중요한 '정치' 조직이었던 쿠안 지역사회 협회CCA의 활동이었다. 나는 CCA의 정기 위원회 회의가 아닌 연례 총회에 참석할 수 있었을 뿐이지만, 협회의에서 과거에 의장을 지낸 몇 사람들을 알고 있었기 때문에 몇 차례 만나 인터뷰를 진행했다. 또한 다양한 CCA 위원회에서 일정 기간 봉사한 연구 참가자들도 많았다. 예외 없이 모두가 협회에서 일한 경험에 대해 동일한 주장을 했다. 그들은 CCA가 확실히 정치에 관심이 없는 조직이라고 강조했다. 어느 정당과의 연계에서도 최대한 자율성을 확보하기 위해 강력한 조치를 취했다. 여러 번 들었던 표현은 사람들이 회의실에 들어갈 때 정치적 연관성은 문 밖에 두고 간다는 것이었다.

그러나 CCA는 로비와 광범위한 정치 단체와의 상호 작용을 통해 끊임없이 참여하는 정치 기관으로서 큰 성공을 거두었다. 지방의 협의회일 수도 있고 때로는 중앙 정부 역할도 했다. 그 결과 정치인들이 종종 토론에 참석하기도 했지만, CCA는 기성 정치인들이 자신을 알리는 도구로 이용되는 것을 거부했다. 연례 총회에서는 그러한 제약을 무시하기 위해 최선을 다하는 지방 의원들을 미처 저지하지 못했다. 하지만 대부분 정치인은 CCA가 전년도에 관여했거나 이듬해에 채택하려는 다양한 이니셔티브에 대한 충실한 지지를 되풀이하는 것 이상으로 나아가지는 못했다. 주로 누가 협회를 가장 많이 지지할 수 있느냐를 놓고 경쟁을 벌였다.

예를 들어 새로운 학교를 개설하고, 장애인을 위한 접근성을 향상시키고, 자전거에 대한 규정을 만들고, 주민들에게 정보를 전달할 새로운 방법을 찾고 등 다양한 여러 활동을 위 매주 진행되는 업무에는 정치적 성향의 자취를 찾을 수 없었다. 합의된 정책과 목표를 전달하기 위해서 필요한 모든 조치를 취하려는 노력만 기울일 뿐이었다. 쿠안에서 마주칠 수 있는 거의 모든 조직과 마찬가지로 대표 역할은 주로 차례가 된 사람들이 일시적으로 맡는 것을 마지못해 승낙한 자리였다. 의장, 비서, 재무 담당 또는 지역 대중교통 관련 정책 개발을 위한 정보 제공과 같은 특정 임무의 담당자 역할이 여기에 해당했다. 리더십을 통해 지위를 얻으려는 시도는 전혀 없었다.

이는 협회에 형식적 선거 이외의 어떠한 이해관계도 없음을 의미했으며, 선거조차 누가 어떤 일을 해야 하는지에 대해 보통 만장일치의 합의로 진행되었다. 이것이 항상 환영받는 행동 양식은 아니다. 대표성의 부재에 대한 불만이나 자기 영속적이고 자기 재생산적인 통치의 비민주적인 특성에 대한 불만을 키울 수 있다. 그러나 대부분의 주민들은 위원회 위원들과 지도자들이 자유 시간을 심각하게 침해하는 지루한 문제에 관여하고 있음을 잘 알고 있었고 그러한 임무를 수행하기 위해 자원할 준비가 되어 있다는 것에 감사했다. 소규모 프로젝트에서도 마찬가지였다. 멘즈 셰드의 의장은 임무를 다했다고 느낀다며 다른 누군가가 역할을 이어받아야 한다는 점을 장황하고 빈번하게 강조했다. 하지만 후임자를 설득하는 데 실패하자 사임 의사는 밝혔으되 아직 물러나지 않은 상태를 유지했다. 그러다 마침내 민족지학 연구가 끝난 이후 새로운 의장을 찾았다.

유럽의 다른 지역에서 유년기를 보낸 전직 의장과의 대화가 떠오르는데, 역시 놀라운 구석이 있는 인터뷰였다. 그는 고향의 정치 혼란에 대해 이야기하면서 "반면 CCA는 완전히 비정치적 조직이다. 테이블에 앉은 사람들이 저마다 정치적 성향을 갖고 있다는 사실을 모두가 알았고 모두가 희망을 품고 투표에 임했다. 하지만 결코 정치에 대해 이야기하지 않았다. 언제나 '지역사회에 무엇이 유익한가'를 고민했다"라고 말했다. 실제 정치인들에 관해서는 "그들이 와서 홍보를 하면 [위원회는] 그다지 진지하지 않으면서도 정치인들을 편으로 만들 필요가 있기 때문에 받아주었다"라고 말했다. CCA는 어떤 형태로든 정당정치의 개입을 막는 명시적인 규정을 만들었으며 이를 지키기 위해 정기적 조치를 취했다. 예를 들어 특정 거리에 정치 포스터를 게시하는 것을 제한한 것이다.

이를 놀랍게 여긴 이유는 전 세계의 여러 지역에서 민족지학 연구를 수행할 때 유사한 지역 협회가 활동하는 것을 관찰한 바 있기 때문이다. 지역 협회는 서로 달랐지만 대부분은 쿠안과 정반대의 특징을 보였다. 지방 정치는 주로 개인이 평판과 권력을 확대하는 데 이용되었고 언제나 파벌주의, 공적이나 사적인 적대감, 경쟁의 장이 되었다. 많은 경우 정당정치 발전을 위한 발판으로 인식되었다. 과거의 민족지학 연구 경험에 비추어 보면, 방금 설명한 쿠안의 상황이 가능하다고 말하는 사람을 순진하다고 여기거나 정치적이고 경쟁적으로 지위를 차지하려는 활동을 벌이는 숨은 의도를 간파하지 못했다고 판단했을 것이다.

필자라면 이러한 설명을 듣고는 현장 조사를 제대로 하지 않은 증거로 받아들였을지 모른다. 그러나 쿠안에서 16개월 동안 지내면서 많은 사람과 가깝게 지내보니 여기에 설명한 내용이 CCA의 지배적인 정신이자 관행이라고 자신 있게 말할 수 있다.

이와 같은 분열의 부재는 폭넓은 지역사회를 반영한 결과다. 나는 쿠안의 구전 역사를 모으는 데 시간을 많이 투자했다. 진정한 분쟁에 대한 기억은 너무나 부족했고 오직 두 가지 사례만 확인했을 뿐이다. 하나는 지역 연극 그룹이 해야 할 활동의 종류에 관한 것이었고 두 번째는 교통에서 일방통행 시스템을 놓고 분쟁이 벌어진 사례다. 후자는 일부 대중이 항의한 아주 드문 경우에 해당했다. 하지만 이마저도 사람들에게 의사 결정에 관련된 복잡하고 종종 모순되는 주장을 고려하도록 만든 상세한 정책 토론이 진행되면서 이내 진정되었다. 다시 말하지만 역사적으로 유일한 논쟁이 교통과 연극 뮤지컬에 대한 것이었다는 사실을 믿기 어려웠다.

그런데 마침 민족지학 연구를 진행하는 중에 또 다른 논쟁이 발생했다. 도로변의 나무에 관한 문제였다. 한쪽에서는 가로수의 뿌리로 인해 포장 도로가 고르지 않아 장애인을 위한 이동 차량에 문제가 된다는 점에서 나무를 베어야 한다고 주장했다. 반대편에서는 쿠안의 풍경에서 중요한 장면에 해당하는 가로수를 보호해야 한다고 목소리 높여 외쳤다. 논쟁 초기에 주민들이 철책에 자기 몸을 묶고 나무에 시위 문구를 쓰면서 항의한 것이 인상적이었다. 거리를 걸으면 나무가 자기 운명에 대해 항의하고 한탄하는 문구를 마주치게 된다. 의견을 개진하는 대상은 CCA가 아니라 지역 의회였다. 하지만 CCA의 조치로 인해 긴장이 곧 해소되었다. 여러 번의 진정성 있는 협의와 타협이 진행될 것이라고 알렸기 때문이다. 이어 어떤 종의 나무가 가장 좋을지, 대체 가로수가 필요한지, 어떤 크기의 묘목이 필요한지에 초점을 맞춘 토론이 진행되었다. 분쟁은 정치화되지 않았고 합의라는 이상을 바탕으로 모범적으로 해결되었다.

쿠안의 야심 찬 두 정치인과 민족지학 연구를 위한 인터뷰를 진행하는 과정에서 유사한 결론이 도출되었다. 이후 두 사람 모두 아일랜드 정치권에서 두각을 나타냈는데 한 사람은 국가에서, 다른 한 사람은 지역 차원에서 활약했다.

현장 조사 당시 나는 이러한 토론이 가능하다는 것을 몰랐고 그들 역시 몰랐으리라 확신한다. 분명한 것은 그들의 진실성과 성실함이었다. 어느 쪽도 개인의 권력욕이나 야심으로 움직이는 것 같지 않았다. 두 사람은 그저 시민으로서의 의무라는 여정을 이어가는 행위였다. 지방선거 출마는 그들이 수년간 사회에 참여한 활동의 결과였다. 그들 중 한 명은 이전에 이주민 권리를 지원하는 NGO에서 일했으며, 나머지 한 명은 교육 서비스 업계에서 정신건강 문제가 있는 사람들을 지원하는 일을 했다. 두 사람은 점차 현재의 정치 문제에 깊은 관심을 갖게 되었고 각각 환경보호와 양성평등 문제에 관심을 가졌다. 정치인이 되는 과정은 기후변화에 대처하거나 소외된 인구를 돕는 것과 같이 적극적인 리더십이 필요한데도 실제로는 누구도 대화하기 원하지 않는다는 점에 좌절하는 데서 출발한다. 미래에 그러한 조치가 실현될 수 있도록 개인이 기울일 수 있는 유일한 노력은 직접 정치인이 되는 것뿐일지 모른다. 두 개인이 베버의 시련을 통해 정치계에 발을 들였지만, 최근 쿠안을 방문했을 때 두 사람이 성공적으로 정치계에 입문했으며 정치인이란 믿을 수 없는 대상이라고 생각하는 회의적인 집단의 냉대에 직면했음을 발견했다.

물론 정직하지 못한 기성 정치인들도 존재한다. 가장 성공한 인물은 어떤 긍정적인 결과나 행운에 상관없이 신용을 얻기 위해 많은 노력을 한 사람이었다. CCA의 연례 회의에서 이는 상당히 냉소적 반응을 불러일으켰다. 내가 일 년 넘게 관여한 벤처에 본인이 깊이 개입되어 있었다고 뻔뻔하게 주장하는 모습에 큰 충격을 받았다. 물론 그가 조언을 해주고 약간의 로비 활동도 했겠지만 기본적으로 이 벤처의 성공에서 미미한 기여를 했을 뿐이었다. 나는 충격을 받았어야 했을까? 정치인들에 대해 위선적이 되기 쉽다. 그들은 그럴싸해 보이는 행동에 자신의 공로를 주장하는데, 이러한 집단은 정치인뿐만이 아니다. 민주주의의 본질상 공로를 인정받지 못하면 다음 선거에 출마할 수 없다. 당원 자격으로 런던에서 수많은 지루한 노동당 모임에 참석했던 사람으로서, 끊임없이 비판하지만 스스로 그런 책임을 맡지 않는 사람들의 모습에 고통을 느끼지 않을 수 없다. 또한 나는 보리스 존슨이 이끄는 영국 국민인데 이 나라에서 정치인들은 종종 다른 사람들의 주장보다 훨씬 더 비겁하고 기만적이다.

비공식적, 공식적 정치 활동 모두에서 이러한 수준의 긍정적 참여를 설명하는 중요한 요인은 이 인구 집단을 구성하는 배경에서 찾을 수 있다. 많은 주민이 과거에 교육, 보건, 정부 행정과 같은 공공 부문에서 일했고 모든 기관이 아일랜드의 주요 고용자에 해당했으며 상당수는 국가 주도의 경제 발전을 이뤘다.[16] 다른 사람들은 은행과 상업 등의 분야에서 관리자로 일한 바 있다. 그 결과는 노인들을 위한 주거와 관련된 프로젝트의 발전을 위해 열린 회의에서 분명하게 나타났다. 이 이니셔티브를 지원하는 위원회는 한동안 활동적이었지만 필요한 경험과 네트워크가 부족했기 때문에 성공적인 결과에 이르지 못했다고 느꼈다. 이에 필요한 금융 및 조직 기능에 관한 경험이 있는 두 사람을 새로 채용하기 위해 공개 회의를 열었다. 놀랍게도 필요한 기술을 갖춘 사람들을 모집한다는 목적은 즉각 달성되었다. 그중 한 명은 과거에 상당한 규모의 회사에서 CFO를 지낸 바 있었다. 많은 자원 봉사 조직이 퇴직한 전문가들의 축적된 경험과 책임감의 혜택을 누리는 것은 은퇴기의 연장에 따른 또 다른 유익으로 보인다.

결론적으로, 정치로부터의 자유는 상상했던 것과는 매우 다른 것으로 나타났다. 자유도가 약한 정부가 가하는 강요된 억압과 두 중도정당이 번갈아가며 정부를 구성할 때 정당정치로부터 자유를 누릴 가능성에서 비롯되는 초기의 자유가 있다. 정치적 불만은 정치 이념이 아니라 주로 무능력에 관한 것이며 때로는 비극적 결과를 초래한다. 대문자 정치로부터 자유로워진 쿠안 사람들은 소문자 정치 참여에 그 자유를 사용한다. 앞서 살펴본 것처럼, 자유와 개인주의 사이에는 아무런 연관성이 없다. 지역 수준에서 보면 쿠안의 은퇴자들은 적극적인 시민권과 집단적 공동체 책임에 대한 모범적인 헌신을 발전시켰는데, 이념 대신 실용주의를 선택한 결과 도출된 주목할 만한 수준의 합의에 기초한 것이다. 이에 관한 주의 사항은 불평등에 대한 증거를 검토하는 5장에서 살펴볼 것이다. 그렇더라도 쿠안 정치에 대한 긍정적 설명을 부인하는 결과로 이어지지 않을 것이다. 이 책의 결론에서 주장하겠지만 정치로부터의 자유는 연구 참가자들이 쿠안을 '폴리스'로 구축할 수 있었던 조건이었다.

정체성으로부터의 자유

성별

이전 토론에서 보면, 쿠안은 세계의 많은 지역과 정반대로 정치적으로 양극성이 약화되는 것으로 보인다. 정체성 정치에서의 동향과 관련해서도 비슷한 주장이 제기될 수 있지만, 이 경우 지역보다는 세대별로 대조를 이룬다. 쿠안의 노년층은 지난 2~30년 동안 정체성과 관련하여 중요한 변화를 경험했다. 1장에서는 성별과 아일랜드인으로서의 정체성에 대해 살펴보고, 계급은 3장에서 다룰 것이다.

처음 도착했을 때는 쿠안에서 성별 차이가 예상했던 것보다 더 분명하다는 인상을 받았다. 공공 장소에서는 종종 성별이 분리되었다. 많은 여성이 주중에 커피를 마시면서 다른 여성들과 대화를 나눌 텐데, 단 둘이 아니라 미사를 마치고 나온 여성들과 같이 정해진 모임을 하는 경우가 대부분이었다. 최근까지 남성들의 모임은 주로 술집에서 진행되었지만 더는 아니다. 이제는 카페도 은퇴한 남성들이 정기적으로 만나는 장소였다. 예를 들어 같은 직업에서 종사했거나 같은 거리에 사는 사람들이 모였다. 누군가가 카페에 들어간다면, 가족 이외의 모임은 전부는 아니라도 대부분 동일한 성으로 구성되어 있을 것이다. 미술 수업이나 브릿지 수업의 휴식 시간에는 이성들이 서로 어울렸다. 그러나 주간 우쿨렐레 세션에서는 거의 필연적으로 남성들은 방의 한 구석에서, 여성들은 다른 구석에서 모였다.

하지만 시간이 지나면서 내 관찰에 오해의 여지가 있음을 깨달았다. 대부분의 사회에서는 시간이 흐르면 남성과 여성이 서로에게 신호를 보내는 방식이 포착된다. 칭찬을 표시하거나 잠재력을 인정하는 등의 표시다. 이러한 신호를 보내고 있다는 사실조차 인지하지 못하더라도 잠시 동안의 시선이나 몸의 방향 등을 통해 상대가 보이는 관심을 알아차릴 수 있다. 이성 간의 관심은 근본적인 관계이며, 항상 염두에 두는 것은 아니더라도 의식에 지속적으로 잠재되어 있어 벗어나기 어렵다. 하지만 쿠안의 노년층은 이성과의 만남에서 훨씬 편안한(또는 더 미묘한) 태도를 보인다는 점이 분명해졌다. 그들은 메타 레벨의 성적 전율을 벗어나, 성적 가능성의 의식에서 자유롭지 못한 청년들에게는 초월적인 성적 정체성으로 느껴지는 수준으로 교제를 나눈다.[17] 그러나 다양한 공공 스캔들과 후회가 이어질 만한 많은 활동(물론 후회하지 않는 사람들로 효과가 상쇄된다)을 통해 확인되는 성적 욕구를 감안하면, 성적 욕구가 자신의 절제보다는 타인을 통제하는 요소를 통해 경험되는 한 추가적인 자유의 감소로 인식하는 것이 타당해 보인다. 그러나 이러한 관찰은 순전히 추측에 기댄 것이다.

보다 민족지학적 연구에 부합하는 것은 양성평등 확대에 대한 증거다. 부분적으로는 수십 년 동안 이 지역사회에서 스스로 의식할 정도로 자유로운 분위기에 페미니즘이 스며들면서 평등이 그 자체로 약속이 되었다. 기존 사례에서는 조부모 양육을 들 수 있다. 1960년대와 1970년대에 제2의 페미니즘 물결이 대두된 이후 나타난 많은 영향 중 하나는 양육의 비대칭성을 회고하여 인식한 것이다. 남성들은 여성들만큼이나 망각이 뒤섞인 상태로 과거를 기억할 가능성이 높다. 여성들은 자신이 더 많이 착취당했다고 느꼈을 수도 있지만, 남성들은 인생에서 하이라이트가 될 만한 장면들을 놓쳤다고 말했다. 이것이 단순히 애정의 문제가 아님은 조부모 양육이 대체로 양성평등의 형태로 나타나며 남성이 여성보다 더 관여한다는 점에서 알 수 있다. 예를 들어 그로니에는 아버지로서는 쉬지 않고 일만 했던 남편이 자녀 양육을 소홀히 했던 것에 죄책감을 느끼고 나서 손주들에게 헌신함으로써 지난날의 과오를 속죄하고 있음을 알아차렸다. 반면 그로니에 자신은 할머니로서의 양육이 과거와 동일한 일상적 의무를 손쉽게 수행하는 일로 인식되었는데, 어머니로서 자녀를 위해 끊임없이 희생하면서 느꼈던 분노가 되살아나는 경험이었다. 이러한 감정이 할머니로서 긍정적 관계를 구축하는 데 방해가 되는 것을 알아차렸다.

과거의 이전의 성별 차이가 어떻게 줄었는지를 보여주는 많은 예가 있으며, 이에 대한 추가 증거는 12장에서 논의할 것이다. 예를 들어 멘즈 셰드 모임으로 성별 차이가 더 커졌을지 모르지만, 사실 남성들은 요리 수업이나 플라워 쇼 관람에 관심이 있었다. 은퇴를 하면 성별과 무관하게 인생이 단 한 번이며 문화적 차이로 성별을 구분하는 것은 지금이라도 참여할 만한 특정 경험의 기회를 박탈한다고 생각하는 것이다. 동일한 감정에 따라 여성들이 술집에서 모이고 산책, 요가 또는 사이클링과 같은 활동에 양성이 동등하게 참여한다. 젊었을 때는 남성이 재정적 측면에서 유리했지만 은퇴 이후의 단계에서는 사회성이 소득보다 더 중요하며, 전통적으로 적극적인 사회성을 발휘해온 여성들은 이제 남성을 외로움이나 고립으로부터 보호하는 역할을 했다.

전체적으로는 성별 자체에서 자유를 누리는 결과로 이어졌다.

인생의 이 단계에서는 여성인지 남성인지는 중요하지 않은 것처럼 보였다. 물론 이것이 전적으로 사실은 아니며 일부 불평등은 지속되었다. 가장 명확한 예는 쇠약한 부모를 돌볼 때 누가 실제적으로 가장 많이 보살필 것인지에 대한 기대치가 유지된다는 것이다. 그러나 일반적으로 성별은 다른 사람들이 부과한 정체성의 범주에서 개인의 성향에 따라 강조하거나 무시할 수 있는 속성이 되었다. 여성은 유니섹스 청바지를 입었다가도 다음 날에는 매력적인 드레스를 입을 수 있다. 남성들의 행동과 태도의 변화는 두 번째 페미니스트 물결의 이상이 정점에 도달했음을 보여준다. 청년들에게서 현저한 대조가 나타나는데, 적어도 학생들의 세계에서는 정치, 자의식, 정체성 범주의 투영이 크게 증가했으며 직접 선택 대명사의 사용 증가가 그러한 예다. 이는 청년들이 부모 세대와 연관된 안이한 페미니즘에서 독립하고 분리되려는 시도의 수단일 수 있다.

아일랜드인이 되려는 선택

마찬가지로 복잡한 이야기가 아일랜드인이라는, 또 다른 명백한 정체성에서 드러난다. 아일랜드 국민이 오늘날처럼 아일랜드인이라는 사실을 자랑스러워한 적이 없었다는 점에서, 아일랜드인 되기에서 새로운 자유를 얻는다는 것이 이상하게 들릴 수 있다. 쿠안의 많은 사람이 아일랜드어를 배우고 있었다(일상 대화에서는 사용되지 않는다). 참가율 관점에서 주요 스포츠는 게일 축구와 헐링이었다. 종종 지인들과 함께 트래드 음악 세션이 진행되는 쿠안의 술집에 아일랜드 전통음악을 감상하러 갔다. 중요한 점은 성별과 마찬가지로 타인에 의해 개인에게 의무로서 부과된 정체성에서 자신이 선택한 범위 내에서 자유를 누리는 정체성으로 전환이 일어났다는 것이다. 앞서 이에 기여한 두 요인을 논의했다.

첫 번째는 아일랜드인이 되는 것에 대해 보다 일반적이고 포괄적으로 편안함을 느끼기 쉽다는 것이다. 하지만 영국과의 역사적이고 독립 이후의 양면적 관계를 고려했을 때 아일랜드인이 되는 것보다 유럽인이 된다는 것에 전적으로 긍정적 감정을 느낀다.[18] 두 번째는 아일랜드인이라는 의미를 둘러싼 국제적 관점에 변화가 일어나고 있었기 때문에, 모든 국가 관련 편견 중 가장 긍정적인 유형이 된 것이다. 따뜻하고 재미있고 진실한 개인 수준에서부터 뛰어난 아일랜드 소설가라는 예외적 존재, 아일랜드 술집의 대중문화에 이르기까지 문화적 수준에서 그러하다.

자유로 경험되는 주된 이유는 이 인구 집단이 과거에 아일랜드인으로서 무자비한 정치 교육 캠페인을 겪었다는 증거에서 비롯되었다. 한번은 집단 주말 농장에서 노인들 무리가 게일어 사용 지역에서의 경험을 비교하기 시작했다. 당시에는 청년들이 종종 방학이나 아일랜드 서부에서 아일랜드어를 사용하는 학교에서 의무적으로 보내야 하는 기간이 있었다. 이곳에서는 아일랜드어를 일상적으로 사용해야 했다. 지배적인 기억은 폭력에 관한 것이었다. 개인적으로 경험했든 지켜봤든 구타에 대한 대화를 나눴는데, 주로 수녀가 나무나 다른 도구를 사용해 체벌한 경험이었다. 또한 아일랜드어만 사용해야 한다는 강제와 그 제약을 회피한 방식에 대해서도 대화했다. 이러한 경험은 정부가 수십 년 동안 아일랜드어 사용을 장려하려는 노력을 기울였는데도 일상 대화에서 사용되지 않은 이유를 설명한다. 상황이 바뀌었고 오늘날 청년들은 게일어 사용 지역에서의 경험과 매우 다른 경험을 한다. 그러나 이러한 대화는 모든 영역에 걸쳐 아일랜드 민족주의를 고취하려던 데 벌레라의 의도적이고 체계적인 시도의 일환으로 교육 분야에서 가톨릭교회가 휘두른 절대적인 권위를 상기시킨다.

오늘날 아일랜드 정체성이 번영을 누린다면 그 이유는 교회와 국가 권위가 쇠퇴하고 선택의 영역으로 변화했기 때문일 것이다. 이제 사람들은 자유롭게 선택할 수 있으며 일반적으로 국가적 의미가 강한 여러 활동에 헌신하기로 선택한다. 아일랜드 디아스포라와의 연결성을 찾는 ancestry.com에서 시간을 보낼 수도 있다. 또한 아일랜드 유적지를 찾고 민족주의 투쟁을 그린 노래를 배우며 관련된 전통 악기를 체험하거나 아일랜드어 구사 능력을 향상하기 위해 노력할 수 있다. 물론, 그렇게 하지 않을 자유도 있다.

결론

1장의 첫머리에서 인구를 예외적으로 또는 전례 없이 자유롭다고 묘사한 주장은 자유의 다양한 예를 동시에 누린다는 점에서 뒷받침된다. 이 주민들은 각자 누리는 자유의 합보다 더 큰 자유를 총체적으로 누린다. 요약하자면, 은퇴기는 근로 기간만큼 길어지는 추세다. 일하거나 가족을 돌볼 필요가 없는 수십 년의 시간이 주어질 수 있다. 아일랜드인들은 빈곤, 대가족, 만연한 알코올의존증으로 큰 제약을 받았고 강력한 신정주의 통제를 받던 삶을 살았기 때문에 해방감을 분명하게 느끼고 있다. 이는 쿠안의 은퇴자들이 권리가 있다고 생각하기보다는 세속주의와 부의 증가를 자유로움으로 인식함을 의미한다. 또한 비교적 탈정치화된 현대 복지국가의 장점들을 누리고 있다. 마지막으로, 은퇴자들은 과학과 기술이 선사하는 특별한 능력으로 자유를 누리고 있다. 스마트폰에 대한 필자의 연구에서나 주머니, 가방 속에 든 기기를 사용하여 이룰 수 있는 편의성에서 분명히 확인할 수 있다. 마찬가지로 의료 서비스의 발전으로 혜택을 경험하며 고통, 허약 질환으로부터 자유를 누리고 있다. 역사적으로 이 민족지학에서 발견한 다양한 혜택을 누리는 엘리트 계층을 오늘날의 다른 어떤 인구 집단에서도 찾을 수 없다.

1장의 정치에 대한 논의는 자유가 무엇으로부터의 자유뿐 아니라 무엇을 할 자유로도 특정된다는 사실을 분명히 보여줬다. 이 점은 개인주의를 향한 움직임으로 가정되기보다는 집단적 노력의 일환으로 자유를 강조하는 접근과 강하게 연결되어 있다. 지금까지 암시한 내용을 이 책의 결론 부분에서 온전히 다루겠지만, 훌륭한 삶의 필수적인 부분으로서 자유는 쿠안의 사람들이 집단적으로 자체적인 자유의 조건을 구성한 방식으로 촉진된 것으로 풀이된다. 이는 쿠안이 그만하면 훌륭한, 만족스러운 삶을 살 수 있는 장소로서 각광받을 수 있는 토대를 마련했다.

1장의 제목에 포함된 자유에 대해 주장한 연구 참가자는 없었다. 전적으로 필자인 내 의도와 민족지학 연구에서 도출한 것이다. 그러나 이러한 주장은 때때로 주민들의 토론에서 접점을 찾기도 한다. 예를 들어 상업 분야에서 성공적 경력을 쌓고 은퇴한 저스틴은 현재 개발도상국에서 적극적인 자선 활동을 펼치고 있다. 그는 자신을 '황금 세대'의 일원으로 종종 묘사했는데, 분명히 상대적 자유를 암시하는 표현이다. 다른 사람들은 종종 나이가 들면서 얻는 유익에 대해 농담을 했다. "70대의 삶이 이렇게 좋은 줄 알았더라면 진작에 나이를 먹었을 것이다" 또는 "정부가 목숨을 부지하고 있다는 이유만으로 돈을 주는 나이가 되었다"라는 농담이다. 노인들은 가난과 신정정치를 경험하지 않은 청년들이 자신과 동일한 정도로 자유를 인식하는지 궁금해했다. 반면, 청년들은 '황금 세대'라는 표현을 들으면 '황금 세대'가 역사상 첫 번째이자 마지막 세대가 될지 모르며 자신들은 재산을 축적하기가 훨씬 더 힘들 수 있다고 걱정한다. 한편으로는 광범위한 아일랜드 지역 연구에서와 마찬가지로, 세대 간 관계는 대부분 서로 지지하는 것으로 나타났다.[19] 어떤 사람들은 다음 세대가 자신은 상상조차 할 수 없던 자유를 누릴 것이라고 예측했다. 다른 사람들은 보다 향수에 빠진 시각을 드러냈다. 이기적이고 자기애 성향이 강하며 불만족에 빠진 현재와 비교해 과거의 진정한 공동체 상상과 행복을 그리며 전혀 다른 궤도를 강조한다. 공개 담론에서 스마트폰은 거의 항상 인간미를 상실케 하는 도구로 제시되었지만 스마트폰의 실제 사용을 살펴보면 상당히 다른 현상을 목격하게 된다. 놀랍지 않게도, 대부분 사람들은 공개 담론의 맥락에서 제기된 것과 모순되는 이야깃거리를 가지고 있다.

쿠안은 특별한 자유를 달성한 것으로 간주할 수 있는 많은 인구 집단의 하나에 불과하지만 세계적 관점에서는 극소수에 해당한다. 각 인구 집단은 고유의 역사적 궤적을 걸어온 특수성을 지닌다. 다른 집단은 아일랜드와 같이 신정국가의 통치를 받거나 농업 배경이 있지 않을 것이다. 각자는 매우 다른 길을 따라 자유를 향한 기나긴 여정을 걸어왔을 것이다. 미래에는 더 많은 인구가 미래에 쿠안처럼 되기를, 다만 그들만의 방식으로 그러한 자유를 누리기를 소망한다. 마지막으로, 자유는 만족스러운 삶에 토대가 될 수 있지만 이 모든 것은 자유를 어떻게 정의하느냐의 문제를 제기할 수 있다. 2장에서는 그 질문에 답하기 위해 철학에서 자유를 그리는 방식을 따져보고, 쿠안의 인구가 경험하고 실천한 바와 비교하는 민족지학 연구로 설명을 보완할 것이다.

2장
자유의 철학자들

자유라는 특성은 철학에서 영원히 고민하는 주제이며 2장에서는 이 주제와 관련해 철학 분야가 기여한 여러 중요한 면을 살펴볼 것이다. 1장에서 소개한 민족지학적 자료가 자유에 대한 이러한 고찰에 추가적인 시각을 부여해줄 수도 있으리라 희망했다. 이와 같은 일치의 시도는 쉽지 않은 것으로 드러났으며 그 가능성은 2장 말미까지도 분명하게 드러나지 않는다. 2장은 자유의 이상에 대해 제기된 질문에 밀접한 관련이 있는 두 철학자를 소개하며 시작한다. 바로 장 폴 사르트르Jean-Paul Sartre와 이사야 벌린Isaiah Berlin이다. 두 철학자의 기여를 1장에서 서술한 자유와 관련된 담론과 연관 짓기가 어려운 이유를 먼저 설명할 텐데, 마사 누스바움과 아마르티아 센의 가능성 접근에서 보다 적절한 연관성이 드러날 것이다. 궁극적으로는 쿠안에서의 민족지학 연구가 철학적 논쟁에 무엇을 보탤 수 있는지를 모색하는 길을 열어줄 것이다.

사르트르

  어릴 적 내가 즐겨본 텔레비전 프로그램은 〈자유의 길The Roads to Freedom〉이다. 장 폴 사르트르(1905~1980년)의 소설 세 편을 각색한 프로그램인데, 사르트르는 인류를 이해하는 데 있어 자유의 위치와 밀접한 관련이 있는 철학자다. 사르트르와의 교감이 시작된 분명한 시작점은 《존재와 무》였던 듯한데, 800페이지에 이르는 이 책으로 사르트르는 철학자로서의 명성을 얻었다.[01] 사르트르는 여기에서 살펴볼 현상학, 실존주의 운동과 연관되는 유일한 철학자다. 사라 베이크웰Sarah Bakewell은 《살구 칵테일을 마시는 철학자들》에서 사르트르를 당대 여러 중요한 철학자의 기여와 함께 조망하며 철학 운동을 유쾌하게 소개하려 시도한 바 있다.[02]

《존재와 무》가 특별히 인상적인 작품이기는 하지만, 800페이지에 달하는 이 책을 굳이 읽지 않더라도 이 특정 조사의 목적에는 부합하지 않는다는 점쯤은 알 수 있다. 문제는 쿠안의 은퇴자들이 특정한 상태의 자유를 누리고 있으며, 이들의 자유가 관심을 받고 있는 이유는 과거에는 자유가 제한적이었던 역사적인 조건과 대비를 이루기 때문이다. 반면 사르트르는 존재론적인 주장과 주로 관련이 있다. 자유는 인간됨을 정의하는 요소이기 때문에 그 위치가 환경과 무관하다는 주장이다. 《존재와 무》에는 사랑받고자 하는 욕망에 대한 논의와 같이 사르트르의 용어를 깊이 이해할 필요가 없는 환상적인 부분들도 있지만, 상당 부분은 '대자존재being-for-itself'와 '즉자존재being in itself'의 대조와 같이 그의 주장을 뒷받침하기 위한 목적으로 발전시킨 개념과 관련되어 있다.[03]

사르트르를 이 민족지학 연구에 적용하기 어려운 이유 중 하나는 도입부에서 칸트를 전형적인 철학자로 다룬 앞선 논의를 따르는 것이다. 사르트르 담론의 대부분은 개인의 존재를 근거로 제기하는 보편 주장과 관련된다. 사르트르는 타인과 관계 맺는 대타존재being-for-the-other로서도 범상치 않겠지만, 주된 방향은 철학 못지않게 심리학에도 기여했다고 간주할 수 있을 정도로 개인의 내면을 깊이 파고들었다. 무엇보다 자유는 환경, 즉 실존철학에서 인간이 던져졌다고 이해하는 '현존existence'에 대한 개인의 태도를 선택하는 책임이다. 이는 쿠안 주민들이 특정 환경에 어떻게 반응했는지에 관한 판단에 들어맞을 수도 있겠지만, 사르트르에게는 보편적 원칙으로서 훨씬 더 중요한 의미를 갖는 개념이다. 그는 책임의 필요성은 개인이 처한 환경에 무관하게 존재한다고 주장한다. 처형의 위기에 직면한 상태라도 개인은 자유를 발휘하여 자기 운명에 대한 태도를 결정해야 할 책임이 있으며, 이는 〈자유의 길〉이라는 시리즈로 각색된 소설을 관통하는 주제다. 사르트르에게 자유의 주된 역할은 개인의 본래성authenticity의 원천이자 근원이다. 자유의 핵심적인 결과는 책임으로 이해되며, 책임은 사르트르가 도덕철학에 기여한 바의 근본을 이룬다.

사르트르 작품의 상당 부분은 사람들이 스스로에게 진정성을 가질 수 있는 방법과 관계되는데, 이는 사르트르가 말년에 펴낸 《반유대주의와 유대인Anti-Semite and Jew》에서 자세히 다룬 주제인 나쁜 신앙의 상태와 대조를 이룬다.[4] 저술 활동을 이어가면서 사르트르는 서구 마르크스주의의 영향으로 정치에 더욱 깊이 관여하게 되면서 《존재와 무》의 보편주의에서 벗어난다. 이후 그는 사회주의의 구체적인 사례에 관심을 가졌고 후일 펴낸 철학적 논평인 변증법적 이성 비판에서 잘 드러난다.[05] 그러나 일상에서 자유와 사회성의 발전을 보여주는 증거가 1장에서 제시된 사례에서 지배적이며, 이러한 관심은 사르트르가 후기 작품에서 초점을 둔 된 혁명적 실천보다는 일상적인 사건들이다.

이에 민족지학과 사르트르의 철학적인 연구가 서로 조명하는 바가 있다고 주장하기가 어렵다. 상당한 철학적 통찰이 포함된 사르트르의 소설에서 다른 접근을 모색할 수도 있다. 자유의 본질에 대한 그의 사유에 기여한 소설은 《구토》다.[06] 이 소설에서 주인공 앙투안 로캉탱에게 구토를 일으킨 경험은 급격한 자유가 안겨준 부담이다. 이 묘사를 통해 사르트르는 대체로 목적 없고 탈사회화되어 방황하는 개인이 이러한 경험에 짓눌려 문자 그대로 병에 걸렸을 때 나타나는 현대 도시 생활의 자유 문제를 그린다. 2장 말미에서는 쿠안에서 배운 자유에 관한 교훈과 비교하여 보다 유익하고 중요한 의미를 가질 수 있음을 보여주겠지만, 극명한 대조를 통해 이를 제시할 것이다.

벌린

이 같은 초기의 실패에 이어 생산적인 조화를 찾으려는 두 번째 시도는, 자유의 본질과 결과를 이해하는 것과 연관되는 다른 작가인 러시아계 영국 철학자 이사야 벌린Isaiah Berlin(1909~1997년)의 저서를 읽는 것이었다. 특히 〈자유의 두 가지 개념〉이라는 에세이에 초점을 맞추었다.[07] 원래 1958년에 강의한 내용이지만 자유라는 제목으로 추가된 내용과 함께 읽으면 가장 효과적이다.[08] 벌린의 대표적인 공헌은 그가 소극적 자유와 적극적 자유로 명명한 분석이다. 소극적 자유는 사람이 원하는 대로 행동하는 능력을 가로막는 모든 장애물을 제거하려는 노력에서 발견된다.

쿠안 사람들이 과거로부터 상대적인 '무엇으로부터의 자유' 조건을 달성한 것이 이에 해당한다. 벌린의 소극적 자유 논의는 종교의 자유, 시민으로서의 기본권 보호 등 불가침의 자유에 최소한의 공간을 목표로 해야 하는지, 또는 우리가 가능한 한 많은 생명을 포함하도록 이러한 자유를 확장하는 야심 찬 포부를 위해 노력해야 하는지 여부 등이다. 그는 광범위한 논쟁을 끊임없이 국가와 같은 권위가 개인의 자유를 제한할 수 있는 정책을 방어하도록 강요하는 자유주의 정치를 통해 분석했다. 벌린의 또 다른 관심사는 억압할 가능성이 있는 상대의 자유를 보호하기 위해 누군가의 자유를 얼마나 제한해야 하는지에 대한 결정이다. 그는 돈이나 자원이 제한된 사람들은 자유가 있어도 할 수 있는 일이 거의 없음을 인식하며, 따라서 자유가 최우선 순위가 아닐 수도 있다고 생각했다. 동시에 평등은 바람직하지만 자유와 융합되어서는 안 된다고 주장하면서 평등과 자유의 구별을 유지하려 했다.

벌린의 독창성이 빛나는 주장은 적극적 자유에 대한 주장일 것이다. 우리가 자유를 욕망을 충족시키는 능력으로 간주한다면, 자신의 욕망이 무엇인지 또는 무엇을 추구해야 하는지를 알기 전에 교육이나 제도적 지원을 더 많이 받아야 한다는 문제에 직면한다. 자신의 '적절한' 욕구를 찾는 데 도움이 필요할 수도 있다. 예를 들어, 칸트가 완전한 자율 상태에 있는 사람들이 이성 그 자체에 부합하는 정확한 도덕적 경로를 과소 평가할 것이라고 가정한다면 이성에서 비롯된 올바른 길을 실제로 선택했는지 여부를 결정할 권한이 누구에게 있는가? 누군가를 자유롭게 하기 위해 이성에 의해 결정되는 선택을 강요하는 것을 정당화할 수 있는가? 예를 들어 '이성'이라고 부르는 추상화에 의해 결정되는 선택이거나, 개인의 이익이 아닌 집단적 자유(이 경우 코로나로부터의 자유)라는 개념 때문에 사람에게 코로나 바이러스 예방 접종을 강요하는 것이 정당한가?

벌린은 인간이 자유롭게 태어났지만 어디에서나 쇠사슬에 묶여 있다는 루소의 주장이 야기하는 문제를 직시한다.[09] 어떻게 생득적인 자유의 권리를 회복해야 하는가? 칸트와 마찬가지로 루소가 보기에 개인은 이성에서 비롯되는 욕망을 가질 때 자유로워질 수 있으며 일반 의지가 되면서 분명해질 것이다. 이는 일반 의지가 각 개인에게 자유를 명령할 권한을 가지고 있다는 생각으로 이어진다.

즉, 더 높은 권위가 자유가 어디에 있는지 결정하고 개인을 그

길로 강요하도록 만든다. 역사를 통해 깨달았듯 이는 프랑스혁명 이후의 독재로 나타났다. 혁명 지도자들은 자신이 이성 자체에 내포된 자유의 궤적을 나타내는 화신이므로 프랑스 국민들이 이러한 이상을 표현하도록 강요할 권한을 부여받았다고 확신했다. 홀로 남겨진 사람들은 진정한 자유가 어디에 있는지 인식할 수 있는 충분한 이성의 능력을 부여받지 못했기 때문에 자유로울 수 없었다.

마찬가지로, 벌린은 마르크스를 통해 드러난 바의 책임이 헤겔에게 있다고 인식했다. 역사의 진정한 길, 특히 프롤레타리아의 역사적 목적을 알고 있다는 주장이다.[10] 다른 사람들은 억압적인 상황 때문에 프롤레타리아나 중국의 소작농들이 자신의 진정한 욕구를 알 수 없으며 그러한 지식의 인식과 결과를 모두 강요해야 한다고 주장했다.[11] 두 사례는 적극적 자유의 문제를 보여준다. 이성이 요구하는 바를 원하지 않는 개인은 진정으로 있는 그대로의 자신을 알지 못한다고 주장하는 상대에 도달한다면, 이성에 도달하는 참된 길을 자처하는 전체주의 질서의 문이 열리는 것이다.

따라서 벌린은 보다 겸허하지만, 더 안전한 사고에 따라 사람들이 타인은 원하지 않을 수 있는(그럴 자유가 있다는 것이 중요하다) 온갖 신념과 가치관을 가질 수 있는 다양한 결과를 인식하는 자유의 개념을 제안했다. 소극적 자유는 적극적 자유로부터 지속적으로 보호받아야 한다. 이것이 자유의 이상을 평등과 같은 다른 칭찬할 만한 가치와 분리하는 그의 논리다. 벌린은 적극적 자유의 다원주의 버전이 여전히 왜곡과 학대의 대상이 되는 정도를 과소 평가했을 수도 있지만[12] 더 직접적인 문제는 이러한 아이디어가 철학적으로 가치 있더라도, 마찬가지로 연구 참여자의 적극적 작인을 자유의 조건과 관련 있다고 밝혀진 바와 동일시하기 어려워졌다는 점이다. 1장에서는 쿠안에서 장려된 자유의 형태와 경험에서 그러한 깊이와 폭을 기술했다. 쿠안은 대부분 사람들이 자유의 문제와 관련하여 자신을 찾는 유형에 훨씬 더 가깝다. 이를 추상적인 이성의 개념과 동일시하기보다는, 그들이 자유의 경험에 어떤 기여를 했으며 그러한 철학적 토론에 어떻게 동참할 수 있는지를 이해하려고 노력하는 것이 더 가치 있어 보인다. 다행히 세 번째 접근법은 자유에 의해 보장되는 적극적 작인에 초점을 둔다.

누스바움과 센

세 번째 접근법은 마사 누스바움과 아마르티아 센의 저서에서 발견되지만 두 사람 간에 차이점이 많다는 점은 인정한다. 1장에서는 쿠안과, 고대 그리스의 철학 발전에서 폴리스의 중심적 역할에 대한 유사성을 지적했다. 이 출발점으로 돌아가기 위해 아리스토텔레스의 정치 7권의 해석에 근거한[14] 누스바움의 1987년 에세이를 검토할 수 있다.[13] 여기서 아리스토텔레스는 《니코마코스 윤리학》에서 발전된 훌륭한 삶을 구성하는 요소에 대한 일반적인 토론을 이상적인 폴리스에 대한 주장과 연결 지으려 한다. 누스바움은 분배 제도로서의 폴리스라는 아이디어에 주목한다. 이러한 관점에서 볼 때 누스바움과 아마르티아 센이 발전시킨 인간 복지에 대한 '능력 접근'의 단초를 제공한 시도로 볼 수 있다. 아리스토텔레스는 시민들이 잘 살 수 있는 조건을 보장하는 것이 정치의 책임이라고 인식했다. 플라톤과 마찬가지로 유토피아가 아닌 실제적인 고려였다.[15] 또한 정치에는 훌륭한 삶에 대한 보다 전체론적인 개념이 포함되어야 한다.[16] 단순히 사람들에게 부와 일자리를 주는 것으로는 충분치 않다. 중요한 것은 사람들이 그런 혜택을 토대로 무엇을 하느냐다. 누스바움은 아리스토텔레스가 두 가지 다른 종류의 능력을 고려할 수 있도록 도와준다고 밝힌다. 첫 번째는 지성, 성격, 덕에 대한 감각과 같은 인간 내면의 것으로, 개인이 자신의 능력을 사용하는 방법을 선택할 수 있도록 한다. 이러한 역량은 교육을 통해 발전한다. 그러나 사용할 수 있는 능력을 가질 수 있도록 수단을 제공하는 외부 조건도 있다. 여기에서 폴리스의 분배적 책임이 대두된다.

센의 접근법은 누스바움의 일반적인 방향에 동조하지만 누스바움은 중요한 차이점을 지적했다. 센은 그의 저서 《자유로서의 발전》에서 자유의 강력한 형태를 작인으로 주장한다.[18] 세계의 복지에 대한 그의 가장 큰 공헌은, 경제학자로서의 활동에서 경제학자들이 달성하려고 하는 목적에 대한 인식을 전환하도록 만드는 데 중요한 역할을 했다는 점이다. 더 구체적으로, 유엔 등의 기구는 국민총생산GNP 증가와 같은 기준을 통해 복지를 향상하고자 노력했다.

센은 사람들이 삶에서 필요로 하고 원하는 바에 대해 훨씬 더 광범위한 개념이 필요한 이유를 제시했다. 그의 책 제목에 나와 있듯 센은 자유가 개발의 궁극적 목표라고 제안하고, 개발은 자유의 실현에 대한 장벽을 없애야 한다고 강조했다. 이러한 장벽에는 열악한 경제 전망, 국가의 공공시설 경시, 사람들이 자신의 복지 목표를 결정하지 못하고 바라는 바로 존재하거나 실행하지 못하도록 가로막는 정치적 조건이 포함된다. 자유는 '행동과 결정의 자유를 허용하는 과정과 개인적, 사회적 여건을 고려할 때 사람들에게 주어지는 실제적인 기회'다.[19] 센은 인간의 자유에서 도구적 효과뿐 아니라 본질적인 가치를 발견한다. 센이 자유를 정의와 연결하는 방식은 그의 사고에 중요한 영향을 미친 존 롤스에 대해 다루면서 6장에서 논의할 것이다.

이러한 접근 방식은 벌린이 부인한 평등과 자유 간의 연결성을 고집하는 것처럼 보인다. 또한 누스바움과 센이 자유에 대해 명백히 다원주의적 접근을 취해 사람들이 자유롭게 성취하기를 원하는 목표를 스스로 결정할 수 있도록 보장하는 것에 중점을 둔다는 점에서 적극적 자유의 문제에 대한 벌린의 반응에서 한발 더 나아간다. 누스바움은 무엇이 능력을 구성하는가에 대한 질문에 대해 센보다는 구조화되어 있다. 인간의 핵심 능력을 기술하는 것이 철학자의 책임이라고 생각하기 때문일 것이다.[20] 또한 단순한 문화적 상대주의에 반대하는 보편주의 원칙을 유지하는 데 분명한 관심을 갖고 있으며,[21] 이것이 다원주의에 대한 강조와 양립할 수 있다고 주장한다. 다원주의는 적극적 자유에 대한 권위주의적 주장을 방지할 뿐만 아니라 앞서 논의된 접근법보다 인류학자들에게 능력 접근법이 더 매력적으로 와닿게 만드는 핵심적인 특성이다. 다원주의는 문화적 다양성을 특정 인구 집단이나 개인이 원하는 능력을 이끄는 가치의 원천으로 존중한다. 이는 종종 인류학자가 민족지학을 통해 밝혀내기를 바라는 바다. 앞서 논의한 자유의 모든 예시는 이 인구의 특정한 역사와 궤적, 이후의 문화적 가치에 달려 있었다.

센은 자유를 얻기 위해 필요한 몇 가지 핵심 과제를 설명한다. 명백한 예는 여성의 근로 기회 박탈을 포함하여 행위 주체성을 경시하는 오늘날 풍조를 역전하는 것이며, 이는 누스바움도 다양한 저술에서 핵심 주제로 다루고 있다.[22] 두 저자는 자유가 인권과 관련되어 있다면 인권은 사회에 대한 헌신을 포함하여 개인에게 상호 책임을 부과한다는 것을 인정해야 한다. 사르트르와 달리 누스바움과 센은 추상적 또는 존재론적 자유보다는 실질적 자유에 관심을 둔다.

이 모든 시도는 이 민족지학을 철학에 기여하는 학문으로 바라보는 방식을 고찰하는 보다 매력적인 출발점으로 생각된다. 다원주의가 역량 접근법의 핵심이라면, 역량의 실질적 특성을 과도하게 명시하기보다는 열린 상태를 유지해야 한다. 그렇지 않으면 각자 스스로 결정하는 자유를 존중할 수 없다. 이 요건에서 파생되는 것은 자유에 관한 이러한 관념의 평가에 관념 이상이 필요하다는 점이다. 사람들이 실질적인 역량으로 무엇을 이룰 수 있는지 명시하는 데 활용할 수 있는 실제 인구 집단의 사례를 조사해야 한다. 개인은 1장에서 설명한 것처럼 쿠안의 이익을 위해 일하면서 은퇴 시기를 보낼 수 있지만, 마찬가지로 휴가를 가거나 손주의 시간을 보낼 수도 있다. 중요한 것은 이 철학적 접근의 논리가 우리가 관심을 가져야 할 실제 인구 집단에 권위를 효과적으로 양도한다는 사실이다. 따라서 누스바움과 센의 접근 방식에는 관찰 가능한 인구 집단의 관행에서 가치와 목표를 추론하는 본서와 같은 책이 필요하다고 주장할 수 있다.

  인구 집단이 역량 접근법의 예가 되려면 먼저 외부 조건이 보장하는 자유의 조건에서 생활해야 한다. 5장에서 중요한 고려 사항을 제시할 텐데, 자유에 대한 사고의 맥락에서 불평등과 우울증과 같은 문제를 보여주는 증거를 다룰 것이다. 그래야만 그 인구 집단의 행동을 통해 드러나는 특징(아리스토텔레스의 내적 능력)을 설명할 수 있다. 누스바움과 센도 인정하는 중요한 사항은 인구 집단에 대한 모든 판단에는 규범적인 도덕 조건이 포함되어야 한다는 것이다. 우리는 자유가 악이 아닌 선에 사용되고 있다는 증거가 필요하며 해당 인구 집단의 도덕적 우주론을 통합해야 한다. 책 후반부에서는 우주론과 민족지학에서 발견되는 욕구의 본질을 살필 것이다. 마지막으로 아리스토텔레스와 같이 만족스러운 삶을 고찰한 고대 철학자들의 논의를 지배한 덕과 행복의 상대적 기여가 오늘날에도 얼마나 유효한지 확인할 필요가 있다. 관련해 만족스러운 삶에 대한 본 민족지학 연구에서 추론한 바를 활용할 수 있다.

쿠안, 철학자, 자유

이미 1장에서 쿠안을 역량 접근법에서 암시하는 자유 조건이 성취된 곳으로 고려한 바 있다. 은퇴자들이 고용, 가족에 대한 의무, 재정적 제약과 관련된 속박에서 벗어났을 뿐만 아니라 쟁취해 낸 자유를 적극적으로 활용하여 적극적으로 역량을 개발했다. 무엇보다 적극적인 자원 봉사를 통해 쿠안을 발전시키고 지역 정치와 지역사회 활동에 참여하여 시민의 책무를 다하고 있다.

이러한 은퇴자들의 성취를 온전히 이해하기 위해서는 사르트르에 대한 논의로 돌아가는 것이 유용할 것이다. 특히 연구의 정보 제공자들에게 자유는 삶의 규범과 도덕적인 틀로 기능하던 가톨릭교회가 와해되고 종교적 권위를 상실하면서 빠르게 확대되었다. 이러한 종교적 권위의 붕괴는 사르트르뿐만 아니라 뒤르켐 같은 사회학자들, 많은 후기 계몽주의 사상가들, 전통적인 도덕 권위의 붕괴에 기반한 급진적 자유가 필연적으로 인생의 목적 없이 이기적 개인주의로 변질될 것을 우려한 지식인들이 주목한 혼돈 상태의 자유를 나타내는 예가 되었다. 기능주의를 중심으로 사회 이론을 개발한 뒤르켐 등의 사회과학자들은 종교가 사회적 결속을 유지하는 데 중요한 역할을 했다고 주장하여 종교의 권위 상실이 파급 효과를 미칠 것을 시사했다. 자살에 대한 연구에서[23] 뒤르켐은 혼돈 상태의 아노미 문제를 제기했다.[24] 뒤르켐이 아노미에 주목했다면 사르트르는 극단적 개인주의와 거리두기를 허용하는 도시 환경에서 구토를 상상했다. 앙투안 로캉탱은 알베르 카뮈, 장 주네 같은 프랑스의 '좌안' 저자들과 아일랜드의 극작가 새뮤얼 베케트, 철학자들을 괴롭힌 무의미와 삶에 대한 부조리를 포함하는 조건을 상징한다. 그 유산으로 오늘날 '실존적 위기'가 삶의 목적 상실을 암시하는 일상 용어로 쓰이고 있다. 칸트의 도덕 철학은 과학의 부상이 예시하는 것으로 보였던 도덕적 권위의 붕괴를 방지하기 위해 구상되는 한 이러한 우려에 대한 선례가 된다. 결론적으로, 종교의 쇠퇴는 신앙을 대체할 수 있는 구조의 지지 없이 사회를 지탱하는 인간 역량에 대한 확신의 부족을 수반했다. 전반적으로 급진적 자유와 개인주의의 만연 속에서 사람들은 수영하기보다는 가라앉을 가능성이 훨씬 더 높다고 인식하는 것으로 보인다.

쿠안의 은퇴자들은 하늘에 감사할 일이다. 일상의 모든 측면을 통제하던, 엄격한 신정 통치 정부가 급진적으로 또는 급격히 붕괴한 것을 경험한 또 다른 집단은 상상하기 어렵다. 마찬가지로, 아노미나 구토의 문제의 고통에서 자유로운 사회를 상상하는 일도 어렵다. 종교의 쇠퇴는 생각처럼 심각한 영향을 미치지 않은 것으로 드러나, 종교가 사회 결속을 위해 필요한 접착제 기능을 하지 않았음을 보여준다. 급진적인 자유가 사르트르의 앙투안 로캉탱의 모습과 전혀 닮지 않은 것은 아니다. 쿠안은 자유를 개인주의와 연관 짓는 철학과 사회과학의 경향을 거부하는 것으로 훨씬 더 깊은 개입을 나타낸다. 사회성으로부터의 후퇴로 이어지는 자유와는 거리가 먼 쿠안의 은퇴자들은 자유의 조건을 사회성을 온전히 포용하고 배양할 수 있는 가능성으로 삼았다. 그들은 직장의 강제된 사회성을 지역사회를 건실할 자유로 대체하여 지역사회 자체를 자유의 표현 양식으로 만들었다. 그들은 규범과 집단으로부터의 자유를 추구하지 않았다. 오히려 두 가지를 모두 촉진하기 위해 자유를 사용했는데, 사회민주주의 스칸디나비아와 일부 사회주의 버전에 더 가까운 모습이다. 쿠안은 사회성 자체가 개인주의 못지않게 자유의 표현이 될 수 있는 방법을 보여준다. 적어도 자유의 철학을 보완하는 중요한 의미를 지니는 이유다.

사회성은 어떻게 자유를 표현할 수 있을까? 나는 다른 저서에서 주된 사회적 관계를 개념화하고 우선시하는 방식의 변화를 예로 든 바 있는데 쿠안에만 국한되지는 않는다.[25] 과거 대부분의 사회에서 사회적 관계에 대한 지배적 표현은 친족 관계에서 파생되었다. 1장에서 언급했듯이 많은 사회는 내가 어린 시절 경험한 가상의 친족 관계에 대한 관행을 가지고 있었다.[26] 그러나 지난 수십 년 동안 우정이 사회성의 지배적 표현으로서 친족 관계를 대체한 경향이 나타났다. 이러한 변화의 이유는 바로 자유 자체가 사회적 관계의 진정성을 판단하는 데 있어 더욱 중요한 요소가 되었기 때문이다. 이제 우정이 친족 관계보다 우세한 이유는 종종 사람들이 언급하듯 친구는 선택할 수 있지만 친척을 그럴 수 없다는 데 있다. 역시 사회적 관계가 의무보다는 자유를 드러내는 표현이 되는 방법을 확인할 수 있다.

1장에서 자세히 설명한 또 다른 예는 은퇴한 사람들이 조부모의 의무를 이해하는 방식에서 발견되었다. 과거에는 친족 관계가 주로 의무로 표현되었다. 그러나 오늘날 쿠안에서 조부모는 손주 보살핌이 당연한 것으로 간주되기를 원치 않는 것이 분명하다. 그러한 돌봄이 본인의 자녀와 손주에 대한 사랑과 관심으로 보이기를 원하는 것이다. 그러기 위해서는 조부모의 양육이 대가 없이 주어져야 했으며, 따라서 사회성의 조건으로서 자유의 상징으로 변화되어야 했다. 그러나 자발적 행동은 개인주의가 아니다. 이 경우에서는 관계를 표현하는 매개가 변화했다. 조부모들은 자녀와 손주 모두에게 헌신적이지만 그러한 헌신이 의무보다는 사랑의 표현이 되기를 원한다. 자유와 개인주의 사이에는 본질적인 연관성이 없다. 사회적 관계에 참여하는 방법에는 다양한 방법이 있기 때문에 제약 대신에 자유의 표현이 되었다. 폭넓게 보자면, CCA와 같은 기관의 활동을 통해 쿠안 주민들이 쿠안을 만들어간 방식을 이해하고 결과적으로 만족스러운 삶을 위한 조건을 제공했다고 생각한다면 아리스토텔레스가 폴리스의 역할을 이해하고 역량에 기여하는 방식을 이해한 데서 멀리 벗어나지 않은 것이다.

대부분의 연구 참가자들은 자유라는 동전의 뒷면에 책임이 있다는 누스바움과 센의 주장에 동의한다. 이들은 개인의 행동이 동료들에 의해 엄격하게 통제되는 사회를 만들었다. 이 촘촘한 사회 관계에서는 누가 무엇을 하고 있는지가 분명했다. 누가 타이디 타운즈 활동에 자원하지 않고, 노인을 돌보는 도움을 베풀지 않으며, 새로운 사진 모임을 시작하자는 요청을 거절했는지 예의 주시된다. 쿠안은 매우 규범적 사회다. 앞서 언급했듯이 코로나 제한 기간 중에 사람들은 어떤 이웃이 규정된 방식으로 격리 조치를 취하지 않았는지 감시하는 경찰 역할을 톡톡히 해냈다. 이들은 외부와 구조적 제약을 공동체적으로 합의된 제약이라는 이상으로 대체했다. 우리는 문화적 가치에 대한 토론을 통해 자유를 조사하는 역량 접근법의 다른 차원으로 돌아갈 수 있으며 자유와 웰빙의 경험에 대한 사회적이고 규범적인 기초를 시사한다. 전반적으로 본 민족지학 연구에서 추론된 자유와 개인의 선택과 동일시되는 자유의 일상적 정의 사이에는 공통점이 거의 없다.

사르트르에서 벌린까지 확장해서 고려한다면 민족지학이 철학에 기여한 바는 더 커진다. 벌린의 주요 관심사는 정치적 자유였다. 소극적 자유는 주로 개인이 자신의 개인적인 욕망과 열망에 관여하기 위해 정치로부터 자유로울 수 있는 능력으로 여겨진다. 적극적 자유가 더 큰 권위가 이성의 유일한 역할을 주장하도록 허용한다면 이를 막았을 것이다. 그러나 쿠안 사람들은 개인주의가 아닌 사회성을 키우기 위해 자유를 활용했듯, 그들은 정치에서 벗어나는 것이 아니라 참여의 정치를 만들기 위해 정치적 자유를 사용했다. 대부분의 경우, 그들은 대문자 P의 정치, 즉 신문 헤드라인의 정당과 국가로부터 특별한 자유를 느낀다. 1장에서 살펴봤듯 다른 나라를 삼킨 격렬한 양극화와는 대조적으로 아일랜드는 비교적 관대한 복지국가 모델에 기반한 상대적으로 중도주의 정치를 수십 년 동안 실천했다. 이는 일반적으로 정부가 통치를 이어갈 수 있었음을 의미한다.

그러나 정치의 부재로 이어지는 '대문자 P' 정치로부터의 자유와는 거리가 멀게 쿠안 사람들은 시민적 책임감을 인상적인 수준으로 배양했다. 정치가 개인의 사적 관여에 대한 언급을 포함한다면 쿠안 사람들은 자유의 결과로 오히려 더 정치적이 되었다고 할 수 있다. 타이디 타운즈, 청년 스포츠팀 지원, 장애인 식사 제공

같은 활동을 통해 지역사회에 참여하는 시간은 엄청난 수준이다. CCA는 학교와 도로를 개선하는 작업을 이어가기 위한 실용적이고 집단적 성격을 갖게 되었지만 절대 정당정치는 언급하지 않는다는 분명한 지침을 따른다. 민족지학 연구 이후 환경보호주의와 빈곤에 깊은 신념을 가진 정치인이 된 두 사람의 예를 든 바 있다. 결론적으로, 벌린이 적극적 자유가 무엇을 의미해서는 안 되는지를 보여주는 데 탁월한 능력을 발휘했다면 쿠안은 적극적 자유가 무엇을 의미해야 하는지를 보여주는 훌륭한 일을 해냈다.

문화적 다원주의는 벌린, 누스바움, 센의 철학에서 중요한 구성 요소다. 지금까지 이 책에서는 다른 인구 집단이 쿠안과 유사한 궤적을 따른다고 시사하지 않았다. 자유는 그 자체로 문화적 이질성의 가능성을 높인다. 안타깝게도 많은 인구가 향수를 불러일으키는 시대로의 회귀를 약속하는 보수적이고 민족주의 정부에 투표하며, 쿠안에서 지지하는 자유주의적 자유에 수반되는 세계주의를 거부하는 움직임을 종종 보인다. 개인주의와 아노미의 확산을 보여주는 교과서적 사례로 꼽을 만한 많은 인구 집단이 존재한다. 인류학의 과제로서 수행한 본 민족지학 연구는 하나의 규범적 이상에 반대되는 비교를 강조한 누스바움과 센의 접근과 일치한다. 센이 초월적 접근이라고 부른 바다.[27] 철학과 인류학 사이의 보완성은 본 민족지학이 이들 철학자들의 성취를 결코 달성하지 못하리라는 점에서 분명하다. 누스바움과 센은 유엔과 같은 기구에 큰 영향을 미쳤다. 어떤 인류학자도 달성하리라 기대할 수 없는 수준으로 세상의 발전에 기여했으며 그러한 공로를 인정받아야 한다. 인류학과 철학의 상호 보완적 관계를 주장하는 것은 각 학문이 다른 학문보다 더 쉽게 성취할 수 있는 모든 기여를 인정하는 것이다.

쿠안과 관련하여 폴리스라는 용어를 사용하는 것은 무엇을 시사하는가? 양자의 유사성을 암시한다면 분명히 문제가 된다. 고대 폴리스는 도시국가였으며 정치적 관점에서 쿠안보다 아일랜드 공화국에 가까울 것이다. 특히 고대 폴리스에서는 인구의 극소수만 시민이었다는 점에서 쿠안과 뚜렷한 차이가 있다. 그러나 많은 쿠안 사람이 아일랜드 국가의 시민으로서의 의무감보다는 도시와 관련된 시민 활동에 관여하고 있다는 1장의 증거를 토대로 아리스토텔레스와 같은 고대 철학자들의 주장과 어느 정도 비교는 가능할 것이다. 이러한 비유는 또한 본서가 쿠안 사람들에게 발견되는 증거에 기반하고 이를 유다이모니아의 구성 요소인 행복과 미덕의 원천으로 간주하는 것도 타당하다. 놀랍게도 이 책의 내용이 전개됨에 따라 쿠안이 고대 폴리스보다 못하다는 주장이 아니라 어떤 면에서 인구와 관계가 있다는 주장이 더 중요하다. 8장에서는 태어나면서 시민이 되었던 고대 폴리스와 달리 쿠안에서는 타지인, 즉 도시로 이주한 사람들에 의해 오늘날 모습을 갖췄음을 설명한다. 이를 통해 본서의 결론에서 제기할 주장의 기틀을 마련한다. 쿠안을 형성하는 과정에서 필자가 주민을 연구 대상으로 삼은 이유도 설명한다. 쿠안 사람들이 하는 행동뿐 아니라 쿠안 주민들을 그러한 모습으로 만든 요인을 이해할 필요가 있다. 2장에서 다룬 자유에 대한 논의가 불완전한 이유가 여기에 있다. 이 책의 결론에서는 한 철학자를 추가로 소개할 것이다. 헤겔은 이 인구 집단이 형성된 방식을 온전하게 이해할 수 있도록 사라진 퍼즐 조각을 제공한다. 헤겔은 사람들이 주변의 세계를 창조하는 방식을 통해 자유로워지는 변증법적 과정을 설명한다. 한편 2장의 결론은 우리가 자유에 대해 추상적으로나 개념적으로 알고 싶을 뿐만 아니라 현대 세계에서 살아가는 방식에 대한 함의를 파악하고자 한다면 철학에서 배울 점이 많다는 것이다. 물론 민족지학에서도 배울 것이 많다.

3장
최초의 만족하는 사회

만족스러운 소비

3장은 여러 측면에서 1장의 논의를 이어간다. 인류가 전통적으로 다양한 외부와 억압 요소에 이끌린 것으로 간주되어온 또 다른 영역과 관련이 있다. 이 상황이 급변한 정도를 인식하지 못했다는 증거를 또다시 제공할 것이다. 부유한 사회가 되는 것뿐만 아니라 기본적으로 최초의 만족스러운 사회가 되는 것을 통해 자유를 얻을 수 있음을 보여줄 것이다. 소비할 자유가 아니라 소비로부터의 자유 그리고 소비자 선택이라는 부담으로부터의 자유다. 쿠안 사람들이 모방을 통해 지위와 명성을 얻기 위해 경쟁하는 정도에 따른 증거가 제시될 것이다. 이 과정은 과시적인 소비로부터 환경보호주의자라는 자격을 드러내기 위한 가시적인 소비 제한주의로 변화했다. 마지막 섹션에서는 소비가 비인간 세계와 인간이 맺는 관계를 특징 짓는 시도에서 표현의 범위가 깊이로 옮겨간 방식을 다룰 것이다.

지금까지 현대 소비에 대한 가장 오래 지속되고 영향력 있는 연구는 소스타인 베블런Thorstein Veblen이 1899년 발표한 《유한 계급론》을 꼽을 수 있다.[01] '과시적 소비' 등의 용어가 등장한 책이다. 베블런은 기존 귀족과는 달리 부를 축적하기 위해 일한 신흥 부유층에 주목했다. 그는 귀족적 지위의 영향을 받은 이 신흥 부자들이 부를 축적하게 해준 노동의 세계에서 거리를 두고자 한다는 점을 발견했다. 이는 여가 활동과 대리 소비를 강조하는 시도로 나타났다. 노동에 긍정적 가치를 부여하는 청교도적 유산을 받은 베블런에게는 놀라운 현상이었고 유한계급은 그러한 청교도적 가치를 부인했다.

베블런이 설명했듯 지위가 중요한 모든 사회에서 지위를 소비와 연결하는 핵심 기제는 모방이다. 하층민은 상류층처럼 보이기 위해 상류층의 소비를 모방한다. 인간이 소비에 만족할 수 없는 이유가 여기에 있다. 빵을 예로 들어보자. 수백 년 동안 부유층은 정제된 흰 빵을 먹었는데 하층민에게는 꽤나 부담되는 가격이었기 때문이었다. 그러나 모든 사람이 흰 빵을 살 수 있게 되자 상류층은 가격이 더 비싼 통밀이나 유기농 빵과 같은 새로운 소비 기호를 발전시켰는데, 하층민들과 거리를 두려는 이유도 일부 작용했다. 모방은 3장에 제시된 발견을 설명하는 기본 기제다.

지위를 소비와 연결 짓는 이론을 제시하거나 소비의 만족할 수 없는 본질을 설명한 사회과학자는 베블런뿐만이 아니었다. 4장에서 다룰 마르크스주의 철학자들과 보다 일반적인 비판 연구의 영향으로 관심사가 모방과 같은 인구 집단 내부의 기제에서 광고와 같은 현대 자본주의의 강력한 힘으로 옮겨갔으며 기본적으로 소비 수요가 만족을 모른다는 점을 설명하기 위한 의도였다. J. K. 갤브레이스J. K. Galbraith 같은 경제학자들은[02] 자본가들이 새로운 상품에 많은 자본을 투자하기에 앞서 먼저 그 상품을 원하는 인구를 창출해야 한다는 사실을 깨달았다고 주장했다. 수요를 창출해야만 투자 성과를 낼 수 있는 것이다. 오늘날 학계의 대부분은 기업이 상품과 서비스를 구입하도록 소비자를 설득하는 방식에 주목한다. 이러한 생산과 소비 과정은 서로 맞물려 작동한다. 콜린 캠벨Colin Campbell은 1960년대의 반문화적 정신처럼 보였던 현상이 새로운 경험에 대한 욕망으로 변화했다는 놀라운 주장을 담은 책을 펴냈는데, 대단한 영향력을 미친 그 책에서 캠벨은 인간이 무엇을 구매하든 기대를 절대 만족시킬 수 없다고 밝혔다.[03] 이는 인간이 또다시 새로운 무언가를 원하도록 이끈다. 세 번째 중요한 학문적 기여는 피에르 부르디외Pierre Bourdieu[04] 매리 더글러스Mary Douglas[05] 마셜 살린스Marshall Sahlins[06] 같은 인류학자를 비롯한 사회과학자들에게서 비롯되었다. 이들은 인간이 성별이나 교육 수준과 같은 사회적 차이를 표현하기 위해 다양한 상품을 개발한다고 주장했다.

그밖에도 현대 소비의 만족을 모르는 본질적인 특성과 사회관계에서 그 이후의 역할에 대한 설득력 있는 이론적 설명이 제기되었다.

그러나 쿠안의 비교적 부유한 은퇴 인구는 소비와 어떤 관계를 맺고 있을까? 도로나 해변에서 산책을 하는 등으로 쿠안 사람들과 교류하면서 소비에 대해 기존에 학계가 특징 지은 바에 문제가 있음을 이내 발견했다. 마주치는 주민들 대다수의 옷이 특별히 구분되지 않았던 것이다. 연구진은 그 옷의 가격이나 브랜드를 추정하느라 애를 먹었다. 이에 대해 다른 지면에서 더 자세히 기술했지만[07] 현대 세계를 특징짓는 하나의 의복을 꼽는다면 청바지를 빼놓을 수 없다. 물론 비싼 청바지도 있지만 쿠안의 노인들 사이에서 비싼 청바지를 입은 사람을 마주칠 가능성은 매우 낮다. 청바지의 매력은 눈에 띄지 않는다는 데 있다. 다른 의복과 달리 어떤 옷이든 청바지와 잘 '어울린다.' 청바지는 소비에 대한 가장 일반적인 세 가지 접근 방식을 모두 뒤집는다. 언제나 유행을 따지지 않고 입을 수 있어 옷을 쇼핑할 필요성이 줄어든다. 상대적으로 저렴하며 광범위한 패션 산업의 감언이설을 거부함으로써 우리가 단순히 자본주의자들의 소비 명령에 굴복한다는 관념에 맞선다. 또한 기호학적 차이에 대한 인류학의 논의에도 어긋난다. 청바지를 입는 주된 이유는 사실상 차별화되지 않고 착용자에 대한 어떤 정보도 알려주지 않기 때문이다. 청바지는 쿠안 은퇴자들 사이에서 상당히 일반적이긴 하지만, 스포츠 의류로 시작하여 일반적인 일상복을 아우르는 주된 의상에는 세 가지 특징이 있다. 일반적으로 눈에 띄지 않으며 내구성이 강하고 유행하는 패션과 별다른 관련이 없다는 것이다.

은퇴한 사람들이 의복 구입처에 대해 말할 때, 세 곳의 상점이 가장 빈번하게 거론되었고 다른 곳은 거의 언급되지 않았다. 바로 페니스Pennys, 막스 앤 스펜서Marks and Spencer, 던스 스토어Dunnes Stores였다. 다른 매장이 언급되었다면 쿠안에 위치한 몇 안 되는 자체 옷 가게 중 하나일 가능성이 높다. 그러나 쿠안은 많은 옷 가게로 축복받은 지역은 아니다. 어느 주말 나는 쿠안에 남성 속옷 가게가 없다는 사실을 발견했다. 아일랜드인이 아니라면 프리마크Primark가 아일랜드에서 시작되었으며 페니스라는 이름을 유지하고 있음을 모를 것이다.

하지만 프리마크를 아는 사람들은 그곳이 가장 저렴하게 옷을 살 수 있는 장소라는 것을 잘 알고 있다. 이는 그 자체로 긍정적으로 보였다. 한 젊은 여성이 "페니스는 세상에서 가장 좋아하는 장소"라고 선언할 정도였다. 던스 스토어의 물건은 값이 좀 더 비싸지만 아일랜드에서 가장 잘 알려진 백화점에 해당하며 부를 과시하기 위해 찾는 브랜드는 아니다. 막스 앤 스펜서 역시 평범한 일상과 관련이 높은 브랜드다. 개인적인 취향에 대한 일반적인 표현은 '평범하다'였다. 요즘 청년들은 이러한 상점 외에 부후BooHoo와 프리티 리틀 씽Pretty Little Thing같은 온라인 의류 사이트를 이용할 것이다. 쿠안 내에서는 네 곳의 독립 상점이 특별한 날을 위한 다소 비싼 물건을 판매했다. 중산층의 한 중년 여성은 "잘 알려진 브랜드 이외의 옵션이 있는 것은 좋은 일이다. 쇼핑몰에서는 모든 물건이 똑같기 때문에 특별한 장소나 이벤트를 위한 옷이 필요하다"라고 말했다. 또 다른 사람들의 경우 쿠안의 옷 가게에 갈 수도 있지만 세일할 때만 간다고 답했다.

필자가 참석했던 독서 모임에는 한 남성을 제외하고 의상으로 눈에 띄는 여성이 한 명 있었다. 그 여성의 옷 중 일부는 꽤 비싼 것이 분명했지만 다른 여성들이 특별히 관심을 기울이는 특징은 가격이 아니었다. 다른 사람들이 사진이나 원예 활동을 하듯 옷을 잘 갖춰 입는 것이 그 여성의 특기라고 감탄했던 것이다. 모두가 그녀에게 잘 어울리고 조화를 이룬다고 평가하면서 즐겨 감상할 정도로 훌륭하게 갖춰 입었다. 또 다른 사례는 이 독서 모임의 참가자는 아닌 여성인데, 70대 후반으로 신체는 많이 허약해졌지만 신발을 비롯한 우아한 의상으로 유명했다. 사람들은 노화와 더불어 외모와 건강의 악화가 진행되는 중에도 자존감을 유지하는 것이 중요하다는 것을 잘 알았다. 그 여성은 최근 매우 심각한 건강 문제를 겪었으며 무기력함에 절망의 눈물을 종종 보이기도 했다. 그런데도 의상을 고르는 솜씨는 여전했고 조화롭게 갖춰 입었으며 (남성은 거의 아닐지라도) 여성들은 그 착장에서 신발의 역할을 높이 평가할 정도로 신발을 잘 골랐다. 그 여성의 습관과 행동에 의상이 조화를 이루면서 우아함이 더해졌다. 그 여성의 세대에서는 '세련되다'라고 표현했다.

마찬가지로, 보수적인 의복을 입는 남성들에게 다른 특징과 행동이 더해지면서 사람들은 그들을 '신사'라고 지칭했다.

이 독서 모임에 속한 다른 회원 대부분에게 선택의 기회가 주어졌다면 비슷한 옷을 구입했을 것이다. 하지만 일반적으로 쿠안 여성들의 옷은 대체로 평범하고 소박하다는 점에서 남성들 의복과 비슷했다. 나쁘지 않았지만 그렇다고 특별하지는 않았다. 청바지를 많이 입지는 않았지만 단순한 바지와 블라우스 차림이었고 남성들은 티셔츠를 선호했다. 어느 집단이 눈에 띄었다면 쿠안의 교회에서 첫 영성체 예배가 있었기 때문일 가능성이 높다. 예배에서 가장 훌륭한 부분은 칠팔 세 아동이 참석할 수 있다는 것이었다.

쿠안 남성들은 오늘날의 많은 장소에서 단조롭다고 표현할 정도로 수수한 옷을 입고 나타났다. 물론 예외도 있었다. 그런데도 여전히 드러내 보이려는 의상이 있다면 자칫 평범해지기 쉬운 스포츠웨어에 신경을 쓴 경우일 것이다. 6장에서 설명하겠지만 스포츠는 쿠안에서의 중요한 역할을 수행하여 많은 사람이 일상복으로 스포츠 스타일의 의류를 입었다. 언젠가 한 남성은 지인이 노스페이스 재킷을 입고 있는 것을 알아봤는데 스포츠 분야에서는 고가의 브랜드로 알려져 있었다. 이는 과시적 소비의 예로 간주되었고 그 브랜드를 언급한 발언은 중요한 의미가 있었다. 또한 대부분 사람들이 타인의 옷 브랜드를 인식하지 못한다는 점에서 이례적인 일이었다. 대부분은 대동소이한 옷을 입었기 때문이다.

그렇다면 의복은 만족스러운 소비가 의미하는 바를 뜻한다. 페니스와 같은 가장 흔한 소매점에서 파는 평범한 옷으로 생활하기에 충분한 의상을 구비하는 데는 큰돈이 들지 않는다. 게다가 노년층은 이미 수십 년 동안 옷을 모아왔다. 그러므로 특별한 경우를 제외하고는 옷을 더 사러 갈 이유가 거의 없었다. 낡은 옷을 대신할 옷을 사거나 특별히 마음에 드는 옷을 발견하면 가끔 구입하는 정도였다. 기후가 따뜻한 곳으로 해외여행을 가서 기념품으로 옷을 사거나 선물을 받을 수 있지만 대체로 의복에 대한 수요는 충족되어 있었고 만족한 상태가 분명했다. 의류 쇼핑은 대체로 완료된 것이다.

다른 많은 소비 부문에서도 이러한 관찰이 동일하게 적용된다. 은퇴 시기가 되면 대부분이 홈퍼니싱을 통해 필요한 모든 물품을 구비하고 종사하는 업무에 필요한 도구를 거의 완비한 상태다.

주말 농장을 시작하거나 그림 그리기와 같은 새로운 활동에 물건이 필요할 수 있지만 구비하는 데 많은 시간이 들지 않았다. 하지만 사람들은 여전히 충동 구매에 약하다. 리들Lidl 슈퍼마켓에서 쇼핑과 관련된 현장 연구를 하는 중에 아주 유쾌한 노래가 흘러나왔다. 리들에서의 쇼핑은 평범한 물건과 전문가의 물건이 무작위로 섞여 있는 결과로 종종 이어진다는 점에서 흥미로운 경험이다. 노래는 쇼핑객이 '줄무늬 베이컨 한 팩과 러시아 스타우트 한 상자를 사고 전기가 나갈 경우를 대비해 이동식 발전기를 사게 될 수도 있다'라고 암시한다.[8] 결국 사람들은 사려고 했는지조차 기억하지 못하는 물건을 사 들고 나왔지만, 이 역시 예외에 해당하는 일이었다. 오늘날 과시적 소비는 점점 저속함과 평등에 대한 보다 중요한 주장을 지지하지 못하는 실패와 연결된다. 쿠안에 오래 거주한 한 중년 여성의 말을 들어보자.

물질주의적 태도는 저속하고 시대에 역행하지만, 과시하지 않고 함께 지낼 수 있는 정도라면 흥미로운 사람으로서 용납할 수 있다. 모두가 앉아 있을 때는 상대가 구찌 핸드백을 들고 있는지 상관하지 않는다. 따라서 소비는 자산이라기보다는 부담과 같다.

 이제는 누군가가 비싼 물건을 과시하면 우러러보기보다는 무시할 가능성이 훨씬 더 높은 상황에 이르렀다.
 특히 정부 연금이 유일한 수입원인 연구 참가자들에서 이런 태도가 두드러졌다. 그들에게는 필요를 충족하는 일이 중요했다. 지위 모방에 이끌리는 소비를 해야 한다는 압박을 느끼지 않는다는 점에서 이러한 주장은 더욱 분명해졌다. 또한 아일랜드가 비교적 원활히 기능하는 복지국가라는 사실도 큰 기여를 했다. 다만 이 부분에서 가장 큰 실패는 국민 건강보험의 미비다. 노인들의 경우 의료비가 막대한 지출이 될 수 있기 때문에 대다수는 의료보험을 필수라고 느낀다. 하지만 소득이 분명하게 제한된 사람들에게는 의료비를 부분적으로 충당할 수 있는 의료 카드가 발급된다. 국가 의료 서비스는 무료로 제공되지만 엄청난 대기를 감내해야 한다. 의료 서비스를 제외하면 복지국가는 만족하는 소비가 가능하도록 기여했다. 노인들에게는 무료 TV 시청권이 지급되며 특정 연령이 되면 아일랜드 전역의 대중교통을 무료로 이용할 수 있다는 사실에 감사했다.

이와 함께 무료 여권과 에너지 보조금이 지급되었다. 요약하자면, 대부분의 은퇴자들은 국가 연금과 서비스, 과거의 저축을 통해 충분히 만족스러운 삶에 얼마든지 이를 수 있었다.

소비 행태에는 차이가 나타났다. 쿠안에서 가장 소득이 높은 지역과 낮은 지역에서 연구를 수행한 결과 고소득 지역에서는 최신 기종의 자동차를 구입했고 일부는 고가 모델에 해당했다. 하지만 그러한 차이점 역시 실용성 측면에서 크게 유의미하지는 않은 것으로 나타났다. 일반적으로 저가형 모델도 고가 모델 수준으로 운전에 효율적이었다. 전반적인 불평등 문제는 5장에서 논의하겠지만, 중요한 점은 국영 주택에 거주하는 저소득 가구라도 사람들이 필수품으로 여기는 시설에 부족함을 느끼지 않았다는 것이다. 민족지학에서는 국영 주택의 생활에 대해서도 관심을 두기 때문에 쿠안의 저소득층 가정을 방문할 일이 종종 있었다. 주방과 욕실은 창문과 마찬가지로 민간 주택보다 크기가 다소 작았지만 큰 차이는 나지 않았으며 부유층 가정의 주방과 욕실에서 볼 수 있는 시설도 모두 구비되어 있었다.

저소득층도 한 번의 장기 휴가와 여러 번의 짧은 휴가를 쓸 수 있었다. 예를 들어 잘 알고 지내던 택시 기사가 국영 주택 지역에 거주하고 있었는데, 해마다 라스베이거스에 가족 여행을 갔고 자신은 리버풀 인근의 에인트리에서 경마를 즐기곤 했다. 부유층처럼 달리 페루의 마추픽추에 가거나 스페인에 별장을 가지고 있으리라 기대하기는 어려웠다. 하지만 그런 사실에 개의치 않는 듯했고 호화로운 소비를 하지 못한다고 해서 결핍을 느끼는 것으로 보이지도 않았다. 그들은 단지 지위를 드러내는 일에 익숙하지 않았다. 민족지학 연구를 수행하는 동안 비용을 감당하지 못하는 문제는 앞서 언급했듯 주로 의료 서비스와 관련하여 제기되었고 그 외에는 아동과 관련된 지출 문제가 있었다. 쿠안의 아이들은 다양한 스포츠 활동 가운데 선택할 수 있었지만 비용이 발생하는 경우가 많았다. 한 부모는 "아이가 해양 스카우트 소속으로 연간 170유로가 드는데, 전혀 부담이 안되는 금액인 양 청구한다"라고 말했다. 어떤 사람들에게는 큰 부담이지만 대부분 사람들에게는 그렇지 않았다.

전자제품에도 동일한 주장이 적용된다. 사람들은 컴퓨터가 거기서 거기라고 인식하게 되기 전까지 계속 업그레이드하던 시절이 있었음을 기억할 것이다.

몇 년 뒤 스마트폰에서도 같은 현상이 벌어졌고 이제는 해마다 스마트폰의 성능이 얼마나 개선되는지 전문가들만 관심을 기울일 뿐이다. 쿠안 주민의 대부분은 아이폰이나 삼성 갤럭시를 사용했다. 기기와 요금제가 정해진 후에는 사용 행태가 비용과 관련이 없기 때문에 과시적 소비나 차별화된 소비를 드러내는 수단이 되지 못한다. 스마트폰 연구에서 놀라운 점은 점진적 개선이 계속되었지만 특히 운전, 쇼핑, 사진 촬영, 버스 도착 시간 확인 등이 훨씬 수월해지는 앱이 개발되면서 편의성이 향상되었다는 사실이다. 게다가 모든 앱이 무료다. 마찬가지로, 이제 스마트 TV는 충분히 대형화되었고 필수적이라고 여길 만한 중요한 신기술이 더는 나오지 않고 있다. 즉, 제조업 분야에서 전반적인 만족감을 뒤흔들 만한 발전이 더는 일어나지 않고 있는 것이다. 사람들이 정말로 원하지만 값을 치를 수 없는 대상이란 없다. 은퇴한 사람들은 소비에 대해서는 매우 보수적인 경우가 일반적이며 목표를 달성하는 역량을 뚜렷하게 향상하지 않는 한 유혹에 흔들리지 않을 가능성이 높다.

물론 언제나 그렇듯 주의가 필요하다. 과시적 소비에 기반한 지위 표현이 완전히 사라진 것은 아니다. 와인 감정이나 슈퍼마켓 대신 델리카트슨에서 음식을 구매하는 형태로 나타날 수 있다. 사람들이 참여하는 다양한 활동 중 골프는 지위를 강하게 암시하기 위해 활용되었고 연간 회비는 대부분의 사람들이 감당할 수 있는 수준을 훨씬 뛰어넘었다. 요즘은 회비가 과거보다 저렴해졌지만 여전히 지위와 일부 관련되어 있다. 어떤 사람들에게는 골프 코스에서 존재감을 드러내는 것이 여전히 세계에서 '위치'를 갖는 경험이다. 항해에도 분명히 큰 지출이 따를 수 있지만 쿠안의 많은 사람 사이에서 열정을 발산할 수 있는 활동이었고 지출보다는 깊은 존중을 불러일으키는 지식과 기술이 필요하다. 필수 기술은 갖추지 못한 채 큰 선박을 소유하는 것은 존경보다는 조롱받을 일이다. 쿠안 주민들은 요트 클럽이 아니라 항해 클럽이 있다는 사실을 강조했다. 하지만 우쿨렐레 그룹에 가입하는 것과 같이 인기 있는 등 대부분 활동에서는 지출이 거의 일어나지 않는다. 사진 전문가가 되려면 많은 비용이 들 수 있지만 비용이 어떤 활동을 할지 결정하는 중요한 요소라는 인식은 희박했다. 이 모든 것은 대부분 은퇴자가 활동을 위해 계속 일해야 한다는 압력을 받지 않았음을 의미한다. 추가로 물건을 가져야 한다는 실질적인 사회적 압력이 없는 것과 마찬가지다.

결론적으로, 평범한 물건과 일상적인 활동과 관련하여 쿠안의 노년층은 소위 청바지 인구가 되었다. 선택 자체가 억압이 될 수 있기 때문에 '청바지'라는 용어는 선택으로부터의 상대적 자유를 의미하기도 한다. 쿠안 사람들이 대화에서 미국 문화로 일반화하며 자신들을 차별화한 방법 중 하나는, 미국에서는 선택이 그 자체로 가치를 지닌다고 가정한 것이다. 미국에서 식당에 들어가면 많은 선택에 직면할 가능성이 높다. 미식가들은 자신의 기호에 맞는 특정 음식이 메뉴에 있다면 희열을 느낄 것이다. 반면 쿠안에서는 과도한 소비자 선택에 큰 의미를 부여하지 않을 가능성이 크다. 이들은 특별한 요청이 필요한 식이요법을 쓰지 않는 한 부연 설명이 없는 명쾌한 메뉴를 원했다.

많은 노인에게 과시적 소비만 저속하게 느껴진 것은 아니었다. 지위 경쟁에 참여하는 한 절약 기술의 발전에 힘쓸 가능성이 더 높았다. 대부분의 은퇴자에게는 다른 사람들보다 저렴한 물건을 어디서 샀는지, 약값을 절약하기 위해 북아일랜드로 어떻게 국경을 넘어갔는지에 대한 경험담이 있다. 사람들이 자신이 처한 상황을 묘사할 때 가장 흔히 쓴 단어 중 하나는 '편안하다'였다. 학계에서 편안함은 주로 안주와 연관되어 폄하되곤 한다. '안주하는 중산층'이라는 표현을 떠올려보라. 그러나 쿠안 주민들은 스스로 편안하다고 여기지 않는 다른 곳과 비교해 지역사회 활동이나 타인을 돕는 자선 활동에 훨씬 적극적으로 참여했다. 연로한 부모, 방문자, 지인을 편안하게 만들기 위해 많은 노력을 기울였다. 편안함이 만족감을 의미한다면 이를 미덕이 아닌 다른 무언가로 간주할 이유가 없다.

나이는 만족하는 사회에 관한 논쟁에서 중요한 구성 요소다. 필자가 소비에 관해 수행한 모든 연구에서 아동은 광고에 매우 민감한 것으로 나타났고 쿠안은 다를 것이라고 생각할 이유가 없다. 분명히 쿠안에는 과시적 소비를 하는 청년들이 존재하며 5장에서 코카인 사용과 관련하여 이를 다룰 것이다. 아일랜드에서 가장 성공한 인스타그램 '인플루언서' 두 사람은 쿠안 출신이며 거의 매일 다른 착장으로 인스타그램에 게시물을 올린다.

쿠안에는 유명인들이 방문하고 음식 가격이 대체로 비싼 화려한 바가 하나 있다. 유럽에서 온 한 이민자가 지적했듯 "나이 든 사람들은 소탈하고 청년들은 물질적이지만 그건 어디에서나 마찬가지다."

이는 노인들이 청년들에 대해 기기나 패션에 중독되어 있다고 종종 주장하면서 피상적이고 별 볼일 없으며 자기 도취적이지는 않더라도 개인주의적이라고 간주한다. 그러나 이 모든 도덕적 비난의 효과는 노인들이 스스로 명성에 먹칠하지 않기 위해 구별된 모습을 유지하려는 노력을 이어가게 만들 뿐이다. 쿠안 주민들이 일반적인 '청년'에게 주로 가시 돋친 말을 하는 경향이 있다는 것은 주목할 만하다. 쿠안에 거주하는 청년들은 스포츠와 교육적 기량으로 높은 평가를 받는 경우가 많으며 자기 자녀를 사치스럽거나 피상적이라고 여기는 부모들은 거의 없다.

폴린 가비와의 공저에서 한 장은 다운사이징downsizing이라는 주제를 집중적으로 다룬다.[09] 그러면서 노인들이 실제로 꽤 많은 수준의 재산 소유권을 유지하고자 하며 자산 축소에 나서지 않는다는 증거를 제시한다. 이사를 하는 경우 관리하기 더 쉽고 저렴한 현대식 주택으로 옮겨가는 경향이 있다. 그들은 이러한 수준의 생활 방식과 편안함을 주는 재산을 힘들게 모았다고 여기며, 기본적인 생활 조건을 유지하기 위해 일정 수준의 재산을 계속 가지고 있기를 바란다. 만족스럽다는 것은 특정 수준의 고원에 이른 다음 그 고도를 계속 유지함을 의미할 때가 많다. 이런 점에서 주택은 컴퓨터나 스마트폰과 비슷하다.

두 가지 추가 요인이 이러한 발견에 기여했다고 볼 수 있다. 앞서 언급했듯 스포츠에 대한 강조는 금욕 그리고 나이의 제약에 대한 편견을 깨뜨리는 거친 운동으로 신체의 한계에 도전하는 경향과 관련된다. 사치라는 개념 자체가 무미건조할 수 있지만 쿠안 사람들은 대부분 깔끔했다. 이 책의 서문에서 주목한 또 다른 요인은 쿠안이 지리적으로 서민층이 사는 도시와 상류층이 거주하는 도시 사이에 위치했다는 것이다. 다른 한편으로는 다소 고급스러운 도시들 사이에 있는 쿠안의 지리적 입장이다. 과시적 소비에 끌린 사람이라면, 그러한 행동이 존경보다 조롱받을 가능성이 더 높은 쿠안에 남을 이유가 없었다. 더블린에 가까운 도시로 이주했거나 사치품을 과시하기에 적당한 사우스더블린으로 옮겼을 가능성이 높다.

사람들은 쿠안과 인근 지역을 설명할 때 다양한 고정관념을 드러냈다. 예를 들어, 인근 마을의 부농들은 쿠안 주민들보다 더 물질주의적일 것이라고 많은 이들이 짐작했다. 과거에 쿠안은 전혀 부유한 동네가 아니었고 대부분의 유입자들은 더블린에서 거리가 멀어 집값이 더 싸다는 점 때문에 쿠안을 선택했다.

쿠안에서 은퇴자는 공공 서비스 또는 상업 분야의 관리직으로 일했던 사람들이 대부분을 차지했다. 하지만 기업가 활동을 통해 생계를 꾸려나가는 사람들도 분명 존재했다. 기업가들에게 과시적 소비 경향이 나타나는 데는 분명한 이유가 있다. 사업의 성공은 금전적 자신감의 표현에서 주로 비롯된다. 주식시장에서는 실제 자산과 성과보다는 회사가 지닌 강점과 미래 성장 가능성에 대한 인식이 가격을 더 크게 움직이는 요소다. 그러나 극히 소규모의 경제활동으로 눈을 돌리더라도 한 개인이나 회사가 안전한 투자인지 아니면 위험한지 결정해야 한다. 따라서 실제보다 더 잘해내는 것처럼 보이는 것이 투자를 유치하는 데 더 중요하다.

그러나 쿠안에서 대부분의 기업은 현지 소매 할인점을 운영하는 것과 같이 상대적으로 규모가 작았다. 여러 식당이나 다른 기업을 소유하고 쿠안 인근에 상당한 부동산을 보유한 한두 가문이 존재하기는 했다. 그러나 이들도 쿠안의 일반적인 생활에 크게 동화된 상태였다. 이 가문의 몇몇 식구들은 주택 크기를 떠나 부유하다고 보기 어려웠고 과시적인 소비가 아니면 구분할 수 없었을 것이다. 현지에서 지위의 대물림이 일어나지 않는다는 단적인 증거는, 로터리Rotary나 프리메이슨Freemason처럼 다른 지역에서는 성공한 사업가나 특정 수준의 전문가가 모이는 조직이 없다는 것이다. 이 문제는 평등주의의 위치에 대해 일반적인 논의를 전개하는 5장에서 다시 다룰 것이다.

이쯤이면 쿠안의 은퇴자들을 만족스러운 사회의 대표자로 앞세우는 것이 완전한 주장처럼 보일 수 있다. 하지만 논의의 절반 지점에 왔을 뿐이다. 행동 분야에서 지위 경쟁에 대한 또 다른 강력한 증거를 도출할 수 있기 때문인데 이 증거는 최근 들어 부상했다. 바로 가시적인 소비 제한주의에 의한 과시적 소비 억제다. 3장을 시작하면서 든 흰 빵의 사례를 기억할 텐데, 상류층은 통밀과 유기농 빵의 소비로 이동했다.

오늘날 모방의 주된 예는 환경 행동주의 분야에서 일어나고 있으며 소비 제한주의라는 분명한 메시지를 던지고 있다.

환경보호주의 모방

쿠안은 활기찬 도시이며 나중에 스포츠(7장)와 기타 활동(9장)에서도 이를 자세히 다룰 것이다. 그러나 쿠안에 도착한 지 얼마 지나지 않아 주민들에게 새로운 의지와 공동의 활동을 유발하는 또 다른 원천을 발견했다. 몇 주마다 새로운 환경보호주의 활동에 대해 듣는 듯했다.[10] 멘즈 셰드에서 한 열정적 회원은 사람들이 평소라면 버렸을 만한 물건을 고칠 수 있도록 돕는 수리 활동 계획을 세우자고 발언했다. 그다음 주에는 현지 양봉 사업이나 에너지 사용 모니터링에 대한 보조금에 대한 제안을 들었다.

여론과 국가적 장려에 힘입어 환경문제에 대한 관심이 급격히 확산되었다. 국가적 장려를 보여주는 증거는 쿠안에서 제시되는 모든 공약 중 의심할 여지 없이 가장 중요한 타이디 타운즈Tidy Towns 대회에 대한 밀도 높은 토론에서 분명하게 드러났다.[11] 본 연구의 참가자의 상당수에 해당하는 은퇴자들은 타이디 타운즈의 자원봉사 활동을 하기도 했다. 필자 역시 자원봉사 활동을 했는데 대여한 쓰레기 줍기 장비를 반납하는 날 그 자리에 있는 많은 사람과 이미 안면이 있음을 알게 되었다. 쿠안 은퇴자들에게는 중요한 활동이었던 것이다. 대부분 봉사자들에게는 몇 개의 도로가 할당되었고 주 단위로 검사하고 청소했다. 타이디 타운즈는 아일랜드 전역에서 진행되는 진지한 활동이다. 1958년에 이 대회가 시작되었는데, 원래는 이 연례 대회를 통해 아일랜드 정착촌이 대중적으로 조명되었다. 아일랜드에서 900개 이상의 지역사회가 상을 놓고 경쟁했고 쿠안은 좋은 성과가 기대되는 지역이다. 이 정도의 관심을 받는 다른 활동은 없었다. 타이디 타운즈 페이스북 사이트는 팔로워가 800명 이상으로 쿠안에서 가장 활발한 활동이 일어나는 공간이다.

그런데 타이디 타운즈 위원회와 대화를 나누면서 최근 몇 년간 관심사의 우선순위가 바뀌었음을 분명히 알게 되었다. 위원회는 이 변화가 타이디 타운즈를 부처마다 기피하면서 빚어진 결과라고 설명했다. 현재 환경, 기후 및 통신부는 아일랜드가 환경에 대한 의무를 어떻게 이행하고 있는지 유럽연합 집행위원회에 설명해야 하는 주무부처다.

위원회는 이로 인해 이 부처가 유럽 위원회의 요구에 정부가 긍정적 노력을 기울이고 있음을 보이도록 타이디 타운즈 활동을 압박하는 결과로 이어졌다고 짐작했다. 오늘날 타이디 타운즈 심사위원들은 '지속 가능한 폐기물 및 자원 관리' 또는 '야생 동물, 서

식지 및 자연 편의시설'을 '주거 지역 거리와 주택 지역'(각 50항목)과 동일한 가중치로 평가한다.

일부 위원은 이러한 변화에 대해 양면적인 태도를 보였다. 야생 지역을 환경보호를 위해 보존한다는 이상이 타이디 타운즈에서 우선시하는 환경 미화의 이상과 반드시 일치하는 것은 아니다. 더욱이 타이디 타운즈는 널리 알려진 활동이다 보니 위원들이 관련성 있는 계획이라면 어느 조직에라도 관여하는 경향이 있었다. 예를 들어 이들은 바다의 마이크로 플라스틱과 관련된 이니셔티브를 추진하는 학교와 연결점을 발견했다. 한 위원은 "그저 우스꽝스러운 일이라는 생각이 든다. 타이디 타운즈는 동네를 깔끔하게 만들자는 운동이다. 벌과 나비, 지속 가능성 등과는 아무런 상관이 없는 일인 것이다. 새로운 이름을 붙여야 하지만 기존 이름을 변경할 수 없다고 말한다."

이러한 견해는 특별한 것이었다. 대부분 위에서 가해지는 이러한 압력이 여과 없이 받아들여졌다. 대다수가 환경보호 목적을 둘러싼 계획을 끊임없이 발전시키는 바로 그 인물들이었기 때문이다. 타이디 타운즈의 다른 관계자들은 이 운동이 지속 가능성 문제와 연결되어 있기 때문에 국가적으로 중요한 계획으로서 앞장서서 진행하고, 따라서 여러 위원회의 기반 역할을 수행해야 한다고 인식했다. 지속 가능성에 초점을 맞춘 타이디 타운즈 모임에는 800명의 참가자가 모였다. 지금은 환경문제가 타이디 타운즈로 사람들을 유치하는 역할을 한다.

급부상하는 또 다른 이니셔티브로는 '지속 가능한 쿠안Sustainable Cuan'이 있었다. 2006년경 영국에서 시작되어 큰 영향력을 발휘한 '전환 도시Transition Towns' 운동에서 비롯된 집단으로, 기후변화 문제에 대응하여 자급자족 수준을 높이려는 목표를 추진한다. 지역 슈퍼마켓과 협력하여 플라스틱을 줄이고, 현지 재배자와 제휴하여 야채 상자 계획을 개발하고, 사람들이 빗물을 모으도록 장려하고, 음식물 쓰레기와 관련된 이니셔티브를 개발하거나 주말 농장에서 유기농 재배를 장려하는 것 등이 전형적인 활동이다. 또한 수분pollination 활동을 지원하기 위해 양봉 사업을 활성화하는 계획도 추진되었다. 물건 수리와 관련해 멘즈 셰드에 호소한 부분은 업사이클링과 관련 이니셔티브의 고려와 연관되었다.

이러한 이니셔티브는 중고품 할인 판매에 관한 기존 관행도 재편하여 노년층을 가난 속에 자라면서 체득한 미덕과 다시금 연결했다. 그러나 환경보호라는 목표를 달성하기 위한 열정이 사적 이익과 충돌할 때는 한계가 존재했다. 예를 들어 자가용 사용을 줄이기 위해 주차 요금을 징수한다는 계획은 저항을 불러왔다.

환경주의의 부상은 폴린 가비와의 공저에서 두 가지 이유로 주요 논점이 되었다. 첫째, '지속 가능성'이라는 개념은 건강이 악화됨에 따라 개인의 지속 가능성에 관심이 많아지는 은퇴자들에게 완벽한 호소력을 가졌다. 결과적으로, 건강식을 섭취하거나 자전거를 타는 행동은 개인의 지속 가능성뿐 아니라 지구의 지속 가능성을 동일한 맥락에서 이루는 일이다. 둘째, 환경보호주의로의 전환은 은퇴자들이 보다 젊어지려는 노력에서 중요한 역할을 했다. 초기에 기후변화는 어린 그레타 툰베리Greta Thunberg를 필두로 청년들과 관련성이 높은 주제로 각광받았다. 청년들은 자연스럽게 지구의 장기적인 운명에 더 많은 관심을 가진다는 논리였다. 그러나 실제로는 은퇴한 사람들에게 환경보호주의 활동을 할 만한 여유 시간이 더 많았으며 겉으로 드러난 노력 면에서도 청년을 사실상 능가했다. 마찬가지로, 청년들은 특히 아이를 낳으면 많은 물건을 축적했다. 중고품 가게에 물건을 가져가는 등으로 눈에 띄게 소유물을 줄이고, 각종 처분과 정리로 소비 제한주의를 포용하는 것은 은퇴자들이었다.

   민족지학 연구에서는 연공서열에 대한 전통적인 존중이 새로운 디지털 기술의 등장으로 훼손되는 것에 노년층이 분개하는 것으로 확인되었다. 디지털 기술은 청년층의 속성으로 간주되었으며 노년층을 상대적으로 어리석게 보이도록 만들었다. 노년층이 가시적으로 환경보호주의 노력에서 지속적으로 청년을 앞서는 것은 균형을 회복시키는 데 어느 정도 도움이 되는 것으로 보였다. 이는 은퇴자들이 각종 환경보호주의 도전에 대처하는 열정을 발휘하는 이유를 부분적으로 설명한다. 하지만 이는 짐작일 뿐이며 누군가가 공개적으로 의사를 표현한 것도 아니다.

또한 이 모두는 소비주의나 자본주의의 추종과 연관된 가치를 노년층이 공개적으로 부인하는 표현이 되었다. 그러나 이는 단순히 소비 절제주의가 아니라 가시적인 소비 절제주의였다. 모방에 대한 베블런의 주장을 떠올리게 하는 행위다.

지위 과시와 지위 경쟁에 있어 가시적인 소비 절제주의가 과시적 소비와 같은 역할을 하지 않는다고 볼 이유가 없다. 의도했든 아니든, 적극적인 환경보호주의는 쿠안에서 지위를 차별화하는 가장 중요한 속성이 되었다. 가장 교육 수준이 높고 최신 유행에 밝은 사람들이 이러한 이니셔티브에 앞장서는 경향이 있었다. 대학 교육을 받은 자녀의 영향도 한몫했다. 이와는 대조적으로 바트리 지구 거주자들을 도로의 쓰레기나 기후변화 문제에 무관심한 중산층으로 표현하는 말도 들려왔다. 그런 말이 꼭 맞는 것은 아니었다. 해초를 비료로 활용하는 등의 방식으로 환경보호를 열정적으로 옹호하는 활동가들을 만난 적이 있는데 바트리 지구 주민들이었다. 하지만 저소득층이나 교육 수준이 낮은 사람들이 상대적으로 환경에 무관심할 것이라는 중산층의 일반적 편견이 확산되는 현상을 막기에는 역부족이었다. 이는 환경보호주의가 계급 분화의 효과적인 대리로 등장하게 만들었다.[12]

때로는 소비주의와 소비 절제주의가 반대되는 개념이 아니라 지위 과시와 관련하여 서로를 강화한다. 일반 식품보다 대체로 가격이 더 비싼 유기농 식품이 그 예다. 대체 에너지와 기타 친환경

이니셔티브에 대한 투자에도 비싼 대가를 치러야 할 수 있다. 이런 경우 소비 절제주의 분야에서 우월함을 입증하기 위해 더 많은 부를 투입할 수 있다. 또는 절약과 기타 형태의 소비 절제주의는 그 자체로 기술로 간주될 수 있다. 중고품 가게에서 저렴하게 물건을 사거나 가게에서 반조리 식품을 구매하는 대신 건강한 식재료로 요리하는 것은 존경할 만한 행위다. 지금까지 환경보호를 위한 행동주의, 지위, 계급 간의 관계에 대한 많은 연구가 수행되었다. 그중 일부는 노르웨이와 스웨덴과 같은 국가에서 수행되며, 개인주의적 가치 대신 집단적 가치를 중시하는 쿠안과 비교할 만하다. 환경보호주의를 통해 지위 경쟁을 벌인다는 증거가 동일하게 확인된다. 평등주의가 약한 맥락에서 소비 절제주의가 지위를 결정짓는 주요 동력이 되면 어떤 일이 벌어지는지 확인해본다면 흥미로울 것이다.

궁극적으로, 소비 절제주의가 지위 대물림 과정에서 모방을 통해 소비주의보다 우위에 있을 때 한 가지 큰 장점이 있다. 소비 절제주의의 옹호자들을 도덕적으로 우월하게 만드는 강력한 윤리적 연관성이 부여된다는 것이다. 위에서 언급했듯이, 이웃과 발맞추기 위한 모방 소비는 저속한 행위로 간주될 가능성이 높다.

소비 절제주의를 실천하는 사람들은 자신의 행동을 타인이 모방하도록 장려하기 위해 스스로 '모범'을 보이려 한다. 환경보호주의는 신념으로 추동되며, 때로는 종교에서 도덕적 이상을 빌려

오기도 한다. 오늘날에는 선하고, 품위 있고, 도덕적인 사람이라는 인상이 환경보호에 기울이는 노력의 정도로 정해진다. 이 모두는 나이가 들면서 인생이 유한하다는 것을 점점 더 의식적으로 인식하는 사람들의 인생 목표에 뚜렷하게 기여하는 바가 있다. 지속 가능성의 목표는 지구에서의 남은 시간 동안 무엇을 해야 하는지에 관심을 가진 사람들에게 선물과도 같다. 이는 역사적 상황과는 뚜렷한 대조를 이룬다. 과거에는 부유층이 더 많은 소비나 높은 지위를 토대로 도덕적 우월성을 주장하기가 어려웠다.

분명히 말하면, 환경보호주의를 둘러싼 지위 경쟁을 특징지으면서 누군가를 비방하려는 의도는 없다. 환경보호 목표를 위한 노력이 진실하지 못하다거나 미덕의 과시라고 볼 근거도 없다. 환경보호주의는 긍정적이며 경쟁을 벌일 만하게 중요한 대의다. 쿠안의 선량한 시민들을 지속적으로 높이 평가하고 칭찬의 대상으로 삼을 수 있는 또 다른 이유이기도 하다. 기후변화가 현대 인류에게 가장 시급한 문제로 거론되는 시점에서 환경보호주의가 사회적 지위와 도덕적 필요를 결정짓는 것에는 모순이 없다. 사실 이러한 일치에는 부정적인 요소가 없다. 나보다 지구의 미래를 지키기 위해 더 열심히 일하는 사람들의 행동을 모방하려는 마음이 든다면 그들의 도덕적 우월성을 인정하고 기꺼이 지위를 양보할 마음이 있다.

앞의 몇 가지 예와 마찬가지로 쿠안은 개인주의를 주장하는 것으로 추정되는 과정이 사실은 그와 다를 수 있음을 보여주는 중요한 예인 듯하다. 타이디 타운즈든 지속 가능한 쿠안이든 모든 운동과 이니셔티브의 효과 중 하나는 사람들을 고도로 개인화된 사회와 반대되는 정신의 공통 목표를 중심으로 규합한다는 것이다. 이는 '신자유주의 자본주의'라는 구색 좋은 범주의 영향으로 비춰진다. 이러한 이상에 개인이 순응하도록 만드는 새로운 문화 규범과 도덕적 압박에 대한 이야기다. 관여가 대부분 자원봉사에 기반하지만 지역사회의 사업이고 강한 규범적 압박에 따른 것이라는 점에서 앞장에서 다룬 자유에 비견할 만하다.

만족스러운 삶은 단순히 만족하는 개인을 넘어 만족스러운 사회, 폴리스와 연관된다. 쿠안은 타이디 타운이다.

자발적 피상성이 피상적인 이유

지금까지 3장에서는 주로 두 가지 주장을 펼쳤다. 쿠안에서의 소비는 대체로 만족스러운 활동이며 소비 절제주의가 인생의 주요 목표로서 소비를 갈음했다. 그러나 세 번째 주장도 제기할 수 있는데, 인간과 물건의 관계에 대한 이해에서 중심적인 주장이다. 소비에 대한 비판에서 주요한 부분은 소비가 사람들을 피상적으로 만든다는 점이다. 거대한 물건 더미 앞에서 인간은 깊이 대신 넓이를 택한다. 적어도 독일의 사회학자 게오르그 짐멜Georg Simmel

시대 이후로 일반적으로 제기되어온 주장이다.[13] 최근에는 디지털 기술의 부상으로 이 주장이 다시금 제기되었다. 피상성 증가에 대한 같은 맥락의 주장은 소비자 사회의 비판과 마찬가지로 디지털 사회의 비판에서도 널리 제기되고 강력한 영향력을 발휘하는 것으로 보인다.

앞선 두 논의 모두 소유물의 양과 관련이 있다. '만족스러운'이라는 단어는 새로운 물건의 수를 제한할 수 있는 능력을 암시하는 반면, 환경주의자들의 관심사는 이를 넘어 소유물을 적극적으로 파기하는 태도까지 이른다. 나이 든 남성들은 요즘에는 괜찮은 신발 두 켤레만 가지고 있으면 되고 나머지는 중고품 가게에 판매했다는 등의 꽤 고루한 말을 반복하곤 한다. 그러나 똑같이 중요한 것은 사물에 대해 맺고 있는 양적 관계와는 반대되는 질적 관계다. 과거 어느 시대에는 관계가 깊고 진정성이 있었지만 오늘날 소비자 또는 디지털 사회에서는 관계의 깊이가 없고 진정성이 사라졌다.

이러한 문제를 살펴보기 위해 추가적인 증거를 두 가지 서로 다른 출처에서 찾을 수 있으며, 인간과 사물 사이의 관계에 초점을 맞춘 단순한 이원론을 분석하는 데 도움이 된다. 두 범주 중 하나에 간단히 들어맞지는 않지만 그 사이 어딘가에 있는 사례를 따져볼 때 그러한 관계를 더 잘 이해할 수 있다. 이 목적에 부합하는 두 가지 분야 중 하나는 인간은 아닌 생명체, 바로 반려견이다. 그

다음에는 생명체는 아니지만 그것을 사용하는 인간과 유례없이 친밀한 관계를 맺고 있는 스마트폰을 살펴볼 것이다.

반려동물과 인간과의 관계는 모두 의인화와 관련되지만, 스마트폰과의 관계는 의인화를 넘어서는 것으로 이해할 수 있다. 그러나 두 경우 모두 요점은 관계의 폭이 넓어짐에 따라 관계의 깊이가 저해된다는 주장에 맞서는 것이다.

반려견

쿠안 사람들은 다양한 반려동물을 키우는데 그중 반려견의 비중이 압도적이다. 반려견을 키운다는 증거는 견주들이 반려견과 함께 있는 모습을 관찰하거나 쿠안에서 활동하는 수의사들을 인터뷰하고 견주들과 대화를 나누면서 수집했다. 동물 병원에 등록된 반려동물 수는 도시의 가구 대부분이 반려동물을 기르고 있음을 시사한다. 반려견의 중요성은 격주로 발간되는 〈쿠안 뉴스Cuan News〉에서도 분명히 알 수 있다. '이주의 반려견' 코너에는 선정된 반려견의 사진과 다음 같은 다양한 정보가 소개된다.

이름: 밀로
품종: 카발리에 킹 찰스 나이: 4개월
좋아하는 장난감: 공과 작은 빨간색 공룡. 하지만 평범한 강아지와 다를 바 없으며 먹는 것을 좋아하고, 가까이 해서는 안 되는 어른들의 물건을 가지고 놀기를 좋아

한답니다!!

좋아하는 음식: 치즈, 당근, 감자칩

좋아하는 것: 뽀뽀를 하고, 정원을 돌아다니고, 엄마와 아빠에게 예기치 않은 놀라움을 선사하는 새로운 장소를 발견하는 것입니다.

싫어하는 것: 다른 개를 정말로 무서워한다(물론 소심한 치와와나 드물게 '수줍은' 요크셔테리어같이 상대의 몸집이 훨씬 작은 경우는 제외).

특별한 이유: 최근 코로나 거리두기와 이동제한 조치가 취해지기 직전에 우리집으로 왔고, 어려운 시기에 새로운 식구들에게 큰 기쁨을 주었습니다. 밀로가 없었다면 너무나 힘들었을 겁니다. 그가 없다면 상실감이 컸을 거예요.

반려견은 커뮤니티 페이스북 계정에서도 큰 비중을 차지한다. 사람들은 애견 미용사나 이발기를 추천해달라는 등의 질문을 하거나 이웃집의 반려견이 짖는 것에 불만을 표현한다. 수의사들에 따르면 업무 시간의 약 70퍼센트는 반려견에게, 20퍼센트는 반려묘에게 사용하며 나머지 10퍼센트는 토끼, 흰담비나 이색적인 반려동물에 사용한다. 노년층을 위한 반려견 품종은 주로 스패니얼, 잭 러셀, 테리어 교배종 또는 래브라도 등이다. 반면 자녀들 때문에 반려견을 구입하는 사람들은 래브라두들이나 코카푸 같은 교배종을 주로 찾는다. 일반적으로 반려견을 원하는 아이들은 반려견을 키우는 친구들을 부러워하는 두 살에서 네 살 사이인 경우가 많다. 허스키와 미니어처 슈나우저와 같이 시선을 받고 부러움을 살 만한 인상적인 품종들도 포함되었다.

반려견에는 300유로에서 1000유로를 훨씬 넘는 비용이 들 수 있다. 수의사들은 사람들이 불법 강아지 농장에서 저렴한 반려견을 종종 구입하지만 금방 병이 들고 치료가 필요한 경우가 많다고 말한다. 추가로 월 40유로(대형견의 경우 70유로)의 사료 비용이 든다. 기본적인 기생충 예방 주사와 백신 접종으로 건강을 유지하는 데 연간 150유로 정도가 들 수 있다. 건강보험에 가입한 비율은 20퍼센트 미만이며 많은 의료비가 들 수 있다. 80대의 에일린은 바트리 지구에 거주하는 연금 생활자다. 심각한 정신질환을 앓고 있는 아들을 돌봐야 하는데, 이 아들은 역시 심각한 건강 문제가 있는 14살 반려견으로 괴로운 상태다. 관절염과 심장 사상충 약으로 월 100유로가량이 지출되는데, 아들이 일하기가 어렵기 때문에 가계에 적지 않은 부담이다. 대부분 사람들은 반려견이 가령 암에 걸리면 의료비를 감당하지 못해 안락사를 결정한다. 하지만 일부 견주들은 치료를 선택하는데 몇 달 동안 월 4000~5000유로가 들 수 있다. 현장 조사 중에 만난 한 수의사는 세 자녀가 있는 가정의 반려견을 치료하고 있었다. 반려견 수술을 할 수 있는 정형외과 의사가 있었지만 가족은 2500유로라는 수술비를 감당할 수 없었다.

이처럼 큰돈이 반려견에 지출될 수 있다는 사실은 3장의 앞부분에서 설명한 내용과 대치되는 것으로 보이며 견주들의 부를 과시하는, 베블런이 대리 소비라고 했던 행위로 보일 수 있다. 근사한 품종을 구매하는 것은 과시적 소비와 동일시될 수 있지만, 이는 드문 일이었다. 타인은 대개 알지 못하는 개인적인 문제이기에 대부분의 경우, 반려견에 큰돈이 든다는 것은 지위 경쟁과 연관되지 않았다. 오히려 사람들이 반려견을 대하는 방식은 다른 사람들을 대하는 태도와 유사한 것으로 보였다.

예컨대 반려견을 점점 의인화하는 태도가 일부 형성되었다. 이러한 경향에는 네 가지 주된 예가 있다. 첫 번째는 반려견을 돌보는 방식이 아이 돌보기와 유사해졌다는 것이다. 예전에는 가족이 휴가를 갈 때 반려견 돌봄 장소에 맡겼다. 하지만 반려견이 가족의 일부로 완전히 동화되면서 가족이 사라지면 부재로 인한 충격이 훨씬 커졌다. 쿠안 주민들은 반려견을 지인이나 친척에게 맡기기를 선호했지만 종종 사용하는 돌보미에게 맡기기도 했다. 반려견이 함께 머무는 사람과 독립적 관계를 유지하고 식구들과 떨어져 있는 충격을 줄이기 위한 것이다. 어떤 사람들은 마치 영아를 돌보미한테 처음 맡길 때처럼 반려견이 편안해 보이는지 확인하기 위해 처음 돌보미를 만날 때 동반해서 상호 작용을 지켜보기도 한다.

두 번째 예는 반려견을 환경보호주의와 연관 짓는다. 이는 반려견을 대하는 태도와 여러모로 유사하다. 많은 사람에게 지위가 높은 반려견은 더는 순종이나 값비싼 반려견이 아니라, 키우던 견주가 사망했거나 아이들이 크리스마스 선물을 거부했기 때문에 버려졌다가 '구조된 개'다. 이제 쿠안의 많은 이가 '재활용된' 반려견을 적극적으로 찾고 있다. 자기 반려견이 구조되었다는 사실을 알리기를 원하는데, 앞서 지위와 환경보호주의에 관해 제시한 주장을 재확인하는 사례로 보인다. 수의사들은 더는 건강한 개를 안락사하는 데 동의하지 않으며, 99퍼센트에게 새로운 주인을 찾아 줄 수 있다고 말했다. 또 다른 변화는 생물 의학적 건강 개입에 반대하는 사람들이 반려견에 대해 비슷한 견해를 피력하는 것이다. 쿠안의 한 수의사는 침술사를 고용했으며 반려견의 신체뿐 아니라 정신 건강과 관련하여 보완적인 요법을 사용했다. 한 아일랜드 웹사이트에는 동종 요법을 포함하여 반려견을 위한 보완 요법을 사용하는 10명의 수의사를 소개했다.[14]

세 번째 예는 장례식이 지역사회에서 매우 중요한 역할을 하는 아일랜드의 광범위한 문화적 특성과 연관지어 이해할 수 있다. 동물 병원비로 큰 어려움을 겪는 사람들도 반려견을 화장하고 유골을 보관하는 데 기꺼이 200유로를 추가로 지출한다. 대부분은 유골을 벽난로 위에 보관하지만, 인간처럼 반려견이 좋아하던 장소에 뿌릴 때도 있다. 마지막으로, 반려견의 우울증 등 정신 건강과 조건에 대한 관심이 높아지고 있다.

반려견이 계속 벽을 응시하거나 벽에 머리를 부딪치는 행위는 정신 건강에 문제가 있다는 증거일 수 있다. 때로는 치료가 항우울제 처방으로 확대될 수 있지만, 대부분은 임무를 통해 반려견의 정신을 자극하는 방식이다. 단언할 수는 없지만 쿠안에서는 과거에 거주했던 그 어느 곳보다 반려견이 덜 짖는다는 인상을 받았다. 수의사는 반려견이 더 행복하고 대부분 지역보다 더 많은 관심을 받고 있음을 보여주는 것으로 해석했다.

적어도 한 수의사에게는 이러한 의인화가 자연스럽게 느껴졌다. 그 수의사는 언제나 6마리 이상의 반려견을 키우던 가정에서 자랐고 쿠안의 많은 주민과 마찬가지로 반려견을 실제 또는 자연스러운 가족으로 인식했다. 우울증이나 머리를 부딪치는 행동 등의 문제에 대해 이야기할 때 연민과 동정심을 가지고 있음을 알 수 있었다. 그 수의사가 사용하는 언어에서도 분명히 드러났다. 예를 들어 사람들 대부분이 반려견을 훈련시키지 않는 이유를 설명할 때(래브라도와 콜리와 같은 지능이 높은 품종에는 훈련이 반드시 필요하다고 그 수의사는 생각했다) "주인을 다루는 방식과 체계를 잘 알고 있기 때문에 아주 버릇이 없어지기 쉽다"라고 설명했다. 마찬가지로, 정형외과 수술 또는 반려견 침술사의 처치 후 재활을 돕는 새로운 수중 요법 풀에 대해 설명할 때 동물들과의 교감에서 그러한 표현이 비롯되었음을 분명히 알 수 있었다. 잘 속아 넘어가고 불안해하는 반려동물 주인들에게 이익을 얻는 데 관심이 더 많은 수의사도 있겠지만, 쿠안에서는 관심이 애정과 연민의 연장선에 있는 것으로 느껴졌다.

대부분 노인들은 반려동물이 동반자이자 매일 운동을 하는 중요한 이유라고 인정했다. 한 수의사는 반려동물이 죽자 산책을 중단하여 자신의 건강도 잃은 노인의 이야기를 들려주었다. 또한 반려견이 사람들에게 책임감, 정신적 자극, 일종의 사회적 상호 작용을 제공하는 방식도 중요했다. 사람들은 아이들을 위한 반려견 구매가 관계의 발전과 책임감의 이해를 돕기를 바라기도 한다.

다만 사회적 관계의 발전을 위해 반려견을 키우는 것의 결과에 대해서는 종종 다른 의견이 들려온다. 연구 참가자이자 좋은 친구였던 패트리샤는 홀로 사는 60세 여성으로, 주된 관계가 반려견에 집중되었다.

패트리샤는 6년 전 쿠안으로 이주했고, 반려견을 키우면 마을 사람들과 사회적 교류를 하는 촉매제가 되리라 희망했다. 물론 패트리샤는 부가적인 사회적 결과와 관계없이 반려견과의 직접적인 교감에서 큰 도움을 얻은 것으로 보였다. 때때로 패트리샤와 그 반려견과 함께 산책하곤 했다. 해변을 따라 걸으면 맞은편에서 걸어오는 사람의 약 15퍼센트가 반려견을 동반했으며, 비슷한 비율의 사람들이 어린이를 동반했다. 운동을 위해 해변을 홀로 거니는 많은 사람도 마주쳤다. 마주친 많은 이들이 패트리샤의 이름 못지않게 반려견의 이름을 많이 불렀다. 사회적 교류가 일어나지 않는 산책은 상상할 수 없었으며, 반려견에 대한 대화가 종종 포함되었다. 발레리아라는 젊은 여성은 '중요한 것은 당신이 아니라 개'

라고 농담을 했다. 대화의 상당 부분이 필연적으로 반려견에 관한 것이었기 때문이다.

그러나 지난 6년 동안 패트리샤가 반려견과의 산책에서 만난 사람 중 누구도 다른 상황에서 교류하는 친구로 발전하지 못했다. 패트리샤가 자원봉사 활동을 통해 친구를 만들려 했던 다른 시도는 꽤 성공적이었다. 쿠안은 무척 친절한 지역사회이기 때문이다. 하지만 반려견을 통해 형성된 관계는 더는 발전되지 않았다. 그러한 만남이 중요하지 않다고 말하는 것이 아니다. 사람들이 서로 인사하고 산책하는 동안 대화하기 위해 걸음을 멈추는 일은 쿠안의 중요한 특색으로 많은 주민에게 인식되었다. 실제로 일상에서의 사회적 소통이 이러한 방식으로 일어나기 때문이다. 사람들이 쿠안에 대한 칭송을 정당화하기 위해 종종 거론되는 증거 중 하나이기도 했다. 많은 이가 산책에서 자주 마주치는 이웃을 만나기 위해 일정한 시간대에 산책을 나섰다. 하루 중 가장 사회적 교류가 많이 일어나는 활동일 수 있었기 때문이다. 패트리샤나 내가 인터뷰한 많은 이들은 산책이 더 깊은 우정을 위한 촉매제 역할을 하리라는 기대를 품었지만 그러한 효과를 누리지 못했다.

인간과 반려견을 비롯한 반려동물과의 관계를 기록한 역사적 기록이 많다. 영향력 있는 기록자 가운데 한 사람은 키스 토마스Keith Thomas로, 잉글랜드에서 반려견이 아동을 대체한 역사를 기록했다.[15] 반려견이 일종의 기술로서 인간의 역량을 발전시킨 방식을 조명한 농경이나 사냥 역사도 있다. 쿠안의 관점에서 볼 때 반려견의 실용적 쓸모는 줄었지만, 여전히 노인들이 산책하도록 유도했으며 건강을 유지하도록 돕는 중요한 역할을 할 수 있다.

반려견을 키우게 되는 최근 요인에는 어린 자녀들을 위한 선물이 포함된다. 젊은 부부에게 '아이 키우는 연습' 삼아 반려견을 키우라는 권유도 있었다. 반려동물과 관련한 행동을 관찰한 바에 따르면 반려동물을 키우고 1~2년 내에 실제로 아이를 갖는 경우가 많았음을 알 수 있다. 반면 노인에게는 주로 동반자 역할을 했다.

스마트폰

디지털 기술의 핵심은 많은 일을 훨씬 쉽게 복제하고 공유할 수 있다는 것이다. 그 결과 오늘날 세계는 어느 때보다 다양한 문화적 형태를 갖추게 되었다. 정원 가꾸기나 그림 그리기 같은 취미 대신에 트위치Twitch 또는 레딧Reddit 등 전문가들의 소셜 미디어 플랫폼에서 이전에 들어본 적 없으나 삶에 큰 영향을 미치게 될 사람들을 만날 수 있다. 오늘날 디지털은 우리가 당연시하는 인프라에 해당하지만 디지털이 인간의 삶에 미치는 영향에 대한 대부분의 논의는 다양한 형태의 도덕적 비난에 참여하기 위해 디지털을 이용하는 행태에 초점을 맞춰왔다. 특히 디지털과 연관성이 높은 청년들에 대해서는 인간을 화면으로 대체하면서 인간성을 상실하고 있다는 비난이 지속적으로 제기되었다. 청년들은 주의력이 틱톡TikTok 수준에 불과한[16] 피상적 세대로 비난받는다. 내가 경력의 전반부를 소비와 관련된 그러한 비난에 맞서는 일에 할애했다면, 지난 20년 동안에는 특히 민족지학 연구를 통해 청년들이 디지털 장치를 어떻게 다루는지 그들의 입장에서 조사하며 승산 없는 싸움을 이어갔다. 이번에도 역시 편견에 맞서서 피상적인 것은 인간이 아니라 비난이라는 것을 입증하기 위해 애썼다. 예를 들어 셀피selfie에 대한 비판에 집착하는 듯한 시기가 있었는데, 간단하게 '이기적selfish'이라는 단어와 유사하게 들리기도 했다. 청년들이 자기 도취적으로 변하고 있음을 보여주는 증거로 보이기도 했다. 그러나 중학교에서 연구를 통해 5배나 많은 셀피가 개인보다는 집단을 촬영한 것이며 집단 내에서 강한 유대감을 형성하기 위해 '못생긴' 셀피가 활용된다는 사실을 발견했다.

우선, 반려견 주인들을 비난하려는 생각은 없다는 것을 밝혀둔다. 스마트폰은 생물이 아니지만 의인화의 확대를 조사하는 방편으로서 반려견과 비교할 만한 근거가 있다. 쿠안 사람들과 스마트폰의 관계는 대상과 인간의 관계를 인격화하는 방식을 엿보게 도와줄 것이다.

이 책에는 스마트폰에 대한 내용이 상대적으로 적게 포함되었다. 폴린 가비와 공동 집필한 책의 핵심 주제로, 더 자세한 논의를 하기 때문이다. 스마트폰과 반려견이라는 주제를 연결하는 유용한 다리로 다마고치라고 하는 디지털 반려동물을 꼽을 수 있다.

2000년 들어 수년간 다마고치를 키우는 유행이 지속되었다. 다마고치의 핵심은 주인의 지속적인 보살핌이 필요하다는 점이었으며, 보살펴주면 잘 자라지만 관심을 두지 않으면 불행이 기다리고 있다. '먹이 주기'를 중단하면 얼마 후 '사망하는' 것이다. 다마고치는 반려동물과 유사성을 갖게 하려는 의도로 고안되었다. 정원 가꾸기도 또 다른 다리로 볼 수 있는데, 식물은 살아 있지만 반려동물로 볼 수 없기 때문이다.

스마트폰을 반려견이나 다마고치처럼 외부 생물로서 키우는 데 관심이 있는 사람은 거의 없다. 그러나 스마트폰은 더 친밀한 관계를 맺기 위한 방법을 모색했다. 첫째, 우리가 타인, 특히 가까이 살지 않는 사람들을 돌보는 중요한 수단이 되었다. 쿠안 사람들에게 왓츠앱은 연로한 부모를 보살피는 데 필수적인 도구로 자리매김했다. 그러나 스마트폰과 진정으로 친밀한 관계는 한 개인이나 관계에 침투한 정도에 있다. 다른 지면인 글로벌 스마트폰에서 스마트폰이 아바타라는 개념에 가깝게 자아를 확장하는 방식을 설명함으로써 '의인화를 넘어선' 개념을 제시한 바 있다.[17]

반려견과 스마트폰을 연결 짓는 이상적인 비유 가운데 하나를 필립 풀먼Philip Pullman의 소설에서 찾을 수 있다. 널리 알려진 시리즈 《신의 암흑 물질His Dark Materials》에서 그는 인간이 '데몬'이라는 동물을 키우는 세계를 그린다. 데몬은 주인의 개성을 반영하고, 어둠 속에서 올빼미처럼 잘 볼 수 있는 시력같이 데몬을 키울 때만 얻을 수 있는 능력을 부여하는 아바타다. 인간과 외양이 비슷하다는 의미에서 로봇과 친밀하고 정서적인 유대감을 가지리라 기대할 수도 있다. 그러나 외모는 정의상 특성이 피상적이며 '의인화를 넘는다'라는 표현의 요점은 스마트폰과의 친밀감이 외양에 달려 있지 않다는 것이다. 스마트폰은 전혀 사람과 같지 않지만 반려견은 분명 그런 구석이 있다.

공동 저서인 《글로벌 스마트폰The Global Smartphone》은 스마트폰이 아바타로 기능하는 방식의 몇 가지 예를 제시한다.[18] 개인의 성격이나 관심사가 스마트폰을 통해 표현되는 방식이 소개되어 있다.

쿠안의 한 전문직 여성은 아이폰을 경이로운 수준으로 변신시켰다. 하려는 일을 보다 원활하고 더 많은 정보를 기반으로 수행하기 위해 자기 생활에 대한 백과사전을 집대성하다시피 했다. 공과금을 납부해야 하는 시기가 되면 연결된 여러 앱과 연결된 정보 출처가 원활하게 작동하도록 스마트폰을 설정했다. 또한 완벽한 전문가로서 자신을 표현할 수 있도록 스마트폰이 웹사이트, 캘린더, 메모를 연결한 인생 설명서 역할을 하도록 구성했다. 이 여성은 기대와 달리 자기 능력을 온전히 인정받는 일자리를 얻지 못했었다. 스마트폰을 활용했을 때에야 비로소 자신이 인식하던 대로 스스로를 표현할 수 있었다.

반면, 쿠안의 남성성이 과다한 한 어부의 후손은 가장 필수적인 스마트폰 앱 이외의 기능을 사용하기 거부했는데, 미니멀리즘을 추구하고 거추장스러운 기능에 대한 반감에서였다. 연구는 스마트폰이 엔지니어링에 헌신적인 쿠안 남성 또는 자신이나 타인의 예술작품을 알리기 위해 인스타그램을 사용하는 80대 여성에 대한 특이점을 포착할 수 있는 방식을 검토했다. 상당히 단기간에 스마트폰을 통해 해당 사용자를 파악할 수 있는 수준으로 조사를 진행할 수 있었다. 자신이 고른 반려견과 함께 있는 사람을 만날 때 흔히 던지는 질문과도 같다.

그 배경에는 스마트폰이 설계자나 소비자가 만든 물건이 아닌 공예품이라는 인식이 깔려 있다. 스마트폰은 앱을 추가하거나 삭제하고 설정을 변경하며 콘텐츠를 만드는 등으로 구입 후 변경할 수 있는 수준이 전례 없는 정도다. 덕분에 매우 짧은 시간 안에 개인화가 가능한 것이다. 이 고도로 개인적인 관계에서 시작하여 스마트폰이 커플이나 세대 간 관계 등 관계의 아바타 같은 역할을 한다는 증거가 확인된다. 50년 동안 함께 산 부부의 친밀도는 스마트폰에 특정 앱이 있는지가 더는 중요하지 않다는 부분에서 분명하게 드러난다. 조부모의 스마트폰에 부적절한 게임을 설치한다면 손주에게 배려심이 없다는 것을 알 수 있다. 마지막으로, 《글로벌 스마트폰》은 스마트폰에 문화적 가치가 어떻게 반영되는지를 고찰한다. 남성의 스마트폰에 대한 대화가 다른 지역에서는 그 양상이 다를 수 있는, 아일랜드의 성별 관련 고정관념이 드러날 때 성별에 관한 일반화의 오류를 엿볼 수 있다.

사람이 사회의 규범 가치를 구현하는 정도가 그 사람의 스마트폰에 투영된다. 과거에 한 개인의 책 수집 목록이나 기록을 그 개인의 외적 표현으로 존중했듯, 청년들은 특정 스마트폰의 미묘한 구성으로 지인을 평가할 수 있다. 또한 기억과 같은 인지 기능을 점점 더 스마트폰에 맡기고 있다. 검색하는 방법을 아는 것이 어떤 사실을 외우는 것보다 더 도움이 되고 있다. 처음에는 글쓰기의 발명으로, 그다음에는 인쇄기의 발명과 도서관의 설립으로 개발된 능력이 이제 스마트폰과 관련 검색 엔진으로 크게 확장되었다. 따라서 스마트폰은 인식의 확장으로서 발전을 도모한다. 이 모든 현상은 스마트폰이 신체와 정신 모두를 보조하는 강력한 도구로 자리 잡아 '의인화를 넘어서는' 세태를 정당화한다.

다음 장에서는 반려견과 스마트폰에 대한 논의로 되돌아가 철학적 의미와 관계의 깊이를 보다 일반적으로 살펴볼 것이다. 그러나 정작 피상적인 것은 스마트폰 자체가 아니라 스마트폰에 대한 비판인 이유가 이미 분명해졌다.

결론

3장에서는 세 가지 주요 주장을 펼쳤다. 첫째, 물건에 대한 수요와 관련하여 만족스러운 사회를 이루는 것이 가능하다는 점이다. 둘째, 오늘날 모방의 주요 원천은 소비가 아니라 소비 절제주의다. 셋째, 인간이 맺는 관계는 다른 인간과의 관계든 주변 세계와의 관계든 피상적으로 변하지 않았을 수 있다는 점이다. 쿠안에서 찾은 증거를 제시했지만, 세 가지 주장이 타당한지를 고려할 때 독자는 경험과 주변 세계에서 관찰되는 변화를 반추할 수 있다.

문제는 도움을 구하고 운전, 정보 검색, 타인과의 연락 등 기본적인 목적으로 온종일 스마트폰을 사용하는 사람들조차 이 기기가 인간을 얕고 천박하며 반사회적으로 만들고 있다는 담론에 귀를 기울일 수 있다는 점이다. 마찬가지로, 이 책의 독자는 환경보호주의가 책에 기술된 것과 유사한 방식으로 지위 결정에 중요한 영향을 미치는 사회에 살고 있을 가능성이 있다.

그런데도, 환경보호주의와 지위 사이의 관계가 자신의 진정한 도덕적 노력을 폄하한다는 생각이 들면 양자 간 관계를 인정하고 싶지 않을 수도 있다.

또한 3장의 내용이 자본주의 사회에서의 삶에서 초래되는 결과에 대한 일반적인 가정과 부합하지 않을 수 있다. 청바지를 입는다거나, 만족하는 상태에 있거나 스마트폰을 제조사가 의도한 대로가 아닌 사용자가 원하는 모습으로 바꾸는 등 대부분 사례는 자본주의를 비효율적으로 그리는 듯하다. 사실, 3장에서의 어떤 논의도 자본주에 대한 비판 자체에서 벗어나지 않는다. 필자가 매일 읽는 신문 〈가디언〉에는 탐욕스럽고 악랄한 기업이 이익을 내고 수많은 영역에서 이익을 추구하는지를 보여주는 증거가 날마다 등장한다. 여기에는 우리도 일부분 책임이 있다고 생각한다. 가장 저렴한 물건을 계속 구매하는 한 기업이 원자재와 노동에 대해 최소한의 비용을 지불하는 자본주의 논리에 연루되는 셈이다. 환경 친화적인 제품 못지않게 공정 거래에 대해서도 관심이 생기기를 희망한다. 3장에 제시된 증거는 자본주의가 자비롭지 않음을 보여주지만, 근본적인 정치경제가 신자유주의적이기 때문에 모든 사회가 신자유주의적이라고 간단히 매도할 수 없음도 보여준다.

그러나 이 책은 기업의 운영 방식을 다루는 책이 아니다. 서론에서 이미 언급했듯이, 잉글랜드의 개인주의와 아일랜드 집단적 성격의 극명한 대비는 이웃 지역에서 발견되는 신자유주의적 자본주의 특징과 연결 짓기 어려울 것이다. 3장 전반에서는 자본주의와 디지털 기술에 대한 비판이 이 소비자 세계이자 디지털 세계에 사는 평범한 사람들의 역량을 전혀 존중하지 않고 있다는 우려를 일관되게 제시했다. 서구 마르크스주의에 대한 4장의 논의는 자본주의에 대한 비판에 인구 집단을 경시하는 가정을 요구해서는 안 된다는 것이다. 쿠안 사람들, 그들의 적극적인 환경보호주의, 만족 상태의 소비를 존중할 여지도 마련해야만 한다.

4장
철학자와 소비주의

계몽의 변증법

　소비 사회에 대한 비판은 20세기 철학과 사회과학 분야의 주된 화두였다. 대니얼 호로비츠Daniel Horowitz는 세 권의 탁월한 저서에서 미국의 소비 문화에 장기간 제기된 비판이 부상한 과정을 추적했다.01 12장에서 스토아 학파와 에피쿠로스 학파에 대해 설명하면서 언급하겠지만 이러한 비판이 철학 내부에서 비롯되었음은 놀라운 일이 아니다. 많은 철학자가 금욕주의에 꽤 일관되게 치우치는 경향을 보였다. 사람들이 대개 오늘날 빈곤으로 간주하는 조건에서 살았기 때문에 역사의 많은 부분에 연관성을 제한했을 가능성이 있다. 과거에 비교적 부유했던 사람들조차 현재 우리가 당연시하는 다양한 소비재, 과학과 현대 기술에 접근할 수 없었다. 그러다 지난 백 년 동안 소비자 문화가 인류의 방향을 고민하는 도덕적 논쟁에서 중심 무대를 차지했다. 철학을 통해 이러한 경향을 탐구한 많은 학자가 있다. 4장에서는 마르크스주의 전통에서 가장 영향력 있는 목소리를 낸 일부 학자들에게 초점을 맞출 것이다. 이 분야를 선택한 이유는 내가 학창 시절 개인적으로 관심을 느낀 철학 분야이기도 하고, 만족을 모르는 소비주의의 부상에 명시적으로 맞서는 분야이기 때문이다.

　이러한 철학자들은 대량 소비의 발전에서 서구를 추월하는 데 골몰했던 구소련의 마르크스주의 이데올로기와 구별하기 위해 종

종 서구 마르크스주의의 범주에 속하는 것으로 묘사된다.[02]

더욱이 이러한 소비 절제주의는 마르크스의 저서에서 직접 유래한 것이 아니다. 오히려 마르크스는 인류의 가능성을 확장할 수 있는 산업 생산의 역량을 인정했다. 마르크스의 관심사는 그러한 재화로 대표되는 문화적 형태의 양적 성장이 아니었다. 자본주의는 그러한 생산과 그 생산에 가치를 부여한 사람들 사이의 내재적 연결고리를 끊었기 때문에 노동의 결실을 프롤레타리아가 누릴 수 없다는 것이 문제였다. 서구 마르크스주의는 자본주의에 대한 비판을 자본주의 소비자 사회에 대한 일반적인 비판으로 전환했다. 죄르지 루카치György Lukács와 안토니오 그람시Antonio Gramsci 등 서구 마르크스주의에 인상적인 정치 철학자들이 많지만 대중 소비자 문화에 대한 비판에 가장 집중한 운동은 프랑크푸르트 학파였다.[03] 이들이 중시한 철학적 문서는 《계몽의 변증법》으로, 독일 철학자이자 사회 이론가인 테오도르 아도르노Theodor Adorno(1903~1969년)와 막스 호르크하이머Max Horkheimer(1895~1973)가 함께 집필한 책이다.[04]

따라서 4장에서는 《계몽의 변증법》을 출발점으로 하며, 이러한 비평 관점을 더욱 발전시킨 두 영향력 있는 인물을 다룰 것이다. 바로 장 보드리야드Jean Baudrillard와 발터 베냐민Walter Benjamin이다. 학창 시절 나는 두 사람에게 큰 영향을 받았다. 그런데 최근 《계몽의 변증법》을 다시 읽고 나서 유명한 철학서 중 가장 기이한 책이라는 생각이 들었다. 지금까지 이 책에서는 문화 산업에 관한 부분이 가장 주목을 받았는데 그 앞부분에 해당하는 120페이지는 무척 특이하다. 아도르노와 호르크하이머가 칸트를 여러 차례 비난하기는 했지만, 계몽에서 비롯되는 부정적인 가능성으로 간주되는 바에 대해 비슷한 우려를 품고 있다. 칸트는 종교와 도덕을 위한 공간을 유지하기를 바랐다. 이 저자들은 이러한 축소부터 과학의 거침없는 발전에 이르기까지 예술과 폭넓은 인간의 가치를 보호하는 데 관심을 가지고 있다. 그들은 주변 세계가 지배에 근거한 전체주의 구조 속에 잠겨 있고 그 속에서 사고 자체가 단순한 상품이 되었다고 설명한다. 책 제목에서 알 수 있듯이, 아도르노와 호르크하이머는 현대 생활에 대해 염증을 느끼는 많은 부분이 계몽의 유산으로 여긴다. 그러나 그들의 주장에서 이상한 부분은 계몽주의에 대한 논의에 대다수 사람들이 신화처럼 계몽에 반대한다는 가정을 포함한 것이다.[05]

설명의 출발점은 인간의 노력에는 필연적으로 자연에 대한 지배가 필요하며, 이는 동시에 사람에 의한 사람의 지배를 가능케 하는 도구가 된다는 것이다.

계몽 시대부터 과학은 세상의 지배와 끝없는 각성의 주요 도구가 되었다. 아도르노와 호르크하이머는 '계몽을 위해서는 평가와 유용성 법칙을 따르지 않는 모든 것은 그 의미를 단념하기 전까지 의심의 대상이 된다'라고 주장했다.[06] 문화 자체는 사업의 합리성을 표현하는 수단이 되었으며, 그 결과 무의미한 수준까지 피상성이 증가했다.

아도르노와 호르크하이머는 현대 세계가 직면한 딜레마의 기원을 찾기 위해 시간을 거슬러 올라가는 변증법적 분석을 시작한다. 두 사람은 이것이 계몽과 적대적 관계의 신화 사이에 인간 개념화의 원시 형태로서 궁극적인 일치점에 있다고 주장한다. 신화와 초기 종교는 세상에 질서를 부여하려는 시도였다. 따라서 자연에 대한 인간의 지배를 주장했고 권력자들에게 당시 인간의 권위를 대표하는 영성과 신격을 대리 부여하여 인간에 대한 권위를 주장했다. 아도르노와 호르크하이머는 초창기 마술이 모방적 측면은 있지만 과학과 유사한 목적을 달성하려는 시도로 볼 수 있다고 주장한다. 이 주장은 계몽주의가 과학 발전뿐만 아니라 대부분 계몽주의 철학자들이 혐오하는 만악의 근원이라고 암시하는 데 활용된다.[07] 앞부분에도 세이렌의 노래를 듣기 위해 접근하는 오디세우스에 대해 장황하게 다루지만 노를 젓는 일꾼들에 대해서는 그렇지 않다. 이후에는 마르키 드 사드Marquis de Sade가 창조한 여주인공 쥘리에트가 각종 끔찍한 성행위를 하면서 난잡한 관행에 일종의 계몽 윤리와 질서를 부여했다고 주장하는 기괴한 시도를 한다. 요즘 말로 하자면, 끌리는 주제를 괴상하게 엮은 이상하기 짝이 없는 책이다.

이러한 섹션은 이 책에서 가장 잘 알려진 문화 산업에 대한 논의로 이어진다. 저자들은 지배와 불평등에 대한 비판을 가장하여 고도의 엘리트주의적 입장을 취하며 평범한 근로자들의 대중문화를 무가치하다고 비난한다. 마르크스주의에서 가치를 새롭게 인정받은 바로 그 사람들이다. '문화 산업culture industry'이라는 단어는 문화 형태가 이윤 창출이라는 유일한 동기에 따라 움직이는 자본주의 기업가들이 만드는 것임을 분명히 한다. 3장에서 언급했듯 이러한 주장은 경제학자 J. K. 갤브레이스가 나중에 분명히 했다.[08]

어떤 산업이든 먼저 대상(주로 근로자)을 제품에 수용적인 상태로 만든 다음 이익을 창출한다. 소비될지를 확신할 수 없는 상태에서 제품을 생산하는 데 많은 돈을 투자하는 위험을 감수하고 싶지 않아서다. 산업 생산에서 인간을 교환가치로 축소하는 것에 관해 마르크스가 원래 제기한 비판은 모든 문화를 교환가치의 수단으로 취급하는 총체적인 비판이 되었다. 문화 산업은 인간이 창작물을 수동적으로 받아들이도록 구성한다. 저자들은 '이제 문화는 모든 것에 동일한 도장을 찍는다. 영화, 라디오, 잡지는 전체적으로나 모든 부분에서 균일한 하나의 시스템을 구성한다.'[09] 그들은 인쇄기로 인해 종교개혁이 확산된 것과 마찬가지로 라디오가 히틀러 연설에 카리스마를 부여하여 동질화된 대중과 감탄하는 반응을 이끌어냈다고 주장한다.[10] 이상한 비유가 아닐 수 없다. 책이 전체주의판 종교 개혁을 확산하는 데 일조했을지 모르는 일이다. 그러나 그것이 책 자체를 거부하는 이유가 될 수는 없다. 문화 산업에는 개인도, 자발성도 없으며, (작가 자신을 제외하고는) 문화 산업에 편입될 수 없는 비판이 존재하지 않는다.

《계몽의 변증법》에는 부적절한 가정이 또 등장한다. 문화 산업이 모두를 갈망과 감탄으로 연합시킬 정도로 수준이 높은 문화 상품을 만들어 냄으로써 임무를 성공하지 못할 가능성에 대해 논리적 이유를 제시하지 않는다. 그런 일이 가능하다면 문화 산업은 더 많은 수익을 거둘 수 있었을 것이다. 결국, 계몽주의로 발전한 과학이 진정으로 수준 높은 과학이 될 수 없다고 주장한 사람은 없다. 그러나 아도르노와 호르크하이머는 언제나 결과가 가능한 가장 낮은 가치를 지닌다고 가정하여 자신들의 심각한 문화적 편견을 엿보게 한다. 두 사람은 베토벤의 고전음악이나 쇤베르크의 전위음악 같은 순수예술의 방어로 끊임없이 돌아간다. 현대의 대중을 이루는 노동계급이 가장 저급한 취향을 지녔음을 암시하는 것이다. 문화 산업 덕분에 '자신에게 가해진 잘못에 대한 서민들의 잘못된 사랑은 당국의 교활함보다 더 강력하다. 형편없는 것에 대한 수요를 교묘하게 승인함으로써 인가함으로써 완전한 조화를 알린다.'[11]

아도르노와 호르크하이머는 베니 굿맨Benny Goodman과 같은 재즈 뮤지션이 부다페스트 현악 사중주단과 함께 무대에 오를 수 있다는 사실에 경악했다.[12] 심지어 비평에 일부 전위예술을 포함시켰으며[13] 오손 웰스Orson Wells같이 영화에 혁신을 불러일으킨 인물들이 도전적인 방식으로 진정한 실험을 한다는 사실을 받아들이지 않았다.

아마도 틱톡 같은 플랫폼으로 대표되는 오늘날의 '샘플링' 문화에 대해서는 천박한 피상성의 지옥에서도 가장 밑바닥에 해당한다고 여길 것이다. 즉, 이 작가들은 부르디외가 '문화 귀족'이라고 부른 순수주의자의 전형으로[14] 쓸모없는 대중문화나 축구를 전위예술과 난해한 현대미술과 비교하며 시간을 보내는 것이다. 그들은 자신들이 지지한다고 주장하는 바로 그 노동계급을 폄하하는 형편 없는 예에 해당한다.

그들이 처해 있던 바이마르 공화국이라는 역사적 환경에 비추어 보면 더욱 놀랍다. 오늘날 우리가 목격하는 비판적이고 자본주의적 생산이 복잡하게 뒤섞인 체제를 예시한 시대다. 프리츠 랑Fritz Lang이 인기를 얻어도 예측 불가한 면이 있었던 반면 전위예술 화가들은 주류 갤러리에 등장할 수 있었다. 베르톨트 브레히트Bertolt Brecht와 부르노 슐츠Bruno Schultz는 물론이고 토마스 만Thomas Mann과 헤르만 헤세Herman Hesse의 작품이 탄생한 시기이기도 하다. 평범한 사람들에게 문화 소비자라는 불명예를 안기는 것은 문화 비평에서 반드시 필요한 부분이 아니었다. 아도르노와 호르크하이머의 저서가 특히 당시에 중요했던 것은 문화 산업이 그토록 매력적이면서 기만적인 외양을 가지고 있었기 때문이다. 헐리우드 주연 배우들의 모습이 담긴 멋진 흑백 포스터를 떠올려보라. 그 포스터

이면에는 수익에만 혈안이 되어 경쟁을 벌이는 무자비한 자본주의 기업이 존재한다는 사실을 간파하기란 매우 어려웠다. 사람들이 그러한 꿈에서 깨어나고 문화의 외양 뒤편에 있는 진실을 알아차리기 위해서는《계몽의 변증법》같은 책이 필요했다. 끔찍하고 불필요한 엘리트주의와 그러한 영화를 본 사람들에 대한 모욕을 변호하려는 시도가 아니다.

보드리야르와 베냐민

이후 수십 년 동안 서구 마르크스주의의 다른 철학자들이 이러한 주장을 확장해 소비자 사회를 좀 더 일반적으로 비판하기에 이르렀다. 볼프강 프리츠 하우크Wolfgang Fritz Haug 등은 이러한 목표가 어떻게 달성되었는지 보여주기 위해 상품 미학을 상세하게 분석했다.[15] 하지만 상품에 대한 비판에서 가장 영향력 있는 인물로는 프랑스의 사회학자이자 철학자인 장 보드리야르(1929~2007년)를 꼽을 수 있다. 저서《기호의 정치경제학 비판을 위하여A Critique of the Political Economy of the Sign》에서 보드리야르는 이러한 주장을 했다. 마르크스조차 노동자 착취를 특징짓기 위해 개발한 이용과 교환가치에 대한 분석이 소비자로서 노동자의 삶에도 적용될 수 있는 방식을 이해하지 못했다는 주장이다.[16] 마르크스의 저술에서 소비는 크게 간과되었다. 보드리야르는 심지어《계몽의 변증법》보다

한발 더 나아가 상품 문화란 단지 기호의 대량 생산이라고 주장한다. 광고는 두 종류의 상품 간 사소한 차이를 명백한 선택의 경험으로 만든다. 우리는 기호가 세계를 식민지화하는 데 필요한 수단으로 전락했다. 입고 있는 의복과 사람들을 초대하는 집에 놓인 물건은 자본주의의 기호 체계로 세상을 포화시키는 광고 산업의 가장 효과적인 분야가 되었다. 상품을 구매한 후에는 직접 착용하고 걸어 다니며 말을 통해 광고한다. 자본주의는 자신들이 생활에 사용하는 상품만큼이나 피상적으로 변질되고 광고가 삶의 목표가 된, 만족을 모르는 소비자를 양산했다.

전통적으로 이 분야에서 영향력 있는 저서로는 《일차원적 인간》[17] 또는 《나르시시즘의 문화》 등이 있다.[18] 그 제목에서 대다수의 사람들이 가진 취향에 대해 얼마나 무자비한 비판이 지속적으로 제기되었는지 분명히 알 수 있다. 1987년 나는 이 저자들이 소비 자체에 주목하는 데 실패했다고 밝힌 바 있다.[19] 소비는 과정이다. 인간은 단순히 옷을 구매하는 것이 아니라 입는 단계로 나아간다. 단지 주택을 매입하는 것이 아니라 꾸미고 내 집으로 만든다. 소비는 상점에서 전혀 주목받지 못하는 물건을 구입하는 것으로 시작될 수 있다. 하지만 구매 후 새 가족을 맞이하고 거실을 꾸미고 문화적 관심사를 충족하는 데 그 물건을 활용할 수 있으며, 이러한 과정을 통해 이전의 소외 상태를 부정할 수 있다. 연애할 때 입었던 셔츠는 구입할 때와는 전혀 다른 의미를 지니는 셔츠다. 착용한 경험이 가미된 '내 셔츠'가 된 것이다. 사랑이나 돈을 위해 가질 수도, 빌릴 수도 없다. 많은 경우 소비는 상품이 외부 세계의 창조, 즉 물질문화를 통해 인간성을 발전시키는 수단으로 탈바꿈하는 장기적인 과정이다. 나는 이러한 주장을 마르크스에 앞선 헤겔의 주장으로 돌아가는 것에 비유했으며, 이 책의 결론에서 자세히 다룰 것이다.

요컨대 소비는 이론가들이 주장했듯 생산에서 발견되는 소외의 연속이 아니라 상부구조다. 소비는 소외된 상품을 양도할 수 없는 소유물로 전환함으로써 부정을 이룰 수 있다. 나중에 나는 전통적으로 주부가 가족의 식사를 위해 장을 보던 일상적 구매 행위의 대부분을 애정을 표현하는 기술로 간주해야 마땅하다고 주장한 바 있다.[20]

전통적으로 잉글랜드의 가정에서는 서로에 대한 애정을 추상적으로 이야기하는 것을 즐기지 않았다. 때로는 각 가족 구성원이 원하는 바로 그 물건을 구입하는 관심에서 사랑이 표현되었다. 따라서 슈퍼마켓에서 장을 보는 것은 사랑을 표현하는 기술로 간주되어야 한다.

프랑크푸르트 학파와 관련된 학자들에 대한 논의로 돌아가[21] 영향력이 매우 컸던 또 다른 인물을 소개하자면 독일의 문화 이론가이자 철학자인 발터 베냐민 Walter Benjamin(1892~1940년)을 들 수 있다.[22] 베냐민의 가장 영향력 있는 저서는 《기술복제시대의 예술작품》이며²³ 오랫동안 지속된 연구인 《아케이드 프로젝트》는²⁴ 쇼핑몰의 전구체 일종으로 간주된다. 모두 독자들을 전혀 다른 방향에 있는 《계몽의 변증법》으로 이끈다. 종종 베냐민을 재정적으로 지원했던 아도르노는 마르크스주의 비판의 보수적 논의로 그를 끌어들이려 했다. 하지만 베냐민은 자본주의에서 소비자 문화가 일종의 실현되지 않은 동결 상태로 남아 있을 가능성에 동의하면서도, 자본주의의 긍정적인 가능성에 관심을 돌려야 한다고 주장했다. 아케이드에 늘어선 진열장을 따라 산보객flâneur이 거니는 현상이 대두되었다. 대량 생산이 예술 작품이 지니는 원래의 기운을 위협한다 해도 한편으로는 예술의 민주화를 위한 토대를 마련하여 대중이 접근할 수 있도록 만들었다.

베냐민 특유의 서정적이고 매력적인 글로 '서재를 정리하면서 Unpacking my Library'를 꼽을 수 있다.²⁵ 하지만 면밀히 들여다보면 적어도 이 전통을 쿠안의 민족지학에서 관찰한 내용과 비교하면 문제 요소를 발견할 수 있다. 대부분의 사람들에게 책은 처음에 지불한 값 정도의 상품이다. 구입한 다음에는 통상 양도할 수 없는 개인 소유물로 취급된다. 소장하는 책을 타인에게 주는 것을 꺼리는 경우가 많고, 만약 그렇게 한다면 자선 단체에 기부하는 경우일 것이다. 판매하거나 버리기를 원치 않기 때문이다. 이는 필자가 소비 과정을 소외의 부정으로 주장한 바와 정확히 일치한다. 손때가 묻은 《제인 에어》는 이제 단순한 활자 이상의 의미를 갖는다.

'서재를 정리하면서'에서 베냐민은 자신의 책들을 2년간 떠나 있다가 다시 만나는 경험을 기린다. 그는 단순히 책을 읽을 뿐만 아니라 수집하는 사람이었다. 그가 책을 사고팔았다는 것은, 단순한 독자들은 그리 영향받지 않는 투자 잠재력 같은 가치 인식을 내포한다.

수집가에는 많은 종류가 있는데 베냐민은 다른 수집가들을 움직이는 주문과 경쟁이라는 이상을 대단치 않게 생각한다. 그는 우연하게 마주치는 무질서와 기회에 이끌렸다.[26] 베냐민은 단순한 효용이 아닌 기억과 상상력과 연결되어 있는 수집가에게 중요한 가치를 논의한다. 하지만 그는 절대 읽지 않을 많은 책을 소장하는 것에서 진정한 수집가의 특징을 발견할 수 있다는 주장을 통해 이러한 관계의 예시를 들었다.[27] 그러한 책 역시 상품으로 간주된다고 결론짓지 않을 수 없다. 그는 끊임없이 카탈로그를 살피면서 소장 가능성을 따져본다. 여기에는 자금, 전문 지식뿐 아니라 감각도 필요하다. 특히 구매할 만한 적절한 책을 아는 것이 중요하다.[28] 분명 돈은 경매에 관한 설명과 경쟁자에 대한 인식 또는 책 입찰 과정에서 고조되는 흥분에서 중요하게 다뤄진다.[29] 만족을 모르는 소비 감각 역시 점점 더 많은 책을 살피는 데 몰두하고 그러한 행동을 멈추지 못하는 태도에서 드러난다. 심지어 그는 최고의 관계란 유산이라고 주장하는데, 그 이유는 이러한 소장품에 대한 책임감을 부여하기 때문이다. 이 에세이를 읽은 누군가는 베냐민이 어디를 향하는지에 대해 아도르노가 했던 염려에 공감하기 시작할 수도 있다.

베냐민이 수집을 통해 기쁨을 누리는 것을 못마땅하게 여길 마음은 없다. 문제는, 예술의 대중화 가능성에 관한 정교한 이론적 논문을 썼음에도 베냐민 역시 다른 엘리트 사상가들처럼 수집가로서 자신이 경험한 바가 평범한 사람들의 소비에서 유사한 형태로 복제될 수 있다는 사실을 거의 언급하지 않았다는 점이다. 실험실 연구원이 중국 도자기 감정가가 될 수 있고 지난밤 프리미어 리그 축구 경기에 대한 토론에서 '아름다운 경기'를 깊이 있게 평가할 수도 있는 것이다. 《계몽의 변증법》으로 시작하여 '서재를 정리하면서'에 이르는 방식으로 프랑크푸르트 학파의 외연을 인식할 수 있지만 이 세상에 살고 있는 대다수 사람을 그 범위의 어디에 위치시켜야 하는지 발견하기란 어렵다.

대중문화의 가치

이러한 견해가 오늘날의 문화를 평가하는 것과 어떤 관련이 있을까? 민족지학에 눈을 돌리기 전에도 나는 나 자신의 가치를 시인해야 했다.

대부분, 낮에 책의 원고를 쓰고 나면 나 역시 다른 사람들처럼 저녁 시간에 얼마간은 텔레비전을 시청하면서 시간을 보낸다. 《계몽의 변증법》 저자들에 따르면 텔레비전의 주된 기여는 '미적 관심의 빈곤화를 강화하는' 것이다.[30] 솔직히 말하면 심각하게 빠져 있는 한국 드라마를 느긋하게 시청하거나 아스날의 축구 경기를 보면서 휴식을 취할 때가 종종 있다. 또한 클래식 음악보다는 최신 팝 음악을 즐겨 듣는다.[31] 하지만 오늘날의 텔레비전 프로그램에 대해 단순히 품위가 없다고 보지 않는다. 최근 영국에서는 미카엘라 코엘Michaela Coel의 〈아이 메이 디스트로이 유I May Destroy You〉와 스티브 맥퀸Steve McQueen의 〈스몰 액스Small Axe〉가 최고 TV 시리즈를 놓고 경쟁을 벌였다. 모두 평단의 호평을 받은 드라마이며 주요 TV 시리즈로 각광받았다.

연구 참가자 대다수 역시 텔레비전 시청 시간이 길었으며 중요한 결과를 도출했다. 핀탄 오툴은 〈더 레이트 레이트 쇼The Late Late Show〉가 어떻게 아일랜드를 신정 통치에서 멀어지게 만들었는지 설명했다.[32] 《계몽의 변증법》 같은 책에서 놓친 혜안에 따르면, 오늘날 쿠안 사람들이 지인과 이웃 대다수가 자신과 동일하게 대량 제작된 프로그램을 시청한다고 가정하며 이러한 프로그램이 사회 유지에 기여한다는 것이다. 날씨, 정치나 스포츠에 대해 말할 거리가 부족해지면 새로운 BBC 탐정 시리즈나 〈아버지 테드Father Ted〉, 〈미시즈 브라운스 보이스Mrs. Brown's Boys〉 같은 아일랜드 코미디를 주제로 대화를 나눌 수 있다. 덕분에 차나 기네스를 마시면서 동료들과 즐거운 대화를 이어갈 수 있다.

은퇴자의 부모는 대부분 블루칼라 노동자, 어떤 경우에는 농민의 아이들이었고 산업 프롤레타리아인 경우는 드물었다. 많은 경우 서기, 경리, 간호 조무사 또는 초등학교 교사와 같이 비교적 임금이 적은 일을 시작했다. 전통적으로 가치를 인정받지 못하거나 프랑크푸르트 학파와 다른 마르크스주의 학자들이 해방시켜야 할 대상으로 인식한 사람들이다. 하지만 인생의 그 시기에도 이후의 시기와 비교해 프랑크푸르트 학파 저술가들과 공통점이 더 많았다. 가난과 알코올의존증으로 고통받는 가정에서 자랐더라도 어린 나이에 문학작품을 접했던 것을 종종 떠올렸다. 조이스의 고향 더블린이나 예이츠가 자란 변두리 출신이었으며 그러한 아일랜드 문학 전통을 친밀하게 느꼈다. 어렸을 때 읽었던 책에 대해 자부심을 가지고 대화하는 경우도 많았다.

쿠안에는 여러 독서 모임이 있었는데 그중 하나를 11장에서 소개할 것이다. 더 놀라운 사실은 쿠안 출신으로 세계에서 이름을 날리는 작가가 꽤 있으며 현지 독자들에게만 알려져 있더라도 작가 활동을 하는 사람이 많다는 것이다. 단적으로, 쿠안에서 책을 펴낸 사람을 스무 명 이상 만났다. 내가 알고 지내던 사람들 중 일부일 뿐이었는데 말이다. 해마다 시 축제가 화려하게 개최되었고 두 곳의 창작 모임에서는 사람들이 의견과 지지를 위해 최근 작성된 글을 같이 읽었다. 쿠안의 많지 않은 상점 중에는 독립 서점이 하나 있었다. 발터 베냐민은 대중 속에서 발견되는 이러한 폭넓은 창의성을 미래의 것으로 여기면서 순수한 자본주의 생산이라는 환멸의 영역에서는 그러한 역량이 얼어붙은 것으로 간주했다. 쿠안에서는 그렇지 않았다.

쿠안과 서구 마르크스주의 철학자 사이의 간극은 문화에서 더 폭넓은 상품으로 시선을 돌리면 더욱 뚜렷하게 보인다. 보드리야르 같은 작가들에게 사람들은 단지 옷을 입고 있는 마네킹으로서 자본주의 제품을 광고하고 새로운 상품에 대한 채울 수 없는 수요를 보장하는 존재다.[33] 대다수 사람이 원하는 물건을 이미 가지고 있거나 교체 또는 선물, 기념을 위해 필요로 하는 등으로 만족 상태에 있는 사회가 자본주의와 공존할 수 있다고 상상하거나 인식하지 못한다. 11장에서는 휴가와 관련하여 쿠안의 은퇴자들이 보이는 성취되지 않은 욕구를 살펴보겠지만 이들은 여기에 대해서도 큰 우려를 보이지 않았다.

디지털 기술의 발전으로 상품화는 물론 탈상품화 현상이 나타나고 있다. 유튜브의 오락물이든 온라인 교육, 뉴스와 정보에 대한 접근이든 인터넷과 스마트폰이라는 제반 비용을 지불한 후에는 무료로 콘텐츠를 이용할 수 있다.[34] 하지만 사용자들은 이러한 추세에 대해 다양한 반응을 보여왔다. 예를 들어 연구 참가자들은 거의 예외 없이 질문에 스마트폰 앱 비용을 절대 지불하지 않을 것이라고 응답했다. 다소 놀라운 결과였다. 삶을 확실히 편안하게 만들어주는 많은 유용한 앱조차 커피 한 잔보다 저렴한 비용이 든다. 그렇다면 앱에 전혀 지불하지 않으려는 이유가 무엇일까? 이는 상품화에 대해 은퇴자들이 가지고 있는 정서로밖에 설명할 수 없다. 그러한 정서가 반드시 긍정적인 것은 아니다. 감상하는 음악에 대해 많은 돈을 지불할 의향이 없기 때문에 음악 제작자가 스트리밍에서 푼돈을 얻는 것에 우리도 모종의 책임이 있다. 현재 전 세계적인 불평등 확산에 신자유주의 자본주의가 하고 있는 주된 역할을 과소평가하려는 것이 아니다.[35] 그러나 불평등의 재생산에서 우리가 공모하는 정도를 인정할 필요는 있다.

또한 민족지학적 관찰과 이러한 철학적 전통이 화해를 이룰 가능성도 있다. 환경보호주의 열정과 근래의 물건을 줄이려는 활동은 소비자 문화의 본질적 특성으로 간주되는 피상성과 불만족에 대한 유사한 비판에서 촉발된 것이다. 얼마나 많은 은퇴자들이 청년 시절 일종의 히피 생활을 언급했는지 놀라울 정도다.[36] 기후변화 문제는 매우 다른 근거에서 이러한 비판을 명확하게 입증했다. 따라서 이러한 철학적 전통은 이 인구 집단에 차후에 미친 영향에 대해 일정 부분 공로를 인정할 수 있다. 현대 철학에서는 케이트 소퍼Kate Soper 같은 철학자를 꼽을 수 있다. 소퍼는 환경보호에 대한 인식 아래 대안적 소비에 기반한 새로운 형태의 만족스러운 삶을 주장하는 한편 마르크스주의 비평의 상당 부분을 수용한다.[37] 그러나 이 모든 주장은 프랑크푸르트 학파와 그 계보의 눈에 띄게 거들먹거리는 엘리트주의에서 벗어나지 않는다.

우리는 신인류인가?

발터 베냐민은 책에서 많은 것을 배웠지만, 이는 '서재를 정리하면서'의 주제가 아니다. 자신과 책의 관계가 공리주의를 뛰어넘어 자기 창조의 구성 요소가 되는 방식을 설명한 책이다. 마찬가지로 《글로벌 스마트폰》 역시 사람들이 스마트폰으로 무엇을 하는지를 설명하는 책이 아니다. 스마트폰이 인간의 발전을 촉진시키는 방식을 다룬다.[38] 3장의 마지막 섹션에서는 피상성이 증가하고 있다고 가정과 거리가 멀게도 쿠안 주민과 일부 대상이 상당히 깊은 관계를 맺고 있음을 증거로 제시한 바 있다. 베냐민이 자신의 인간성에서 책이 중요한 요소가 될 수 있음을 발견했다면, 상품으로서의 지위에도 불구하고 스마트폰과 같은 다른 지식의 원천도 같은 역할을 할 수 있다. 스마트폰 또한 매우 유용한 모바일 도서관과도 같은 검색 엔진 기능을 통해 세상에 대해 더 많이 알 수 있는 길을 열어준다.

이러한 관계의 깊이를 표현하기 위해 '의인화를 넘어선다'라는 용어를 만들었다. 스마트폰은 사람과 닮은 구석이 없기 때문이다.[39] 신인류에 대한 철학적 논쟁에서[40] 주요 관심사는 사뭇 다르다. 이는 인류가 인간을 만물의 척도로만 바라보는 인간 중심관을 넘어서기를 바라는 프로젝트다. 여기서는 우리가 인간 이외 존재의 복지와 시각도 고려해야 한다고 주장한다. 오늘날 포스트 휴머니즘은 철학을 넘어 널리 인기를 얻고 있다. 환경보호주의자들의 관심사에 호의적이고 과거와 현재에 인간이 동물을 대한 잔학성을 폭로하기 때문이다.[41] 포스트 휴머니즘은 저자와 분과 학문에 따라 다양한 주장을 하는 것으로 보인다.[42] 하지만 이들 대부분은 인간 중심관에서 멀어져서 세상을 바라봐야 한다는 데 의견을 같이하며, 많은 경우 이는 자연과 보다 공감하는 관계를 시사한다. 반려견에 관한 주장 가운데 영향력 있는 의견으로는 도나 해러웨이Donna Haraway가 개를 반려종으로 묘사한 최근의 예를 들 수 있다.[43] 해러웨이는 개를 단순한 반려동물로 생각할 때와 저마다의 관점과 경험을 지닌 생명체 속에서 인간이 살아가는 것으로 인식할 때의 결과를 제시한다.

쿠안 주민과 반려견이 끈끈한 관계를 맺는다는 앞장에서 설명한 민족지학적 증거가 이 주장을 뒷받침하는가? 그렇지는 않다. 포스트 휴머니즘을 둘러싼 주장이 원대한 열망에 불과함을 보여주며 이러한 관계의 설명으로 볼 수 없음을 시사한다. 민족지학적 증거는 인간 중심주의를 거부하는 것보다는 의인화를 확장하는 태도에 더 부합한다. 인간이 기존에 아동을 양육하던 것과 얼마나 비슷한 방식으로 반려견을 대하는지, 반려견에게 사람과 심리적 조건을 부여하는지를 보여준다. 분명 이러한 태도는 반려견에 대한 더 나은 처우로 이어진다. 반려견을 우리 자신과 비슷하게 여김으로써 더 공감하기 때문이다. 하지만 이것이 세상을 개의 관점에서 고려하는 것과 동일한 것은 아니다. 반려견과 관련하여 포스트 휴머니즘의 적용에 신중해야 한다는 필자의 민족지학적 증거는 반려종에 대한 일상적인 취급과 고려를 면밀하게 관찰에 근거에 기반한 다른 연구에서도 뒷받침된다. 그러한 연구에서는 가령 동류의식이라는 개념을 동종의식으로 확대하는 것의 문제를 보여준다.[44]

스마트폰과의 관계에 대한 민족지학적 증거에서도 유사한 결과가 도출될 것이다. 이는 일종의 상호 변화다. 스마트폰에는 인간의 성질과 개성이 반영된다. 예를 들어 남성성이 강한 사람들의 미니멀한 스마트폰은 필수 앱 이외에 다른 앱을 사용하지 않음으로써 자신의 남성성에 대한 의식을 표현한다. 동시에, 인간도 스마트폰이 역량을 강화하는 방식에 힘입어 변화한다.

예를 들어 먼 거리에 있는 타인들과 지속적으로 연락하는 능력이다. 결과적으로 오늘날에는 '인간'의 역량에 스마트폰의 소유로 인해 향상된 능력이 포함된다.

여기에서 교훈을 얻을 수 있다. 한 가지 문제는 미디어 기술의 최신 발전을 접할 때마다 두 가지 모순되는 주장을 듣는다는 것이다. 우리가 인간을 초월한 사이보그의 일종이 되었다거나, 반대로 디지털 기기가 진정한 인간성의 상실을 나타내며 얼굴을 마주하는 만남이 더 자연스럽거나 진정성 있다는 일반적인 주장이 그것이다. 우리는 스마트폰 화면을 통해 사회적 교류를 확대하고 있는데도 스마트폰이 반사회적이라고 주장한다. 문제는 인간의 정의에 대한 우리의 개념이 본질적으로 보수적이며 마치 인간이 과거 그대로의 존재라는 인식과 같다. 그러나 인간은 날지 못한다는 정의는 비행기의 발명으로 폐기되었다. 인간에 대한 더 나은 정의는 언젠가 우리가 얻을 수 있는 모든 능력을 포괄하는 것일지 모른다. 새로운 기술 발전이 능력의 발현을 가능케 하기 때문이다.[45] 우리는 인간 이상의 존재가 되지도, 인간성을 상실하지도 않았다. 그저 석기 시대 이후 계속된 기술의 발전으로 역량이 강화되었으며 모든 새로운 기술은 긍정적 결과와 부정적 결과를 동시에 가져올 것이다.

결론

4장에서는 특정 철학적 접근과 민족지학을 두 번째로 연결 짓는 시도를 했다. 이러한 모든 연결이 그렇듯 논의에서는 소수의 철학자를 다뤘으며 철학 일반을 대표할 수 없다. 4장은 특히 중요한 의미를 지닌다. 인류학적 감각에 적대적인 태도에 맞서는 것이 중요하게 느껴졌기 때문이다. 아도르노와 호르크하이머는 인간적 공감을 인류학적으로 발전시킨 기여를 부인할 수 없으며 특히 다른 사람들이 세상을 보고 경험하는 방식을 존중하려고 노력했다. 《계몽의 변증법》은 일반 노동자들의 해방을 지지한다고 주장하지만 대중문화에 대한 시각에서 이들이 매우 엘리트주의적 사고를 하고 대중의 특성을 무시하는 것으로 드러났다. 출발지로서 훨씬 더 나은 지점은 쿠안 주민들이 긍정적인 환경보호주의를 발전시킨 방법을 존중하는 것이다.

환경보호주의는 대중의 관심과 행동을 촉발할 수 있으며 자본주의를 따르면서도 절제된 소비 활동을 보였다.

4장과 3장 마지막 부분은 다소 유행에 어울리지 않는 결론에 도달하지만 철학보다는 경험적 근거에 기반한 것이다. 일종의 이원론을 내포하는 포스트 휴머니즘 개념에 대한 활발한 지지가 나타나고 있다. 포스트 휴머니즘은 인간이 철저히 인간 중심적이었으며 지구와 인간을 제외한 자연을 존중하는 데 실패했음을 암시한다. 반려견과 스마트폰에 대한 초기 논의는 인간이 깊이 있는 관계를 유지하고 있으며 점점 피상적으로 변하지 않음을 입증하기 위한 것이었다. 그러나 분석은 거기에 머물지 않는다. 인간이 반려동물에게 보이는 특별한 공감과 관심은 의인화 감정에서 발전한 것으로 확인되었다. 쿠안의 은퇴자들은 타인에 대한 공감과 관심을 의미하는 용어의 일상적인 쓰임을 고려할 때 전형적인 인본주의자들이라 할 수 있다. 그러나 그들은 인간 이외의 분야에 무관심하지 않음은 외연의 확장에 순응하는 원천으로 보인다. 인본주의적 공감은 동물을 사려 깊게 배려하는 기반이 되는 것으로 보인다. 스마트폰이 처음 등장했을 때 노년층은 청년들의 셀카 촬영에 대해 자기 중심적이라거나 자기애가 강하다고 간단하게 매도했다. 하지만 스마트폰은 노년층을 위한 기술이기도 했으며, 이제는 인간의 자리를 화면이 대체한다는 비난이 피상적이라는 사실을 알 수 있다. 바로 그 화면을 통해 우리는 다른 사람들과 더 많은 연락을 주고받고 타인에 관한 관심을 표현하기 때문이다.[46] 또한 스마트폰은 인간과 사물의 경계가 유동적이고 복잡하다는 사실을 보여주며 기술은 인간의 정의를 확장하는 역할을 한다.

인류학이 공감, 즉 다른 사람들의 경험과 가치를 이해하려는 소망을 품고 있다는 전제를 믿는다면 인류학 자체에도 동일한 관찰을 적용할 수 있다. 인류학자들은 이원성이 덜한 사회나 세상과의 데카르트적 관계에 대한 다양한 민족지학적 설명을 제시했으며, 사회와 자연의 관계에 지속적 관심을 보였다.[47] 4장의 실증적 증거는 최근 몇 년 동안 쿠안의 주민들이 환경문제에 많은 열정을 보이도록 인본주의적 관심의 확장된 것과 동일한 맥락에 있음을 시사한다. 세심한 정원사는 인간 중심의 목적을 이루기 위해 식물을 착취하지 않는다. 식물의 행동을 이해하지 못한다면 실력 없는 정원사가 될 뿐이다. 인류학자들은 다른 사람의 관점뿐 아니라 환경적 측면에서도 세상을 관찰하려고 노력한다.

마찬가지로 쿠안 사람들은 인본주의적 감성을 발휘하여 지구를 보호하기 위한 노력에 놀라울 정도의 단합을 이루었다. 철학의 한 분야에서는 인간 이외의 종과 지구의 권리에 대한 관심이 인본주의의 부인으로부터 시작되어야 한다고 믿지만, 쿠안 주민들이 지나온 여정을 보면 대중의 정서에서는 이러한 권리가 인본주의의 확장을 통해 실현될 가능성이 더 높음을 알 수 있다.

　오늘날 쿠안에서 특별히 환경보호주의가 큰 관심을 얻고 있는 것은 가치의 변화 정도가 아니라 태도가 완전히 바뀐 수준이다. 얼마 전까지만 해도 사람들은 대부분 소비 절제주의가 아니라 과시적 소비에 열을 올렸다. 다행히, 이러한 철학적 논의는 3장에서 환경보호주의가 지위를 분산하는 수단으로서 과시적 소비와 구별되는 이점을 지닌다는, 다소 낙관적인 관찰로 끝을 맺었다. 마침내 우리는 주장을 도덕적 우월성과 마음 놓고 일치시킬 수 있는 기준을 갖췄다. 지금까지 인류 역사에서 부유층은 이러한 기준을 마련하기 위해 고군분투했다. 이런 이유로 기후변화라는 긴급한 과제가 아니더라도 환경보호주의는 단순히 지나쳐 가는 단계에 머물 것으로 보이지 않는다. 지위와 명성의 미래에 중대하고 환영할 만한 변화이며 지구의 지속 가능성도 보장해주기를 바라는 바다. 다시 한 번 말하지만 소퍼 같은 철학자들로부터 인간의 미래가 어떤 모습인지 등을 배울 수 있지만, 쿠안의 사례야말로 실재하는 인구 집단의 일상에서 이미 벌어지고 있는 중요한 변화를 간파할 수 있다.

The Good Enough Life

5장
불평등, 약물, 우울증

불평등과 바트리 지구

지금까지 제시된 민족지학적 증거는 쿠안의 은퇴자들에 대해 압도적으로 긍정적인 평가로 이어지며, 이는 살 만한 삶을 조사하는 이 책의 제목과도 부합한다. 하지만 이 제목은 본 연구를 훌륭한 삶에 대한 조사와 구별하기 위해 지은 것으로, 동일하게 고려되어야 할 여느 인구 집단에서 나타나기 마련인 과오를 인정하는 것이다. 5장의 목적은 쿠안에 대한 전반적인 평가에서 이 같은 긍정적 평가와 모순될지 모르는 쿠안 사회의 어떤 측면이라도 간과하지 않는 것이다. 쿠안 사회에서 은퇴자들이 묘사되는 방식과 도출할 결론에 문제를 제기할 만한 취약한 부분, 즉 근본적인 불평등 또는 마약 중독과 우울증 같은 문제가 있다는 증거가 존재하는가?[01]

이러한 부정적인 측면의 다루는 데 두 가지 접근법이 사용되었다. 첫 번째는 도시의 완전한 다양성을 포함하는 등으로 민족지학 연구를 구성한 것이었다. 가장 눈에 띄게 존재하는 집단이라는 점에서 부유하고 나이가 많은 은퇴자들에게만 집중하는 것은 너무나 쉬운 일이었을 것이다. 이들은 지역사회, 자원봉사, 심지어 여가 활동에서 연구에 참여하는 대상을 관찰할 때 마주치는 사람들이다. 편협한 시각을 지양하기 위해 민족지학 연구에 세 집단을 추가로 지정했고 사례별로 열 명 이상의 참가자를 포함시켰다. 첫 번째 집단은 도시 변두리에 있는 신흥 지역 주민으로 구성했다.

두 번째는 아일랜드 밖에서 태어난 이민자 집단이었다. 세 번째는 '바트리 지구'라는 표현과 동일시되는 국영 주택 밀집 지역의 거주자였다. 세 집단 중 필자가 가장 잘 알았던 집단은 우연히도 친하게 지내던 지인들이 거주한 바트리의 주민들이었다. 보다 광범위한 연구를 위해 사용한 다른 방법론적 전략은 우울증과 마약 중독처럼 공공 부문에서 명시적으로 드러나지 않는 복잡한 문제에 정통한 전문가를 찾는 것이었다. 이는 곧 사회 복지사, 심리 치료사, 변호사, 아일랜드 경찰, 약사 등 쿠안에서 일하는 전문가들을 최대한 많이 인터뷰하는 것을 의미했다.

바트리 지구는 오늘날 쿠안의 근본적인 불평등을 이해하는 핵심 지역이었다.[02] 쿠안에는 바트리에 앞서 건설된 국영 주택 지역이 있었다. 이전 시대의 엽서와 지도는 최초의 국영 주택 지구가 당시에는 도시 나머지 지역과 눈에 띄게 먼 위치에 조성되었음을 보여준다. 그러나 오늘날 그러한 주택은 민간 소유이며 쿠안은 이 지역을 포괄할 정도로 성장했다. 나중에 더 큰 규모로 조성된 바트리 지구에는 330채의 주택이 세워졌다. 그중 절반은 현재 민간 소유이며, 많은 경우 원래 임차인들이 유리한 조건으로 인수했다. 나머지는 공개 시장에서 매각되었으며 구매자의 상당수가 타지인이었다. 이러한 정책의 결과 쿠안 전체에서 국영 주택은 품귀 현상을 보이고 있으며 해당 지구에 입주하려는 대기자가 약 만 가구에 이른다.

바트리 지구와 같은 국영 주택 지역은 원래 저소득층에게 할당되었다. 처음으로 이 지구로 이사한 사람들은 당시 환경이 얼마나 참혹했는지 기억했다. 한 여성은 세 자녀를 키우기 위해 때때로 요양원에서 간병인으로 일했다. 동기간을 약물 과다 복용으로 잃었으며, 일을 하지 않는 기간에는 콘 비프와 교환할 수 있는 바우처를 지급받았다. 이 여성과 다른 가족들에게 중요한 자원은 감자밭이었는데 오늘날에는 새로 조성된 지구로 탈바꿈했다. 밭에서 일하던 농민들은 무료로 감자를 채취할 수 있었다. 그녀는 또한 사회 복지 시설에서 지급받은 '털투성이 담요'를 생생하게 기억했다. 이 지구의 주택은 주로 방 세 칸으로 구성되었고 새로 조성된 민간 주거 지구의 주택보다는 작았지만 대체로 합리적인 시설로 여겨졌다. 어떤 점에서 이 지구의 주민들은 아일랜드 경제의 극단적인 변화로부터 영향을 덜 받았다. 가진 자산이 없었기 때문에 켈틱 타이거Celtic Tiger가 호황기일 때 큰 이득을 보지 않았으며, 경기 침체기에도 이렇다 할 타격을 입지 않았다. 국가가 제공하는 복지에 의존했기 때문이다. 그럴더라도, 곧 살펴보겠지만 이 지구 역시 침체기의 영향에서 자유롭지 못했고 최근의 소득 증가에도 영향을 받았다.

불법 약물의 소비 변화 추세를 통해 이를 기술할 수 있다.

이 지구는 쿠안의 다른 사람들에게 문제 가정이 많은 곳으로 여겨지던 시절의 유산을 간직하고 있다. 쿠안에서 범죄가 발생했을 때 사람들이 가장 먼저 지목하는 지역이 바로 바트리 지구였다. 범죄에 연루된 가족은 실제로 이 지구에 거주했는데 바트리에는 혼자 아이를 양육하느라 어려움을 겪는 미혼모가 많았고 그 십대 자녀들이 문제를 일으켰다. 그러나 오늘날 중요한 점은 330가구 중 '문제 가정'이라는 고정관념에 부합할 만한 가구를 스무 개 이상 찾을 수 있을지 의문이라는 것이다. 그렇더라도 문제 가정이 존재한다는 사실 자체는 지역의 평판에 영향을 미친다. 또한 쿠안에는 한때 어부와 노동자로 일하다가 지금은 하루의 많은 시간을 술집 한구석에서 보내면서 복권에 운명을 맡기는 노인들도 있다. 이로 인해 쿠안에는 엇갈린 감정이 상존한다. 많은 주민이 과거의 소동에 얽힌 일화를 포함해 거칠다고 평가하는 이 지역의 특색에 대해 긍정적인 것을 넘어 낭만적인 감정을 품고 있기 때문이다. 이들은 진정한 아일랜드인을 상징하는 하나의 아이콘이 되었다.

  한편 민족지학 연구를 통해 바트리 지구가 쿠안 한복판에 자리하는데도 상당히 이질적인 세계를 나타낸다는 사실이 드러났다. 쿠안의 지역사회 전반에서 느껴지는 박애적 자유를 표방할 법한 사람과 대화하는 중에 그러한 예를 찾을 수 있었다. 이 남성은 아직 정규직으로 일하고 있었지만 쿠안의 지역사회 시설을 개선하기 위한 자원봉사에 매우 적극적이었다. 접근성을 높이고 평등을 실현하는 일에 앞장서며 CCA의 저명한 회원이자 협회에서 이룬 여러 선행에 참여했다. 그는 쿠안의 큰 교회를 지나쳐 많은 사람이 참석한 장례식에 참관한 이야기를 들려줬다. 놀랍게도 조문객의 상당수가 모르는 사람이었다. 그가 지역사회 활동에 무척 열심이었기 때문에 그런 일은 불가능하다고 생각했던 것이다. 그저 도시의 사람들 대부분을 얼굴만이라도 알 것이라고 가정했다. 얼마 후 그는 낯이 익은 사람들에 대한 정보를 토대로 바트리 지구 거주자의 장례식이라는 것을 깨달았다. 조문객도 대부분 그 지역의 사람들이었다. 그 경험은 그에게 개인적으로 충격을 안겨주었고 쿠안의 특정 집단에 대해 알 기회가 없었다는 사실에 놀랐다.

자선 활동으로 알려진 여성에게서도 비슷한 이야기를 들을 수 있었다. 다만 이 여성의 경우 지역보다는 아프리카의 개발 프로젝트에 관여했다. 이 여성은 어릴 때 쿠안에서 다닌 학교에 꽤 다양한 배경의 학생들이 있었고 몇몇 친구는 바트리 지구에서 왔다는 사실을 떠올렸다. 그러나 대화를 나누는 과정에서 그녀는 민족지학 조사를 통해 자신이 바트리 친구들과는 연락이 끊겼지만 쿠안의 다른 지역에 살던 친구들과는 계속 연락하고 있음을 깨닫게 되었다. 그녀는 돌아보면서 '처음 사귄 친구가 바트리 지구 출신이었는데 얼마 안 가 멀어졌다'라고 말했다. 이러한 이야기가 결코 보편적인 것은 아니다. 필자가 깊이 사귄 여러 지인로 그 지역의 서클과 네트워크의 일부였던 사람들 중 일부는 민간 소유자로서 바트리에 거주하고 있었다. 그들은 국영 주택과 민간 주택 거주자들과 유사한 비중으로 알고 지냈다.

수십 년 전인 1970년대에 이 지역을 담당했던 지역사회 복지 담당자에 따르면 이 지구는 아이들 아버지에게 양육비를 받는 데 어려움을 겪던 버려진 아내와 미혼모의 거주지로 인식되었다. 그들은 대부분 이 지역 출신이었고, 다른 국영 주택 지구와 달리 바트리 지구는 더블린의 살기 어려운 지역에서 문제 가정을 '유기'하는 데 이용되지 않았다. 바트리는 여러 정부 계획의 대상 지역으로 선정되었을 뿐만 아니라 아일랜드 최대의 자선 단체인 생 뱅상 드 폴St Vincent de Paul 등의 지원을 받았다.

쿠안에서는 범죄 발생률이 일반적으로 매우 낮은 수준이었으며 변호사는 대개 재산 소송과 이혼 문제로 바빴다. 바트리 지구에서 살인 사건이 한 번 발생한 적이 있지만 모든 사람은 정신적 문제가 있는 사람의 짓이라는 것을 알고 있었고, 그런데도 이 지구의 평판을 해치는 데 사건이 이용된 것에 분개했다. 오늘날에도 쿠안에는 특히 저녁 시간대에 바트리 지구를 통과하지 않기 위해 일부러 먼 길을 돌아가는 사람들이 있으며, 심지어 일부는 한 번도 바트리에 간 적이 없다고 말한다. 자녀가 이 지구 출신의 상대와 연애를 한다는 것을 알고 부모가 크게 낙담하던 시절이 있었다. 사람들은 여러 팀이 모이는 지역 럭비 경기가 바트리에서 열렸는데 소지품을 놓고 가서 경기 후에 가보니 훔쳐 가고 없더라는 이야기를 들려줬다.

환경보호에 관심이 많은 중산층은 바트리 지구 사람들이 쓰레기를 함부로 버리고 타이디 타운즈에 도움이 되지 않는다고 말했다(쿠안 기준으로는 중범죄였다). 하지만 대부분 사람들은 이런 말을 덧붙였다. "90퍼센트가 위대하더라도 사소한 부분 때문에 전체가 오명을 얻는다." 어떤 이들은 골프나 항해 활동을 한다면 '너무 사치스럽다'는 이유로 지구 사람들로부터 자연스럽게 비난의 대상이 되리라 생각했고 실제로 그런 경우도 있었다. 바트리 지구에서 게일 체육인 협회를 이용하지 않는 사람들이 있었다. 자신들 같은 사람을 위한 단체가 아니라고 생각했기 때문인데 스포츠 분야는 평등주의적 포용성을 갖추고 있다고 인식되기에 놀라운 일이다.

바트리 지구에서 자란 많은 사람들은 쿠안의 다른 지역에서 이 지구를 거론하는 방식을 경멸했다. 물론, 이 지구의 일부 아이들이 일종의 '거친' 외양과 언어를 따라하려 애쓰기는 했다. 그렇더라도 쿠안의 다른 사람들이 '자유의 전사'단과 그들의 업적에 대한 소문을 취급하는 방식을 정당할 수는 없다. 지구 내에서는 여전히 반체제 정신을 조장하는 소수 가정에 대해 의견이 엇갈렸다. 어떤 이들은 필요한 관심이나 지원을 받지 못하는 사람들을 피해자로 인식했다. 다른 이들은 지역사회나 국가의 지원이 부족했던 시절을 상기시키지만 더는 환경이 그렇지 않음을 알아차리지 못하면서 분노만 하는 집단으로 바라봤다. 그러나 지지가 부족한 것에는 다양한 유형이 있으며 관료적 차별이라는 새로운 형태의 문제도 있다. 예를 들어 어떤 시점에서 형사 사법 제도를 위반한 사람은 신용 카드나 은행 계좌 개설이 어려울 수 있으며, 특정 유형의 지출과 관련된 증거가 굳이 필요하지 않을 수도 있다. 한 가지 근본적인 문제는 쿠안이 전반적으로 부의 수준과 부동산 가격으로 상승하고 한편으로는 이 지구에서 민간이 인수하여 고급화되는 주택의 수도 증가함에 따라 바트리 지구에 사는 사람들이 느끼는 불평등은 더욱 깊어졌다는 것이다. 그러나 이미 언급했듯이, 국가 인구 통계에서는 쿠안의 소득수준이 아일랜드 평균보다 약간 더 나은 수준으로 나타났다.

어느 단계에서는 바트리 지구 사람들을 자세히 파악하기 위해 폴린 가비와 함께 바트리 노인들의 스마트폰 사용에 관한 강좌를 개설하려 시도했고 지역사회 센터에서도 모든 지원을 받았다. 그러나 관심을 받기 위해 전단과 다른 시도를 했음에도 실제로 참석한 사람들은 내가 개인적으로 알고 있는 사람들과 그들의 지인뿐이었다.

그리 나쁜 일은 아니었을 것이다. (폴린과는 달리) 나는 사람들의 스마트폰 기술 향상에 딱히 재능이 있지 않은 것으로 드러났기 때문이다. 그러나 이 계획은 디지털 격차가 벌어진다는, 우리 연구에서 확인된 증거를 토대로 수립된 것이었다. 정부, 상업 및 기타 서비스가 갈수록 온라인으로 제공되기 때문에 인터넷에 액세스하지 못하거나 사용에 자신이 없는 사람들에게 인터넷 서비스는 그저 이용할 수 없는 국가 서비스일 뿐이다. 이용자가 타이핑을 전혀 배운 적 없는 경우에는 문제가 더 심각했다. 바트리 지구 자체에 대해 어떤 의견을 가지고 있든 상관없이 연구 참가자 중 좌파 성향의 사람들은 필요한 사람들의 수요를 충족시킬 만큼의 국영 주택이 부족하다고 계속 불평했다. 분명 일리가 있는 지적이었다. 특히 이들은 민간 개발업자들이 사업 계획에 포함시켜야 하는 국영 주택 비율에 대한 규제를 다양한 방법으로 회피한다고 종종 지적했다. 이 문제는 아일랜드의 통치에서 일반적으로 지속되는 사안으로 보였다. 일반적인 박탈 현상이 바트리 지구에 지속되는 문제는 추후에도 계속 다룰 것이다. 마약 중독과 같은 특정 문제를 살펴보면 더 정확한 그림을 이해할 수 있기 때문이다. 전반적으로, 이러한 태도는 완곡한 표현으로 분리 상태를 다소 당황스럽게 묘사하는 행위로 인해 굳어졌는데 가령 어떤 사람은 이렇게 말했다. "매우 관심사와 라이프 스타일이 다른 사람들이 많다. 어쩌면 커피숍, 도로에서 같이 오후를 보내고 싶은 그런 유형이 아닐 수도 있지만 쿠안의 많은 이들은 그렇게 한다." 그러한 우월감을 감안하고 바트리 지구의 실제 주민들을 만나는 것이 중요하다.

바트리 지구의 다섯 사람

밥은 바트리 지구의 거주자 중 첫 번째 사례이지만, 폴린 가비와의 공저에서 다룬 영화의 인물이었기에[03] 여기서는 간단히 요약하겠다. 밥은 주로 정육점에서 일했고 나중에는 학교 관리인으로 근무했다. 은퇴 이후 시인으로 이름을 날리면서 인생의 주요 변화가 찾아왔다. 그는 시인으로서의 활동에 전적으로 헌신했다. 그는 나를 쿠안의 복권 가게로 데려가는 것만큼이나 더블린에서 오페라에 가는 데 편안함을 느낀다. 그는 시인이 된 후에도 자신의 계급 정체성을 바꾸지 않았다(시인이 되었다고 그에 따른 수입이 생긴 것은 아니었다). 그보다 밥은 바트리 지구에 있는 누군가가 두 계급의 문화적 환경에서 동시에 살아가는 것이 적어도 그에게는 문제없이 가능했음을 보여주었다. 아마도 계급 분열의 역사가 강한 나라들에 비해 아일랜드이기에 더 가능했을 것이다.

3장에서 소개한 에일린은 80대였고 내내 식당 종업원으로 일했다. 다섯 명의 손주와 취업에 성공한 두 자녀의 할머니이자 어머니로서 조용한 은퇴 생활을 바랐을 것이다. 하지만 앞서 설명했듯 에일린은 우울증을 앓고 있으면서 이제는 노쇠하여 치료 비용이 많이 드는 반려견에 애착을 느끼는 아들과 살고 있다. 그런데 내가 에일린의 집을 처음 방문하기 전날 밤에 반려견이 존재 가치를 입증했다. 누군가가 쓰지 않는 뒷문을 통해 침입하려고 시도했는데, 냄새를 맡기 위해 배회하던 반려견이 짖자 겁을 먹은 침입자들이 도망친 것이다. 에일린은 가까운 이웃의 경우 운이 없어 침입자들이 '모든 것을 부쉈다'라고 말했다. 에일린은 몸을 떨었고 내가 함께 있는 것에 기뻐했다. 하지만 적어도 그 집은 에일린의 소유였다. 남편이 죽은 후 얼마 지나지 않아 모기지를 상환했기 때문이다. 아들은 용케 일을 해서 반려견 치료비를 조금이나마 보탰지만, 그녀의 주된 걱정은 자신이 죽었을 때 아들이 엄마와 반려견 없이 어떻게 살아낼지였다.

마틴과 그의 가족은 1992년에 바트리 지구로 이사했다. 어부인 그는 자신의 생활 전선인 인근 마을에 머무는 편을 선호했는데, 그곳 사람들은 바트리에 사는 모두를 경시하는 경향이 있었다. 다른 많은 이들과 마찬가지로 바트리 지구에 대한 마틴의 감정도 양면적이었다. 그는 이 지역에 약간의 낙인이 남아 있고 음주로 문제가 있는 가정이 여전히 존재함을 알았다. 다만 20년 전과 비교해 많은 부분이 개선되었다고 여겼다. 주된 이유는 그 역시 바트리 내부가 변화한 방식과 비교해 쿠안 전체 사회가 더 자유롭고 표용적으로 변화한 것은 이니라고 인식했기 때문이다. 한때 이 지역에 많은 십 대가 거주할 당시 그들은 '폐를 끼치는[04] 존재들'이었다. 그러나 이제는 성인이 되었고 알코올의존증으로 문제를 일으키던 어른들은 이제 더는 문젯거리가 아니었다. 게다가 마틴은 자신들이 바트리보다 위에 있다고 여기는 다른 쿠안 지역의 가정에서 남들 모르게 벌어지는 끔찍한 일들에 대해 알고 있었다.

시네이드Sinéad는 딸이 지인의 집에서 밤샘 파티를 하다가 그 집 남성이 서둘러 '친해지려는' 사람과 함께 취해서 들어오자 곧장

집에 돌아왔을 때 이후로 이웃들을 무척 경계했다. 또한 그녀가 바트리 지구의 몇몇 미혼모들과 통제 불능의 자녀들이 보이는 '추태'를 경멸했다. 새로운 문제가 아니라 이미 수십 년 전부터 있었던 일이지만 달라진 게 없었다. 반면에 최근 한 이웃은 시네이드에게 혹시 문제가 있을 때 도움을 요청하고 싶다며 전화번호를 물었는데, 당연히 그녀는 알려주지 않았다. 앨리스는 바트리가 조성되기 전에 건설된 국영 주택에 거주했었는데, 당시에는 그 지역뿐 아니라 쿠안에도 가로등이 없었다. 그녀는 공장에서 일했고 최근에는 주택 청소를 했는데 60대에도 일을 쉬지 않았다. (이웃은 80대에도 여전히 건물 청소를 했다.) 앨리스는 그녀는 '약간의 설탕이나 티백, 석탄'을 얻기 위해 이웃집을 방문하던 시절을 기억했다. 그녀는 바트리의 문제가 언제나 마약보다는 술 때문이라고 생각했다. 당시에는 많은 사람들이 어업에 종사하거나 농사를 지었다. 5장과 다른 장에서의 일반적 사례와 달리 앨리스는 빙고를 즐기지 않았고 타이디 타운즈의 자원봉사자로 활동했다. 다양한 자선단체의 위원회에 소속되어 있었고 특별한 지원이 필요한 어린이들이 휴가를 보낼 수 있도록 적극적으로 돕기도 했다. 그녀가 맡은 주요 역할 중 하나는 크리스마스 저축 클럽의 조직이었다. 전통적으로 이러한 회전 신용 제도는 사람들이 크리스마스에 선물과 음식에 드는 추가 비용을 지출할 수 있도록 개발되었다. 현재 120명이 참여 중이며 대부분은 바트리 지구 출신이었다. 앨리스는 각 참가자에게서 매주 가용 금액을 모아 12월 첫째 주에 수익금을 돌려주었다. 그 대가로 자신은 저축 계좌의 이자를 얻었다. 여기에는 어느 정도의 유연성과 인내가 필요했다. 모든 사람이 매주 돈을 내는 것이 어렵지 않다고 생각하면서도 5~6명은 일년 내내 그러한 저축을 해야 한다는 것을 간과했다. 덕분에 앨리스는 바트리의 많은 이들을 알게 되었다. 누가 실제로 어려움을 겪고 있고 누가 그렇지 않은지, 의회는 주민들의 요구에 얼마나 대응하고 있으며 그러한 대처가 어떻게 변화했는지 잘 알았다.

누구도 남을 '이용하려' 하지 않았다.

장례식에서 바트리 사람들을 인식하지 못한 쿠안의 충성된 일꾼이 처음에 했던 말에 비추어 보면 앨리스의 사례는 특히 중요하다. 많은 이들이 바트리 지구를 피하더라도 그 내부에도 우정, 이웃 간의 친절, 도움이 있었다.

내가 바트리에서 입덕아넌 안 사람은 가속 문제로 인해 수년째 우울증으로 앓고 있었다. 그녀는 사람들이 종종 자신을 돌아보기 위해 들른다는 것을 알았다. 항상 '나는 괜찮다'라거나 '나는 위대하다'라고 되뇌었다. 그러나 더 지각이 있는 사람들은 그 너머를 바라보고 함께 차 한잔을 마시자고 요청했다. 가정에서 정기적으로 술을 마시는 다른 여성들도 있었는데, 쿠안의 다른 지역에서도 그런 사람들을 마주쳤지만 이들은 대하기 어렵고 교류하기 쉽지 않았다.

결론적으로, 바트리 지구는 이제 주택의 절반이 민간 소유이며 동질성이 약해졌다. 사람들이 켈틱 타이거와 불황의 영향을 덜 받았지만 생활 수준과 미래 전망이 점차 향상되었다. 쿠안에는 고등학교가 하나뿐이기 때문에 많은 아이들이 수준 높은 교육을 받고 있었다.[05] 이 밖에 스무 가구 정도가 있는데, 여전히 전망이 불투명하고 온전한 가정의 역할이 상당히 의심스러우며 다른 사람들은 문제 가정으로 여겼다. 핵심 부문의 관점에서 보면, 이 지역 정부 관계자들은 갈수록 바트리와 쿠안의 나머지 지역을 대조적으로 보지 않는다. 과거의 시각은 빈곤의 '주머니'로 종종 표현되는 별도의 집단에게 옮겨갔으며 이들은 바트리의 생활 수준과 기회가 전반적으로 개선되었는데도 여전히 문제를 겪고 있다. 그러나 낙인은 여전히 남아 있으며 인식이 바뀌는 데는 훨씬 더 오랜 시간이 걸린다. 이 낙인은 바트리 사람들이 일반적으로 인식되고 대우받는 방식에 영향을 미친다. 현장 조사를 실시하고 얼마 지나지 않아 바트리의 한 지인은 경찰이 현관으로 급습했을 때 거의 심장마비가 오기 직전의 상황을 맞았다. 얼마 후에 알게 된 바로는, 경찰의 대우에 앙심을 품은 바트리의 다른 주민이 '유용한 제보'라면서 범죄를 저지를 가능성이 가장 낮은 이 지인의 주소를 제공한 것이었다. 그가 쿠안의 다른 지역에 살았다면 경찰은 그처럼 과격한 행동을 취하기 전에 당연히 정보를 검증하는 작업을 거쳤을 것이다.

쿠안의 계급: 빙고와 브릿지

바트리 지구라는 한 사례를 넘어 쿠안 일반의 계급 관계 문제를 살펴보겠다. 쿠안의 역사에서 그러한 문제를 재구성하는 것은 쉽지 않은데, 역사 학회 같은 집단이 주목하는 일반적인 주제가 아니기 때문이다. 전반적으로, 일부 구전 역사에 대한 시도에서 도출한 결론은 쿠안의 불평등이 누군가는 어부와 농장 노동자로 일하고 다른 누군가는 변호사로 일하거나 더 나은 교육을 받았기 때문에 커진 것이 아니라는 사실이다. 가장 중요한 점은 상승 가능성이 있는 기본적 자산을 소유했는지 여부였다. 실제로 어선을 소유하거나 토지나 주택을 가지고 있다면 아일랜드의 부가 증가하면서 자산 가치가 크게 뛰어 개인의 재산도 점차 증가할 가능성이 매우 높다. 그러나 어선이나 토지에서 일을 하거나 가게 직원이라면 그러한 자산 상승의 수혜를 동일한 수준으로 누릴 수 없다. 그저 부동산을 구입할 만한 초기 자원이 없었을 수도 있다. 이 때문에 국영 주택을 할당받는 처지가 되었을지 모른다. 그러면 한때 그리 멀지 않았던 사람들이 수십 년이 흐르는 동안 재정 상태 측면에서 점점 더 멀어진다.

한두 세대 전에 쿠안의 많은 가족은 주로 더블린에서 오는 여름 관광객에게 집을 임대하기 위해 여름에 자신들이 거주할 소규모 거처를 마당에 지은 기억이 있다. 당시 이러한 시도는 사람들에게 자신이 높은 계급보다는 낮은 계급에 속한다고 느끼게 만들었을 것이다. 그러나 오늘날 쿠안의 부동산 가치를 고려할 때 같은 집에 계속 살고 있는 사람들은 그 집을 소유하고 있는 한 안정적인 중산층 위치를 확고히 했다. 원래 내가 바트리에서 알고 지내던 두 사람은 쿠안의 다른 집을 청소하는 일을 했기 때문에 '위층-아래층' 요소가 작용했을 것이다.

초기 쿠안의 인구 내부에서 점차 벌어진 차이는 1970년대에 타지인들이 유입되면서 심화되었다. 타지인의 대부분은 급여 수준이 높았고 나중에는 충분한 연금을 받아 중산층의 주축이 되었다. 그들은 신흥 중산층의 하단에 위치하는 경향이 있었는데, 그렇지 않았다면 더블린에 더 가까운 보다 상류층이 거주하는 지역으로 이주했을 것이기 때문이다. 일부 타지인은 쿠안에서 가장 저렴한 축에 속하던 바트리 지구의 부동산을 구입했다. 그러나 계급은 단순히 소득이나 국가와의 관계로 정해지지 않는다. 말씨, 태도, 자주 찾는 장소와 같은 다른 종류의 보다 미묘하고 문화적인 차이와 관련되는 경우가 많다.

이러한 이유로 소득수준의 명백한 구분에서 시작하여, 일반적으로 계급 형성에 기여하는 구분의 예를 쿠안에서 누구도 명시적으로 계급과 연결 짓지 않은 활동에서 의도적으로 찾아냈다. 그 부분이 중요하다. 계급이 중요한 이유는 사람들이 일상생활에서 포착하는, 말이나 생각으로 표현되지 않는 차이에서 비롯되며 타인을 기대 수준이 서로 다른 범주로 분류한다. 예를 들어, 빙고와 브리지를 대조해보자.

민족지학 연구 초기에 노인들과 교류하기 좋은 활동을 제안해 달라고 요청했는데 주별로 모이는 액티브 에이징 그룹Active Ageing Group에 참석해보라는 추천에 귀가 솔깃했다. 그래서 매주 열리는 정기 모임에 참석하기 시작했다. 구성원은 70명이었지만 나는 그 자리에 있는 유일하거나 한두 명 중의 하나에 해당하는 남성이었다. 활동은 빙고 게임이 지배적이었다. 가끔 다른 활동도 진행되었다. 예를 들어 아일랜드의 서쪽으로 4박 여행(티 댄스 포함)을 간다거나 독백으로 즐거움을 선사한 여배우를 방문하거나 성 패트릭의 날을 기념하기 위한 대회를 열기도 했다. 일부는 주별로 실내 볼링 세션에 참석했다. 그런데도 빙고가 압도적으로 활발해서 다른 활동이 부수적으로 느껴졌다.

게다가 이 그룹은 열렬하게 빙고를 수호했다. 빙고 시간을 줄여서 컴퓨터 강좌를 개설하려는 시도는 대다수의 의견에 따라 묵살되었고 일말의 가능성도 인정되지 않았다. 위원회 조직에서 '해야 할 일'을 듣기보다는 자체 조직에서 보다 적극적인 역할을 원했을 것이라는 반응이 깔려 있었다. 이러한 집단은 종종 위원회에 대한 불평을 통해 연대감을 형성한다. 그러나 더 중요한 것은 빙고 자체에 대한 수그러들지 않는 열정이었다. 주간 세션에는 참석자들의 건강과 복지를 위한 토큰 기부가 이루어졌는데 처음에는 모임에 참석한 최고령 회원도 앉아서 할 수 있을 정도로 간단한 운동으로 시작했다. 간략한 설문 조사에 따르면 70대와 80대의 비중이 비슷하게 주를 이뤘고 60대의 숫자는 더 적었다.

일반적으로 빙고의 주최자가 외쳤고 나머지는 여섯 명이 앉을 수 있는 테이블을 채웠다. 빙고 후에는 차와 비스킷이 제공되었다. 게임을 하지 않을 때는 농담을 주로 주고받았는데 쿠안에서는 늘 있는 일이었고, 개인의 외모나 평판을 소재로 하는 경우도 많았다. 그러나 게임은 침묵 속에서 진행되었다. 빙고는 '두 마리 새끼 오리 22', '다리 11', '스윗 16$^{sweet\ 16}$(성년이 되는 것을 기념하는 16세 생일—옮긴이)' 같은 익숙한 항목으로 구성되었다. 브라이튼 라인(영국의 도시)의 59는 모임이 얼마나 오래되었는지를 알려준다. 이겼다고 거짓 주장을 하는 것이 드문 일은 아니었지만 아량으로 넘어갔다. 사람들은 테이블에 자신의 차를 다시 가지고 와서 사교 활동을 하기보다는 자리를 뜨는 경향이 있었다. 참가하려면 약간의 참가비를 내야하고 상금도 식료품 정도로 보잘것없었는데 나는 부활절 계란을 받은 적도 있었다.

빙고에 대한 이러한 열광을 이해하려면 역사적 맥락을 알아야 한다. 사람들은 종종 이 지역에서 빙고가 훨씬 더 유행이었던 시절을 회상했다. 교회에서 야간 버스를 대절해서 인근 지역에 빙고 경기를 하러 가기도 했다. 놀이를 하지 않으면 사실상 밤을 지낼 수 없었다. 모임을 지켜보면서 받은 인상은 타지인보다는 쿠안의 원주민들로 구성되어 있으며 식료품을 상품으로 얻는 것이 가치 있는 일이 될 수 있는 저소득층 가구가 많았다는 것이다. 빙고를 이해하는 열쇠는 순전히 운에 좌우되는 게임이라는 것이다. 사람들은 자신이 이겼다고 착각할 수 있지만 사실 승리 가능성을 높일 수 있는 기술이나 전략이 존재하지 않았다. 결과적으로 완전히 평등한 게임인 것이다. 그렇기 때문에 결과를 좌우하는 요소로 운명이나 운에 가치를 부여할 수 있다. 저명한 작가 메리언 키스Marian Keyes는 빙고에 대한 재미있는 라디오 독백을 한 적이 있다. 키스는 이기는 것도 좋지만 너무 자주 이기면 상대의 따가운 눈총을 받기 십상이라고 지적했다. 매우 부적절한 처신이며 어찌 됐든 나머지 보다 스스로를 우월하게 만든 그 개인의 잘못으로 여기기 때문이다. 캐리 라이언Carrie Ryan은 최근[06] 코로나 유행 중 빙고의 유행은 지역사회를 세우고 연대를 구축하려는 미덕의 징표라고 말했다. 승자와 패자, 상급자와 초보로 사람들을 나누지 않고 즐길 수 있는 게임으로 간주되기 때문이다.[07]

브릿지의 경우 개인적으로는 규칙을 모르기 때문에 자주 참석하지 않았지만 다른 사람들의 게임을 지켜볼 수 있도록 허락을 받았다. 다른 사람들의 강의를 듣기도 했다. 쿠안의 브릿지 분야에 중요한 순간이었다. 세 곳의 별도 모임이 운영되었지만 한 장소에서 서로 연결되었다. 현재 주최자는 아내와 40대부터 게임을 시작한 경우였다. 이제 부부는 70대였고 처음에 만든 클럽에 공간이 부족하다는 사실을 깨달았다. 일반적인 연령대 범위가 빙고보다 조금 더 넓을 것이다. 40대 이하의 참가자가 급증하긴 했지만 주된 연령층은 60~80대였다. 특히 90대 참가자가 있다는 사실에 이들은 자부심을 느끼면서 '맞아요, 그는 딱 90세예요!'라고 말했다.

빙고는 참가자가 거의 100퍼센트 여성인 데 반해 브릿지에 참가하는 여성의 비율은 약 70퍼센트였다. 일주일에 한 번 이상 출석하는 열성 멤버가 150~200명가량에 달했다. 세 클럽이 거의 매일 밤 보통 7시 30분에 시작하여 11시에 끝나는 브릿지를 했고 세션당 한 사람이 18~21번의 게임을 했다. 지역사회 센터를 확장할 때 브릿지 공간을 포함시킬 계획이 검토되었지만 결국 실현되지 못했다. 그러자 클럽 멤버들은 필요한 기금을 모으기로 결정했다. 복권을 발행하고 정기적인 브릿지 경기에 거는 상금을 줄여 10만 유로를 확보했으며 회원들에게 기부와 무이자 대출을 받았다. 결국 세 개의 브릿지 모임을 하나로 통합할 수 있는 전용 공간을 마련했다.

외부인(즉, 필자)에게 브릿지란 상대방보다 더 높은 가치를 가진 카드를 가지고 트릭을 써서 이기는 매우 반복적인 게임이다. 그러나 전문가들은 체스에 비유하면서 승리로 이끄는 장기간의 게임 계획을 전략적으로 평가했다. 그런데도, 스마트폰을 사용해 상당한 시간을 '게임'에 투입하는 것을 두고 청년들을 비난하는 바로 그 사람들이 본인들 역시 누적적으로는 매우 긴 시간을 게임에 할

애한다는 것이 모순적으로 느껴졌다. 지역에서의 게임이 주를 이뤘지만 쿠안의 경기자들은 아일랜드와 해외 대회에 참가하기도 했다. 분명히 브릿지가 삶에서 지배적인 활동이 된 사람들이 존재했는데 그들은 큰 지지와 존경의 대상이었다.

브리지는 관계에 영향을 미치고 관계를 반영하기도 했다. 짝을 이루어서 게임 후 테이블을 이동하기 때문에 다양한 능력을 얻어 게임을 마무리했다. 파트너의 선택은 중요한 사항이었으며 이기지 못하면 파트너를 탓하기도 했다. 결혼과 관련하여 브릿지에서 파트너가 될 수 있는 인생의 동반자를 골라야 한다는 농담이 있을 정도였다. 그러나 이성을 잃고 흥분하는 누군가를 아일랜드 말로 바보를 뜻하는 'eejit'로 부르는 관행도 있었다. 데이비드 스콧 David Scott과 제프리 갓비 Geoffrey Godbey가 어디선가 언급했듯이, 게임을 주로 사회적으로 인식하는 사람과 진지한 브릿지로 보는 사람들이 뒤섞여 있다.[08] 빙고를 하는 사람이 자체 센터에 비용을 대는 자원의 지원을 받는 것은 상상할 수 없다. 마찬가지로 식료품이 브릿지에 어울리는 상품으로 간주하는 것은 상상하기 어렵다. 브릿지 주최자 중 한 명은 쿠안에 빙고 모임이 있다는 것도 전혀 몰랐다. 계급 정신의 차이는 각 게임이 나타내는 바에서 분명하게 드러난다. 방금 언급했듯이 빙고 애호가는 운에 지배되는 게임을 컴퓨터 사용법 배우기 같은 더 높은 도구적 목적에 종속시키는 제안에 반감을 느낀다. 반면 브릿지를 둘러싼 가장 일반적인 논쟁은 게임이 사람에게 '이로운' 다양한 방법이다. 갈수록 브릿지를 두뇌 훈련의 개념으로 보는 시각이 지배적이다. 사람들은 나이가 들면서 치매에 걸릴까 봐 두려운 나머지 정기적으로 뇌를 운동하면 그 가능성을 줄일 수 있다고 믿는다. 일종의 정신적 역량을 관리하는 활동으로서 브릿지는 나이가 들고 환경보호 의식이 강한 중년층이 자신의 지속 가능성을 시작으로 지속 가능성에 노력을 기울이는 일환이다.

브리지는 궁극적으로 기술과 능력을 보여주는 게임으로 인식되므로 경쟁이 치열하다. 사람들이 자기 능력에 상응하는 지위를 얻는다는 능력주의 원칙이 반영된다. 완전히 평등주의적인 빙고와는 전혀 다른 정신이다. 빙고에서는 결과가 운명이나 운에 좌우된다고 보기 때문이다. 어떤 일이 일어나는 원인은 능력과 무관하게 이 세상에 달려 있는 것이다. 이 기술 게임은 타고난 권리, 지위와 권력과 재산이 있는 부모에게 태어나는 것에 토대를 둔 고대 귀족 체제에 대해 실력 있는 중산층이 인간 해방을 외친 것과 같은 맥락이다. 오늘날에도 이러한 문제가 남아 있다. 많은 경우 상속은 여전히 권력을 결정하는 요소다. 오늘날에는 자녀를 좋은 대학에 보낼 자금이나 영향력을 행사하는 간접적 방식으로 재생산이 이뤄지는 경우가 더 흔하다. 교육은 마치 능력에 따라 이후의 성공을 결정하는 듯한 인상을 준다.

하지만 실력이 생득적 지위를 극복한다고 하더라도 하나의 불공평한 체계가 또 다른 불공평한 체계를 갈음한 데 지나지 않는다. 능력과 기술 자체가 태어날 때부터 부여되기 때문이다. 어떤 사람들은 다른 사람들보다 영리하게 태어나기도 하고 다른 사람들에게 없는 기술을 발휘한다. 사람들은 인생에서 더 많은 것을 누리지 못하는 원인이 더 적은 기술을 가지고 태어난 사람에게 있다고 간주되는 체제에는 공정함이 없다고 믿을 권리가 있다.[09] 공정한 사회는 능력이 없는 사람에게는 출생의 불운에 대한 보상으로써 이익이 차등적으로 분배되어야 함을 암시한다.

그런 의미에서 빙고는 전통적 성격이 강하고 어떤 면에서 고지식하게 보일 수 있지만, 실현은 고사하고 거의 표현되지도 못한 해방된 미래를 엿보게 한다. 이 두 단락에서 논의한 원칙은 6장에서 철학자 존 롤스John Rawls의 주장을 중심적으로 다루면서 다시 언급할 것이다.

쿠안의 계급 관계를 나타내는 데 브릿지와 빙고를 대조함으로써 계급이 단순히 차별화된 소득이나 교육에 기반한 정량화된 척도가 아님을 알 수 있다. 계급은 문화적 현상이며 무수히 많은 가치와 경험에 보이지 않는 기여를 하기 때문에 중요하다. 좋은 사회의 기반으로서 능력주의라는 전제는 중산층의 가치 그리고 빙고에서 나타났듯 운과 운명의 가치에서 드러난 가치의 근본을 이룬다. 계급 구분과 관련된 도덕성은 3장에서도 분명하게 다룬 바 있다. 환경보호주의라는 덕목이 주목받으면서 더 높은 계급 지위를 나타내는 근거로 소비 절제주의가 소비를 대신하게 되었다. 소비는 사람들이 경제적 자본을 문화 자본으로 옮길 수 있도록 만든 반면 환경보호주의는 계급을 도덕적 덕목과 더 밀접하게 일치시켰다. 이 모든 요소는 바트리 지구가 쓰레기와 재활용에 대해 여전히 무신경하고 환경에 큰 관심을 가진 사람들을 무시하는 지역이라는, 쿠안 주민들의 일반적인 의견에 기여한다. 하지만 쿠안에서의 수업은 이렇다.

이주자

현대 아일랜드에서 이민자의 곤경이나 어려움을 조사하기 위해 민족지학 연구를 수행할 의도였다면 쿠안은 현장 연구에 적절한 지역이 아니었다.[10] 부동산 가격이 너무 비쌌고 국영 주택에도 빈 곳이 없었다. 그 결과 저소득 이주민 가정이 쿠안에 정착할 가능성이 거의 없었다. 하지만 이민자들이 존재했는데, 인터뷰한 사람들의 약 10퍼센트는 해외에서 온 이민자들이었다. 인구통계 조사에 따르면 가장 많은 이민자가 영국에서 왔으며, 아일랜드계 조상이 있는 경우가 많은데 개인적으로는 이들을 이민자로 간주하지 않았다. 또는 가톨릭 신앙이 있는 동유럽에서도 이민을 왔다. 아일랜드는 특이하게도 대다수 이주자가 유럽연합 출신이다.[11] 그러나 나와 가까웠던 이주자들은 모리셔스, 남아시아, 아프리카 출신이

었고 모리셔스 이주자는 정말 우연히도 바로 집 근처에 살았다.[12]

전형적인 쿠안의 이니셔티브는 자원봉사자들이 이주자들에게 영어 수업을 제공하는 것이었다. 수업은 바트리 지구 커뮤니티 센터에서 진행되었다. 그 결과는 거의 모든 학생이 이 이니셔티브에서 지원하려던 대상인 어려운 이주자가 아니라 쿠안과 인근 지역의 부유한 가정의 자녀 돌봄이 되어버리는 예기치 못한 상황으로 이어졌다. 한 자원봉사자가 말했듯이 "바트리 커뮤니티 센터에서 약간 위협을 느꼈다. 차를 주차하는 곳에 항상 청년들이 배회했고 내가 쿠안에서 보통 방문하지 않는 지역이었다. 외국인들의 영어 실력을 향상하기 위해 가르치는 것은 어려운 일이었다. 내게 맞는 일은 아니었다." 하지만 그녀도 한때는 식량난에 쿠안 외곽의 밭에서 무료 감자를 얻던 사람 중 하나였다. 남은 기저귀를 찾기 위해 마을 쓰레기통을 뒤지기도 했다.

쿠안에 정착한 이주자들은 대부분 그곳의 술집에 지인이 있는 등 제각각의 이유로 흘러 들어왔다. 그러나 얼마 안 가 자신들이 얼마나 운이 좋았으며 쿠안은 얼마나 훌륭한 곳인지 장황하게 칭송하는 무리 중 하나가 되었다. 가장 큰 집단인 동유럽 이주자들은 가족과 지인들 외에도 고향과 계속 인연을 이어가는 경우가 많았다. 한 가지 흠은 막대한 의료 비용이었다. 그런 이유로 몇몇 이주자들은 고향의 치과 의사, 안경사, 의사들에게 계속 서비스를 받았다고 설명했다. 어떤 종류든 의료 검진을 받아야 하는 상황이 되면 고향의 훨씬 저렴한 의료 서비스를 찾아갔다. 일부는 미숙한 영어 실력 탓에 의료 서비스나 일반의GP 진찰을 받을 때 오해가 발생할 것을 염려했다. 영어가 유창한 자녀가 있다면 그러한 우려는 덜했다. 요즘은 페이스북과 같은 소셜 미디어를 통해 고향의 가족이나 친구들과 더 지속적으로 연락을 주고받는다. 대부분의 이주 연구에서와 마찬가지로 통합의 관건은 자녀에게 있다. 자녀들은 기본적으로 자신을 아일랜드인으로 여겼고 부모와 일정 거리를 두었다.

이주자들이 모국 출신의 다른 이주자와 계속 접촉하기를 원하는 정도는 다양하다. 쿠안의 한 헝가리인은 다른 지역뿐 아니라 더블린의 헝가리 학교 등에서 헝가리 출신 열두 가정을 알고 있었다. 그는 때때로 다른 가족을 만났고 자녀들이 모국어를 유창하게 구사할 수 있을지 여부 등 이주자들의 공통된 우려를 나눴다. 대체로 이주자들은 스마트폰에 모국과 관련된 서너 개 이상의 앱을 설치했는데 주로 건강, 쇼핑, 엔터테인먼트 또는 사회적 소통과 관련되어 있었다. 인종차별에 대해서는 거의 언급하지 않았는데 동유럽의 백인 가톨릭 신도들은 차별을 거의 경험하지 못했을 것이다. 이주자는 다른 이주자가 포함된 가정 출신인 경우가 많았다. 소셜 미디어는 출생 국가뿐만 아니라 호주나 스페인의 형제, 사촌과 연락할 때도 중요한 역할을 했다. 전혀 다른 종류의 이주자 집단이 비교적 부유한 전문직 가정에서 발생하기도 했다. 쿠안 출신의 누군가가 스페인이나 폴란드로 파견 근무를 간다면 현지에서 결혼할 가능성이 있는데, 상대는 대부분 대학 교육을 받은 사람이다. 아일랜드 남성이 외국에서 만난 아내를 데려오는 경우가 일반적이었고, 아일랜드 여성은 남편의 나라에 머무는 경우가 많았다.

두 명의 모리셔스 이웃에게는 또 다른 우려가 있었다. 종교 문제였는데 한 사람은 모스크에, 다른 한 사람은 교회에 가는 것이 매우 중요했다. 이들도 스마트폰에 종교 관련 앱을 설치했다. 그들은 현지 의료 서비스에 감사했고, 그저 건강 문제를 해결하기 위해 모리셔스로 돌아가는 것은 불가능했을 것이다. 몇 가지 건강 문제가 있던 노인은 아일랜드 보건 체계에 크게 의존했고 이는 가족에게 상당한 재정적 부담이 되었다. 한 사례에서 부모는 쿠안에 거주했지만 자녀들은 더블린의 학교와 대학에 다녔는데 지방의 인맥뿐 아니라 대도시에서 생활하는 것이 중요하다고 생각했을 것이다. 많은 모리셔스인들이 쿠안에서 중요한 가족 행사를 기념하는 것을 도왔는데 쿠안은 한 가족의 아내가 근무하는 곳이었다. 이들은 영국과 프랑스에도 가족이 있었기 때문에 처음에 아일랜드를 선택한 것은 받아줄 만한 장소를 찾다가 고른 목적지였다. 그들 중 한 명은 남자 형제가 비용을 지불한 휴가를 왔다가 정착을 결정했다. 쿠안에 정착한 것은 임대료과 일자리 기회와 관련이 있었다.

이주자의 유입이 연구 참가자들 대다수에 해당하는 은퇴자들의 삶에 딱히 영향을 미치지는 않았다. 그러나 은퇴자 다수가 공공 부문에서 일한 경력이 있기 때문에 과거에 이주자들을 마주친 경험이 풍부한 경우가 많았다. 대부분의 인구 집단과 비교해 일부 자유주의 집단처럼 부정적인 태도를 보이지 않았으며 그렇다고 이주자에 대한 긍정적 담론의 영향을 받지도 않았다. 다만 인종차별에 대한 비판을 명예 훈장으로 내세우는 경우가 많았다. 그렇더라도 이주는 대부분 자유주의가 약하고 중산층과 관련성이 떨어지는 맥락에서 종종 화두가 되었다. 그러나 이민은 자유주의와 조금 더 거리가 있었고 중산층의 맥락에도 그리 자주 등장하는 주제가 아니었다. 그러한 이유에서 쿠안에 관련된 문제에 초점을 맞추지 않았을 것이다.

술과 약물

이 섹션에서 논의된 주제는 불법이거나 숨겨진 문제가 아니라는 점에서 연구에 어려움이 있었다. 이런 이유로 사람들이 인터뷰 중에 말하는 것을 넘어서서 다른 증거를 찾기 위한 상당한 노력을 기울여야 했다. 가장 중요한 출처는 쿠안에서 환자를 만나는 많은 심리 치료사였다. 문제는 심리 치료사가 이상 증세가 심각해진다고 느끼는 사람들만 만나기 때문에 동일하게 왜곡된 견해를 가진다는 점이다. 자살이나 약물 남용과 관련된 인터뷰에서도 비슷한 문제가 발생했다. 우울증의 경우는 상황이 매우 달랐다. 오늘날 사람들은 쿠안이 이 문제에 관해 얼마나 공개적으로 노력을 기울이는지 보여주기 위해 애쓰기 때문이다. 종합적으로, 다음 섹션에서 다룰 증거가 성실하게 조사되었음에도 실제 상황을 정확하게 묘사하는지 필자가 완전히 확신할 수는 없음을 밝힌다.

알코올의존증

아일랜드 환경에서 알코올의존증에 대한 논의에는 어려움이 가득하다. 이 문제에는 역사적으로 아일랜드에 대한 경멸의 시선이 담긴 고정관념이 개입되어 있고 이에 대해 오늘날 사람들은 분개한다.[13] 하지만 이와 동시에 요즘 세대가 부모에 대해 언급하는 발언을 관통하는 주제라는 점에서 알코올의존증의 역사는 인정해야 할 진실이기도 하다. 당연하겠지만, 이는 사람들이 술집과 술에 대해 이야기하는 방식에 상당한 양면성을 부여했다. 한편으로는 성 패트릭의 날 이후 거리를 배회하는 주취자들의 숫자나 누군가가 엄청난 양의 술을 마신 일화를 묘사할 때 자부심마저 느껴진다. 금요일에 임금을 받은 어부가 모든 돈을 술 마시는 데 쓰고 나서야 다시 바다로 나갔다는 옛 이야기를 쉽게 들을 수 있다.

민족지학 증거로는 대다수 사람들이 주장하는 것보다 쿠안에서 알코올의존증 수준이 약한 이유를 여기에서 찾을 수도 있다. 오늘날에는 스포츠 클럽과 레스토랑에서 발견되는 여러 술집 외에 여섯 곳의 펍이 있다. 그러나 최근에는 두 곳이 문을 닫았고 사교 활동이 일어나는 핵심 장소인 커피숍으로 변신했다. 술집에서 만난 나이 든 남성들에게는 저녁 내내 거의 모두가 기네스 2파인트(약 1리터)를 마신다는 뚜렷한 패턴이 나타났다. 술집에서 조우했을 때조차도 독서 모임 소속의 여성들은 술을 거의 마시지 않아서 주인 입장에서는 모임 장소로 이용당한다는 사실에 분개했을지 모른다.

해결하기 까다로웠던 논쟁적 질문 중 하나는 와인을 술집보다 훨씬 저렴한 가격에 마트에서 구입해서 집에서 마시는 여성들 사이에서의 알코올의존증 문제였다. 많은 여성이 집에서 한 잔 이상의 와인을 자주 마신다고 밝혔다. 다른 여성들이 마트 계산대에 몇 병의 와인을 구매하는 것을 목격한 사람들도 있었다. 내가 만난 한 여성은 외로워 보였고 가장 친한 친구가 메를로라는 칠레산 와인이었다. 과거와는 확연히 달라진 현상이다. 이전에는 알코올이 대부분 술집을 방문한 남성과 연관되었고 주류 판매 면허가 없었다. 당시 음주는 개인적인 경험보다는 대중적인 경험이었다.

과거에도 미성년자의 음주 문제가 있었지만, 청소년 범죄와 마찬가지로 거의 항상 다른 마을에서 벌어졌으며 문제의 청소년이 적발될 가능성이 낮았다. 이는 경찰이 확인한 사항이다. 충격적인 사실은 상당수의 사람들이 부모를 알코올의존증으로 묘사하고, 자라는 과정에서 가정에 미친 영향에 큰 슬픔을 표현했다는 것이다. 따라서 오늘날 주취 수준에 대한 어느 정도의 과장이 있음을 증거로 알 수 있다면, 과거 아일랜드는 아일랜드인과 비아일랜드인 모두가 주장한 것처럼 알코올의존증에 빠져 있었던 것으로 보인다. 종종 지적되었듯 역사적으로 쿠안에는 별다른 즐길거리가 없었다. 알코올 소비는 쿠안의 일상에서 큰 부분을 차지하고 있으며 술집은 스포츠 클럽과 마찬가지로 사회 활동이 일어나는 핵심 장소다. 그러나 알코올의존증의 가파른 감소는 술집의 폐쇄 정도와 각 술집 이용객의 감소에서 알 수 있다.

코카인과 기타 약물

이 부분은 직접적인 관측에 근거한 것은 아니며 증거는 전적으로 인터뷰와 대화에서 얻었다. 쿠안의 코카인 이용률만큼 다양한 반응이 나타난 주제는 없었다. 코카인 문제가 거의 존재하지 않는다고 말한 사람들부터 불가피할 정도로 만연해 있다고 말한 사람들에 이르기까지 다양하다. 게다가 양쪽 모두 입장이 단호했다. 코카인을 한 번도 접한 적이 없다는 한 청년의 이야기를 전하자 다른 사람들은 거짓말이라고 단정했다. 한 나이 든 남성은 '쿠안은 아일랜드에서 가장 흔하게 접할 수 있는 곳'이라고 주장하면서 집을 2차 담보 설정해야 했던 지인들을 알고 있다고 말했다. 쿠안에는 집 앞에 찾아온 마약 거래상들에게 살해 협박을 당하는 가정이 꽤 많다. 자녀가 마약 문제로 인해 가족에게 심각한 폭력을 행사하기 전에 호주나 뉴질랜드로 보내야 했다.

그런데 이 사람의 아들은 마약을 거의 본 적이 없다고 주장했다. 쿠안은 주로 비슷한 생각을 가진 사람들이 어울리는 곳이다. 따라서 어느 한 개인이 다른 곳에서는 무슨 일이 일어나고 있는지 잘 모를 가능성도 있다. 나는 두 시나리오가 공존할 수 있다고 결론지었다. 코카인은 적어도 1970년대 이후로 문제가 되었으며 오늘날 주말에 외출하기 전에 코카인을 흡입하는 것은 30대나 40대, 또는 20대에서도 일어날 수 있는 일이다.[14]

7장에서 스포츠에 대해 설명하면서 언급하겠지만, 일반적으로는 쿠안이 자녀를 키우기에 훌륭한 장소라는 것이 중론이다. 그러나 열여섯 살이 되면 무료함의 문제를 필연적으로 겪게 된다. 쿠안은 할 일이 전혀 없는 곳이라는 느낌이 들 정도다. 10대들이 보드카를 마시기 시작하는 것도 이즈음이다. 쿠안은 상대적으로 부유한 도시이기 때문에 마약이나 다른 약물에 15유로를 지출하는 것이 어렵지 않았다. 반면 청년들은 술집에서 술을 마시는 것이 너무 비싸다고 느꼈고 월급날에 한 번 누리는 호사라고 생각했다. 사람들이 쿠안에 대해 마약에 돈을 지출할 수 있는 부유한 중산층 도시라고 여긴다면 대부분의 사람들이 그 결과에 대처할 여력도 크다고 생각하는 것이다.

메리언 키스의 인기 소설 《레이첼의 휴일 Rachel's Holiday》[15] 의 주인공은 누구도 자신의 코카인 사용을 문제로 생각하는 이유를 알지 못하는데 쿠안의 가정에서 일어날 법한 일이다. 이러한 관찰을 심리 치료사와 상담 전문가도 지지하는데, 이들은 마약을 문제로 여기지 않는 정도가 문제라고 생각한다. 코카인이 오늘날 파티나 클럽 유흥의 일부가 된 방식은 1960년대나 1970년대의 마리화나 사용과 상당히 유사하다. 당시 마리화나도 이용자들이 별다른 문제가 없는 기호로 간주했다. 그러나 이전 시기와 마찬가지로 마리화나 그리고 이후의 코카인에 연루된 사람들은 훨씬 심각한 문제를 겪었다.

궁극적으로 심리 치료사들은 나이가 어린 10대에 마약을 복용하고 불우한 가정에서 자란 사람들의 대부분이 바트리 지구 출신이라는 점에 우려를 표했다. 이러한 이유로, 심리 치료사와 다른 전문가들은 앞서 박탈의 '주머니'로 묘사된 사람들, 즉 특정 가정이나 집단과 주로 연결되는 경향이 있었다. 약물 사용의 패턴이 천차만별이었기 때문에 이는 중요하게 여겨졌다. 쿠안의 주류 집단에서 코카인은 상대적 부유한 사람들이 이용하는 약물로, 30대의 생활 양식과 점점 관계되었다. 그러나 '주머니' 집단에서는 코카인과 다른 약물이 십 대의 중독 문제를 뜻했다. 시작점은 12세, 심지어 11세 아동이 음주 전에 마리화나를 피우고, 13세나 14세에는 코카인을 접하는데 이 연령대에는 매우 심각한 손상을 미칠 가능성이 있다. 코카인은 경기 침체의 유산이 오랫동안 지속된 탓에 현장 조사를 하던 시점에는 바트리 지구에서 그 사용이 크게 줄어든 상태였고 마리화나가 가장 일반적으로 이용되던 약물이었다. 그러나 마리화나 자체의 독성이 수년에 걸쳐 강해졌으며 우울증과 강한 연관성으로 인해(원인이든 결과든) 하루 종일 마리화나를 피우는 사람들도 있었다.

  경기 침체가 약화하고 자금난이 다소 해소되면서 코카인이 파고들었고 문제가 심각한 MDMA와 케타민이 널리 유포되었다. 이와 더불어 '각성제'와 '진정제', 처방약 등 각종 '정제'도 사용되었다. 미국을 강타한 오피오이드opioid가 쿠안에서 일반화되었다는 민족지학적 증거는 없으며 헤로인 사용에 미치지 못하지만 간과되었을 가능성도 있다. 마약 사용의 문제가 있는 청년들의 부모가 과거에 헤로인 중독자였던 경우도 있었다. 이 가족들은 여러 세대에 걸쳐 아이를 제대로 돌보지 않았을 수도 있고 편부모 가정인 경우가 대부분이었다. 또한 대부분의 아이들이 학교를 중퇴했다. 그러나 다시 말하지만 이것이 바트리 지구의 특징은 아니었으며, 대다수 주민은 매우 다른 삶을 살았다. 오늘날 극소수 사람들을 대표하는 '주머니' 집단의 문제다.

  이 '주머니' 바깥의 집단에서는 청년들이 음주를 시작하고 시간이 꽤 흐른 18세 정도에 대학을 진학하면서 코카인을 접하는 경우가 많다. 이 단계의 문제는 마약 접촉을 피하려는 경우 친구를 찾기가 꽤 어렵다는 점이다. 노인들도 중독 문제에서 자유롭지 못했다. 한 심리 치료사는 약 40세의 한 내담자가 코카인 중독으로 인해 거의 외출하지 못하는 경우를 들려줬다. 연령을 불문하고 이러한 사람들은 전문가의 도움을 받는 것 외에도 사회적 지원이 필요하며, 보다 고결한 일에 집중할 수 있도록 스포츠나 다른 활동을 하는 것이 이상적이다.

전반적으로 증거에 따르면 코카인 사용이 매우 광범위하게 퍼져 있음을 알 수 있다.[16] 문제는 그 영향에 대한 평가다. 겉보기에는 인생에서 가진 것이 그리 없는 사람들은 절망적으로 보이지만, 나이 든 중산층 이용자의 대부분은 점차 키스의 주인공 레이첼과 유사해졌다. 이들은 코카인을 부모가 사용했던 마리화나처럼 유흥 약물이지만 다소 강도가 높은 것으로 인식했다. 그러면서 자신들이 '대응'할 수 있는 것으로 여겼고 조부모 세대의 알코올의존증 문제보다 파괴적 영향이 덜하리라 생각했다. 얼마나 많은 '레이첼'이 존재하며 어디까지 중독이라고 할 수 있는지 분명하지 않다. 어쨌든 코카인의 외부 효과는 아일랜드의 폭력과 범죄뿐만 아니라 내가 과거에 민족지학 연구를 수행한 트리니다드 섬에서도 분명하다. 트리니다드는 필자가 처음 조사했던 1980년대에는 비교적 법 준수가 양호했지만 이후 빈번하게 살인, 납치, 기타 범죄로 인해 공포가 상존하는 장소로 황폐해졌다. 이 모든 문제는 섬이 코카인 중개에 이용된 결과로, 그 일부가 쿠안을 향했을 수도 있다. 이러한 범죄의 여파가 트리니다드의 많은 사람과 지인에게 미치면서 나도 코카인의 비극적 결과를 지속적으로 접하고 있다.

우울증

　고전《성의 역사》에서 철학자 미셸 푸코는 성이라는 주제가 크게 억압된 것으로 가정할 수 있는 시대에 사람들은 성에 대해 이야기하고 조사하는 것을 멈출 수 없다고 주장했다.[17] 여전히 성이라는 주제가 세계의 다른 지역과 비교해 억눌려 있는 편인 쿠안에는 적용되지 않는 주장이다. 그러나 우울증의 문제에 관해서는 유사점이 있다. 사람들은 우울증에 대해 토론하고 대응하지 못하게 하는 침묵의 음모가 있다고 종종 말했다. 그러나 민족지학 연구 전반에서 우울증은 대화와 분석의 매우 일반적인 주제로 떠올랐다. 흥미롭게도 사람들은 인생의 주된 목표를 행복으로 간주하고 행복의 쟁취를 인생의 척도로 여기는 듯하지만, 행복의 질을 명시적으로 표현하여 논하는 경우는 거의 없다. 행복에 대해 이야기하는 것 자체가 다소 엉뚱하고 안이하게 보일 수도 있다. 반면 거의 모든 사람이 우울증에 대해서는 자주 이야기하는 것 같다. 종종 아일랜드 사람들이 우울증을 논의할 때 인류학자 낸시 쉐퍼 휴 Nancy Scheper-Hughes의 중요하고 논란을 일으킨 서부 아일랜드 변방의 우울증 연구에 초점을 맞춘다.[18] 쿠안은 같은 나라에 속해 있지만 우울증에 관해 토론할 때 그 의도나 목적에서 전혀 다른 지역으로 보인다. 마찬가지로, 쿠안은 우울증을 앓을 때 심리 치료사를 찾아가면 동류 중에서 개인의 지위가 상승한 듯 여기는 오늘날의 다른 중산층 사회와도 꽤 다르다. 그러나 우울증에는 명백히 유행하는 요소가 있으며 오늘날에는 마음챙김 현상이 보편적으로 나타난다.

우울증을 논의하는 데는 적어도 세 가지 방법이 있는데 각각 특정 인과관계 이론을 내포한다. 첫 번째는 우울증을 본질적으로 의학적 문제로 간주하는 것이다. 예를 들어, 유전적 성향이나 호르몬 불균형과의 연관성을 찾는 것이다. 두 번째는 우울증을 사회과학자 시각에서 빈곤이나 억압과 같은 폭넓은 맥락의 문제로 간주한다. 세 번째는 사망한 친척을 애도하거나 사랑하는 사람의 관심을 얻지 못하는 것과 같은 개인적인 상황에서 이해하는 것이다. 세 가지 모두 쿠안의 일상 대화에서 보편적으로 관찰되지만, 사람들은 주로 세 번째에 초점을 둘 것이다. 어떤 개인에 대한 자세한 논의를 담고 있기 때문이다. 누군가는 우울증으로 고통 받고 있다면서 자신에게 일어난 일을 이야기할 것이다. 가령 자동차 사고로 여동생이 죽은 후 아들이 회복되지 않는데, 동생이 죽기 전 마지막 만남에서 크게 다투면서 끔찍한 말을 내뱉었기 때문이다. 또는 바트리 지구 여성의 아들은 경찰과 계속 문제가 있었는데 우울증으로 이어졌다고 했다.

다른 토론에서 사람들은 종종 우울증이 본질적으로 유전 문제라고 주장했다. 그러면서 아일랜드의 사람들이 일반적으로 우울증에 더 취약하며 날씨와도 연관되어 있다고 판단한다. 쿠안에서 겨울을 나는 것이 우울하다는 주장에는 동의하지 않을 수 없다. 중요한 것은 사람들이 일반적인 사회과학 접근을 지지하지 않는 것처럼 보인다는 사실이다. 어려운 환경에 있는 사람이 부유한 사람보다 우울감을 느낄 가능성이 더 높다는 것이다. 부와 고통의 관계는 대부분 전문가들이 주장할 가능성이 높다. 아일랜드에서 우울증의 발병률이 높다는 증거가 있지만 쿠안 지역에서 특별히 국한된 것은 아니다.[19] 민족지학 연구는 우울증이 특히 청년들에게서 많이 나타남을 시사했다. 연구 대상이었던 은퇴자 공동체에는 이른 나이부터 우울증으로 고통 받았던 경험을 들려주는 사람들이 있었다. 몇몇은 자녀, 또는 손주의 우울증 문제가 심각한 상태였다. 그러나 국가 통계에 따르면, 은퇴자 집단은 일반적으로 더 행복하고 우울증에 걸릴 가능성이 낮아 보인다. 통계에 따르면 신체가 쇠약해지고 건강 문제를 겪는 80대 후반이나 90대에 주로 변화가 일어난다.

〈쿠안 뉴스〉가 2주마다 보도하듯 쿠안은 거의 모든 기준에서 많은 성취를 이룬 도시다. 국가 학력 시험에서 성공을 거뒀고 쿠안은 인스타그램 인플루언서부터 국제적으로 인정받는 음악 밴드와 작가에 이르기까지 유명인을 배출한 곳이다. 사람들은 이러한 변화가 청년들에게 치열한 경쟁으로 인한 압박을 가한다고 가정한다. 또한 청년들은 기대치가 높게 설정된 활동에 너무 많이 참여하면서 벌어지는 문제를 이야기한다. 숙제 외에도 좋은 성적을 거두기 위해 아침 8시부터 밤 7시, 심지어 9시까지 공부해야 한다는 압박이 우려를 불러일으킨다. 이는 더 많은 인구 집단에 영향을 미치며 약물보다 훨씬 더 큰 우울증의 원인일 것이다. 18세에 치르는 전국 학력 시험 결과는 공개된다. 게다가 쿠안은 아일랜드의 많은 지역과 마찬가지로 청년들이 권위자에게 성적 학대를 당하는 충격적인 사건을 겪었다.

우울증에 대한 토론의 빈도만큼 놀라운 것은 지역사회의 반응이다. 청소년 우울증의 문제에 초점을 맞춘 여러 특별 조직이 운영되고 있다. 쿠안은 청소년 우울증에 대처하는 국가 조직인 '어둠을 빛으로'에서 동틀 무렵에 하는 연례 산책 행사를 통해 상당한 변화를 보이고 있다.[20] 의사의 수술에도 참여했던 숙련된 한 심리 치료사는 아일랜드 경기 침체에 우울증 발병률이 치솟았고 여전히 고공행진을 이어가고 있으며, 날씨로 인한 연간 변화에 대해서도 언급했다. 쿠안에서 사건 지인들 역시 겨울을 지내는 것이 얼마나 끔찍한지 말해주었다. 강한 바람이 부는 기간에는 허약한 사람의 야외 활동이 위험할 수 있다.

심리 치료에 대한 입장은 복잡하다. 심리 치료사라고 불린다고 해서 반드시 정신과 의사나 정신 분석가로서 완벽한 자격을 얻을 수 있는 훈련을 받았음을 의미하지는 않는다. 자격 평가를 명시적으로 관리하는 집단도 없다. 결과적으로 다양한 실무 요원(쿠안 내 약 9명)을 포함하며, 그중 일부는 신념과 양식에 대한 보완 의학에 더 가까웠고 일부는 앞서 언급했던 일반의의 수술 보조자를 비롯하여 생물의학 실습이나 공식적으로는 심리학에 더 가까웠다. 다른 사람들은 그들의 접근 방식을 묘사하면서 '절충적', '체계적', '온정적' 같은 용어를 사용했다. 그들의 존재는 일반적으로 매우 조심스러운 문제이며 일부는 운영되는 건물에는 외부 표지판이 없었다. 전부는 아니더라도 대부분은 여성 전문가였다. 쿠안에서는 그들은 연극 치료, 예술 치료 또는 놀이 치료와 같은 방식으로 '연성' 전문가에 가까웠는데 이는 주된 수요가 아동 서비스였음을 반영한 결과였다.

대부분 치료는 민간 서비스였지만 의료 카드(수단 테스트 기반)를 가진 사람들이 최대 12회의 세션에 참여할 수 있는 몇 가지 계획이 있다. 이러한 서비스는 지불 능력이 없는 사람들에게로 엄격히 제한되었으며, 심리 치료사가 추천하듯 매주 3년간 심리 치료를 받는 것은 허용되지 않을 것이다. 점점 더 많은 사람이 구글에서 찾아보고 모종의 조건을 '갖췄다'라고 생각하는 전문가들을 찾아오는 분야다. 그러나 그 이상으로 자신들에 대해 두려움이나 공포에 휩싸여 있는 경우가 많다. 그들은 종종 높은 기대치와 관련된 관계 문제와 스트레스를 포함하여 다양한 형태의 불안을 안고 있고 사람들이 서로를 잘 아는 작은 도시 문제도 가지고 있다. 전문가들은 요즘에는 중산층이 자체적인 견해와 기대치를 가지고 내원할 가능성이 높으며, 종종 마음챙김과 인지 행동 치료(CBT)

와 같은 접근법과 관련이 있다고 밝힌다. 연구 참가자들이 볼비Bowlby[21]와 위니콧Winnicott[22]을 직접 인용하고 '애착' 수준에 대해 토론하는 것을 보고 종종 놀라곤 했다. 분명 개인적인 경험은 한때 주로 학계에서 토론되던 인기 주제로 형성되었다.

자살 사건 역시 민족지학에서 특히 청년들을 다룰 때 흔히 언급되었다. 누군가는 "저마다 조금씩 약한 부분과 스스로에 대해 만족하지 못하는 면을 가지고 있기 때문에 모든 부모는 마음에 공포를 안고 있다." 모든 경우에 개인의 상황을 함께 맞춰보려는 상당한 논의가 있을 것이다. 문제에 관한 한 토론은 두 형제 사이의 경쟁 관계에 대한 것이었다. 스포츠든 교육에서든 어느 한 편이 다른 형제가 힘들이지 않고 성취하는 듯 보이는 수준에 결코 이르지 못하는 상황이다. 또 다른 관심사는 파트너가 자동차 사고로 사망했을 때 이어지는 깊은 슬픔에서 결코 벗어나지 못하는 경우였다.

다시 말하지만 인상적인 부분은 이러한 외상에 대한 쿠안 내부의 반응이었다. 특히 청년들 사이에서 자살의 문제를 인식하고 해결하는 데 전념하는 마을의 조직이 설립되기에 이르렀다. 상실을 겪은 한 부모는 대응을 발전시키는 핵심 인물 중 하나였다. 현장 연구 당시 이 집단은 기금 모집에 성공하여 전문 심리 치료사와 상담자를 고용할 수 있었다. 마침 내가 인터뷰 한 전문가 중 하나였는데 이미 지역 상황을 잘 이해하고 있었다. 그녀가 바트리에서 가장 문제가 많은 십 대들에게 중요한 변화를 이끌고 있다는 느낌이 들었다. 통상 상담에 큰 비용이 들기 때문에 이러한 활동은 특히 유용하며, 일반적으로 많은 세션이 인생의 경로를 돌리는 데 필요하다는 생각이 들었다. 이러한 활동에 깊은 인상을 받은 것은 나뿐만이 아니었다. 마을이 청소년 자살에 대해 보인 반응은 지역사회로서 쿠안이 발휘하는 힘을 보여주는 증거로 자주 인용되었다.

고독

고독에 대한 토론에서 가장 일반적인 반응은, 시골 지역의 독신 남성에게 잘 알려진 조건이었지만 쿠안은 모든 사람이 적어도 다른 사람들에게 관심을 두는 마을이었다. 한동안 누구도 사망을 알아차리지 못했던 남성이 발견되었을 때 이 개인은 반사회적 성향으로 악명 높았고 그러한 고립을 얻기 위해 상당한 노력을 기울였다는 설명이 뒤따랐다. 은퇴한 공동체의 많은 사람들, 특히 수혜자가 될 정도로 연약해 보이는 사람들을 포함하여 실제로 식사를 배달하는 데 관여했으며 걱정할 만한 이유가 있는 개인에 대한 보고도 있었다. 가족이 현재 아일랜드, 영국이나 더 먼 지역의 다른 지역에 거주하는 쿠안 주민들이 많지만 다른 채널을 통해 쿠안에서 충분히 사람들을 알 수 있다. 교회는 또한 무리를 감시하는 데 중요한 요소가 된다. 멘즈 셰드 같은 공동체 이니셔티브는 특히 남성이 나이가 들면 고립되기 쉽다는 점에서 형성되었다. 예를 들어 배우자를 잃으면 공유 노동에 대한 유대감이 효과를 발휘했다.

고독이라는 주제는 이웃에 대한 양면적인 태도에 의문을 제기한다. 다른 지면에서 나는 영국의 이웃들 사이의 과거와 오늘날의 관계에 대해 쓴 바 있다.[23] 영국 사람들은 일반적으로 과거에 이웃 관계가 더 좋았다고 주장한다. 여기에는 대부분 경제적 필요성이 반영되어 있다. 사람들의 자급자족이 가능해지면 한때 의존했던 이웃들을 피하고, 같이 지내기보다는 친구들을 가려서 만나기를 선택함으로써 이러한 변화를 부분적으로 드러낼 것이다. 이러한 정서는 쿠안에서도 분명하게 나타났지만 그 정도는 약했다. 일반적으로 우정은 다른 형태의 연합에 기반을 두었는데 공동체 활동의 순수한 수준을 고려할 때 달성하기가 어렵지 않았다. 그러나 사람들은 여전히 이웃을 지켜봤다. 문학과 구전되는 역사에서 종종 향수를 불러일으키듯 마을 이웃과의 관계처럼 유순하지는 않았을 것이나. 그렇다고, 1918년 아일랜드에 출판되었을 때 큰 화제를 불러일으켰던 《사시창의 계곡Valley of the Squinting Windows》이라는 악명 높은 소설이 암시하듯 악의적이지도 않았다.[24] 누군가가 휴가 중이 아닌데 한동안 보이지 않았다면 다른 사람이 괜찮은지를 확인했을 것이다. 전반적으로 외로움은 쿠안에서 일반적인 경험은 아닐 것이다.

평등주의 아일랜드

　5장은 쿠안 내에 존재하는 불평등의 정도를 기술했다. 그러나 비교 관점에서 볼 때 아일랜드 사회, 특히 쿠안 사회는 비정상적으로 평등주의적일 수 있다. 이미 언급했듯이, 대부분의 쿠안 거주자는 빈곤 속에서 태어났을 것이므로 상속받은 특권에서 발견되는 자격은 의미가 없었다. 고위직으로 퇴직하더라도 그 시작은 주로 직업 체계의 밑바닥인 서기나 간호 조무사였다. 지금 멋진 바다 전망에 부러움을 사는 주택에 살고 있는 한 남성은 그 집에서 멀지 않은 곳에서 아버지가 급여를 모두 술 마시는 데 쓸 때 어머니를 위해 돈을 벌기 위해 어업을 도우며 살아간 일화를 들려줬다. 그는 사회복지 업무와 지역사회 사업과 연관된 분야를 택했고 꽤 수익성 있는 사업으로 키웠다. 현재 그는 쿠안의 여러 지역사회 활동에 참여하고 있다.

　계급과 바트리의 변화하는 관계에 대한 가장 강력한 증거는 핀탄의 사례일 것이다. 핀탄은 이 지구의 충실한 일꾼이었고 열정적이었던 축구 클럽의 발전을 도운 주요 인물 중 한 명이었다. 그 자신이 어려움을 겪었기에 이 지구에서 문제가 되는 사회적 요소들을 충분히 인지하고 있었다. 그러나 관대하고 배려심이 있었기에 그러한 문제가 대표하는 구조적 불평등과 그 조건에서 사람들을 도울 필요성을 이해했다. 1970년대에 그는 지구를 위한 지역 주민

협회를 창설했고 여름에는 지역 아이들이 일종의 휴가를 누릴 수 있는 기회를 다른 지역의 보루 역할을 하면서 다른 선한 일을 하면서도 이 지구가 존재하지 않는 양 행동하는 것을 목격했다. 그는 지구 주민들을 대신하여 CCA에서 스포츠 이벤트를 예약하려고 시도하자 시즌 전체의 예약이 마감되었다는 말을 들었다. 그가 축구 클럽의 대표자인 척하면서 똑같은 시도를 하자 갑자기 예약이 가능해진 것을 알았다.

그러나 시간이 지남에 따라 핀탄은 점차 귀중한 공동체 활동을 한 사람으로 선택되었고 결국 자신이 CCA 회장이 되었다. 그 시점에서 핀탄은 이전 기록을 볼 수 있었고 그들에 대해 잘못된 인식을 가지고 있었음을 완전히 인정했다. 협회는 바트리에 대해 잘 알고 있었고, 스포츠 예약 일화에 나타난 직원의 태도가 전 직원에 해당하지는 않겠지만, 바트리를 지원하기 위해 노력을 기울였음을 알 수 있었다. 핀탄은 CCA와 함께 바트리의 자체 커뮤니티 센터를 짓고 운영하기 위한 기금을 모을 수 있었다. 거기에서 영어 수업이 진행되었고 폴린 가비와 나는 스마트폰 수업을 시작하려고 시도하기도 했다. 그들은 종종 '철도 트랙의 반대'라고 하는 곳에서 왔지만 핀탄과 나머지 CCA 일원은 실제로 쿠안 공동체를 발전시키는 데 자발적으로 많은 시간을 투자했으며, 넓은 지역사회 중심의 은퇴자 시민 집단에서 매우 유사한 사례 중 하나였다.

예를 들어 자폐증에 관한 몇 가지 다른 평등주의 관행은 6장에서 설명할 것이다. 처음에 쿠안을 선택한 이유는 지역의 고령 친화적 문화의 예시였기 때문이었다.[25] 그러나 거의 모든 지역사회 행사에서 이러한 평등주의 정신을 볼 수 있었다. 자작시 낭송 대회에서 수상자 선정은 전적으로 능력에 기초한 것처럼 보였지만 행사가 진행될수록 젊은 시인이나 신인을 포함시키려는 많은 노력이 있었음을 분명히 알 수 있었다. 수상자의 부모조차도 시가 썩 훌륭하지 않다는 것을 인정했을지 모르지만, 모든 사람이 시작 기회가 필요하다는 것을 인정하면서 기뻐했을 것이다. 누군가가 명백히 이주자이거나 어떤 면에서 장애가 있거나 불우하다면 그러한 행사에 참여하도록 장려되며 그 태도는 공동체 전체에 의해 조직자들에게 기대되는 태도임이 분명했다. 그러나 학교 시험과 마찬가지로 쿠안에서 평등주의가 어떻게 작동하는지와 그 방법에 대한 문화적 또는 대리 지표를 찾는 것이 유용하며, 이는 다음 논의를 설명한다.

모욕의 중요성

사회적 평등을 보장하는 가장 강력한 메커니즘 중 하나는 개인적 모욕이 고도로 발달한 성향에서 비롯되는 것처럼 보였다. 이런 관계를 처음 마주친 것은 아니었다. 과거에 30년 이상 일했던 트리니다드는 이런 점에서 쿠안과 매우 유사하다. 사람들은 날선 발언을 통해 끊임없이 다른 사람들의 거짓과 지위 주장을 무너뜨렸다. 내게는 이것이 어려운 문제였다. 사람들을 모욕하는 것은 인류학자로서 지역사회에 동화되는 좋은 방법처럼 보이지 않았다. 그러나 인류학자로서 내가 원하는 통합 수준에 도달했다는 가장 좋은 징조는 편안하게 트리니다드인들을 모욕한다고 느꼈을 때였고 그들 역시 나를 모욕하는 것이 똑같이 편안하다고 느꼈을 것이다.

처음에 쿠안에서도 마찬가지로 모욕의 수준이 충격적이라는 것을 알았다. 특히 한 인물이 눈에 띄었다. 그는 내가 2주일 동안 참석한 '세션'의 고정 멤버였는데 펍에서 모두가 번갈아 노래를 부르는 행사였다.[26] 그가 나 자신을 제외한 모든 사람에게 던진 모욕은(내가 완전히 통합되지 않았음을 반증한다) 놀랍도록 직설적이었고 때로는 듣기가 매우 고통스러웠다. 전형적인 발언은 오래된 가수를 언급할 때였다. '살아 있는 동안 제대로 음을 낼 수 있는가?' 또는 '엘비스처럼 음악을 만드는군. 라자루스 같은 몸을 가졌다니 안타깝군.' 목표는 재빠르게 동일한 수준의 독설로 되받는 것이다. 그렇게 하지 않으면 당사자는 자신이 너무 크게 당했다고 느끼고 대응하지 못한 부분을 자기 비하로 채울 수 있다. 이 예에서 몇 분 뒤 연사는 그가 열정 연극에 참여하기 위해 어떻게 오디션을 봤으며 자신의 연기가 너무 딱딱해서 십자가의 역할을 제안받았다고 말했다. 다시 말하지만 가령 누군가가 노래를 잘하지 못한다고 주장함으로써 자기를 과장해서 비하하면 다른 사람은 '그런 이유로 과거에 노래를 멈추지 않았다'라고 말할 것이다. 그러한 행동은 남성에게 더 특징적으로 나타나지만 여성이 열정적으로 가시 돋친 말을 하는 것도 분명히 관찰했다.

애정 섞인 농담은 누군가가 권위자에 임명될 때 특히 중요하다. 그들은 거의 항상 농담으로 자신의 권력 감각을 과장함으로써 자신을 낮추려고 노력할 것이다. 예를 들어, 한번은 멘즈 셰드 일원들이 전시할 것을 그리는 데 몰두했는데 서로의 작품을 짓궂게 평가했다.

키런: 이제 당신이 감독관이 될 차례다.

피니언: 좋다, 그렇다면 감독관 사례비를 요구할 것이다. 세상에, 당신이 남긴 쓰레기를 보라. 모든 작업을 다시 시작해야 한다고 생각한다.

키런: 내 그림을 왜 폄하하는가?

피니언: 분명 당신이 일을 쏟아내는 동안 내 모든 시간을 검사하는 데 할애해야 한다.

또 다른 환경에서 성인인 교사가 방해로 얼마나 고통 받았는지를 과장하여 말했다. "나한테 또 무례하게 말하는 거니?" 권위에 대한 명백한 주장을 불식하는 가장 좋은 방법은 어리석을 정도로 과장하는 것이다. 왜 이것이 중요하며, 왜 쿠안이나 트리니다드와 같은 사회의 특징이 되었을까? 심한 모욕은 권위를 의심하는 평등주의 사회와 관련이 있는 것으로 보인다. 쿠안 사람들은 누군가가 의장 또는 교사가 될 필요가 있음을 인정하지만 그 반대 역할만을 자처한다. 그들이 저항하는 것은 특권의식이다. 예를 들어 귀족 혈통과 계급 전통을 지닌 영국에서 개인은 권위를 자연스럽게 느끼고 개인의 자질이라고 생각할 가능성이 더 크다. 그것은 그들이 누구인지 알려주는 깊이에서 비롯된다. 반면 쿠안이나 트리니다드에서는 권위가 일시적인 점유로 이해되므로 표면적으로 머무는 것이 중요하다. 권위는 어느 개인이 아닌 역할에 속하는 것이다. 쿠안에서 사람들은 의장이 될 자격을 따지지 않는다. 그저 의장이라는 허드렛일을 맡을 차례가 된 것이다. 그들이 마땅히 받아야 할 것은 결국 임무에서 벗어나는 것이다.

어떻게 그런 일에서 표면에 머물 수 있을까? 앞서 언급한 모욕이 깊은 상처를 줄 수 있었음에도 수상자들은 유머로 반응하고 대회에서 자신의 차례를 맞이하기를 희망했다. 사람들이 허세를 보이거나 자신의 권위를 너무 심각하게 받아들이는 순간 그 사람을 낮추면서 평등은 사회적 만남의 원칙으로 유지된다. 유사한 과정은 한편으로는 모욕을 표면에 유지하고, 그것이 내면 깊숙이 들어가지 못하게 만들고, 또 한편으로는 표면적으로 할당된 역할을 유지하고, 자신이 정말로 그런 사람이라고 생각하는 우를 범하지 못하게 한다. 동시에 남자들이 여성들보다 이러한 퍼포먼스 같은 모욕을 더 편안하게 여기고 성취감을 느끼는 한, 어느 수준에서 평등주의를 이룰 수 있는 행동이 다른 수준에서는 분열을 일으키고 불평등을 초래할 수 있다는 것이 분명해진다. 쿠안 사람들을 관찰할 때 농담과 모욕을 피상적으로 관찰하기 쉽지만 표면적으로 권위를 유지하는 결과는 심오하다.

결론

사회과학의 대부분은 빈곤과 우울증과 같은 문제성 주제로 방향을 이끈다. 이러한 문제에 관심을 두고 해결에 기여하기를 희망하기 때문이다. 그러나 앞서 언급했듯이, 이는 세계를 표현하는 방식을 왜곡하는 게 분명하다. 일반적으로 자신을 행복하다고 묘사하는 사람들에 관한 책을 쓰는 것은 부분적으로 그 편견을 바로잡으려는 의식적인 의도에서다. 그 맥락에서 5장은 특별한 의미를 지닌다. 그러한 시도가 없었다면 반대 방향의 편견이 작용할 위험이 있기 때문이다. 쿠안의 문제적인 환경에 대해 안주하거나 회칠하려는 시도다. 쿠안 사람들은 5장에서 다룬 불평등, 약물, 우울증을 안고 살고 있으며 따라서 그러한 문제는 해결되어야 한다. 증거에 따르면 그들은 성인도 아니고 죄인도 아닌 존재로 특징지어져야 한다. 우울증 발병률이 높다고 해서 쿠안이 비교적 이상적인 도시라는 말을 할 수 없는 것은 아니다. 예를 들어 우울증이 짝사랑처럼 매우 구체적인 경험에 의해 야기될 정도로, 모델 사회에서는 짝사랑의 부재를 보장할 수 없을 것이기에 여전히 우울증 발생률이 높을 것이다.

이러한 문제는 절대로 불가피한 것이 아니며 대부분 쿠안 사회의 지속적인 불평등을 반영하는 조건에 대한 증거와 분리되어야 한다. 비교적 부유한 은퇴자들은 매우 다른 삶의 조건과 함께 있을 때 자신을 어떻게 보는가? 증거에 따르면 한 가지 반응은 눈을 감는 것이다. 비록 바트리 지구가 쿠안 한복판의 시끄러운 곳인데도 물리적으로나 정신적으로 회피하는 사람들이 있다. 인터뷰에서 한 개인은 학교 친구들이 누군가가 바트리 출신인 것을 알게 된 후 느닷없이 멀리하기 시작했다고 말했다. 쿠안 지역사회 개발의 핵심 인물은 마을 장례식에서 열린 장례식에 참석한 사람들을 거의 알아보지 못했는데 이전에 전혀 생각해보지 못한 상황이었다. 지역 주민을 비난하든, 지방 의회를 비난하든, 이런 종류의 불평등을 조장한 정치 경제 구조를 탓하든 가장 도움이 절실한 사람들이 간과된다면 문제가 있는 것이다.

그러나 위에서 언급한 두 특별한 사람들은 공공 서비스에 진심으로 헌신했었다. 한 사람은 아프리카에서 오랜 기간 동안 어려운 환경을 바꾸기 위해 노력했고, 다른 사람은 쿠안 내에서 더 나은 평등주의 서비스를 위해 기금을 조성하고 까다로운 관료적 업무를 이어갔다. 핀탄은 지구에 대한 무시를 보여주는 단적인 증거를 모두 가지고 있지만 6년 동안 CCA의 회장 역할을 수행하는 동안

CCA가 자신이 알던 것보다 훨씬 더 많이 바트리에 관심을 기울였다는 증거를 발견했다. 필자가 목격한 가장 인상적인 지원은 바트리에서 가장 취약하고 우울한 청년들에게 직접 제공된 지원의 출처가 정부가 아니라 쿠안 내에서 자발적으로 조성된 기부금이었다는 것이다. 이상을 기준으로 판단하면 5장은 쿠안의 부족하고 비난받을 만한 많은 약점을 드러냈다. 그러나 세계의 대부분 지역과 비교하면 동일한 제도와 관행이 어느 지역보다도 인상적이고 칭찬하고 본받을 만하다. 이 시점에서 철학으로 돌아가 쿠안을 추가로 판단할 척도가 있는지 확인하는 것이 바람직해 보인다.

The Good Enough Life

6장
공정함으로서의 정의

쿠안의 다양한 인구 구성에 따른 상대적 대우를 증거 삼아서 쿠안과 서양철학의 일부 분야를 판단할 수 있을까? 이러한 취지에서 '공정함으로서의 정의'라는 개념은 본 민족지학과 특히 적절하게 병치되는 것으로 보인다. 이를 통해 미국 철학자 존 롤스John Rawls(1921~2002년)의 기여를 요약할 수 있다. 롤스의 명성을 드높인 책은 1971년 출간된 《정의론》이다.[01] 《정의론》에서 그는 칸트에서 파생되었다고 주장하는 접근법을 발전시켰다. 이 책에서는 아마르티아 센Amartya Sen을 포함하여 여러 철학자에 대해 다뤘고, 이들은 거꾸로 롤스에 관해 자세히 비평했다. 6장에서는 롤스가 쿠안을 판단하는 데 얼마나 도움이 되는지, 쿠안 사람들을 정의론의 가치 평가에 사용하는 것이 도움이 되는지 살필 것이다. 롤스의 공헌은 단 한 권의 책에만 국한되지 않았으며 후기 작품에는 명확한 설명과 이행의 요점이 포함되어 있다. 그러나 500페이지가 넘는 《정의론》이야말로 롤스의 대표 저서라 할 수 있다. 지극히 철학적인 이 책을 읽어 보면 당대 인구에 대한 평가를 하는 한편 정치 철학사 내부의 담론에 초점을 둔 것을 금방 확인할 수 있다. 롤스는 그의 책을 두 철학적 전통 사이의 수세기에 걸친 논쟁에 대한 주요 반응으로 의도한 것으로 보인다. 하나는 로크, 루소, 칸트로 대표되는 '계약'에 관한 것으로 롤스 자신이 상속자를 자처했다.

대척점에 있는 전통은 필자에게 특히 익숙한 분야다. 유니버시티 칼리지 런던(UCL)에서 근무하는 내내 이 분야를 연구했기 때문이다. 모교에서 가장 유명한 인물은 복도의 진열장에 두개골과 밀랍 두부가 전시된 제러미 벤담Jeremy Bentham이다.02 벤담은 저명한 그의 추종자 존 스튜어트 밀John Stuart Mill과 함께 경제학에 상당한 영향을 끼친 공리주의라는 접근법을 창시한 사람이었다. 벤담은 푸코의 악명 높은 판옵티콘 모델 설명으로 요즘 학생들에게 알려져 있겠지만, 이 철학의 긍정적 측면은 UCL에서 벤담의 존재를 통해 전파되고 있다. 그는 잉글랜드 최초로 대학 교육에 여성, 가톨릭, 유대인 및 비국교도를 환영하는 가치를 지지했다. 롤스는 공리주의 접근의 절정은 19세기 후반 헨리 시지윅Henry Sidgwick이 펴낸 《윤리학 방법론The Methods of Ethics》이라고 생각했으며03 이 책을 토대로 자신의 주장을 기술했다. 공리주의자에 대한 비판은 롤스의 《정의론》에서 지속적으로 등장하는 모티브다.

내가 이해한 바로는 공리주의자들은 정치적 도덕성이 최대 다수의 최대 행복을 보장하는 데 근거해야 한다고 주장했고, 이때 효용은 모든 행동의 바람직한 결과를 설명한다. 이에 대해 롤스는 더 이전 시대로 거슬러 올라가 제목으로 잘 알려져 있는 루소의 사회계약론을 언급한다(《정의론》에서 가장 눈에 띄는 부분은 도덕성에 관한 칸트의 다양한 저작에 관한 전제다). 롤스의 이론이 깊은 역사적 뿌리를 가지고 있지만, 동시에 그가 살았던 미국의 가치와 제도와도 깊은 연관이 있었다. 대부분의 주장은 미국으로 대표되듯 재산 소유가 가능한 민주주의에서 나타나는 계약적 도덕성의 실현을 위한 기존의 역사적 조건이 존재한다고 가정하는 듯하다.

롤스의 저서에 깔린 근본 주장은 우아할 정도로 간결하다. 정의 그 자체와 부당한 모든 것에 끈질기게 저항한다는 전제에서 출발한다. 롤스는 공리주의에서 사회의 일부를 더 큰 집단의 더 큰 행복을 위해 억압하는 것을 부당하다고 여겼다. 공리주의에서 지지하는 최대 다수의 최대 행복은 정의롭지도, 공평하지도 않았다. 동시에 롤스에게 공정함은 절대적 평등과 동일한 것이 아니었다.

그는 누군가가 다른 사람들보다 더 부유하거나 운이 좋은 것은 온당하지만, 재산의 증가가 그 사회의 가장 불운한 구성원에게 이익이 되거나 최소한 해를 끼치지 않을 때에만 그렇다고 주장했다. 예를 들어 자본가는 성공한 기업가들에게 차별적 보상을 제공하는 체제를 정당화할 수 있으며, 그들의 노력은 근로자들의 처우 개선으로 이어진다. 그러나 롤스는 기업가가 근로자에게 해로울 정도로 착취하여 성공을 거두는 체제는 비난했다. 누군가가 성공한 기업가가 되고 다른 사람들은 그들을 위해 일하는 근로자가 될 수 있도록 만드는 출발점 역시 평등해야 하며 그렇지 않다면 그 체제는 공정하지 않다. 사람들은 부를 상속받든 뛰어난 지적 능력을 물려받든 단지 출생 덕분에 처음부터 이점을 가지고 출발했다고 해서 유리한 위치에 서서는 안 된다. 그는 '누구든 태어날 때부터 유리한 사람들은 그러한 이점을 상실한 사람의 상황을 개선하

는 조건으로만 운에 따른 이득을 취해야 한다'라고 말했다.[04]

계약 사회는 상호 이익에 기초하며 선천적 능력의 조건을 완화한다.[05] 이는 능력주의의 입지가 확대되는 경향이 있는 미국에서 흔히 주창되는 현대 '자유주의적' 입장과 롤스를 분명히 구분 짓는다. 그러나 롤스는 그가 주장한 사회계약이라는 개념이 구성원과 구별되거나 우월한 이해관계를 가진 사회라는 초월적 대상에 대한 개념을 모르는 개인들이 맺는 것이라는 점에서 자유주의적이다.[06] 그런 점에서 그는 고전적 자유주의와 칸트의 이론적 개인주의를 지지한다. 또한 그는 이러한 조건을 순수한 시장 체제에 맡길 수 있다는 주장에 반박하면서 그러한 체제는 자연 환경에 해로운 영향을 미치는 등의 외부 효과를 초래할 것이라고 내다봤다.[07] 다만 시장 체제가 공급과 수요를 연결하는 효과적인 방법으로 간주한 것으로 보이며 한계가 있다고 주장했다. 이는 가령 알렉 노브Alec Nove가 주장한 실현 가능한 시장 사회주의의 가능성을 배제하지 않음을 시사한다.[08] 이러한 접근은 성공을 위해 타인의 그러한 시도를 해치지 않는 한 번영의 확대를 지지한다. 오늘날에는 이러한 고려에 지구의 파괴라는 요소를 포함해야 할 것이다.

롤스는 정의가 확보되는 한 사회가 혜택의 적절한 분배를 결정하는 원칙에 개방적이었다. 여기에는 다른 세대 간의 불가피한 부담 배분과 같은 복잡한 문제가 포함되었는데, 롤스 이후 기후변화에 대한 대응에서 중시되는 주제다. 롤스의 기본 관심사는 부차적인 원칙이 무엇이든 이른바 '원초적 입장'에 부합해야 한다는 것이었는데 이 원초적 입장은 롤스가 가정한 초기 사회계약이다.

'원초적 입장'은 공정성에 입각한 정치 질서를 지향하면서 모든 사람이 사회를 지배해야 할 원칙을 자유롭게 선택할 수 있는 상황을 구상하는 것에 기초한다. 여기서 기본 단위는 도덕성에 관한 칸트의 저술에서 기본인 자유로운 개인과 거의 동일하다. 또한 롤스에 관해서는 시민 불복종이 정당화되는지 여부와 같은 다른 많은 사안을 고려할 때 적용되는 부가적 논의가 있다. 그의 책 6장의 주제가 여기에 해당한다.

롤스에 따르면 정의는 '원초적 입장'을 달성하기 위해 상호 합의해야 하는 모든 사항을 포함하며, 정의라고 주장하는 모든 사회를 위한 기본 구조를 창조한다. 결국, 이는 정의의 조건을 결정할 수 있는 자유롭고 합리적이며 이성적인 집단을 의미한다.[09] 이러한 추정에는 계약을 체결하는 데 관심을 가질 수 있는 사람들 간의 차이를 내포하지 않는 집단이 필요하다. 예를 들어 남성과 여성의 관심사가 다르거나 청년과 노년의 관심이 다르다면 정의를 위한 동일한 전제 조건에 이르지 못할 수도 있다. 이에 대해 롤스는 실제로 우리가 누구인지에 관한 '무지의 베일'을 상상해보라고 요청한다. 이 시점에서 우리는 칸트가 모든 개인이 철학자인 이상적인 조건을 추정함으로써 보편적인 도덕성의 정립을 주장했던 방식과 매우 가까운 상태로 돌아간다. 철학자인 개인은 도덕적 선택을 내리는 조건으로서의 문화에서 맥락을 제거한 순수 이성을 구현한다.

구체적으로 말하면 롤스가 살았던 상황과 밀접한 관련이 있다. 그는 선거권, 재산권, 언론의 자유, 폭행으로부터의 자유 등과 같은 조건을 명시하는 경향이 있는데,[10] 이는 사실상 미국의 건국 원칙에 명시되어 있다고 그는 생각했다. 그러나 롤스는 계급이 지식에 대한 접근을 제한하지 않도록 엄격하게 평등주의 교육 시스템을 보장할 권리를 주장한다.[11] 과거에도 현재에도 미국에서 실현되지 못한 조건이다. 그의 토론의 대부분은 개인보다는 제도에 적용된다. 예를 들어 다른 사람들보다 정부 기관에 대한 접근이 어려운 상황이 없도록 보장하는 것이다. 롤스는 이러한 '차등의 원칙'을 보장하는 것을 중시했는데, 그가 '최소 수혜자'라고 부른 대상을 항상 염두에 두어야 한다.[12] 또한 정의나 공정함이 그 개인에 미치는 영향을 고려해야 한다.

롤스가 사회의 최소 수혜자 입장에 초점을 맞출 때 그의 철학은 유토피아주의 이념에서는 좌파적으로 보일 것이다. '원초적 입장'이 상당히 명백하게 이상주의적임을 고려할 때 합리적 용어이기도 하다. 그러나 여전히 문제가 있는데, 최소 수혜자의 상태가 더 큰 수혜를 입은 사람들의 행동으로 개선된다고 하더라도 그 효과는 불평등의 증가 가능성으로 이어질 수 있다. 경제학자 토마스 피케티Thomas Piketty가 현대 세계에 대해 주장한 바가 이것이다.[13] 불평등이 심해지면 리처드 윌킨슨Richard Wilkinson과 케이트 피켓(Kate Pickett)의 《평등이 답이다The Spirit Leve》 같은 책에 설명된 증거를 다루어야 한다. 여기서 저자들은 일부 집단에서 복지가 개선되더라도 불평등이 인간의 건강 등에 분명한 영향을 미친다고 밝힌다. 가장 낮은 계층에 대해서는 처우가 나아지더라도 다른 사람들의 상태가 훨씬 낫다면 자신들의 상태를 공정하거나 정의롭다고 여기지 않을 수 있다. 롤스의 주장과 정면으로 배치되는 듯하다. 이론적으로, 롤스는 《평등이 답이다》에 제시된 증거를 간단히 받아들이고, 사회의 최소 수혜자가 얻는 물질적 이익보다 더 큰 불리한 결과를 초래하는 불평등 자체를 억제해야 한다는 중요한 주장을 추가할 수 있다. 그러면 공정으로서의 정의의 명제 전반과 일치를 이룰 것이다.

하지만 롤스가 이런 방식으로 대응하지 않았으리라 짐작할 만한 이유가 있다. 《정의론》의 여러 부분에서 롤스는 시기하는 자에 대한 원칙을 주장하는데, 시기심은 정치적 질서의 정당성을 수용하는 데 해가 될 수 있기 때문이다.[14] 아닌 게 아니라 롤스는 사회가 그의 모든 조건을 충족한다고 하더라도 누군가는 타인이 누리는 수혜를 시기하기 때문에 그의 이론이 '불공평'하다고 암시하는 듯하다. 따라서 롤스가 평등의 근본적 속성을 선량한 것으로 보호하려는 신중을 기하지만 당시 사회주의적 이상에 대한 우익의 비판에서 영향을 받았을 수 있다. 우익 이론가들은 항상 불평등에 대한 사회주의적 비판을 단순한 시기로 무시하려고 했다. 롤스의 시기에 대한 논의는 자유를 우선시하는 근거의 제시로 이어진다.[15] 이는 미국의 특정 자유주의 가치들에 대한 그의 우선순위를 반영한 것으로 보인다. 그가 살았던 사회에서 찾은 사례로 도출한 다른 여러 가정도 있는데 좌익으로부터 비판의 대상이 되곤 했다. 인력의 지위와 같이 널리 퍼진 경제 체제의 기본적인 불평등에 관한 예가 그것이다.[16] 그런데도 이론철학적 담론에서 그의 관점은 롤스가 '이상론'으로 여기는 사회주의의 꿈을 넘어 일관되게 유토피아적인 것으로 남아 있다.

롤스와 쿠안을 비교하기에 앞서, 마이클 샌델Michael Sandel의 《정의의 한계》[17]를 비롯하여 롤스의 정곡을 찌르는 비판이 제기되었음을 언급해야 한다. 마사 누스바움은 《정의의 최전선Frontiers of Justice》에서 추상적인 정의론이라도 필연적으로 현대 사회의 시급한 문제에 대응해야 한다고 주장한다.[18] 그러면서 롤스가 충분히 고려하지 않은 세 영역을 지적하는데 바로 장애인, 비인간, 특정 국가의 경계 너머에 사는 인간이다. 누스바움의 '역량 접근capabilities approach'은 자비와 연민과 같은 도덕적 감정의 적극적인 적용을 요구한다.[19]

아마르티아 센은 《정의의 아이디어The idea of Justice》에서 우리의 주요 관심사가 부당함을 줄이는 데 있다면 롤스(와 칸트)의 초월적 제도적 조사에 해당하는 완벽한 정의의 조치보다는 상대적이고 맥락에 따라 고려하는 편이 낫다고 주장한다.[20] 비교 접근은 여러 견해를 허용하며[21] 이는 사람들에게 삶의 가치와 목표에 대한 발언권을 제공해야 한다는 센의 주장과도 일치한다(2장 참고). 우리는 그저 자유를 성취하기 위한 수단뿐 아니라 자유의 개념을 포함시켜야 한다. 롤스에 대해 센은 또 다른 여러 문제를 제기한다. 여기에는 제도에 대한 지나친 강조, 특정 국가의 경계 너머에 사는 사람들에 대한 배려 부재 그리고 위에서 언급한 바와 같이 상상된 '원초적 입장'을 둘러싼 문제가 포함된다. 2장에서 언급했듯 비교와 맥락에 대한 센의 강조는 인류학적인 접근을 위한 논거이기도 하다.[22] 그러나 그의 모든 날카로운 비판에도 불구하고 센은 롤스가 그러한 담론을 위한 최상의 토대를 마련했다고 여긴다. 샌델은 다른 공동체주의 철학자들과 유사한 주장을 하며, 다원주의의 인식으로 보편 원칙에 대한 주장에 대응하는 데 관심을 기울인다. 이는 롤스가 후기 저술에서 인정했던 점이며[23] 품위라는 공통의 이상을 유지하기를 희망한다. 이 비평의 많은 부분이 우리 주변의 여러 가치에 관해 롤스의 주장을 고려할 필요성을 암시한다는 것을 감안할 때 그의 주장을 만족하는 사회의 구체적 예시에 적용하기 적절한 시점으로 보인다. 따라서 여기에서는 누스바움, 센, 샌델의 주장을 최소한 간접적으로 지지할 수 있기를 바란다.

롤스와 가정

그렇다면 롤스를 만족스러운 삶에 어떻게 적용할 수 있을까? 질문에 대한 답은 단계적으로 도출할 것이다. 사회의 작은 단위에서 큰 단위로 넓혀 가면서 가정에 대한 시사점을 고려한 다음 쿠안과 세상의 관계로 끝을 맺을 것이다. 이 책의 서문에서, 칸트나 롤스와 같은 철학자들에게는 모든 인간이 동등한 개인으로서 철학적 테이블에서 논의하는 것이 자명한 이치이지만 쿠안 사람들과 인류학자들에게는 사회와 기타 관계를 떠나서는 어떤 개인도 존재하지 않는다고 주장도 동일하게 중요하다. 인간은 아동이면서 시민으로 태어난다. 따라서 이론적으로 계약상의 도덕성을 고려하는 것조차도 이 계약이 누구를 대상으로 하는지에 대한 초기 문제를 제기한다. 개인은 그들이 사랑하는 사람들이나 친인척을 결코 만날 일 없는 먼 나라 사람들과 똑같다고 생각하지 않을 것이다. 심지어 같은 마을에 사는 사람들을 사실상 만날 일이 없다 하더라도 같은 나라 국민들과 동일선상에서 고려하지 않을 것이다. 우리는 기본적으로 자기 가족, 마을, 국가, 성별 등 동일시하는 대상에 관심을 둔다.

따라서 가족의 존재는 계약주의와 공리주의 사이의 어떠한 추상적 논증도 극복할 수 없는 문제를 제기한다. 두 진영은 행복을 극대화하는 것을 목표로 하는 정치적 도덕성에서 비롯된다. 롤스가 정의한 행복은 '인간은 (다소) 유리한 조건에서 수립한 합리적인 삶의 계획을 (다소) 성공적으로 실행할 때 행복을 느끼며, 자신의 의도가 수행될 수 있음을 합리적 근거에 따라 자신한다'로 요약할 수 있다.[24] 그러나 적어도 복잡한 내 삶을 돌아보아도 나 자신이 예기치 않게 행복을 발견한 것은 아이들의 완전히 비이성적 욕망으로 인해 나 자신에 대한 이성적 계획을 쓰레기통에 던져야 했을 때였다. 다음 논문을 집필하는 대신 아이들을 대신하여 상상 속 공룡과의 전투에서 이기는 데 더 많은 관심을 기울여야만 했다. 나는 사랑의 기술이라고 하는, 쇼핑에 관한 이전의 연구에서[25] 사랑의 본질은 자아를 개인으로서 키우는 노력보다는 관계에 자아를 포함하는 것을 통해 더 큰 행복을 발견하는 능력이라고 밝힌 바 있다.

4장에서 언급했듯이, 마트에서 매주 장을 보는 사람은 자신의 욕구과 시간을 희생하여 가족에 대한 관심과 애정을 가족을 기쁘게 만들려는 노력으로 전환한다. 그로 인해 무엇을 얻는지는 사랑의 맥락에서만 이해할 수 있다. 그러나 자녀에 대한 사랑에서와 마찬가지로 사랑이 인생에서 행복의 완벽한 원천이 될 수 있다고 생각하는 데는 충분한 근거가 있다. 나는 궁극적으로 작가가 되는 것보다 부모(지금은 조부모)가 되는 것에서 더 큰 행복을 얻었다고 믿는다.

이러한 깨달음을 이론적으로 롤스의 접근 방식과 통합하는 것이 가능할까? 그것이 나의 주된 행복의 원천이라면 타인에 대한 사랑은 확실히 이성적인 것이다. 그러나 자기 희생에서 행복을 느끼는 것은 억지처럼 느껴지며 롤스는 사랑에 관해 많은 언급을 하지 않았다. 이러한 문제는 그가 '행복은 자족하는 것'이라고 기술하거나[26] 우리가 휴일을 선택하는 방법을 고려할 때 분명해진다. 휴일을 함께 보내는 모든 가족 구성원 간의 충분한 협의 대신 개인적인 욕망과 관련된 장소가 지닌 장점을 근거로 정하기 때문이다.[27] 많은 철학이나 합리성을 무시할 정도로 복잡하고 모순되는 과정인 경우가 많다.

주된 관심사가 롤스의 주장에 부합하는 데 있다면 오늘날 가족에 해당하는 것의 상당 부분을 폐지하는 방안을 고려해야 한다는 베로니크 무노즈 다르데Véronique Munoz-Dardé의 제안으로 이어질 것이다.[28] 결국 가족은 성별과 세대의 불평등으로 점철되어 있다. '원초적 입장'에 전혀 근접하지 않으며 어떻게 가능한지 상상조차 어렵다. 직계 가족으로 알려진 전통적인 아일랜드의 가족은 콘래드 아렌스버그Conrad Arensberg와 솔론 킴볼Solon Kimball 같은 초기 인류학자들의 묘사에도 등장하는데[29] 모든 땅을 상속받은 한 아들의 이익만을 위하고 나머지 형제자매는 아무것도 받지 못하는 불평등의 요새였다.[30] 필자의 연구에 참여한 많은 사람이 대가족에서 자라면서 느낀 불행을 회상했다. 대가족은 부모가 많은 자녀를 갖기 원해서가 아니라 피임의 실패로 빚어진 결과였다. 대가족이 섹스에 대한 욕구의 피할 수 없는 결과에 지나지 않는다면 과거에 사람들이 대가족을 원했다고 가정할 수 없다. 아일랜드의 전통 가정은 '원초적 입장'을 비웃지만 현대 민족지학에서 마주한 가족 경험과 전혀 다르다.

그러나 우리는 아일랜드인이 태어난 조건에서 시작하여 오늘날의 가족으로 마무리되는 아일랜드 가족의 역사적 궤도에서 많은 것을 배울 수 있다. 이 역사의 많은 부분이 롤스가 지지했던 조건에 더 가까이 다가가려는 시도로 구성되어 있음을 보여주는 사례가 있다. 시간이 지나면서 피임 기술의 발전으로 가족의 크기는 부모의 내적 욕구를 더 잘 반영하게 되었다. 삶이 점점 더 풍요로워지면서 필요성의 추구보다는 이상에 따라 가족 관계를 발전시킬 수도 있었다. 원래 직계 가족은 소농의 작은 토지와 깊은 관련이 있었는데 이는 오늘날 쿠안에서 큰 관심사가 아니다. 상속 관행에 대해 쿠안의 변호사들은 평등주의로 분명한 전환이 일어나고 있다고 밝혔다. 예를 들어 최근에 보다 관련성이 높은 불균형 문제는 막내딸의 운명과 관련된다. 과거에는 막내딸이 미혼으로 남아서 노부모를 돌봐야 한다는 생각이 암묵적으로 통용되었다. 그 대가로 막내딸은 집과 같이 이론적으로는 원하는 유산을 받게 된다. 그러나 변호사들의 증언에 따르면 실제로 유언장을 읽을 때 그러한 기대에 부응하는 보상이 주어지지 않는 경우가 많았다.

그러나 본 민족지학 연구를 수행할 때 이러한 모든 불평등은 절대적인 평등에 기초한 가족의 기능으로 거의 사라진 상태였다. 오늘날의 원칙은 모든 형제자매가 동일한 취급을 받아야 한다는 것이다. 롤스의 정신에 따르면 선천적 능력이나 이후 물려받은 재산 등의 이유로 차별이 있어서는 안 된다. 그저 유산을 동등하게 나누면 된다. 논의는 여기에서 그치지 않는다. 쿠안의 가족에게서 나타나는 근로 도덕성은 모든 구성원이 다른 가족 구성원에게 해로운 결과를 초래하지 않는 한 자신의 욕망과 이익을 자유롭게 따를 수 있도록 허용하는 듯하다. 예를 들어 형제 중 누군가가 대학 학위를 취득하면 나머지에게 유익이 있기를 희망한다. 예를 들어 더 많은 교육을 받으면 복잡한 정부 양식을 작성할 때 부모를 도울 수 있는 것이다. 민족지학 연구에서 주목할 만한 발견은 건강에 관한 거의 모든 문제에서 사람들이 우수한 의학 지식을 얻을 수 있는 교육이나 직업을 가진 가족 구성원을 확인하려고 시도한 것이다. 가족 구성원이 인터넷에서 읽었거나 의사가 제공한 건강 조언을 해석하는 데 도움을 줄 수 있다는 기대에서다.

롤스의 주장처럼 가족 구성원들의 운명에서 차별적 궤도는 최소 수혜자가 최대 수혜자에게 이익을 얻는 한 허용할 수 있는 것으로 이해된다. 아일랜드 변방의 전통 가족을 연구한 초기 인류학자들과 쉐퍼 휴Scheper-Hughes가 묘사한 정신과 거의 정반대다.[31]

오늘날 쿠안의 가족은 또한 자신의 기대와 경험과 유사하게 사랑에 대한 가정에 기반한다. 가족은 행복이 자아보다 다른 사람에 대한 방향을 통해 더 잘 실현된다는 것을 개인에게 이상적으로 가르치는 프로젝트와 같다. 물론 이상이 현실과 일치하지 않을 수도 있다. 실제로, 이 가족들은 형제 간의 경쟁을 포함하여 투쟁과 경쟁으로 분열될 수 있으며 각자는 동기간이 자신의 희생 덕분에 반사 이익을 누렸다고 확신한다. 아마도 어디에서나 공통적으로 발견되는 가족의 특징일 것이다. 민족지학 연구 중에 많은 대화가 오갔는데 가정에서 일어난 일을 설명할 때 비통함과 분노가 표출되었다. 이 연구가 중점을 둔 연령 그룹 때문에 노인이나 죽어가는 부모를 돌보는 데 누가 가장 많은 시간을 들여야 하는가에 대한 논쟁이 빈번하게 일어났다. 그러나 이러한 불평등은 과거보다 훨씬 덜하며 가족 생활의 이상과 모델에서 상당히 놀라운 변화가 있었다고 주장하는 것도 여전히 유효하다.

가족에 대한 논의의 결론은 역사적으로 일어난 거의 모든 변화가 이제 정의론에 제시된 이상을 향한 움직임으로 재구성될 수 있다는 것이다. 현대의 가족이 일반적으로 유토피아적인 이상과 일치한다고 주장하려는 것이 아니다. 그보다는 가족의 역사를 추상적인 이상과 관련하여 조망할 때 그 궤적을 더 잘 이해하는 데 롤스가 도움이 되었다고 주장하는 것이다. 그런 면에서 철학은 분명 쿠안 사람들의 삶을 이해하는 데 도움이 되었다. 이러한 이해를 지역사회의 다른 수준에도 적용할 수 있을까?

롤스와 쿠안의 공정함

이론철학자로서 쿠안을 평가하는 데 롤스의 주장을 적용하려는 시도는 쉽지 않은 과정이다. 가족의 경우와 마찬가지로 쿠안이 '원초적 입장'에 부합한 적이 있는지 알 수 없기 때문이다. 순수한 평등과 이성의 정신에 따라 마을 사람들의 모든 이해와 관계를 박탈한 계약은 없었다.

그런데도 오늘날 쿠안 주민들 사이에서 암묵적인 계약 요소가 존재할 수 있다. 이를 식별하는 한 가지 방법은 쿠안 주민들이 쿠안이나 아일랜드 외부 출신을 무시하면서 쿠안 내부인과 다른 아일랜드 시민에게는 일본이나 아르헨티나 시민들에게와 달리 지켜야 할 약속이 있다고 가정하는 정도를 확인하는 것이다. 현재 우크라이나에서 탈출한 가족과 개인을 적극적으로 초청하는 데 많은 사람이 참여하고 있다. 그러나 아프리카나 남아시아의 빈곤 문제에 대해 충분한 관심을 기울이는 사람은 단 두 명뿐이었다. 더 일반적인 논의에는 주의를 기울여야 한다. 정의와 공정함은 사람들이 다른 사람들과 동일시하는 정도에 대해서만 기준으로 적용된다. 이는 아일랜드 시민이 관련 법률, 권리 및 의무를 공유하는 사람들을 구속하는 방식으로 제도화된다. 따라서 롤스의 주장은 부분적으로 적용된다. 사람들은 가족과 친구, 쿠안, 아일랜드, 마지막으로 세계의 잠재적인 시민 순으로 계약 관계를 인식한다. 이러한 모든 수준의 식별 중에서 이 책의 논의에서 가장 중요한 것은 쿠안 자체와의 동일시일 것이다. 그러면 두 가지 질문이 이어진다. 어느 정도까지 이것을 상상된 계약 관계로 볼 수 있을까? 그리고 만일 관계가 계약에 의한 것이라면 최소 수혜자 개념에 준하는 집단을 포함하여 쿠안의 모든 사람에게 동일하게 적용할 수 있는가? 이 목적을 위해 두 가지 예를 고려하고자 한다. 첫 번째는 자폐증을 앓는 이들이고, 두 번째는 바트리 지구와 관련하여 5장에서 제시한 증거다.

'최소 수혜자'라는 정의에 부합할 수 있는 첫 번째 예시는 자폐 스펙트럼을 보이는 쿠안 사람들을 어떻게 대우하는지를 살피는 것이다. 6장에서 논의된 거의 모든 예에서 볼 수 있듯 가장 놀라운 발견은 현재가 과거의 연속이 아닌 것처럼 보이는 정도다. 현대 아일랜드는 부인의 강조를 통해 잘 이해할 수 있다. 정신 건강에 대한 태도와 관련하여 세바스천 배리Sebastian Barry의 《비밀 성서》 같은 소설에서는 정신 질환이 있는 사람들이나 사회적 행동 측면에서 정신 질환자와 동일하게 분류된 사람들이 처한 끔찍한 환경을 보여준다.[32] 역사적으로 그러한 문제가 있는 사람들을 가능한 한 지역사회에서 멀리 격리하여 한 번도 본 적 없는 기관에 배치하는 조치가 취해졌다.

이와는 대조적으로 오늘날 쿠안에서 자폐증이 있는 사람들에게 보여주는 태도는 시민권을 긍정적으로 표현한다는 점에서 흥미롭게 여겨진다. 현대의 이상은 자폐 스펙트럼으로 판정된 사람들이 공적 공동체의 중심에 있어야 하고 다른 시민들과 마찬가지로 눈에 띄어야 한다는 것이다. 현장 연구 초기에 마을 주변에서 그들의 분명한 존재를 마주할 수 있었다. 예를 들어 신발 가게에 자주 가서 다양한 의식을 치르고 떠나는 한 사람이 있었는데, 언제나 직원이 존중하고 세심하게 대우하는 것처럼 보였다. 또 다른 장소에서는 자폐증을 가진 사람들이 지불할 수 없다면 아이스크림을 무료로 제공했다. 개인들이 보여준 이러한 친절은 쿠안이 자폐증과 학습 장애가 있는 사람들을 지원하는 주요 이니셔티브를 개발한 장소로 얼마나 중요한지를 직접적으로 드러낸다. 이러한 친절은 자폐증 자녀가 있는 지역 주민들의 이니셔티브에서 시작되었다. 그러나 이후에는 자원봉사와 기금 모금에 힘입어 모범적인 제도 수립으로 이어졌고 궁극적으로는 국가가 자금을 지원하는 국가 인프라의 일부가 되었다.

일부분은 도덕적 권위를 주장하던 가톨릭교회가 불운한 희생자들을 격리한 최악의 사건에 책임이 있었던 역사를 부인하려는 의식적인 시도에 의한 것이라고 결론짓지 않을 수 없다. 오늘날 태도의 마지막 특징은 자폐증을 앓는 사람들을 지원하는 책임이 있는 기관이 자폐증 환자를 하나의 범주로 묶어 일반적인 해결책을 쓰지 않는 대신 개인별로 맞춤형 생활 계획을 수립하는 노력을 기울인 것이다. 그 결과는 긍정적일 뿐만 아니라 모범적이라 할 만하다. 이러한 동정심이 고통에 연민을 품는 가톨릭 유산 때문인지, 아니면 가톨릭 격리를 거부한 결과인지는 대중이 토론을 벌이기 좋은 질문이다. 어느 쪽이든 연민이 작용함을 보여주는 많은 증거는 쿠안이 만족스러운 삶이 가리키는 바를 찾기 적절한 장소라고 주장할 수 있는 중요한 요소다. 여기서 '만족스럽다'라는 말은 미덕을 내포한다.

그러나 5장에서 제시된 자료는 미덕에 대한 그러한 주장을 추가로 시험한다. 쿠안의 모든 지역이 동등한 취급을 받는가? 이 책의 전체 프로젝트는 쿠안과 그 주민들 사이에 더 가까운 식별이 거의 없다는 초기 관찰에서 시작되었다. 프롤레타리아와 고급 주택가 사이에 위치한 중산층이라는 지리적 자기 인식의 근거는 합리적이고 소박하다는 자기 평가를 내리기에 적합하다. 그러나 이것이 쿠안에서 자체 평가하는 특징이라면, 바트리 지구가 이 설명에 부합하지 않으면서도 쿠안의 중심부에 위치하는 경우를 어떻게 설명해야 할까? 한때는 명확한 불일치가 있었을 것이고 바트리 지구는 소외된 것으로 보아야 했을 것이다. 하지만 오늘날은 그렇지 않다. 5장에서 소개된 앨리스나 핀탄 같은 바트리 출신은 원래 세입자 중 하나였지만 이제는 CCA 또는 기타 자원봉사 협회, 스포츠 및 기타 활동의 정치 내에서 완벽하게 이 인구 집단을 민족지학적으로 대표한다. 이 민족지학 자체는 필자의 가까운 지인들과 정보 제공자가 거주하는 바트리 지구를 포함했다.

가족의 경우와 마찬가지로 요지는 쿠안이 롤스가 설명한 이상적 상황의 모범이 될 수 있느냐가 아니라 롤스의 주장을 향한 여정의 방향을 분별할 수 있느냐다. 쿠안에는 바트리 지구의 존재를 무시하고 통과하지 않으려는 개인이 여전히 존재할 수 있다. 하지만 그런 시도는 흔적처럼 느껴진다. 분명한 방향은 도시의 필수적인 부분으로 통합하는 것이다. 오늘날 배제 문제는 더는 바트리 지구 전체에 적용되는 것이 아니라 '주머니'로 간주되는 일부 가구에 적용된다. 흔히 '문제 가정'이라는 용어로 설명되는 집단이다. 이 용어는 인류학자에게 편안한 단어는 아니지만 현지에서는 흔히 사용되고 있다. 롤스의 비유를 들면 이러한 '주머니'는 한때 바트리 지구 전체가 해당했던 범주에 해당한다. 즉 롤스가 공정함으로서의 정의를 논하면서 '최소 수혜자'라고 한 집단이다. 소수 민족과 같은 다른 후보자도 있을 수 있다. 그러나 실제로 쿠안은 도시에서 임대나 부동산 구입 여력이 충분한 이주자 표본으로 왜곡되어 있어 소수 민족의 역할을 논하기에 적합하지 않다.

주머니를 '최소 수혜자'로 가정한다면 롤스의 주장을 토대로 쿠안을 어떻게 평가할 수 있을까? 첫째, 쿠안이 공리주의자보다 계약주의자의 아이디어에 훨씬 더 가깝다는 것을 의미한다. 대다수 사람들의 행동과 감정은 누구도 바트리 지구 주민들 같은 타인이 수혜를 덜 누리는 방식으로 수혜를 추구해서는 안 된다는 것이다. 이와 유사하게 그들의 행동과 의견을 살펴보면 스포츠나 사업이나 리더십 발휘에서 남들보다 훌륭한 능력을 발휘한다면 '최소수혜자'가 그들의 성공으로 착취를 당하는 것이 아니라 혜택을 입는 한 좋은 일이라고 여기는 것을 알 수 있다. 계약상의 책임에 대한 인식은 청소년 우울증과 자살과 같은 문제에 관한 이니셔티브를 지원하는 규모에서 분명하게 드러난다. 모금된 자금으로 특히 우울증으로 고통받는 청소년 14명을 지원한다는 목표를 세웠으며, 이들 대부분은 바트리에서 역기능을 일으키는 것으로 간주되는 가정 출신이다. 5장에서 다뤘듯 이들이 고용한 전문가는 그녀의 감수성과 노력 면에서 모범적으로 보인다. 거의 모든 자원봉사 활동은 노약자, 자폐증 환자 또는 저소득층 미혼모 등 가장 지원이 필요한 사람들에게 기여하는 것으로 평가된다.

 쿠안은 미국보다는 유럽 방식으로 자유주의적이다. 사람들은 대개 자신의 불행에 대해 '주머니' 집단을 비난하지 않으며 자신의 환경은 자기 잘못이라고 인정한다. 대부분은 원인을 이해하고 있는데, 어린 시절이 세대 간에 대물림된 가난, 알코올의존증, 학대와 같은 역사적 환경으로 인해 얼룩졌다는 인식도 여기에 포함된다. 그들은 불평등을 가정에 대한 도덕적 판단이라기보다는 역사적이고 구조적인 문제로 인식했다. 동시에 급진적이기보다는 개혁주의적인 성향을 보였다. 그들은 개입에 기반한 빠른 해결책이란 없다고 주장했다. 예를 들어, 핀탄은 바트리를 위한 특별한 커뮤니티 센터를 설립하기 위해 상당한 노력을 기울였지만 '주머니' 집단의 아이들은 센터를 이용하지 않을 것이다. 그렇더라도 할 수 있는 조치는 취해야 한다. 많은 은퇴자들이 교육과 의료 시스템에서 일한 경력이 있으며 고객의 가장 까다로운 문제와 관련된 정책 업무를 수행한 경우도 많았다. 따라서 가장 도움이 되는 방법을 자세히 논의할 수 있다. 예를 들어 사람들은 부모를 대신하기보다는 돕기 위해 노력했으며 도움을 원하지 않을 때는 물러서지만 도움을 요청하면 달려갔다. 급진적인 해결책을 거부한 것은 열망이 없었기 때문이 아니었다. 이러한 접근이 급진적 조치보다는 개혁으로 복지가 향상되는 경우가 많다는 것을 가르쳐준 전문적 경험으로 정당화할 수 있다고 생각했다. 그 판단이 옳을 수도 있고 아닐 수도 있지만 진정한 신념에 기초한 것이었다. 급진적인 해결책은 또한 상당한 국가의 개입에 기대는 경향이 있다.

많은 은퇴자가 공무원 출신이기 때문에 그러한 개입에 신중했다. 다만, 스스로를 현실주의자로 인식하는 것은 몇 가지 수수께끼를 남겼다. 그들은 노력, 지역사회 참여나 시민의 의무를 경시하는 개인이나 가족이 있으리라 가정했다. 그들은 불행을 낭만적으로 묘사하지 않았고, 다른 사람들이 부모나 시민으로서 그들의 책임이라고 여겼던 것을 정당한 이유 없이 수행하지 못했다고 무시하지도 않았다. 누군가가 무능한 아버지처럼 보였다면 구조적이고 역사적인 이유가 있을 수 있겠지만 여전히 무능하다고 평가할 수 있다. 대부분 은퇴자들은 어떤 의미에서 대처할 수 없는 신체적이거나 학습 장애가 있는 아동의 어머니의 사례를 잘 알고 있었다. 그들은 문제가 있다고 간주되는 사람들이 과거나 현재의 불행으로 인해 그렇게 될 수 있음을 무시하는 능력주의를 거부했다. 알코올, 마약, 도박 또는 범죄로 인해 문제 가정으로 간주되는 집단에 대해서는 모호함이 있었다. 이는 공정함으로서의 정의의 중요한 의미에서 그러한 가정을 배제하는 것을 포함하지 않았다. 타당한 경우, 현재의 악을 과거 문제 가정의 유산으로 간주하려고 노력했다. 그러나 이는 개인의 의지를 존중하려는 욕구로 균형을 이루었다. 개인의 주체성을 존중한다는 것은 법에 따라 비난과 처벌을 모두 받아야 할 방식으로 자신이 소유한 그러한 주체성을 사용한 정도에 따라 자유롭게 비난할 수 있음을 의미한다. 이 은퇴자들은 변명할 수 없는 악이 세상에 존재하며 항상 과거에서 원인을 찾기보다는 그 존재를 인정해야 한다고 믿었다. 그들은 두 가지 입장이 모순된다는 것을 알고 있었고, 서로 비난을 해서는 안 된다는 의미였다. 하지만 그들은 도덕적 평가에 두 가지 요소를 모두 포함해야 한다고 믿었다. 문제는 적절한 균형을 어떻게 결정하느냐였다. 이러한 대화에서 은퇴자들이 보인 인상적인 특징 중 하나는 의문을 즉시 인정하고 테이블 주위에 앉아 있는 다른 사람들의 말을 듣고 마음을 바꾸는 유연성이었다.

일반적으로 쿠안의 은퇴자들은 결과의 절대적 평등을 지지하지 않는 점에서 롤스의 주장과 맥락을 같이 한다. 누군가가 노력이나 능력을 통해 다른 사람들보다 더 성공하는 것은 공정하다고 여겨졌다. 어떤 사람들은 이에 따라 차별적인 보상을 받았다. 또한 그들은 노동자 계급이나 빈곤 계층이 자신들이나 중산층보다 더 진정성 있다고 보지 않았는데, 학계에 만연한 우월 의식과 상반되는 태도였다.

그들은 급진주의와는 반대되는 현실주의를 옹호했다. 남을 깔보거나 순진해서가 아니며 정치적 입장으로 칭찬을 받기 위해서도 아니며, 그저 축적된 경험을 바탕으로 복지를 향상하는 데 더 애썼기 때문이었다. 독자는 자기 잇속을 차리는 신념으로 여길 수 있지만 이들에게는 진정성이 있었다. 물론 쿠안이라는 고도로 일반화된 표본 내에 여기에 포함되지 않은 넓은 스펙트럼을 가진 연구 참가자도 있었다. 대화뿐 아니라 참가자를 관찰하는 과정에서도 대부분의 증거를 수집할 수 있었다. 종종 공식적인 토론보다는 아침 신문에서 읽은 내용에 대해 밝힌 의견도 포함되었다. 이러한 설명은 항상 '전형적' 또는 '대부분' 같은 용어를 사용한다.

요약하자면, 민족지학은 쿠안의 사람들이 스스로를 합리적으로 인식했음을 보여준다. 그들이 극단적 좌파나 우파 견해를 가진 집단으로 특징 지어지는 것을 거부한 데서 이를 확인할 수 있다. 롤스가 '이성'이라는 용어를 사용하는 바에 비견할 수 있는 합리성을 엿볼 수 있다. 이러한 주장은 공동체로서의 쿠안이 가족과 비슷한 궤적을 따르고 있음을 시사한다. 이 인구 집단의 원초적 입장이 무엇이든 롤스주의자들이 주장한 많은 원칙에 부합하는 가치를 향해 이동했다. 그들은 일반적으로 쿠안 주민이라는 공통적인 정체성에서 파생되는 계약상의 책임을 표현한다.

롤스와 시민권

지금까지 환절 논리에 따라 롤스의 주장을 가족, 쿠안과 관련지어 검토해보았다. 다음 단계는 아일랜드 시민, 나아가 세계 시민이 되려는 쿠안 주민의 태도를 살피는 것이다. 그들이 경계 너머로 정의의 기본 원칙을 확장하는 가장 일반적인 방법은 모든 사람이 각자 이주자에 긍정적 평가를 완전히 인식하도록 보장하는 노력을 기울인 것이다. 그들은 다른 아일랜드 공동체 내에서 지속되고 있을지 모르는 제한적 자유주의 견해와의 구분짓기 위해 이 예를 사용했다. 쿠안 내에서 이주자에 대한 훨씬 부정적이고 완전히 인종차별적인 견해도 물론 찾을 수 있었다. 바트리 지구의 일부 주민들은 커뮤니티 센터를 이주자 지원을 위해 활용하는 데 분명한 반대를 표현했다.

동시에, 센터에서 가장 논쟁을 벌인 한 영어 교사는 바트리 인근에 거주하는 세입자였다. 동유럽 출신의 가톨릭 동료 이민자들과 아프리카 출신의 이민자들에 대해 사람들이 매우 다른 태도를 보인 것은 인종차별적이라 부를 수 있지만, 동일시 정도와 연관된 계약상 의무의 전반적인 원칙의 연장이 분명했다. 높은 부동산 가격은 쿠안에 흑인 이주자가 거의 없음을 뜻했지만 필자와 가깝게 지낸 사람들, 즉 이웃들은 마을 내에서 거주한 경험을 매우 긍정적으로 평가했다. 그들은 자신이 쿠안의 주민이 되는 것에서 파생되는 더 큰 계약 관계에 편입된 것으로 인식했을 것이다. 쿠안 사람들은 부동산 가격 때문에 이주자들이 상대적으로 적다는 것과 그들의 자유주의적 태도에 비용이나 책임이 거의 수반되지 않음을 잘 알고 있었다. 사실 그들은 자신들의 견해가 다른 상황에서는 달라졌을지 궁금하게 여겼다.

앞서 바트리 주민이나 이주자를 포함해 쿠안에 사는 모든 사람이 맺고 있는 일종의 비공식적인 계약 관계를 암시한 바 있다. 그러나 모든 공식적인 계약 정체성은 여전히 국가주의에 기반한다. 바트리 지구 주민뿐만 아니라 이주자를 포함하는 것은 동일하게 아일랜드 시민이라는 것을 전제로 한다. 많은 경우에 은퇴 전에 공무원으로 일했기 때문에 은퇴자들은 각 개인을 동등하게 만드는 기본 계약으로 시민권을 받아들이는 경향이 있었다. 법 앞의 평등은 출생과 무관하게 부여되는 권리다. 그들은 다른 국가의 국민에게 동일한 수준의 복지를 확대 제공하는 것을 기대하지 않았으며, 그런 일은 시민 자격을 얻을 때에만 가능했다. 결국 그들 대부분 역시 타지에서 이주한 사람들이었다. 가족과 쿠안에 대한 토론에서 다뤘듯 이러한 국가주의와 롤스의 주장에 부합하는 정도는 매우 최근에 발생한 경향이다. 한두 세대 이전에는 대부분의 사람들이 반식민지 투쟁에 적극적이었던 민족주의자였겠지만, 정부 체제로서의 국가와 반드시 일치하지는 않았다. 아일랜드어로 '믿을 수 없는 사람$^{cute\ hoor}$'이라는 표현은 시민의 의무를 회피하거나 속임수를 쓸 궁리를 하는 사람들을 지칭하는데, 종종 불법적이고 비공식적인 방법으로 세금을 회피하는 창의적 비즈니스 거래를 하는 사람들을 우러러봤던 과거를 반영한다. 공통성은 국가의 보편적이고 추상적 통일성에 대한 계약상의 의무보다 더 개인적 관계를 가진 사람들에 대한 친족 관계의 연장이다. 핀탄 오툴의 책에 나와 있듯[33] 불과 얼마 전만 해도 찰스 호이$^{Charles\ Haughey}$ 같은 믿을 수 없는 사람이 국가를 이끌었다.

다시 말하지만 상황은 극적으로 변했다. 사제들의 성적 학대, 막달레나 세탁소 스캔들, 호이 같은 인사들과 연관된 속임수의 증거가 가한 역사적 충격이 누적되어 국가 자체에 대한 더 강하고 의식적인 감시로 이어지고, 그 행동이 공정하고 정의로운지를 끊임없이 살피게 되었다. 이데올로기가 거의 없는 중도주의 정부의 지속은 주로 환경주의, 주택, 보건 같은 분야에서의 조치로 판단 받음을 의미했다. 최근 신페인당의 인기 상승은 역사적인 약속보다는 실패한 보건 및 주택 정책에 반대한 움직임과 더 관련되어 있다. 이 모든 것은 국가 자체가 공정함으로서의 정의에 기초한 롤스의 일반적 주장에 따라 선량한 시민의 역할을 기대한다는 것을 의미한다. 과거 믿을 수 없는 사람에 대한 존경이 개인의 책임과 국가의 책임 간 밀접한 연관으로 전환된 것은 개인의 행동에 새로운 제재를 가한 코로나 대유행 기간에 분명하게 나타났다. 쿠안 주민들은 개인적 책임을 다하기 위해 국가의 규정을 준수하는 데 앞장섰다. 페이스북을 통해 다른 사람들이 사회적 거리두기 마스크 착용, 유사한 제재과 관련된 규정을 온전히 준수하는지 지켜보는 정도를 희화하한 밈이 유행했다. 모두가 아일랜드 경찰의 일원이 되다시피 했다. 쿠안의 많은 가정이 페이스북의 그룹 '코로나바이러스에 대응하는 쿠안'에 가입하여 제한으로 인해 부정적 영향을 받은 사람들을 돕는 등의 대응책을 마련했다. 그러나 한편으로는 은퇴자들이 말했듯이, 국가의 제한을 준수하지 않은 사람들과 '맞서는' 일도 종종 벌어졌다.

사람들이 아일랜드 시민으로서의 정체성과 공정함으로서의 정의라는 이상 사이의 관계를 발전시킨 두 번째 방법은 절묘하게 명명된 공정 거래 제도Fair Deal Scheme에서 찾을 수 있다.[34] 이는 국가 자체가 공정함으로서의 정의로 간주하는 것으로 보이는 바에 대한 구체적이고 명백한 입법 표현을 제공한다. 그 출발점은 삶과 죽음이 본질적으로 공정하지 않으며 개인의 인생 여정도 마찬가지라는 인식이다. 분명 복지국가에서는 국가가 질병 치료 비용을 감당할 책임이 어느 정도 있지만 개인에게도 그 책임이 있다. 비교적 건강한 삶을 살다가 사망하는 사람은 자신의 자산이나 국가에 재정적 부담을 크게 지우지 않는다.

그러나 오랫동안 치매 등의 질환을 앓는다면 간병인 또는 전문 요양사의 급여를 포함하여 돌봄에 상당한 지출이 들어간다. 삶과 건강은 본질적으로 공정하지 않은 것이다.

롤스의 원칙은 돌봄에 드는 막대한 비용의 대부분을 일반적 조세를 통해 국가가 부담해야 함을 암시할 수 있지만, 개인의 인생 여정 또는 상속이 상대적으로 수혜를 누리도록 이끌었다면 개인이 기여하는 것이 '공정함'을 뜻할 수도 있다. 공정 거래 제도는 국가가 그 지출의 나머지 부분을 차지하기 전에 개인 자산의 어느 비율을 돌봄에 지출해야 하는지 결정하기 위해 구성되었으며, 개인이 공공 보건 서비스에 의존하게 되는 경우를 가정한다. 필자가 민족지학 연구를 수행한 2018년 당시에는 국가가 나머지를 지불하기 전에 개인이 요양원 비용에 전체 자산의 일부(초기 3만 6000유로 제외)를 사용해야 한다고 규정했다. 공정 거래 제도에 대해 대화한 대부분 사람들은 불만을 제기했다. 당연한 일이겠지만 사람들은 개인적인 관심사를 반영하는 변화를 제안했다. 그러나 대부분은 계획의 배후에 있는 일반 원칙에 대해서는 찬성했다. 정치적으로 중도 성향의 쿠안 사람들은 재분배가 '공정함'의 의미에 부합하는 선에서 지지를 나타냈다. '공정 거래' 조항은 특별히 급진적이지는 않았다. 여전히 개인의 자산의 상당 부분은 보존한다는 점에서 사회주의 정책이라고 하기 어렵다. 그러나 부유한 개인이 국가가 개입하기 전에 돌봄에 더 많은 돈을 지불해야 한다는 일반 원칙을 명시적으로 표현하는 데 성공했다. 민족지학 연구는 공정 거래 계획의 정책이 아일랜드의 공정한 게임이라는, 날마다 들을 수 있는 일상 표현에 부합하는 성공을 거뒀음을 시사한다. 반면 국가 의료보험의 부재는 일반적으로 국가로서 아일랜드의 큰 실패로 간주되며, 국가가 정의와 공정성의 방향으로 적절한 발전을 이루지 못한 사례로 간주되었다.

아일랜드 시민과 세계 시민 사이에서 새롭고 중요한 구성 요소는 유럽인이라는 정체성의 확대다. EU의 충실한 지지자로서 아일랜드인들은 유럽 나머지 지역과 공통성과 상호성에 대한 기대를 쉽게 확장하는 것으로 보인다. 많은 사람이 유럽에서 휴가를 보내거나 부동산을 가지고 있다는 점에서 이론적 수준이 아니라 폭넓은 유럽 시민권에 참여한다는 의식이 뚜렷하다.

브렉시트 덕분에 더블린이 EU 내에서 최대 규모의 영어권 도시가 되었다는 발언이 활발하게 제기되었다. 더 넓은 세계와 관련하여, 일부가 참여하는 자선 활동은 일부 개인이 전체 인류에게 느끼는 계약상의 의무 요소를 포함할 수 있다. 쿠안에서는 소수만 참여하고 있지만, 그들의 경험을 들어보면 다른 지역에서 만난 자선 활동가와 중요한 차이점을 알 수 있다. 이들은 가르침이나 자원봉사처럼 좀 더 개인적인 관여를 하는 것으로 보였다. 그 결과 다른 자선 활동보다 하향식 활동의 성격이 덜했고 이는 해외여행

중에 종종 아일랜드 사람들에 대해 긍정적인 의견으로 확인되었다. 개발도상국에 돈을 기부하는 대신 직접 해외에 나가서 사람들을 대면하여 돕는 일에 자신의 기술을 사용하는 선택을 했다. 요즘 '고정관념'이라는 용어가 본질주의와 인종주의와 관련하여 연관성을 상실하고 거의 모든 종류의 일반화에 사용되는 가운데 인류학자들은 실증적인 일반화를 본질주의와 구별하고, 대신 그 일반화를 설명하는 원인 조건을 조사하기 위해 신중하게 고정관념을 영속시킨다는 오해로 종종 비난받는다. 이 가운데 아일랜드의 평등주의적 친밀감과 재미에 대한 세계인의 긍정적 고정관념은 사람들을 편안하게 만들고 자선 활동의 잠재적인 위계적 결과를 지양한다. 혹 '고정관념'을 재현했다고 생각한다면 양해를 구한다.

결론

의심할 여지 없이 훨씬 열등한 수준이었지만 6장의 논의는 롤스의 주장을 따르고 확장하려는 의도에서 수행된 것이다. 이러한 시도는 또한 누스바움의 《정의의 최전선》과 센의 《정의의 아이디어》 같은 대표적 철학자들의 주장과 성 평등을 비롯한 여러 주제로 뒷받침되었다. 정의와 공정함을 현대 세계의 복잡성에 적용하는 방법에 깊이 연관되어 있기 때문이다. 앞서 연결 지은 바와 같이 그러한 아이디어는 삶이 기존 사회의 합의된 관행을 설명하는 민족지학에서 관찰한 규범적 메커니즘에 따라 어떻게 이상적으로 살아야 하는지에 대한 철학적 접근을 규범적 목적과 병치하는 것이다.

6장에서는 롤스의 주장을 확대하는 시도에서 그의 초월적 접근을 쿠안을 판단하는 척도로 활용했으며 동시에 롤스에 대한 비판을 확장했다. 그 결과는 은퇴자들을 다른 사회와의 비교에 관계없이 정의와 공정성이라는, 롤스가 제시한 이상에 더 가까이 다가간 세대로 묘사할 수 있었다.

비판적인 사회과학자는 남아 있는 많은 문제점을 강조할 근거를 가지고 있다. 쿠안에서 비극과 고통을 찾는 것도 가능하다. 그러한 원인을 은밀하게 숨기기보다는 전면에 내세워야 한다. 남들이 문제 있는 '주머니'로 간주하는 가정의 구성원에 무슨 일이 일어나고 있을까? 다량의 코카인 유통이 미치는 결과는 무엇이며 어느 정도가 알려지지 않았거나 무시되고 있는가? 우울증과 자살 발생률을 조사할 때 쿠안에 대한 인식이 어떻게 변화했는가? 이주자들은 어떤 대우를 받고 어떻게 논의되는가? 첫 번째 결론은 문제가 있는 모든 쟁점을 롤스의 주장에 근거하여 쿠안을 판단하는 데 포함할 수 있다는 것이다. 민족지학 연구는 모든 사람이 마을 내에서 거주자로서 오는 상상의 계약 관계 내에 포함된다는 것을 보여주기 때문이다. 복지의 관행 측면에서는 어떤 정도 무시되지만, CCA와 청소년 자살을 줄이기 위해 관심을 기울이는 쿠안 주민들은 바트리 지구의 불우한 가정에 직접적인 관심을 보인다. 민족지학 연구 역시 실제로 바트리 주민들이 쿠안의 동등한 주민으로 간주되며 이에 따라 민족지학에 포함되었음을 보여주었다.

6장은 쿠안이 롤스의 주장에 부합하도록 변화한 몇 가지 방식을 입증했지만 충분하지는 않다. 그의 접근 방식에 대한 중요한 비판이 남아 있다. 5장에서 브릿지와 대조되는 빙고를 강조하는 이유는 롤스의 주장에서 핵심인 능력주의 요소를 강조하는 데 도움이 되었기 때문이다. 능력주의 문제는 롤스가 의도한 대로 많은 요인을 고려할 때조차 마이클 영Michael Young[35], 최근에는 마이클 샌델[36]의 지적처럼 여전히 불평당과 그에 이어지는 분노를 내포한다. 이는《평등이 답이다》같은 책에 잘 드러나 있다. 다시 강조하지만 만족스러운 사회는 훌륭한 사회로 불리기까지 갈 길이 멀다.

쿠안에 대한 찬사에는 특정 선례에 근거함을 밝히고자 한다. 수년 동안 나는 전후 사회민주주의 스칸디나비아 복지국가에 초점을 맞춘 학문적 가르침을 통해 정치적 논쟁을 장려하고자 노력했다. 이러한 정부들이 우생학과 같은 끔찍한 일에 관여하고 있다는 것과 그들의 평등주의적 복지 정책은 부모의 경미한 비행으로 인해 아이들이 복지에 맡겨졌을 때 과도하게 되었음을 알고 있었다. 관료주의적인 우려가 특정 상황에 대한 감각성을 압도했기 때문이다.[37] 그런데도 교육 현장에서 일반적인 참고 사항으로 언급한 이유는 그러한 정부들의 단점이 무엇이든 인류 역사상 다른 어떤 정부보다 더 나음을 인정하는 것 역시 중요하다고 생각했기 때문이다. 더욱이 수십 년 동안 이들은 세계에서 가장 부유하고 윤리적으로 진보한 국가였다. 이는 우리에게 또 다른 교훈을 준다. 세계에서 가장 성공적인 경제가 되기 위해 반드시 미국식 경쟁 자본주의를 채택할 필요는 없는 것이다. 사회민주주의 자본주의는 기업뿐만 아니라 소비자와 노동조합을 아우르는 계약적 합의에서 비롯되었다. 가르침의 목적에서 중요한 것은 이러한 국가가 실제로 오랜 기간 동안 존재했다는 것이다.

스칸디나비아 국가들에 대한 칭송은 이매뉴얼 월러스틴Immanuel Wallerstein 같은 사회과학자들이 명확하게 입증한, 구조적인 불평등의 역사에 관심을 기울이는 시도로 균형을 잡을 수 있다.[38] 월러스틴은 특정 국가의 부가 다른 국가에 대한 탐욕스러운 식민지 착취를 토대로 형성되었음을 밝혀냈다. 또한 칭찬할 만한 현대 사회는 물려받은 불평등한 경제적 보상을 재조정하는 방법을 고민하고 노력하는 사회다. 전통적으로 원자재에 턱없이 부족한 금액을 지불한 나라들이 있다. 일부 국가는 상대적으로 부유해진 반면 다른 국가는 가난하게 남아 있는 이유다. 예를 들어 콘텐츠 중재와 같이 디지털 세계에 필요한 저임금 고용이 남반구로 이동하면서 예의 글로벌 불평등이 심화되고 있음을 보여주는 사회도 있다.[39] 그러나 쿠안에도 고려할 만한 쟁점이 있다. 이 책의 핵심 질문 중 하나는 쿠안과 같은 곳에 정착하려는 이주자의 열망이 제대로 이루어지는 여부였다.

국가 차원에서 보면 아일랜드는 유토피아가 아니다. 국제 IT 기업을 위한 방대한 서버를 유치하고 있는데 전 세계 차원에서 보면 긍정적인 기후변화와 책임의 모델이라고 볼 수 없다.

아일랜드 정부는 오랫동안 기업에 대한 최소한의 세금 체계를 발전시키는 것에 대해 유럽 등의 시도를 거세게 반대한 국가에 속했다. 수십 년 동안 아일랜드인에게 유리했던 낮은 세율 정책을 훼손하기 때문인데 분명 세계에는 이롭지 않은 주장이었다. 아일랜드는 결국 세계의 압박에 못 이겨 세율 인상을 묵인하기로 합의했다.[40] 아일랜드의 경제 정책이 계급과 다른 구조적 불평등을 얼마나 완화했는지는 의문이다. 복지 측면에서 가장 문제가 큰 실패는 국가 의료보험을 정비하지 못한 것이다. 이로 인해 민간 건강보험에 크게 의존하는, 이른바 보건 아파르트헤이트apartheid가 존재하며 민간 보험료를 감당할 수 없는 사람들은 수술을 받기 위해 엄청난 시간을 대기해야 한다.[41] 주택 분야에서 쿠안의 대부분 주민들은 정부가 건설업체가 공공 주택에 대한 약속을 회피하도록 감독이 느슨하다고 생각했다. 이는 많은 사람이 바트리 지구 같은 곳에서도 주거지를 얻을 수 없음을 의미했다. 청소년 우울증과 자살 문제를 줄이기 위해 기금을 모은 것이 쿠안 주민들이라는 사실은 국가가 필요한 자원을 제공하지 못했음을 일부분 반증한다.[42] 한편 이 책을 쓰고 있는 시점에서 영국은 보리스 존슨Boris Johnson과 그보다 더 나쁜 선택지 사이에서 비틀대고 있다. 전쟁, 강간, 고문에서 탈출한 망명 신청자에 대한 체계적이고 불필요한 잔혹 행위가 자행되어[43] 슬픔을 가눌 수 없으며, 많은 면에서 아일랜드를 닮아가기를 바라고 있다.

6장은 쿠안에 대해 여러 비교 요소를 포함한다는 점에서 다른 장과 구별된다. 일반적으로 인류학자는 지역 간 비교 연구를 하지만 6장은 대체로 역사적 비교를 수행했다. 핵심 주장은 쿠안의 은퇴자들이 출생 시점과 비교하여 롤스가 제시한 이상에 점점 가까이 다가가는 궤적을 따라온 세대를 대표한다는 것이다. 오늘날 쿠안의 가족은 과거의 인류학자들이 제시한 전통 아일랜드 가족과 거의 다를 바 없다. 6장은 또한 지역사회에서 자폐 환자들이 공적 지원뿐 아니라 지역사회에서 지원을 받으며, 아일랜드 역사에서 비정상적이라거나 바람직하지 않은 존재로 여겨 격리하던 것과 극단적인 대조를 이룬다. 쿠안 자체는 주민 복지를 개발하는데 매우 적극적인 참여를 포함하는 계약적인 자기 인식을 발전시켰으며 갈수록 바트리 지구를 통합하고 있다. 모든 면에서 쿠안은 더 '롤스주의'에 가까워졌다.

이러한 진보적 궤도의 배경에는 분명 쿠안이 누린 행운도 작용했다. 주민들은 현대 아일랜드 내에서 가장 자유주의적인 집단과 좌파 성향의 사람들 중간에 위치하지만 이들은 자신의 가치가 특별한 위기로 시험대에 오르거나[44] 그러한 감각이 얼마나 깊은지 또는 얕은지 보여주는 문제에 봉착하지 않았다고 평했다. 그들은 자신들의 이익에 크게 반하는 윤리적 도전에 어떻게 대처할 것인지에 대해 궁금해했다. 그러한 질문을 인식하고 고민하는 한 안주에 대한 비난을 잠재울 수 있을 것이다. 쿠안에 따른 행운은 다른 지역 주민들이 불운에 책임이 있는 것이 아닌 것과 마찬가지다. 중요한 것은 쿠안의 은퇴자들이 특권적 지위에 반응한 방식이며 덕분에 롤스와 같은 철학자들의 고찰을 검증하기 적합한 후보지로 선정되었다. 롤스는 대부분 이론적으로 계획된 이상적인 상황 내에서 주장을 펼치는 경향이 있었다.

7장
신체와 스포츠

개인적으로 프리미어리그 축구를 종종 보지만, 일반적으로 거의 관심이 없는 두 주제를 꼽으라면 스포츠와 신체라고 말할 것이다. 이런 의견을 가진 것은 나만이 아니어서, 학자들은 종종 스포츠에 관심을 두지 않는다. 방대하고 첫눈에 보기에도 광범위한, 아일랜드의 사회학 교과서가 존재한다.[01] 그러나 16장의 600페이지에 걸쳐 스포츠에 대한 언급이 거의 없다. 반면 쿠안의 지역 신문을 읽어보면 지역 또는 국가, 스포츠가 일반적으로 정치를 포함한 다른 주제보다 더 많은 공간을 차지한다. 정확하게 측정할 방법은 모르지만 쿠안 주민들 사이에서 가장 일반적으로 논의되는 주제는 단연 스포츠다.

만약 인류학자가 그들의 말만큼이나 훌륭하고 세심한 관심을 기울여 자신이 속한 인구 집단에 대해 자신의 이익을 투영하려고 애쓰는 대신 그들에게 중요한 바를 결정한다면, 이 책의 많은 부분은 스포츠에 관한 주제를 다뤄야 할 것이다. 내게는 어려운 문제인데, 해야 할 일이라는 것은 인정하면서도 쿠안에서처럼 스포츠와 신체가 큰 관심을 받는 이유와 방식을 이해하고 있지 못함을 뼈저리게 느끼기 때문이다. 더 어려운 것은 그 관찰에서 무엇을 배울 수 있는지 말하는 것이다. 그러나 개인적으로 부족해도 7장과 이어지는 장에서는 이 주제를 다루고자 한다. 스포츠로 시작하여 더 일반적으로 신체에 관한 증거와 토론을 이어갈 것이다.

우선 스포츠의 존재감을 살펴보겠다. 쿠안의 인구는 1만 1000명에 불과하다. 그러나 스포츠의 가장 큰 구성 요소인 아동 스포츠를 제외하고 오직 성인에게만 초점을 맞춰보자. 그렇더라도 크리켓, 오토바이, 가라테, 골프, 바다 수영, 조정, 카이트서핑, 하키, 사이클링, 럭비, 축구, 테니스, 세일링, 배구, 배드민턴, 걷기, 권투, 볼링, 운동 경기, 스쿼시를 즐기는 조직이나 집단을 찾을 수 있다. 또한, 게일 축구뿐만 아니라 소년들의 헐링hurling, 소녀들의 카모지camogie 같은 아일랜드 스포츠를 조직하는 GAA Gaelic Athletics Association가 운영되고 있다. 청년 스포츠의 경우 일단 숫자가 인상적이다. GAA에 따르면 쿠안에 73개 팀이 있다(오타가 아니라 정말 73개다). 다른 스포츠에 대해서는 잘 모르지만 전반적으로 15개 이상의 럭비 팀, 25개의 축구 팀, 21개의 크리켓 팀이 있는 것으로 안다.

조정 경주를 보는 것은 숫자 면에서 다소 인상적인데, 특히 이 클럽은 불과 2012년에 창단되었다. 적임자를 찾지 못할 수도 있지만 경마와 다른 몇몇 스포츠에 베팅하는 것도 두 가게의 수익원이다. 술집에서 스포츠를 시청한다면 축구와 GAA를 압도하는 럭비일 가능성이 높으며, 한 술집에서는 항상 경마로 사람들을 유인하는 것처럼 보였다. 잉글랜드 프리미어리그 축구EPL는 일상 대화에서 중요한 부분을 차지하며, 한 교사는 프리미어리그 팀 중 하나를 지지하지 않으면 소외감을 느낄 수 있다고 불평했다. 결과적으로 직접 스포츠를 하는 것은 고사하고 경기를 고르는 것도 피곤하게 느껴진다.

GAA의 클럽 하우스에는 럭비 클럽과 항해 클럽과 마찬가지로 커다란 바가 있다. GAA와 크리켓 클럽에서는 종종 다양한 행사가 열린다. 대부분의 스포츠는 종종 크리스마스 식사와 술집 퀴즈 또는 래플과 같은 간헐적인 기금 모금 이벤트를 포함하여 사회적으로 활발한 접점을 가지고 있다. 예를 들어 필자가 매주 참여한 우쿨렐레 그룹은 GAA 건물에서 모였지만 결혼식과 장례식에서도 모였는데 인근 마을에서 GAA는 사교 행사ceilidh를 주최했다. 이 협회는 최대 6주간 지속되는 여름 캠프를 조직하여 부모의 삶에 중요한 기여를 했다. 부모 입장에서는 중요한 휴식인 경우가 많기 때문이다. 비전문가로서는 대단한 활동이며 많은 부모는 코칭에서 샌드위치 만들기에 이르기까지 다양한 기여를 하고 기금 모금에 관여할 여지도 있다. 종종 사람들은 자신이 속해 있든 아니든 GAA를 포함한 특정 스포츠를 '파벌'이라고 묘사했다. 그러나 이는 어디까지나 그 무리에 끼지 않은 사람들의 불평으로 보였다. 대부분 실제 회원들은 배타적이지 않다고 항의했으며, 몇몇 회원들은 직접 가입하기 전까지는 그저 그렇게 파벌을 형성하는 집단으로 오해했다고 털어놨다.

 이 책의 목적상 하나의 가장 중요한 관찰 사항은 쿠안에서 즐기는 스포츠의 범위와 사람들이 품고 있는 열정의 관계다. 지금까지 사람들이 도시 생활을 원하는 이유로 손꼽는 가장 흔한 원인이 다양한 스포츠를 즐길 수 있다는 것이며, 이는 심지어 자녀 양육에 적합한 장소라는 이유를 능가한다. 무엇보다도 이는 쿠안이 지지하는 바를 보여주며 만족스러운 삶의 토대이다. 대부분의 청년들은 다양한 스포츠를 시도하고 싶어하는 것으로 보였고 이동의 어려움 때문에 종종 부모가 여유 시간에 차로 태워다줬다. 한편 노년층은 보다 깊은 관계를 위해 특정 스포츠에 집중하는 경향이 있었다. 아울러 골프와 볼링같이 노화와 관련된 스포츠도 있었다. 쿠안은 해안이기 때문에 당연히 항해, 바다 수영, 조정 등의 수상 스포츠에도 관심이 많았다. 한편, 낚시는 스포츠라기보다는 비즈니스 또는 레저 활동으로 주로 간주되었다.

스포츠의 지배력이 분명하게 드러나는 방법은 여러 가지가 있다. 예를 들어 연례 성 패트릭 데이 퍼레이드에서 대부분의 꽃수레는 여느 지역이나 국가의 퍼레이드처럼 여러 학교와 연관되지 않았다. 대신 다양한 스포츠 클럽이 꽃수레와 행렬을 지배했다. 쿠안 커뮤니티 센터에는 바 또는 커피를 마실 장소가 없다. 주로 체육이나 배드민턴 같은 다양한 스포츠 경기가 열렸기 때문에 커뮤니티 센터가 곧 스포츠 센터 역할을 했지만 그 옆에는 노년층을 위한 극장과 활동을 진행하는 또 다른 복합 단지가 있었다. 신문과 대화를 스포츠가 지배된다는 것을 깨닫자 이것이 쿠안 주민의 삶을 정확히 반영하는 관찰임을 시사하는 많은 증거를 찾을 수 있었다.

쿠안에서 즐기는 대다수의 스포츠는 경쟁이 치열하며 지역 리그를 통해 다른 마을과 경기를 펼쳤다. 쿠안 주민들이 강인함으로 이름을 날리던 시절이 있었다. 더블린에서 사람들이 그들은 '모두 바이킹'이라고 말한 것을 들었는데, 역사적으로 어느 정도 일리가 있는 말일 것이다. 한겨울에 바다 수영을 즐기는 것에서 이를 알 수 있다. 그러나 오늘날에는 대부분의 주민들이 타지인이며 쿠안은 세련됨을 똑같이 자랑스럽게 여기기에 이르렀다. GAA가 주최하는 것과 경쟁이 가장 심한 스포츠는 5~6세 어린이를 모집한다. 어릴 때 시작하지 않으면 나중에 팀 대회에서 좋은 성적을 거두기 어렵기 때문이다. 나이가 들면 코칭이나 행정을 통해 경쟁 스포츠 분야에 계속 관여한다. 하키와 같은 이러한 스포츠 중 일부는 지역사회 협회에서 발전시켰으며 크리켓과 GAA의 스포츠 등은 세대를 거슬러 올라간다. 또한 사이클과 오토바이 경주를 포함한 주요 경주가 쿠안을 통과하거나 이곳에서 마무리되며 중요한 연례 행사로 자리매김할 수 있다. 역사적으로 쿠안에는 경마도 있었다. 서론에서 언급했듯이, 수영장의 부족은 쿠안에 부족한 세 개의 건물로 호텔, 영화관 부족과 함께 늘 언급되었다.

    스포츠가 사람들의 정체성에서 중요한 부분을 차지하는 것은 최근의 의복 트렌드에서도 두드러진다. 3장에서 언급했듯이 오늘날 많은 의류는 스포츠와 일상 용도를 오간다. 가장 인기 있는 신발은 운동화이지만 종종 세련된 신발을 선택하는 훈련의 일부로 보인다. 라이크라 포함된 광택 소재가 레깅스와 탑에 적용된 것을 쉽게 발견할 수 있다. 사람들이 선호하는 브랜드의 대부분은 주로 스포츠 브랜드다. 쿠안의 청년들을 비롯한 대다수 주민은 체형이 날씬하기 때문에 언제나 스포츠 활동에 참여할 준비가 되어 있는 복장이다. 산책을 하지만 조깅으로 전환될 수도 있고 체육관이나 요가 수업에 가는 것으로 보이는 의상을 입고 있기도 하다. 따라서 옷은 스포츠가 이제 일상 생활의 기초로 자리 잡은 분명한 표현이 되었다.

스포츠 기량에 대해서는 쿠안이 특출하지는 않았다. 더 넓은 아일랜드 리그의 관점에서는 중간 정도이지만 때로는 쿠안 출신이 국가 대표팀에 발탁되기도 했고 이 경우 주민들이 자동적으로 지지자가 되었다. 마을 한가운데에 있는 건축물에 붙은 유일한 공지는 예정된 국내 또는 국제 게임에 출전한 쿠안 출신이 성공하기를 기원하는 내용이다. 〈쿠안 뉴스〉는 마을 사람들에게 실제로 중요한 것을 세심하게 보도하는 면에서 모범적이었는데 이와 관련된 주제도 포함되었다. 특별한 성취를 이루지 않았어도 스포츠에 약간이나마 기여를 한 아이들을 축하할 구실을 찾는 데 인상적인 재능을 발휘하여, 성공 스토리뿐 아니라 의도와 노력이 가미된 칭찬 기사도 실었다. 하프 마라톤을 달린 자폐증 환자나 팬데믹 기간 중 사람들이 제자리걸음을 하면서 거리 두기를 했는지에 관한 기사를 보도했다.

쿠안은 아일랜드의 다른 도시와 비교하여 팀 깃발을 표시하는 데 특히 인상적이지 않았다. 마을은 더블린 카운티에 있으므로 리그 또는 스포츠에 따라 사람들은 쿠안, 더블린 또는 아일랜드 팀을 지지했다. 그러나 일상적인 대화를 들어 보면 경쟁에서 승리해서 쟁취할 수 있는 국가주의나 지역의 정체성 함양보다는 아동에게 스포츠가 얼마나 좋은지를 강조했다. 쿠안의 성인 대부분이 다른 지역 출신이라는 것 역시 직접적으로 지역색에 초점을 맞추지 않는 데 한몫했다. 역사적으로 쿠안의 스포츠는 인근 특정 도시와의 경쟁에 중점을 두었지만 그런 분위기는 옅어졌다. 쿠안 사람들은 특정 팀 스포츠 셔츠보다는 일반적인 스포츠웨어를 착용하는 경향이 있다.

비용이 가장 많이 드는 스포츠는 골프와 항해이기 때문에 결과적으로 지위를 암시한다. 그러나 쿠안에서의 항해는 어떤 종류의 계급 구별에도 강경한 입장을 취했다. 3장에서 언급했듯이, 항해 클럽은 요트 클럽이라고 부르지 말 것을 주장했다. 골프는 의사나 사업가와 같이 지역사회에서 지위가 높은 사람들이 전통적으로 유입되는 유일한 스포츠다. 골프 클럽의 가입비가 4000유로가량이라고 들었지만, 경기 침체와 청년층 선수의 부족으로 금액대가 1200유로로 낮아졌다. 여기에 골프 클럽과 기타 장비를 갖추는 데 300유로가 추가로 든다. 몇몇 애호가들은 그렇지 않다고 주장하지만 골프는 여전히 지위를 다소 과시하는 스포츠로 여겨진다. 한 골프광은 골프가 사업과 밀접한 관련이 있다고 말한다.

함께 사업을 할 만한 사람이라는 인식을 얻는 훌륭한 방법이다. 예를 들어 좌절스러운 상황에 대처하는 방법, 승부욕, 속임수를 쓰는지를 엿볼 수 있다. 골프 코스의 4라운드는 한 사람의 업무 능력을 평가하는 데 있어 열 번의 면접을 보는 것과 같은 가치다. 다른 어떤 활동도 짧은 시간에 업무에 대한 적합성 평가를 내릴 수 없다. 그런 면에서 비견할 스포츠가 없다.

럭비가 사립 학교와 연관된 유산으로 인해 특정 계급과 정치적 의미를 지니던 시기가 있었다. 그러나 대부분의 사람들은 그런 시절은 지나갔다고 생각한다. 럭비는 꽤 열정적인 추종자를 거느리고 있으며 클럽은 음주를 통한 사교 활동의 중요 장소다.

쿠안에는 아일랜드 럭비팀을 따라 일본과 같은 해외 경기장을 방문하는 은퇴자들이 있다. 더 놀라운 것은 아일랜드의 동부 해안 지대에서 크리켓의 인기인데 여러 팀이 활동하면서 쿠안에서 번성하는 것으로 보이며 영국과의 연관성으로도 인기가 시들하지 않다. 그러나 GAA의 정치적 함의는 더 복잡하고 그 자체의 권리 측면에서 논의할 필요가 있다.

GAA

아일랜드 민족주의는 가톨릭교회에서부터 독특한 음악적, 문학적 전통, 언어와 역사에 이르기까지 많은 지지를 받았지만 그중에서도 GAA를 가장 중요하게 여기는 데는 근거가 있다. 독립에 관한 이야기는 일반적으로 영국에 반대하는 아일랜드 민족주의의 기초에서 시작된다. 서론에서 언급했듯 1920년대부터 1960년대까지 아일랜드 정치를 장악했던 데 벌레라의 유산은 아일랜드의 모든 지역이 엄격한 가톨릭 기반에 의존하게 만들었다. 하지만 그가 영향력을 발휘하기 전에도 GGA는 1880년대부터 영향력을 키운 강력한 집단이었다. 그 결과, GAA와 교회는 공동으로 사람이 거주하는 모든 곳에서 아일랜드의 심장으로 간주되었다. 두 요새는 강하게 연결되어 있었다. 모든 GAA 클럽은 교구의 경계, 즉 교회의 단위로 정의되었으며 두 집단 모두 학교와 깊이 연관되었다.

은퇴자들이 청년이었던 시절에 정치적인 관심은 교육을 장악하고 있던 교회의 역할에 집중되었다. 그러나 교회의 권위가 급격히 쇠퇴하는 변화 속에서도 GAA는 여전히 중심적 역할을 잃지 않았다. 아일랜드어는 쿠안에서도 알려져 있지만 일상 생활에서 사용되지 않는 반면 73개 팀으로 구성된 GAA는 피할 수 없는 존재다. GAA가 육성한 헐링, 카모지, 게일 축구는 아일랜드와 아일랜드 디아스포라 이외의 집단에서는 존재하지 않는다. 아일랜드 민족주의에서 눈에 띄는 대목은 데 벌레라가 럭비를 무척 좋아했다는 것이다. 일반적으로 GAA는 적어도 어느 기간 동안에는 다른 모든 스포츠에 대해 게일어 사용이 미흡하다고 핀잔을 주었다.

GAA의 위대한 아이콘은 더블린의 크로크 파크로 8만 2000명을 수용할 수 있으며 1920년 '피의 일요일' 숙청을 포함한 역사적 유산을 간직한 장소다. 당시 영국군은 독립 투쟁을 벌이던 대중에게 총격을 가했다. 이곳은 콘서트나 권투 시합에도 사용되며 2018년에는 교황이 방문하기도 했다. 크로크 파크는 어떤 종교나 정치 기념물보다 아일랜드의 심장처럼 생각되며 이러한 정서는 행사에 참석하는 것에 대해 이야기할 때 쿠안 주민들에게서 드러난다. 크로크 파크와 GAA, 아일랜드의 다른 모든 스포츠의 관계가 변화한 방식은 큰 의미를 지닌다. 거의 모든 사람이 GAA가 아닌 다른 스포츠에 참여할 경우 일종의 배신으로 비난받을 각오를 해야 했던 과거를 말할 수 있으며 선수들은 두 캠프에서 부츠를 가질 수 없었던 것은 물론이다. 1970년대까지 축구, 럭비 또는 크리켓에 참가한 회원들은 GAA에서 금지된다는 공식적인 규칙이 있었다. 다른 운동을 하는 것은 '제단에서 읽는' 느낌과 비슷했다. 즉, 당시에는 개신교 예배에 참석한 대가로 가톨릭교회에서 파문당하는 것에 준하는 대가를 치러야 했던 것이다.

　반면 요즘 쿠안 사람들은 스포츠가 보편화된 것에 자부심을 가지고 이야기한다. 최근 쿠안 축구팀이 리그에서 뛰어난 활약을 하자 경기장 수준이 축구팀 위상에 걸맞지 않는다는 인식에 따라 럭비 경기장을 사용할 수 있게 되었다. GAA에서 럭비 셔츠를 입는 것은 더는 도발이 아니다. 크로크 파크에서도 2007년부터 축구와 럭비가 허용되었다. GAA는 현대 아일랜드 자유주의적 가치에 적응하고 이를 지지하고 있다. 이제는 '아일랜드인다움'을 시험하기보다는 새로운 이주자의 통합을 돕는 장소다. 정치적 정신은 스포츠에서 이러한 보편적 잠재력을 포용하기 위해 완전히 탈바꿈했다. 지역사회 발전을 논의함에 있어, 오늘날 쿠안의 스포츠가 협력하고 서로를 지원하는 정도는 스포츠 기금을 얻기 위해 지역과 중앙 정부에 호소하는 데 도움이 된다.

　아일랜드 정체성에 대한 GAA의 중요성은 또한 그 편재성에 있다. 모든 정착지에는 자체 GAA 클럽의 설치가 예상되며 쿠안이 스포츠를 즐기기에 이상적인 도시로 여겨지는 이유 중 하나는 GAA 클럽과 GAA 경기장이 다른 많은 지역과 달리 변두리가 아닌 도시 중심지 근처에 위치하고 있기 때문이다. 출생지를 떠나 아일랜드의 새로운 지역으로 이주한다면 새로운 정착지에 통합되는 확실한 방법은 지역 GAA에 가입하는 것이다. 73개 팀이 활동하고 있고 젊은 선수들의 부모들이 적극적인 참여를 한다는 점도 높은 수준의 참여 시민권을 보여준다. 새로운 GAA 클럽 하우스를 짓는 데 8년이 걸렸는데 여기에는 끝없는 복권 발행과 후원을 통한 기금 마련 기간이 포함된다. 요즘 노인들은 보험과 데이터 보호와 관련하여 점점 더 복잡한 문제를 지원을 통해 계속 클럽을 지원할 수 있다. 이 모든 면에서 GAA는 거대한 지역사회 개발 행위를 나타낸다. 아일랜드 가치의 표현으로 아마추어리즘에 대한 헌신이 가장 명백하게 이념적인 것은 GGA 스포츠일 것이다. 다른 스포츠도 아마추어일 수 있지만 사람들이 GAA에 대해 언급할 때 평등주의와 포용성이라는 다른 이상과 함께 이를 훨씬 자주 거론한다.02

GAA가 치열한 경쟁과 어린 시절의 기술 연마에 기반한다는 점을 감안할 때 단순한 정신으로 볼 수는 없다. 따라서 경쟁적 요소는 다른 활동들로 보완되어야 한다. 쿠안의 거의 모든 지역사회 활동에 복권이 갖는 중요성을 감안할 때 GAA 복권은 다른 모든 공개 행사를 손쉽게 압도하는 이유를 알 수 있다. 복권은 기술과 달리 순전히 운에 달려 있기 때문에 스포츠 자체가 기술을 선호하여 기회를 배제하려고 시도하는 방식에 균형을 유지하는 데 도움이 된다. 이러한 분위기가 조성되는 또 다른 미묘한 방법은 GAA에서 스포츠가 다른 관심사의 진입을 차단하는 데 중요한 역할을 한다는 것이다. 대조적으로 럭비 클럽이나 항해 클럽에서 음주는 그 자체로 가치 있는 활동으로 간주되며 잠재적으로 지위를 암시하기도 한다.

그러나 앞서 설명한 모든 요소에도 불구하고 쿠안을 돋보이게 만드는 것은 바로 다른 많은 도시보다 GAA에 대한 의존이 덜하다는 점이다. 즐길 만한 스포츠가 많아서다. 사람들이 쿠안을 천국으로 묘사하면서 다른 도시와의 차별점이나 다른 도시보다 낫다고 말할 때 주목할 점은 항해나 럭비 또는 크리켓과 같은 스포츠가 그러한 중추적 위상을 가지고 많은 사람들에게 열정을 불러일으킨다는 것이다. 사람들은 쿠안을 GAA 마을보다 럭비 마을이라고 부를 가능성이 더 크다. 크리켓도 유명하며 바트리 지구의 주민이 협회장을 맡고 있다. 이 시점에서 모든 스포츠가 쿠안의 활동이며 중요한 것은 즐기는 스포츠의 범위와 다양성 덕분에 거의 모든 사람이 자신만의 스포츠를 찾을 수 있는 많은 기회가 있다는 것이다. 결론적으로, GAA가 특별했기 때문에 쿠안이 특별하다고 말하는 사람을 만나지 못했다. GAA라는 거대한 복합단지는 오히려 쿠안을 전형적인 아일랜드 지역으로 만든다. 쿠안을 특별하게 만든 것은 광범위한 스포츠였다.[03]

나이와 스포츠

아동의 관점에서 스포츠는 일상에서 주요 활동이 될 수 있다. 한 소녀는 월요일에는 크리켓과 수영을, 화요일에는 카모지를, 수요일에는 크리켓을 또다시 하고, 목요일에는 게일 축구를, 금요일에는 육상과 테니스를, 토요일에는 경기에 나가고, 일요일은 하키를 쳤다고 말했다. 그녀는 학교를 쉬는 날은 있을지언정 스포츠를 쉬는 날은 없었다. 부모와의 대화에서는 자신이 뒤쳐진다고 생각하는 항해술을 연마할 공간을 마련할 방법을 논의했다. 부모 입장에서는 이러한 이곳저곳을 오가는 끝없는 요구이며 자녀를 지원하는 왓츠앱 그룹에 과부하가 걸리는 일일뿐 아니라 기금 마련과 샌드위치 만들기를 '강요'당할 위험, 가능한 경우 심판과 코치 활동을 요구받을 수도 있었다. 외지인으로서 이 아이의 부모는 다른 지역에서 여러 스포츠가 아이들을 놓고 경쟁을 벌인 것과 달리 쿠안에서는 다양한 스포츠에서 동지애를 쌓는 것에 감명을 받았다. 다른 아이들은 아주 어릴 때부터 하나의 스포츠에 초점을 맞추었다. 한 아이에게 스포츠에 대해 물으면 항상 '하키, 하키, 언제나 하키'를 외쳤다고 어머니는 전했다. 그러나 현대의 자유주의 정신은 스포츠를 좋아하지 않거나 자신의 적성이 어느 스포츠에 있는지 찾을 수 없는 아이들에게도 공감한다. 연극, 공예, 발레, 음악, 컴퓨터 코딩, 기타 활동은 스포츠에 대한 관심이 배타적이지 않고 아이들을 키울 수 있는 이상적인 장소로서 쿠안의 분위기를 형성하는 보완 역할을 한다.

   노인들은 어릴 적 즐겼던 스포츠를 이어가는 활동을 계속할 수 있다. 하지만 더 중요한 것은 응원단, 관리자나 트레이너로서 참여하는 것이다. 이 시점에서 스포츠는 쿠안의 일반적인 사회 생활에서 더 많은 부분을 차지한다. 스포츠와 알코올의 관계는 복잡하다.[04] 아일랜드의 스포츠 문화는 술과 밀접하게 얽혀 있다. 스포츠 클럽은 유쾌한 음주 장소로 술집과 경쟁을 벌이고, 역으로 술집은 스포츠 클럽과 마찬가지로 스포츠 관람을 즐기는 장소가 될 수 있다. 럭비는 음주와 가장 밀접하게 관련된 스포츠일 텐데(경마 베팅은 제외) 술집에서는 다른 스포츠보다 럭비를 시청할 수 있음을 적극 알린다. 스포츠 활동은 성인기에 꽤 중요한 역할을 할 수 있다. 단지 자녀들을 태우고 왔다 갔다 하는 것뿐 아니라 어느 경기든 응원을 할 수 있고 아일랜드팀이 출전한 해외 경기에 원정 응원을 갈 수 있다.

쿠안에서 스포츠의 중심적 역할은 아동이 참여할 수 있으며 특히 은퇴자들이 다시 참여할 수 있다는 데 있다. 그러나 노인들은 민첩성이 떨어지기 때문에 특히 노년층과 연결 지을 스포츠가 거의 없다. 두 가지 예외 중 하나가 골프인데, 일반적으로 60대와 연관되고, 볼링은 70대가 주로 참여한다. 골프 클럽은 약 800명의 회원을 보유하고 있지만 모두가 현지 주민은 아니며 120명 정도가 활발하게 활동한다. 볼링은 그릇은 아마도 청년들의 참여와 관련하여 허세가 없는 유일한 스포츠일 것이다. 약 80명의 회원이 연간 160유로를 지불한다. 힘이 약해도 즐길 수 있다는 점에서 쿠안의 경쟁을 벌이는 팀 스포츠의 마지막 예로 거론된다. 볼링 클럽도 클럽 하우스가 있으며 노년층이 주로 후원하는 또 다른 집단인 역사 학회의 행사를 주최하기도 한다. 활동적인 노인 집단은 80대 이상의 회원도 포함된 실내 볼링 시설을 갖추고 있다.

인생의 후반기까지 계속되는 또 다른 활동은 산책이 있는데, 그 수준에서 즐길 수 있다는 점도 기여한다. 전원 지역 걷기부터 해변을 따라 60대 이상이 활발하게 일어나는 '파워 워킹'에 이르기까지 종류가 다양하다. 쿠안의 걷기 클럽은 매우 열정적이다. 나도 참가하기 위해 회비를 냈지만 장거리 산책은 허락받지 못했다. 클럽에서 요구하는 적절한 하의와 다른 전문 장비가 없었기 때문이었다. 골프도 한 라운드가 적어도 9km의 산책을 의미한다고 광고했다. 실사용자의 비율 측면에서 중요해진 건강 피트니스 스마트폰 앱 중 하나는 하루에 만보를 걷도록 설정된 걸음 수 계산 앱이다. 만보기 앱은 연령대를 불문하고 일상 대화에 빠짐없이 등장한다. 활동을 유지하기 위한 최소한 또는 기본 약속의 일종으로 정기적으로 걷는 활동의 중요성은 하루에 두 번 이상의 산책이 필요한 반려견을 키우는 것과 강하게 연관성이 있었다.

　노인과의 연관성에서 특히 인상적인 것으로 밝혀진 또 다른 스포츠는 사이클링이었다. 다만 항해는 쿠안의 많은 사람이 70대에도 충분히 참여할 수 있다고 느꼈다. 72세의 클라라와 76세인 남편 코너는 화, 목, 토, 일요일에 거의 빠짐없이 자전거를 탔으며 40km를 주행하는 경우가 많았다. 클라라는 38년 동안 자전거를 즐겼다. 대부분의 경우 지역의 자전거 동호회와 함께 떠났다. 그녀는 아름다운 풍경 속에 자기만의 생각을 즐기는 시간을 좋아했지만 원할 때는 다른 사람과 함께 하면서 대화할 수도 있었다. 그녀의 나이에는 클럽이 '매우 강하고 빠르게 돌아간다는 느낌을 받곤 한다. 같이 갈 수 없어. 온갖 힘든 일을 하지만 내 입으로 말하지는 않을 거야. 세상에, 길을 벗어났잖아.' 그러나 그런 일은 예외였고 대부분 온전히 참여하고 있다고 느꼈다. 그들은 5~6월에 연례 휴가를 떠났고 매년 자전거 휴가를 갔다는 것은 놀랄 일이 아니다.

살아가는 데 있어 몸매를 유지하는 것만이 중요하지는 않다. 미덕과 지위에 대한 매우 명백한 의미도 함축하고 있다. 쿠안에서 가장 많이 회자되는 그룹은 겨울에 잠수복을 없이 바다 수영을 하는 선수들이다. 신체 활동을 할 때 좋은 길을 가지 않으면 나쁜 결과를 얻는다. 건강상 이유를 제외하고 체중이 늘어난다면 소파에 앉아 감자칩을 즐기는 사람이거나 도덕적으로 열등한 사람으로 간주된다. 오늘날 '타락한 여자'는 성적으로 난잡한 사람이 아니라 퇴근이나 은퇴 후 혼자 집에 앉아 날마다 와인 세 잔으로 위안을 삼는 사람이다. 이러한 여성들은 주간 TV에서 스포츠 시청에 몰입할 수 있지만, 사회적 고립과 우울증으로 향하는 길이다.

반면 건강이 악화된 노인들에게는 스포츠에 대한 열정을 회복하는 것이 기폭제 역할을 한다. 암에서 회복 중인 한 여성은 스포츠 활동을 다시 하기로 결정했나. 그녀는 "날마다 최선을 다하겠다고 생각한다. 그러면 '와, 세상에' 하고 감탄하는 순간이 온다. 너무 늦기 전에 무슨 일이라도 하라"라고 말한다. 이 여성은 더블린 시티 마라톤을 포함해 마라톤에 네 차례 참가했다. 사이클링 클럽에 가입하고 수영을 갔으며 철인 3종 경기에도 참가했다. 두 가지 예, 즉 소파에서 감자칩을 먹는 사람과 암 치료 후 스포츠를 즐기는 사례는 사람이 어떻게 신체를 대하고 발전시킬 것인가라는 보다 일반적인 문제로 스포츠를 연결한다.

신체

앞서 쿠안 사람들이 특별히 물질주의적이지 않다고 주장했다. 하지만 만약 그런 단어가 존재한다면 '신체화corporealization'라고 표현할 수 있을 것이다. 63세의 그로니에는 키가 크고 날씬하며 긴 흑발을 가진 여성으로 자신에게 어울리는 의상을 입었다. 대학에서 개인 비서로 일하기 시작해 61세에 은퇴한 그녀는 일이 전혀 즐겁지 않았고 적성에도 맞지 않다고 느꼈으며 은퇴한 후에는 더 만족스러운 삶을 누릴 수 있기를 바랐다. 그녀는 잘 알려져 있고, 존경받고, 공동체 정신을 지니고 있었으며 GAA 홍보를 돕고 있었다. 이 시점에서 그녀의 꿈은 스페인 북부의 카미노 순례길을 완주하는 것이었다. 지금까지는 일부만 해냈을 뿐이다. 마을 바다 수영 그룹 소속은 아니었지만 꽤 정기적으로 바다에서 수영을 했고 바다 수영을 즐기지 않는 나를 겁쟁이 취급했다. 또한 출산하고 직장으로 복귀하기 전에 즐겼던 그림 그리기를 다시 시작하기를 바랐다. 어쩌면 도자기로 취미를 확장할 수도 있을 것이다. 그녀는 엘레나 페란테Elena Ferrante의 4부작을 읽고 있었고 우리는 그 책에 대한 열정을 나누었다. 또한 스티븐 호킹Stephen Hawking의 과학 팟캐스트를 들었지만 교회에 들어갈 때는 항상 촛불을 밝혔다. "기도할 때 누리고 있는 것에 감사하다고 말해야 한다. 누구라도 나를 돌봐주시는 분들께 감사하고 있음을 안다. 구하는 것을 얻었기 때문이다. 내가 모르는 것은…" 하고 그녀는 말을 이어갔다.

그로니에는 몸매를 유지하는 데 더 많은 시간과 노력을 들여야 한다고 느꼈다. 가게에 주로 걸어서 갔지만 차를 너무 많이 사용하고 있다고 생각했다. 이전 크리스마스에는 아들이 그녀에게 자전거를 선물했기 때문에 쿠안 주변을 자전거로 돌기도 했다. 다른 많은 여성과 마찬가지로 몸매를 유지하는 것은 외모의 쇠퇴를 막는 일이기도 했다. 그녀의 문제 중 하나는 옷이 나이를 알리는 방식이었다.

개인적으로 나는 옷을 입는 것이 어렵다. 양고기처럼 보이고 싶지 않기 때문이다. 젊어 보이고 싶지만 이미 서른 살의 몸매에서 멀어졌다. 체형이 달라진 것이다. 하지만 저들이 입는 것과 똑같은 옷을 입고 싶다. 허리에서 끼이지 않기를 바란다. 여성들이 입는 똑같은 옷을 주었으면 좋겠다. 여성 사이즈를 판매한다는 가게에서 쇼핑하면 가격이 조금 더 비싼 경향이 있다.

그로니에는 몸매를 유지하는 것에 대해 이렇게 말했다.

정말 중요한 문제다. 살이 찌는 것을 원하지 않기 때문이다. 몸매가 변하지 않길 바란다. 이전 같은 모습으로 보이고 싶다. 언제나처럼 같은 느낌을 유지하고 싶다. 60세에도 40세로 보이고 싶고, 80세에도 60세로 보이고 싶지 않다. 80세가 되어도 40세처럼 보였으면 좋겠다. 나 자신에 대한 비전: 늙고 약해 보이기 싫다. 어머니는 88세이고 세상에서 가장 활동적인 사람은 아니지만, 상점까지 걸어갈 수 있고 운전할 수도 있다. 나이에 비해 총기가 살아 있고 대단한 예측력을 갖고 있다. 하지만 동시에 산책을 조금 하면 길게 휴식하면서 나이 든 사람처럼 행동한다. 뭔가를 하자고 부탁하면 말할 것이다. '싫단다. 어제도 마을에 갔으니 오늘은 아무것도 안 할 거야.' 스스로를 몰아붙이지도 않는다. 어머니가 충분히 걷지 않는 것은 분명하다. 어머니를 존경하고 어머니가 매우 민첩하긴 하지만 여전히 더 많은 것을 시도하길 바란다. 내가 다른 사람들에게 짐이 되고 싶지 않다는 것뿐만 아니라 나 자신에게도 짐이 되고 싶지 않다. 항상 비행기를 타고 가서 카미노를 걸을 수 있길 바라고, 내 짐은 직접 옮기길 바란다.

자기 짐을 직접 옮기는 것은 특별히 북부 스페인에서 카미노 순례를 하려는 중요한 이유다. 일직선으로 뻗은 카미노 길은 누군가가 다음 정류장으로 옮겨주지 않는 한 여행 가방을 들고 갈 수는 없다. 카미노 순례길을 걸으려면 필요한 모든 짐을 배낭에 넣어야 한다. 그로니에는 '한 번 갈아입을 옷과 4킬로그램의 짐, 가장 무거운 것은 샤워 백이다. 화장하지 않고 빗질을 하지 않으며 비누와 샴푸, 선탠 로션으로 끝이다. 그 짐을 지고 떠나는 것이다.' 카미노 길이 험하지는 않지만 체력이 필요하다. "아침 6시부터 12시까지 걸으면 6시간 동안 25~30km를 걸을 수 있다." 이 시간 동안 영성에 대해서보다는 자신의 발이 어떤지나 풍경의 아름다움에 대해 생각하고, 지나가는 사람들과 수다를 떨고 다음 호스텔은 어떨지 궁금해한다.

그로니에는 강한 자유주의적 견해를 가지고 있었고 체중이 늘어난 사람들을 비난하는 함정에 빠지기를 원하지 않았다. 상대가 당뇨병을 앓고 있을지도 모른다. 그녀는 건강의 유지가 사회적으로 유익하다는 내 의견에 반박했지만 스스로 우쭐해지고 싶지 않아서일 수도 있다. 그녀는 경쟁 스포츠에 열중하지 않았고 테니스에서 안경이 날아가기도 했지만 매주 아일랜드 댄스를 배우러 갔고 육체적으로 매우 까다로운 운동임을 깨달았다. 그녀는 커뮤니티 센터에서 줌바 수업을 받았는데 훌륭한 음악에 맞춰 할 수 있는 좋은 유산소 운동으로 보였다. 문제는 같이 춤 동작을 할 남자가 적다는 것이었다. 두 여성이 함께 춤추는 모습에는 기겁할 수밖에 없었다.

쿠안의 많은 여성처럼 그로니에에게는 자신의 인생을 지키고 즐거움을 누리는 데 다시 집중하는 것이 자기 중심적 이기심이 아니라, 수년 동안 자신을 희생한 것에서 벗어나 최종적인 깨달음으로 여겨졌다. 페미니즘은 큰 영향을 끼쳤다. 그로에는 말했다.

아이들을 돌보고 내가 돈이 없다고 불평하고 아무도 내게 양육비를 주지 않는다고 불만을 말할 때 깨닫지 못한 게 있었다. 아무도 내가 하는 일을 인정하지 않았고 나는 그것을 월급과 동일시했다. 그리고 깨달았다. 세상을 탓하면서 인생을 낭비하고 있었던 것이다. 돌아보면 꽤 창조적인 인생을 살 수 있고 그럴 시간도 있다.

어머니는 늘 내게 '허송세월하지 말아라. 시간을 되돌릴 수 없다'라고 말한다. 그 때 더 지혜로웠다면 좋았을 것이다.

즉 인생을 일구는 데 있어 삶의 목적은 자신의 목표에 대한 자신감을 얻는 데 있다. 좋은 보수를 받거나 존중받기 때문에 활동의 가치를 인정하는 것이 아니라 개인적으로 성취하는 것이 중요하다. 이는 부분적인 깨달음일 뿐이다. 그로니에는 아마도 외모의 퇴화를 받아들이지 못하겠지만 과거에 가난과 심각한 트라우마를 이겨냈으며 몸매를 유지하려는 노력도 최대한 잘 살겠다는 결의와 일치하는 구석이 있음을 깨달았다.

그로니에가 쿠안에서 특이한 사례가 아니라 전형적 사례에 해당한다는 점에서 개인적 이야기를 충분히 확장할 수 있다. 그녀의 가치관과 주장은 규범적이며 자기 삶을 기술로 접근하는 공통적인 여정을 반영한다. 자신의 신체와 건강에 대해 장인 정신을 가지고 접근하는 것이다. 그러나 그로니에와 그 비슷한 모든 사람들은 한결같이 지역사회를 돕고 사교성이 뛰어나다. 그들이 그룹이나 친척, 친구들을 카페나 극장, 일주일에 한 번 특정 펍에서 만날 때 마주치지 않을 수 없을 것이다. 이 모든 것은 자아가 의미하는 복잡한 문제를 고려할 필요가 있음을 시사한다.[05] 다른 사람들에 대한 관심을 희생시키면서 이기적이고 자기애에 빠진 자아가 있을 수도 있다. 그러나 그로니에 같은 사람들은 시민 또는 사회적 책임의 정신으로 자신을 더 돌본다. 은퇴자들이 끊임없이 표현하는 감정은 그들이 신체를 가꾸는 데 실패하여 다른 사람에게 짐이 되고 싶지 않다는 것이다.

여기에는 다른 사람들에게 좋게 보이기 위해 열심히 노력하는 것이 포함된다. 사실 외모 관리에 실패한다고 해서 특별히 다른 사람에게 부담을 주지는 않을 것이다.[06]

이 문제는 건강한 신체 유지에 관한 정부 캠페인과 밀접하게 일치하기 때문에 분석이 복잡하다. 현장 연구는 국민의 건강 증진을 목표로 하는 정부 주도의 이니셔티브인 '건강한 아일랜드 체계 Healthy Ireland Framework'의 출범을 따랐다.[07] 비평가들은 이를 개인에게 더 많은 책임을 부여함으로써 의료비를 절약하려는 정부의 신자유주의적 시도로 풀이했다. 대부분의 사람들은 정부 이니셔티브에 대해 매우 냉소적이며 보건 부문이 특히 예산 절감 목표의 압박을 받고 있다고 본다. 부분적으로 사실일 수도 있지만 분명히 스스로 동기를 가진 사람들을 격려하고 지원하는 데에는 그럴 만한 이유가 있다. '성공적인 노화'와 같은 미국식 기업가적 접근으로 보이는 운동은 정부가 아무리 지지하더라도 일반적으로 거부된다.[08] 반면 건강한 아일랜드 체계는 대중의 정서와도 잘 어울리는 것처럼 보였다.

폴린 가비와의 공저에서 스포츠를 거의 언급하지 않은 것과는 달리 건강에 대한 우려는 몇 가지 상세히 논의되었다.[09] 요지를 간단히 요약할 수 있다. 어느 장에서는 쿠안에서 대체 요법이 성행하는 이유를 설명하고자 했다. 생물 의학 못지 않게 많은 사람을 고용할 수 있는 정도다. 전통적인 보건 서비스는 의사에게 특정 불만을 제기하는 신체적 문제 또는 정신과 의사에게 의뢰할 수 있는 정신 건강 문제로 향하는 경향이 있다. 그러나 사람들이 나이가 들면서 건강은 점점 더 신체 전반의 문제로 변한다. 위장 문제는 어깨와 근육의 긴장과 통증을 유발하는 것과 모호한 연관성을 갖는 것으로 보이는 일반적인 스트레스와 관련이 있어 보인다. 전인적 건강 치료사를 방문하면 동종 요법이나 반사 요법으로 치료하는 것인지 명쾌한 설명이 별로 중요하지 않을 수 있다. 중요한 것은 의사와 10분 동안 국소 증상을 논의하는 대신 스트레스로 경험하는 신체적 문제와 사회적 상황이 실제로 모두 관련 있으며 함께 고려되어야 한다는 데 동의하는 사람과 1시간을 치료할 수 있다는 것이다. 이러한 전인적 치료는 심리학자가 환자의 폭넓은 문제를 다루는 것에서 신체를 치료하는 방식을 분리하지 않는다.

환자의 관점에서 볼 때 이처럼 확장된 논의는 그 자체로 카타르시스적 이점을 준다. 사람들이 나이가 들면서 동반 질환에 대한 감각을 깨달을 가능성이 크다. 결과적으로 대체 요법은 비교적 부유층이 점점 더 이끌린다. 증거는 이 분야에서 많은 고용에 발생한다는 것에서 찾을 수 있다.[10]

반대로 보완 치료의 번영은 때때로 값비싼 대체 치료제를 판매하는 약국과 연결된다. 이와 더불어 약초의가 있다. 전문적인 의학 상담의 양식을 취하고 사람들이 자신의 삶에서 부족하다고 느끼는 영성이라는 다소 모호한 개념을 발전시키는 데 많은 시간을 소비하지는 않더라도 일반적 수준의 관심을 가지고 있다. 이 모두는 오늘날 기술로서 '웰빙'의 성장으로 이어진다. 웰빙이 어떤 특정한 신념 체계에 달려 있는 것은 아니며 신앙에 따라 교회를 찾아가는 것과 다르지 않다. 멘즈 셰드조차 4개의 선언 목표 중 2개 목표에서 '웰빙'이라는 용어를 사용한다. 쿠안에서 건강에 대한 이처럼 다양한 영적, 물리적 경로의 일부 버전을 열렬히 지지하는 사람들을 찾는 일은 어렵지 않다. 건강과 관련해 생물 의학 요법을 일반적으로 거부하는 중산층에서 지지자들이 발견된다.[11] 결론적으로 보완 요법의 성공은 직접적인 효용과는 거의 관계가 없다. 중국의 약초나 머리 마사지가 생물 의학과 관련되는지 여부에 관계없이 '수행'할 수 있다.

웰빙이라는 아이디어는 필라테스, 태극권, 요가라는 3대 운동으로 대표되는 신체 활동이 활발하게 일어나는 것과 보완 요법을 결합시킨다. 쿠안에서 이러한 서비스를 대중에게 제공하는 장소는 일곱 군데다. 일부 요가 강사는 일주일에 한두 세션만 진행하는 반면, 어떤 강사는 일주일에 최대 40번의 수업을 쿠안에서만 진행할 정도로 성장했다. 또한 물리 치료, 체중 감량, 영양 상담, 마사지 테라피, '전인적 건강 설계' 등 다양한 서비스는 이 분야의 규모를 보여준다. 아마도 아일랜드 건강보험 회사가 치열한 경쟁에서 이기기 위해 보완 치료에도 일정 금액을 지원하는 데 도움이 될 수 있다. 사용자의 관점에서 볼 때, 이러한 서비스는 동일한 기본 목표에 대한 대안적 접근으로 간주된다. 요가가 힌두교와 밀접하게 연계되어 있지만 필라테스는 독일 체조 전통에서 유래한다는 사실은 중요하지 않다. 어찌 됐든 쿠안의 요구 사항에 맞게 재구성된다. 가령 태극권은 요가와 필라테스에 어려움을 겪는 노년층에게서 틈새 시장을 발견했다.

현장 연구 기간은 공교롭게도 '마음챙김'이 절정을 이룰 때였는데[12] 연구 중인 거의 모든 분야로 확산되었다. 마음챙김은 초등학교에서 노인들을 위한 행사에 이르기까지 평온을 회복하기 위해 사용되었지만 전자의 경우에는 부분적으로 이전에 수행되던 활동에 이름을 다시 붙인 것이었다. 예를 들어 장난이 심한 아이들에게 색칠을 시키는 것은 스트레스를 완화하는 데 도움이 되는 활동에 집중하도록 유도하는 것처럼 마음챙김으로 간주되었다. 마음챙김은 마음 자체를 신체화하는 것처럼 보였다. 생각의 과정이나 사람이 직면할 수 있는 문제에 초점을 맞추는 대신 오늘날 유행으로서 마음챙김의 효과는 모든 문제를 신체로 되돌리는 것이다. 마음챙김 세션은 주로 신체의 다른 부분에 집중하여 뇌가 다른 데 머물지 못하게 하는 활동으로 구성된다. 대부분은 자신의 호흡에 집중하는 것이었다. 고백하건대, 개인적으로 마음챙김이 극도로 지루하고 무의미하다고 느꼈지만 쿠안의 선한 주민들은 분명히 다르게 느꼈다. 마음과 몸의 화해는 여전히 체육관에 가거나 은퇴자에게 적합하도록 설계된 다른 운동을 고려할 수 있는 많은 사람이 브릿지 관련해서 언급했듯 '뇌 훈련'의 다양한 활동을 받아들이는 방식에서 분명해졌다. 뇌 훈련이라는 개념은 신체 중심의 적합성 개념과 유추에 전적으로 의존하고 정신에 적용하여 신체를 마음 자체에 대해 생각하는 주된 표현 양식으로 만든다.

세 가지 간단한 예는 이러한 신체 추구의 범위를 특징지을 수 있다. 세 사례 모두 여성이 관련된 것은 요가가 원래 남성이 소개되었지만 이 분야에 관련된 거의 모든 사람이 여성인 쿠안의 상황을 반영한다. 캐시는 회계사로 일했지만, 어머니의 죽음을 계기로 자연 에너지에 관심을 가졌으며 이를 통해 슬픔에서 벗어날 수 있었다. 개인적으로 적성을 발견하기도 했는데 치료법을 시행한 사람들에게 효과가 나타났기 때문이다. 그녀는 주말 훈련을 10개월 동안 이어갔고 2년 동안 쿠안에서 수련했다. 쿠안 사람들이 뉴스에서 들은 일상 문제에다 지역사회의 높은 기대에 부응하는 어려움이 겹쳐 많은 '짐'을 지고 있다고 느꼈다. 캐시의 치료는 원형으로 둘러앉은 그룹 단위로 이뤄졌고 때로는 일반적 명상을 활용했다. 이완할 수 있는 소리를 활용하거나 사람들이 안심하고 자기 문제를 나눌 수 있는 집단 포럼의 장을 만들었다. 티베트 공, 크리스탈 또는 샤머니즘 의식을 사용하는 사람들처럼 영적 기반의 대체 치료 범위가 확대되는 현상을 목격했다. 심리 치료사와 함께 일하는 것에 만족했지만, 생물 의학계의 위계적이고 권위주의적 태도에는 회의적이었으며 완경기에 대해 논할 때 호르몬 대체 요법에 분명한 적대감을 드러냈다. 보완 요법을 사용하는 여러 치료사와 마찬가지로 개인적으로 질병과 싸운 경험이 있었고 자신만의 접근법으로 치료에 성공하여 의료진을 놀라게 했다.

릴리안은 유아기에 쿠안으로 왔고, 어렸을 때 마을의 스포츠에 완전히 몰두했다. 공항에서 일했지만 금융 위기 중에 구조조정되어 인생을 바꾸기로 결심했다. 이 경우 촉매제는 휴가 중에 태극권 마스터를 만난 것이었다. 그는 훗날 쿠안을 방문해 릴리안과 몇 가지 세션을 진행했다. 말레이시아에서 집중적인 전문 교육을 마치고 집으로 돌아온 후, 그녀는 태극권 강사가 되기로 결정했다. 수입은 넉넉하지 않았지만 남편의 급여와 합치면 모자라지는 않았다. 그녀는 요가나 필라테스보다 태극권을 선호하는 이유를 다양하게 설명했지만 쿠안 사람들이 필요성을 인식했고 그들에게 가장 적합하다고 평가했다고 말했다. 다른 많은 사람처럼 릴리안도 생물 의학계 전문가들과 논의할 때 보완 요법에 대한 이해를 시도조차 하지 않는 태도에 좌절감을 느꼈다.

마지막으로, 데니스는 쿠안에서 전문 침술사이자 중국 전통의학 전문가로 15년 동안 일했으며 때때로 아로마 테라피에서 반사 요법과 마음챙김에 이르기까지 모든 요법을 익혔다. 데니스는 임신과 부인과 문제를 전문으로 했으며 완경에 대한 내 연구에 분명한 관심을 보였다.[13] 여성의 호르몬 시스템과 관련된 다양한 치료 방법에 대해 길게 논의하기도 했다. 그녀는 자신의 분야에 사기꾼으로 간주하는 사람들이 활동하고 있음을 인지하고, 신뢰할 만한 출처에서 효과가 있는 약초를 처방하는 데 신중했다. 피임과 관련하여 사용하거나 임신을 계획할 때 마음챙김을 위한 헤드 스페이스Headspace 앱이나 기간 추적 앱 같이 디지털 장치가 이용되는 추세도 확인했다.

인터뷰했던 다른 모든 보완 요법 전문가와 더불어 데니스는 쿠안에 대해 친절하고 절충적으로 표현했으며 모든 사람이 도움이 될 수 있다면 다른 대안을 긍정적으로 추천하고 명시적으로 경쟁이나 다른 치료의 폄하를 피한다고 밝혔다. 이는 경쟁을 지양하는 여성적 방식의 건강 관련 소통을 나타낸다는 것이 기본적인 추론이었다. 이들은 생물 의학을 언급할 때 의사들을 남성으로 가정하는 경향이 있었지만 그러한 경우는 줄어들고 있었다.

맥락 전체에서 보면 보완 요법에 동조적이고 이를 활용하는 모든 쿠안 사람들이 있는 반면, 별난 사람이라거나 어리석다고 여기는 사람들도 있었다. 건강과 신체처럼 중요한 문제에 관해 신뢰할 수 있는 보다 나은 증거를 끊임없이 테스트하고 철저히 조사해 온 생물 의학으로만 설명할 수 있는 사안임을 모르는 것은 초등학교 과학 시간에 졸았기 때문이라고 비난한다. 보완 요법을 근본적으로 생명을 살릴 수 있는 의학 치료로 보기보다는 심각한 질환을 겪을 때 죽음에 이르게 하는 악영향을 미치는 요법으로 간주하는 여러 사람과 대화를 나눴다. 대부분의 사람들은 양극단을 피하고 생물 의학과 보완 치료를 모두 존중하려고 노력한다. 이는 지역의 약국 재고에 분명하게 반영된다. 바트리 지구의 사람들은 값비싼 개인 치료법과 의약품을 감당할 수 없을지 모르지만 보완 요법이 중산층만의 관심사였던 시대는 지나간 듯하다.

폴린 가비와의 공저에서 주요 요점 중 하나는 이러한 활동 중 몇 가지는 개별적으로 실행될 수 있다는 것이다. 유튜브에서 요가 또는 댄스 강의 비디오를 쉽게 찾을 수 있으며 코로나 봉쇄 기간에 많은 사람이 이를 활용했다. 혼자 익히는 것에 문제가 없다. 그러나 현장 연구는 가능하다면 사람들이 다른 사람들과 함께 연습을 하기로 결정한다는 것을 보여주었다. 체육관의 경우에는 시설을 개별적으로 마련할 여유가 거의 없기 때문에 공공 경기 시설을 이용할 필요가 있다고 주장할 수 있다. 그러나 걷거나 마음챙김과 같은 활동에 관해서는 그렇지 않다. 몇 번의 수업을 하고 나면 요가와 같은 활동에 관해서는 혼자서는 얻을 수 지침이 많지 않을 것이니다. 사람들이 강의에 계속 참여한다는 사실은 자기 신체에 초점을 맞추는 것이 개인 활동보다는 사회적, 공동체적 임무로 간주된다는 다른 증거를 확증한다. 홀로 소파에서 감자칩과 와인을 즐기는 것과 대조적으로 자신의 건강을 유지하기 위한 책임을 지는 행동에서 그 개인의 미덕이 드러나는 예다.

역사와 결론

7장은 동전의 양면을 나타내는 것처럼 보이는 쿠안의 두 가지 삶을 나란히 비교했다. 바로 신체에 초점을 맞추는 것이 스포츠에 필수라는 것이다. 그러나 한 가지 면에서 놀랍도록 다르다. 스포츠에 대한 강조는 오랜 역사를 자랑하며 GAA는 데 벌레라가 국가 정책 차원에서 민족주의를 확고히 하기 위해 활용되었다. 반면 얼마 전까지만 해도 60대와 70대는 요가나 체육관이 아닌 술집과 흔들의자를 연상시켰다. 그러한 활동의 현대적 의미를 이해하기 위해서는 적어도 완전히 다른 궤적을 간략히 살피는 것이 중요하다. 스포츠는 7장에서도 다뤘지만 쿠안 주민들의 연대에도 중요한 역할을 하기 때문에 다른 장에서도 언급된다. 방금 언급했듯이 쿠안을 특별하게 만드는 것은 GAA가 아니라 많은 대안적 스포츠다. 스포츠는 식민주의를 통해 도입되었더라도 탈식민주의 국가주의 발전에 중요한 역할을 할 수 있다. C. L. R. 제임스의 서인도 제도 크리켓에 관한 고전서에는 탈식민 정체성에서 크리켓이 한 역할을 조명한다.[14] 동시에 아일랜드는 GAA를 통해 아일랜드 국가 정체성을 육성하는 데 지배적 지위를 유지한 아일랜드인들만이 수행하는 스포츠라는 점에서 특이한 점이 있는데, 대부분의 다른 식민지 국가들과 명백한 대조를 이룬다.

  쿠안의 경우, 이러한 연대는 원래 정체성을 지닌 공동체보다는 타지인으로 주로 구성된 도시라는 점에서 특히 중요했다. 오늘날 외지인은 쿠안이 자녀 양육을 비롯해 살기 가장 좋은 곳이라는 믿음을 갖고 있다. 8장에서는 스포츠가 어떻게 악의 유혹에 맞서 아이들을 강화시키는 미덕의 보루로 여겨지는지를 설명한다. 중산층 부모가 자녀에 대해 가지고 있는 이상과 혹여 자녀가 코카인, 범죄, 알코올의존증의 벼랑에 떨어질 수 있다는 끊임없는 두려움에 잘 부합한다. 현대의 다양한 스포츠는 개인으로서 모든 아동이 자기만의 운동을 찾을 수 있는 쿠안의 자유로운 정신에 부합한다.

  이러한 정신은 한 세기 전 GAA와 교회를 연결시킨 것과는 매우 다르지만, 스포츠와 미덕 사이의 관계에는 명백한 연속성이 있으며, 따라서 만족스러운 삶이 존재한다.

  훨씬 더 최근에는 신체의 지속 가능성과 관련된 개념과 관행이 급격히 변했으며, 이로 인해 신체 자체가 이러한 미덕의 프로젝트와 일치하게 되었다. 요가 수련은 1980년대에 쿠안에 도입되었으며 1970년대에 노인들이 종종 발달 경험과 관련하여 언급했던, 다소 주목할 만한 유지 애착의 도움을 받았다. 이 시기는 은퇴자들의 상당히 높은 비율이 히피의 이상과 생활 양식으로 유혹받던 시기였다. 그들은 여전히 그 경험을 가톨릭교회에 대안적인 영적 활동의 기원으로 종종 언급한다. 그러나 건강 산업의 규모와 범위는 최근 20년 동안 집중적으로 발전했다. 관련 시술과 치료에는 비용이 많이 들며 은퇴자들은 상대적으로 여유가 있다는 점에서 시도할 수 있었다. 건강에 대한 오늘날의 관계는 구전 역사를 통해 기억하는 바와 완전히 다르다. 그들은 조상들이 신체와 건강에 관해서는 본질적으로 수동적이었다고 간주한다. 부모는 병이 생기면 모든 관련 전문 지식을 가지고 있다고 간주되는 지역 의사와 상담해야 할 문제로 인식했다. 의사와의 관계는 역사적으로 친밀했으며 때로는 이전 세대로부터 이어졌다. 그러한 이상은 마치 사제처럼 가족의 연장으로 여겨지는 인물이 가정에 방문하여 진찰하는 관행으로 요약되었다. 의사는 최선을 다하겠지만 실패하더라도 그것은 운명이며 자연스러운 사망 과정이었다.

오늘날 상황도 거의 다르지 않다. 별도의 논문에서 나는 건강 정보에 미치는 구글의 영향에 대해 썼다.[15] 검색 엔진이 주기적으로 활용되지만 사람들이 의사에게 종종 숨기는 것은 의료진이 이를 성가시게 여긴다는 사실을 알기 때문이다. 폴린 가비와의 공저에서 이러한 태도가 특히 남성이 거짓말을 하거나 의사 진찰을 피하는 방식인지를 다룬다.[16] 이와 동시에 의학 전문가와의 관계는 훨씬 더 멀어지고 불편하게 되었으며 많은 의사가 아일랜드에서 진찰에 관련된 스트레스 때문에 직업을 떠난다. 많은 연구 참가자가 의사에 대해 불만을 말하며 하나의 문제를 상담하는 데 10분밖에 사용할 수 없다고 지적한다. 의사는 주로 컴퓨터에 메모를 남기고 있을 뿐이다. 부분적으로 이러한 담론은 보완 요법에 관심을 쏟는 추세를 정당화하는 수단이 되고 있다. 오늘날 보완 요법은 건강의 일반적 개념에 영적 측면을 추가하며, 자신의 건강이 개인의 책임이라는 윤리를 부여한다.

결론적으로, 건강에 대한 강조는 최근의 추세이며 스포츠의 경우 훨씬 더 역사적 깊이가 있지만 후자의 경우 전자의 꽃을 피우기 위한 옥토가 될 수 있다. 스포츠 관련 논의에서 제기된 한 가지 사항은 노인들이 카미노 순례의 예처럼 상당한 거리를 걷거나 사이클링을 하는 등 매우 활기찬 스포츠를 즐기기 위해 노력하며 한편으로는 더 여유로운 골프와 볼링으로 긴장을 풀고 있기도 하다. 사람들은 몸매를 유지하고, 식단에 주의하며, 두뇌 훈련과 수많은 다른 적극적인 활동을 통해 질병을 막을 수 있다고 생각한다. 예를 들어 여러 암과 같은 질병을 피할 수 없다면 적어도 치료 효과를 높일 수 있다고 믿는다. 건강은 은퇴한 사람들의 삶에 대한 태도로서 기술의 형태로 통합되어 외모뿐만 아니라 내면으로도 건강을 유지하기 위해 전 연령대에서 관리 가능한 최고의 몸매를 만든다.

이 책에서 논의되는 모든 주제와 마찬가지로 은퇴자들은 자아와 신체에 대한 이러한 강조가 개인주의로 향하는 변화가 아니라 사회적 활동이라고 인식한다. 가족이나 국가에 부담이 되는 것을 방지하는 시민적 의무로 간주되는 경우도 많다. 이러한 집단적 지향성은 거꾸로 관심사를 쿠안의 중요한 사회 활동인 스포츠에 더 집중시킨다.

8장
스포츠 철학의 기원

이 책의 대부분에서 서양철학의 전통과 쿠안의 대조는 복잡하고 간단치 않은 삶의 영역으로부터 비교적 추상적인 철학의 유래를 찾는 시도다. 철학은 추측하고 이론적인 경향이 있다. 스토아 학파와 같은 철학 학파는 철학의 재생산이 관여보다는 명상하는 삶에 의해 촉진된다고 바라봤다. 그러나 서양철학의 탄생도 이러한 특성화와 다를 바가 없으며, 고대 철학과 스포츠의 관계에서 가장 분명하게 드러난다. 따라서 8장에서는 현대 쿠안에서 스포츠의 역할 그리고 상당 부분 스포츠로부터 또는 스포츠를 통해 발전한 서양철학의 탄생을 둘러싼 학문에 관해 앞서 설명한 내용과의 유사점을 살필 것이다.

고대 그리스에서 스포츠가 중심적 역할을 했다는 증거는 올림픽과 같은 이벤트가 중시되는 것에서부터 기원전 5세기 아테네에서 젊은 남성들이 신체 훈련을 받은 것에 이르기까지 광범위하며 초기 철학적 대화의 많은 배경이 되었다. 기원전 5세기 아테네의 일상 생활은 21세기 쿠안과 마찬가지로 스포츠와 신체 활동을 지향하는 것처럼 보인다. 물론 고대 아테네에서는 '일상 생활'이라는 표현에 우주론과 종교가 포함되는 것으로 생각해야 한다. 아리스토파네스 같은 극작가의 작품에서 종교, 스포츠, 철학 등은 모두 희극의 배경이기 때문에 서로 분리하기 어렵다. 호메로스가 일리아드를 기록할 당시 스포츠 대회는 장례 의식의 일부분일 정도로 중요했으며 신체의 완성이 신의 초월적 완전성과 연결되었다.

철학은 스포츠, 종교와 함께 삼각형을 이루었다.

8장은 헤더 리드Heather Reid의 다양한 저서에 빚진 바 크다. 리드는 스포츠와 철학 간의 공통되고 서로 얽혀 있는 기원에 대한 매우 유용한 가이드를 제공한다.[01] 리드는 고대 그리스 선수들에 대한 설명에서 스티븐 밀러Stephen Miller의 연구 결과를 차용한다.[02] 스포츠와 철학은 공통적으로 그리스의 아레테areté라는 개념에 기원을 두는데[03] 훌륭한 행동을 야기하는 탁월한 자질을 가리킨다. 철학적 사고의 중심이 된 다른 용어들과 마찬가지로, 탁월성에 대한 초점은 당시 일상 언어의 일부였다. 스포츠와 교육은 귀족에게 요구되는 자질처럼 주어지는 특성에 따른 우수함을 사회적 지위와 관계없이 육성하고 훈련될 수 있는 대상으로 변화시킨다. 호메로스 시대에도 운동 능력은 아킬레스의 경우와 같이 인간의 가치와 신성에 가까운 면을 확인시켜줬다. 오디세우스는 귀향길에 속임수가 아닌 활쏘기 경연을 통해 고귀함을 드러낸다.

기원전 776년에 창시된 올림픽은 종교적 성소의 후원 아래 공정한 경연의 이상을 확립했다. 고대에 스포츠가 미친 큰 영향은 올림픽 경기가 이소노미아isonomia, 즉 법 앞에서의 평등을 확립한 방식과 이루 민주주의의 발전에 어떻게 영향을 미쳤는지에서 알 수 있다.[04] 밀러가 조각과 화병에 운동선수들을 벗은 몸으로 묘사한 것은 사람들이 지위와 의복을 포함한 모든 차이의 속성을 제거하고 순수한 평등의 정신으로 경쟁해야 한다는 이상을 표현한 것이다. 누드로 표현된 이러한 절대적 평등은 민주주의에서 시민의 절대적 평등을 확립하는 데 도움이 되었다. 스포츠가 철학을 반영한 것이 아니라, 이후 200년 동안 고전 그리스에서 철학과 민주주의가 발전한 핵심 이상이 스포츠에서 비롯되었음을 시사한다.

고대 그리스에서 스포츠와 철학의 밀접한 관계는 이 삼각형의 세 번째 부분인 종교가 매개한다. 올림픽은 본질적으로 제우스에게 헌정하는 종교적 행사로 간주되었고, 5일간의 올림픽은 많은 희생과 기타 종교 활동의 장이었다. 경기에 참가하는 것은 순례와도 같았고 선수들은 승리를 위해 기도뿐 아니라 신체적 훈련을 통해 신에 대해 맹세했다.

참가 행위 자체가 종교적 헌신의 한 형태로 여겨졌다. 승리는 신체와 힘이 신을 가장 기쁘게 하는 개인에 대한 시험이었기 때문이다. 승리자들은 고향에서 신에 준하는 존재로 추앙받았다. 똑같이 중요한 것은 그들이 초월적 정체성을 나타낸 방식이다. 대부분 이 기간을 아테네와 스파르타 사이의 끊임없는 갈등과 함께 다른 폴리스와도 거의 끝나지 않는 싸움이 벌어진 시기로 기억하는데, 투키디데스의 유산 덕분이었다. 그러나 올림픽만큼은 싸움을 멈추는 연례 휴일과 같았고 각 폴리스가 더 높은 이상을 위해 기금을 마련해 한 자리에 모였다. 올림픽은 페르시아 침략자들에 맞서 싸운다는 공동의 대의를 통해 연대를 다지기 전에 광범위한 헬레니즘 정체성을 선포하는 행사였다. 마지막으로, 올림픽은 폭군이

임의의 규칙을 부과와는 것과 달리 경기에 대한 합의된 규칙을 동등하게 따르는 것을 나타냈다. 밀러는 민주주의 시기에 화병에 묘사된 선수들이 가장 흔하게 묘사되었다고 지적했으며[05] 리드는 민주주의와 스포츠 사이에 더 많은 유사성을 설명했다.[06]

기원전 5세기 아테네의 절정기에 이르렀을 때 체육 학교는 청년들이 신체 훈련 기법을 발전시킨 장소로 끊임없이 회자되었다. 동시에 일반적인 교육이 실시된 장소이기도 했다. 철학의 탄생에서 청년들에 대한 교육 욕구는 매우 중요했다.[07] 신체적 발달과 지적 발달은 모두 인격의 형성에 필수적인 것으로 인식되었기 때문이다. 이 학교는 청년들이 선량한 시민이자 훌륭한 군인이 되는 법을 배우는 장소였다. 소크라테스와 다른 초기 철학자들은 체육 학교 주변을 배회했고, 소크라테스가 아테네 청년들을 타락시켰다는 훗날의 비난이 제기된 배경이다. 리드는 알키비아데스가 어떻게 악명 높은 추남인 소크라테스의 머리에 리본을 묶어 승리한 선수의 아름다움을 강조했는지에 주목한다.[08]

플라톤은 원래의 아카데미에 해당하는 체육 학교의 중요성을 강조했고 신체 훈련을 비롯한 훈련을 통해 아레테를 개발해야 한다는 주장을 지지했다.[09] 오늘날에는 신체 훈련에 대한 중요성이 다소 덜한 듯하지만 의미상 학문 수양으로 이어졌다고 볼 수 있다. 《수사학》에서 아리스토텔레스는 칼로카가티아^{kalokagathia}의 탄생을 칭송했다. 칼로카가티아는 문자 그대로 아름다움과 선함의 합일을 의미하며 훌륭한 경기자에 의해 달성되었다.[10] 이는 리드가 체육 학교에서 실시한 신체 훈련과 인문학적 학습의 균형으로 이해한 개념이기도 하다.

훌륭한 의 이상은 신체 활동을 통해 행복이 달성되는 방식으로도 표현된다. 선수는 안정적인 기량을 발휘하도록 훈련에 임했다. 또한 선함과 아름다움이란 도덕적이고 시민의 덕에 동일하게 적용된다고 배웠다. 운동과 도덕은 연결된 덕목이었고, 그러한 덕목은 예컨대 군인의 용기나 정의의 아름다움으로써 아름다운 것으로 평가할 수 있었다. 이 모두는 덕의 비유로 결합된 체육 학교의 가르침에 통합될 수 있었다.

언급했듯이, 소크라테스(기원전 470~399년)는 많은 시간을 리케이온을 비롯한 공공 체육 학교에서 보냈다. 리드는 레슬링 학교와 소크라테스의 대화 방식 사이에서 많은 유사점을 찾고 다음과 같이 말한다.

필레보스(41b)에서 소크라테스는 말한다. "그러니 마치 선수들처럼 이 문제를 둘러싸고 공격 대형을 갖추자." 크라틸로스(421d)에서는 "일단 경기가 시작되면 변명은 허락되지 않는다"라고 말한다. 에우튀데모스에서는 주장을 구기 경기(277b)와 레슬링 경기(277d, 278b, 288a)에 비교한다. 한편 프로타고라스의 대화는 권투 타격(339e), 심판(336c, 338b), 승리를 인정하는 말로 완성되는 헤비급 시합과 비슷하며 열정적이고 당파적 관객(336e, 339e)의 참여가 뒤따른다. 데아이테토스는 사실상 철학적 대화를 레슬링과 동일시한다. 여기서 소크라테스는 동굴에 살면서 지나가는 사람들에게 레슬링 시합을 강요하여 궁극적으로는 모두를 이기는 신화적 선수인 안타이오스에 비유된다.[11]

나아가 리드는 소크라테스의 아곤agon이라는 개념이 당시 알몸으로 경기를 치르던 선수들과 유사하게, 정신적 자질만을 조사할 수 있도록 세속적인 지위와 부가 장치를 제거한 경쟁이라고 주장한다. 그녀는 소크라테스 자신이 권투보다는 스파링을 선호했다고 짐작한다.[12]

초기의 철학적 대화는 경쟁으로 구성된다. 소크라테스는 상대방을 손쉽게 이길 수 있더라도 더 예리하고 설득력 있는 논쟁을 통해 경기에서 승리하기 위해 최선을 다했다. 소크라테스는 어느 편에서도 논쟁할 수 있는 능력으로 유명한 소피스트들을 아곤을 통한 자신만의 대화 방식으로 이기기 위해 노력했다. 스포츠와 마찬가지로 서로 발전을 이룬다는 이상도 있었다. 이는 부분적으로 소크라테스가 레슬링의 경쟁적 특성을 자신을 알고자 하는 내면의 투쟁으로 변화시킨 것으로 달성된다.

내적 투쟁은 자신의 무지뿐 아니라 박식함이라는 허위에도 맞서는 것이다.[13] 그러나 리드는 미덕의 추구를 강조하면서도 소크라테스에서도 분명히 스포츠에서의 놀이 요소를 찾을 수 있다고 주장한다. 소크라테스는 대화와 소피스트를 이기는 과정에서 많은 즐거움을 누렸다. 심포지엄과 같은 행사는 음주와 더불어 종종 영리하고 인상적인 헤타이라가 동반되었다. 헤타이라는 다양한 방법으로 심포지엄에 참여한 여성으로, 행사의 즐거움을 극대화시키기 위해 동원되었다. 결론적으로, 소크라테스는 아일랜드의 사회성, 삶의 목적, 스포츠의 근본인 재미라는 원리를 완전히 이해한 철학자였다.

이 모든 것은 소크라테스 시대에 철학 자체가 스포츠의 한 형태였으며 스포츠의 모방에서 많은 주요 기능을 개발했다는 증거다. 이는 소크라테스가 일상에서 덕의 철학을 창안하려고 노력한 한 방법이었다. 피에르 아도Pierre Hadot는 이에 대한 점진적 변화 과정을 설명한다. 첫째, 플라톤은 청년들에게 정치에 입문하는 데 필요한 가치를 가르치는 별도의 환경을 조성했다. 이후 아리스토텔레스는 세계의 본질에 대해 생각할 수 있는 격리된 환경을 조성하여 학문으로서의 철학을 위한 기틀을 마련했다.[14] 소크라테스와 비교할 때 아리스토텔레스가 발전시킨 철학은 전혀 재미가 없었다. 이는 절대적으로 진지한 철학의 시작이었으며 나중에 칸트와 하이데거에 이르러서는 지적 추구가 스포츠를 통한 신체적 능력 함양이나 즐거움과 분리된 훨씬 더 높은 이상으로 변했다. 따라서 아리스토텔레스와 후대의 철학자들은 '흥을 깨는 사람들'로 이해할 수 있을 것이다.

아일랜드의 스포츠

쿠안에서 아리스토텔레스로부터 비롯된 추상적 철학 담론의 증거는 찾을 수 없다. 사람들은 자기 삶에서 중요한 것과 끊임없이 직면하는 다양한 윤리적 딜레마에 대해 이야기하지만 복잡한 일상과 정치의 맥락에서 말할 뿐이다. 쿠안의 대화는 호의적인 토론과 논쟁의 정신으로 진행된다는 점에서 소크라테스와 공통점이 있다. 또한 종종 음주가 동반되며 스포츠를 즐기거나 시청한 후에 일어날 가능성이 높다. 5장에서 설명한 바와 같이 쿠안의 대화에는 종종 경쟁 모욕을 곁들인 농담이 섞여 있다.

대화하는 사람들 사이의 근본적인 평등을 위협하는 모든 종류의 허세나 주장을 없애려는 의도다. 소크라테스 시대와 마찬가지로 아일랜드식 아레테 원칙과 아이디어, 덕의 발전이 일어나는 가장 중요한 배경은 스포츠 자체다. 이를 통해 인격, 정체성, 도덕성, 사회성을 키운다. 커뮤니티 센터(이전에 언급했듯이 거의 대부분 스포츠 센터)와 같은 쿠안의 핵심 장소와 GAA 스포츠 센터는 아일랜드식 훈련 학교이며 쿠안은 민주적이고 평등한 폴리스로 도시를 대표한다.

고대 아테네와 쿠안에서 스포츠의 역할 비교는 7장에서 제시한 증거가 신체와 스포츠가 일상 생활뿐만 아니라 쿠안 사회의 열망과 도덕성에 필수적이 되는 정도를 나타낸다는 점에서 적절하다. 청년들이 즐길 수 있는 다양한 스포츠는 쿠안 자체를 '천국'으로 묘사하는 데 중요한 요소이며 자녀를 양육할 만한 이상적인 장소로 만든다. 사람들은 철학에 대해 논의하지 않았지만 최근의 럭비나 축구, 헐링 경기에 대해 대화하면서 탁월함 덕의 원칙을 고려할 것이다. 쿠안 주민과 소크라테스 이전의 그리스 사이에서 유사점을 찾을 수 있다. 그 시대와 마찬가지로 쿠안에서 철학은 일상 생활에서 추론되어야 하며, 이를 발견할 수 있는 핵심 분야 중 하나는 신체와 스포츠와 관련된 관행이다.

이러한 관계에 대한 조사는 쿠안의 스포츠가 도덕과 덕이라는 광범위한 이상에 기여하는 방식에서 시작할 수 있다. 처음에는 종교와 일치하지만 점차 종교를 대체하기 시작했다.[15] 이 책의 도입부에서는 신정 통치기의 아일랜드에서 쿠안이 탄생한 과정을 밝혔다. 당시에는 신체, 특히 성을 규율하는 매우 제약이 심한 도덕을 포함하여 거의 모든 것이 교회의 통제 아래 실행되었다. 교회의 근본적인 권위는 독립 이후의 민족주의와의 연계에서 비롯되었으며, 교회의 주요 지원군은 GAA였다. 모든 아일랜드 지역사회의 한복판에는 두 곳의 시설이 있는데 교회와 GAA 스포츠 센터다. 가톨릭은 많은 나라에서 발견되지만 GAA는 아일랜드만의 특징이며 아일랜드 민족주의 발전에 특별한 가치를 부여한다. 7장에서 주장했듯이, 교회가 권위를 잃으면서 적어도 대부분의 인구를 지휘할 수 있는 능력은 GAA에게 맡겨졌고 아일랜드 정착촌의 중심 아이콘으로 역할하고 있다.

교회와 GAA가 밀접하게 연계된 데는 여러 이유가 있다. 부모가 쿠안을 천국으로 묘사할 때 스포츠를 떠올린다면, 자녀의 구원을 확보하는 역할을 스포츠가 하는 것이다. 청소년들은 양 어깨에 서로 상반되는 유혹이 내려앉아 귀에 희미하게 속삭이면서 혼란스럽고 갈등하는 십대 생활을 보내는 것으로 간주된다. 한쪽 어깨에는 폭음, 코카인, 범죄, 기타 경범죄로 유혹하는 악마가 앉아 있다. 다른 어깨에는 스포츠의 매력이 앉아 있어 동료 선수들과 결속하고 깊은 인상을 남기며 성취를 누리고자 한다. 아이가 토요일 아침 10시에 자신이 속한 GAA팀에게 감동을 안겨주겠다고 마음먹었다면 전날 밤에 시간을 낭비할 수 없기 때문에 두 세력은 직접적인 경쟁 관계에 있다. 마약과 과도한 음주에서 아이들을 멀어지게 하는 스포츠의 역할은 '건강한 신체에 건강한 마음이 깃든다 corpore sano'라는 전통을 이어간다. 또 다른 일반적인 표현은 스포츠가 아이들을 '거리에서 벗어나게' 하는 것이다. 심리 치료사들은 마약 중독 상태의 청년들을 묘사했는데, 그들은 스포츠의 영향권에 머물기를 바랐으며 그랬다면 집중력을 발휘할 기회를 제공하여 이후 마약과의 투쟁을 방지할 수 있었을 것이라고 말했다. 물론 스포츠 분야에도 음주자와 코카인 중독자가 있지만 대부분 스포츠는 청년들의 잠재적 구원으로 보일 수 있으며 이는 덕을 향한 중산층의 금욕적 주장에 호소하는 중심적 역할을 했다. 쿠안은 고대 아테네에서와 마찬가지로 스포츠 또한 인격 발달로 간주한다. 7장에서 설명한 것처럼 부모는 자녀가 가능한 한 많은 스포츠에 참여할 수 있도록 만들기 위해 부부가 모두 정규직으로 일하더라도 이곳저곳 바쁘게 움직인다. 학교는 교육을 담당하지만, 올바른 방법으로 자녀를 양육하는 또 다른 필수 요소로서 교육을 보완하는 스포츠에 참여할 기회를 보장하는 책임은 부모에게 있다.

이 모든 관행은 GAA와 이후 에큐메니컬 스포츠가 교회가 더는 맡을 리 없는 역할을 수행하게 된 이유를 이해하는 데 도움이 된다. 노인들은 종교에 대한 호감을 유지하더라도 청년들은 영성체 이후에도 종교에 관심을 유지하는 경우가 드물며 특히 십대가 된 후에는 더욱 그렇다. 스포츠 영웅은 따라 하고 싶은 실제 인물을 기반으로 이상적인 아이콘을 제공한다.

이 영웅들은 청년들이 나무로 조각한 성인보다 이상을 이루는 데 훨씬 더 효과적이다. 따라서 스포츠는 도덕성만큼이나 정체성 측면에서 갈수록 많은 관심을 받는다.

정체성을 각 수준이 그 아래의 수준을 통합하는 분절적 체계라고 생각해보자. 가장 낮은 수준에서 아동은 학교의 소속반과 자신을 동일시한다. 이어 학교 팀이나 훗날 대학 팀을 응원하는 집단에 속하게 될 때 다음 단계로 나아간다. 그런 다음에는 GAA 또는 즐길 수 있는 다른 여러 스포츠에서 쿠안의 스포츠팀을 지원하는 단계에 이른다. 실제로 부모는 경기장 밖에서 더 많은 지원을 하는데 주된 이유는 자녀들이 경기를 하기에 너무 바쁘기 때문이다. 이제 쿠안팀에 대한 응원은 국가 대표팀에 대한 지지로 나아간다.

아일랜드 스포츠를 대표하는 GAA에 내포된 민족주의와 함께 아일랜드 럭비, 축구, 기타 국가 대표 스포츠팀에 대한 열성적인 응원을 하게 된다. 각 단계는 청년이 정체성의 관점에서 자신이 누구인지 알 수 있도록 돕는 데 중요한 역할을 할 수 있으며 명확하게 설명된다.

스포츠가 덕이 있는 관행이 될 수 있는 많은 방법이 있다. 경기를 한다는 것은 일반적으로 규칙에 기반한 활동을 익히는 것을 의미한다. 팀 요소는 특히 승리하는 데 있어 개인의 역량보다는 팀의 집단적 능력이 중요한 스포츠에서 사회적 유대감을 개발하는 데 도움이 된다. 스포츠가 정정당당하게 진행되려면 친절이 경기 후 상대 팀에게도 확장되어 상호 표현되어야 한다. 마지막으로 스포츠는 단순히 신체에 국한되지 않고 전략 면에서 교훈을 준다. 스포츠의 특별한 매력은 우발적인 상황에서 나온다. 개인적으로 프리미어리그 축구를 즐기는 이유는 순위가 낮은 팀이라도 상위권 팀을 얼마든지 이기기 때문이다. 스포츠의 흥분은 결과를 알 수 없는 데서 비롯된다. 알레스데어 매킨타이어는 덕의 상실에서 덕을 분석하면서 마키아벨리의 뜻밖의 면모를 칭찬하면서 그가 포르투나의 중심 역할을 주장한 것을 들었다.[16] 매킨타이어는 우연성의 중추적 역할을 인정하지 않는 덕의 철학이 작동하지 못한다는 것을 보여준다.

이러한 우발적 상황은 스포츠에서 가능성과 매우 다른 결과가 벌어지면서 생긴다. 스포츠는 민첩성이 떨어지는 대상을 비하하고 낮추는 위계 구조의 설정에 손쉽게 굴복한다. 경쟁은 승리한 자아의 상승으로 이어질 수 있다. 종종 스포츠는 폭음과도 관련된다. 아일랜드에서 수집된 증거는 팀 스포츠에 참여하는 남성이 온라인 도박에도 빠질 수 있음을 보여준다.[17] 경쟁은 지역과 국가 사이에 훨씬 문제가 심각한 적대감을 초래할 수 있으며, 경쟁팀의 팬들 간 싸움이나 전쟁에서도 이를 찾아볼 수 있다. 스포츠는 강박적인 관심을 키워 다른 가치의 추구를 무시하는 결과를 낳을 수 있다. 이 모든 악은 덕의 반대편에 있기 때문에 누가 게임에서 이길 것인가 뿐만 아니라 스포츠의 결과 측면에서 우발성의 역할을 보여준다. 관중의 음주와 스포츠 사이의 밀접한 관계는 모순이 아니라 스포츠의 수준에 대한 기여다. 포르투나로서의 우발성은 스포츠를 매력적으로 만드는 필수 요소가 될 수 있다. 사람들이 지루하고 낡은 덕이 아닌 '불안'을 경험할 수있도록 만드는 결과와 도덕적 지위의 불확실성이다.

   여기에는 새로운 요소가 없다. 스포츠는 항상 순수함과 타락 사이를 오갔다. 때때로 양극단 사이를 끊임없이 오가는 동안 중요한 순간이 포착된다. 예를 들어, 기원전 416년 올림픽에서 알키비아데스는 3개 팀을 대대적으로 후원했고 그의 승리 축하연은 고대의 거창한 잔치로 손꼽혔다.[18] 알키비아데스가 명백하게 자신의 정치적 이익을 위해 이용한 올림픽의 쇠락에 기여했다면, 그와 소크라테스 간의 (아마도 낭만적인) 관계는 소크라테스가 아테네의 청년들을 타락시켰다는 치명적인 비난으로 이어졌다. 이러한 긴장과 모순은 스포츠의 광범위한 인류학에서도 관찰된다.[19] 인류학자들은 자신이 연구하는 다양한 문화적 환경에서의 활동을 세심하게 접근하는 경향이 있다. 예를 들어 스포츠가 재미와 진지함, 또는 개인주의와 집단과 같은 모순으로 보이는 요소를 결합시키는 방식에 관심을 갖는 것이다.

쿠안에서 명백하게 감지되는 한 가지 중요한 변화는 노년층에서 스포츠와 신체에 대한 관심이 증가하고 있다는 것이다. 이러한 인구 집단 자체가 전례 없다는 점에서 유례를 찾을 수 없다. 기대 수명의 증가와 거의 30년에 달하는 은퇴 이후의 삶은 신체 능력을 키우고 유지하는 새로운 기술의 발전 경향을 설명한다. 쿠안의 은퇴자들에게 여행의 방향은 스포츠와 신체에서 훌륭한 삶의 철학으로 이어지는 것이 아니라 그 반대다. 명상을 통해서가 아니라 실천을 통한 개발 과정에서 만족스러운 삶을 발견한 이들에게는 생명을 최대한 연장하려는 동기가 충분하다. 이는 개인의 건강과 체력 단련에 주의를 기울임으로써 달성된다. 이들이 바라는 다른 모든 것이 생명의 존속에 달려 있기 때문이다.

산책 모임, 요가 수업, 필라테스 세션, 건강한 식습관의 확산 등 개인의 지속 가능성을 위한 동기를 이루는 활동이 수행되는 이유를 설명한다. 이 노인들은 종종 바다 수영, 항해 또는 배드민턴, 테니스나 골프를 즐긴다. 목적이 있는 삶은 스포츠와 개인적인 지속 가능성으로 환원되기 마련이다.

요약하자면, 쿠안의 청년들에게는 정규 교육과 학습이 학교의 역할이며 스포츠 활동의 참여로 학교의 역할이 보완된다. 고대 아테네에서 이 두 요소가 체육 학교에서 조합된 방법과 크게 다르지 않다. 고대에는 점차 추상적 철학의 발전으로 이어졌지만, 쿠안에서는 우리가 철학적이라고 생각하는 바를 생활 속의 활동에서 추론해야 하며, 그러한 활동에서 스포츠가 가장 두드러진다. 쿠안의 노인들의 경우 궤도가 약간 다르다. 나이가 들면서 철학적으로 깊어진다는 증거는 없지만, 이들은 점점 삶의 목적에 관심을 기울이고 은퇴 이후 무엇을 할 것인지 결정한다. 이러한 고민은 스포츠 활동의 지속적인 참여와 신체 능력 유지로 이어진다. 결과는 청년이나, 청년이 아닌 사람들에게나 동일하다. 철학 또는 적어도 철학과 관련된 가치와 미덕은 쿠안에서 구현된 이상으로 남아 있다.

요가

인류학자들이 최근에 지적했듯이, 대부분 사람들에게 서로 겹치는 영역으로 간주됨에도 건강과 스포츠의 연구에 접점이 거의 없다는 것은 놀랍다.[20] 이는 7장에서 두 가지 주제를 결합하려는 동기로 일부 작용했다. 이번에도 고대 그리스에서 비교할 만한 전체 문제가 드러난다. 히포크라테스 전통에 기여한 저자들은 신체가 건강에서 일반적으로 더 중요한 요소라고 생각했다. 그들은 오늘날 공공 문화에서 흔히 볼 수 있듯 균형 잡히고 건강한 신체를 만들기 위해서는 식단과 운동을 강조했다.[21]

이 관계를 고려하기 위해 나는 7장의 두 번째 부분이 유사한 연구의 대상이 될 수 있는지 여부를 고려하기 위해 명확한 서양철학의 전통에서 벗어나려는 유혹을 받았다. 초점을 둘 활동은 쿠안에서 큰 인기를 누리고 모든 연령대의 사람들이 공통적으로 다양한 웰빙 관행의 상징으로 여기는 요가다.

오늘날 요가의 인기는 형이상학과 신체의 건강에 대한 전체론적 이상을 추구하는 남아시아의 전통에서 비롯되었다. 처음에 요가는 의료 체계보다는 우주론적 전통으로 발전했고 이후 웰빙보다는 민족주의와 연관되었다. 오늘날 쿠안에서 요가의 기원을 신체의 위상과 관련지을 수 있을까? 이 질문은 곧 요가가 다양한 영적 목적을 추구하는 신체 훈련과 관련된 고대 힌두교 철학의 폭넓은 탄트라 분야에서 발전한 것으로 보인다는 깨달음으로 이어졌다. 적어도 제프리 새뮤얼Geoffrey Samuel에 따르면 요가의 창시가 남성과 여성의 성적 분비물 혼합의 소비 같은 성적 의식에 초점을 맞춘 나트 전통과 연관된 일련의 수련에서 나왔다는 것이 문제다. 새뮤얼은 다음과 같이 지적했다.

주요 하타 요가 텍스트인 하타요가쁘라디삐까Hathayogapradipika는 고전적 나트의 내부 요가와 성적 관행을 향한 명시적인 나트 텍스트다. 탄트라의 극도로 부정적인 시각과 19세기 후반에서 20세기까지 인도 중산층에서 만연해 있었고 오늘날에도 널리 퍼져 있는 성적이고 마술적인 관습을 고려할 때 당황스러운 유산이 아닐 수 없다. 스와미 비베카난다Swami Vivekananda와 같은 사람들이 요가의 재구성에 많은 노력을 기울였으며, 주로 파탄잘리Patañjali의 요가수트라Yogasūtra를 선택적으로 베단타 철학 관점에서 재구성했다. … 그러한 노력은 큰 성공을 거뒀고 건강과 이완을 위한 요가의 많은 현대적 수련은 나트 전통의 성행위를 준비하는 원래 기능에 대한 지식이 거의 반영되지 않았다.[22]

이 시점에서 요가의 기원과 오늘날 쿠안에서 수행되는 요가 수련 사이에 유사점을 찾으려는 시도가 특히 쿠안 주민들에게 호응을 얻지 못하리라는 생각이 들었다. 이들은 요가에 대한 시각이 오늘날 인도 중산층에 더 가깝다. 그러므로 요가의 뿌리와 발전 궤적을 추적하는 일은 다른 학자에게 맡기고자 한다.

결론

이 주제에 대해 쓰면서 발견한 첫 번째 사항은 인생에서 스포츠의 위상과 학계의 담론이 서로 일치하지 않는다는 사실이었다. 신문에서 정치보다 스포츠 분야의 콘텐츠가 더 많은 이유는 무엇인가?

일반적인 대화에서 스포츠가 가장 빈번하게 다뤄지는 주제인 이유는 무엇인가? 스포츠는 어떻게 사람들이 쿠안을 아끼고 이 도시에서 가장 높이 평가하는 요소가 되었는가? 한 가지 설명은 쿠안 사람들이 도덕적 타락으로부터 청년들을 보호하는 도덕적 삶이라는 이 도시의 이상에 청년들을 동참시키는 기제로 스포츠의 역할을 바라본다는 것이다. 스포츠는 연습을 통해 가치가 발전되는 분야다. 이 가치는 개인과 더 넓은 공동체, 평등주의와 능력주의 사이의 관계를 포함하여 삶의 다른 많은 측면과 관련되어 있다. 철학의 초기 질문이 훌륭한 삶을 구성하는 요소가 무엇인지를 묻는 것이라면 쿠안의 만족하는 주민들에게 스포츠는 질문에 대한 답의 큰 부분을 차지한다.

철학 자체가 스포츠의 소산이라고 생각하면 훨씬 더 설득력이 생긴다. 소크라테스와 소피스트들이 체육 학교에서만 시간을 보낸 것은 아니었지만, 철학적 대화의 모델은 그 자체로 스포츠에서 볼 수 있는 경쟁적 토론이었다. 레슬링에서와 마찬가지로 상대방을 물리치되 토론을 통해 겨루는 것이다. 이러한 전통은 소크라테스가 아닌 아리스토텔레스가 철학 방법에 대한 후속 모델을 지배하면서 퇴색되었다. 동일한 관찰이 건강과 신체에 대한 훗날의 논의로 확장된다. 쿠안의 신체화된 인구는 신체 활동을 통해 세상을 사유한다. 여기에는 경쟁하는 스포츠보다는 한적한 곳에서 산책을 하는 활동이나 식단을 통해 건강을 유지하는 아이디어가 포함된다. 가치의 체계를 구성하는 방식을 관찰하는 중요한 경로는 과학으로서의 생체 의학 이면의 대안적 인식론이나 영적 측면의 보완적 치료를 토론하는 방식이다. 쿠안에서 철학은 소크라테스 시대에 존재했던 것과 유사한 상황을 인식하지 못했을 때에만 자취를 감췄다. 도덕적 관행, 훌륭한 삶과 사회에 대한 이상을 발전시킬 수 있는 상황이었다. 이후 서구 철학의 영향으로 점차 신체 활동보다 우월하다고 인식된 추상적인 지적 활동이 아니라 세상과의 신체적 교류를 통해 그러한 이상이 발전되었다. 8장과 다른 부분에서 발견할 수 있는 쿠안의 교훈은 일상적 관행에서 추론된 철학이 추상적인 글쓰기를 통해 발전한 철학만큼 심오할 수 있다는 것이다. 쿠안이 예상치 않게 고대 그리스의 폴리스에 가깝다는 것이 이 책의 결론 중 하나라면 스포츠는 이러한 비유를 입증하는 데 중요한 역할을 한다.

9장
지역사회의 조성

쿠안의 역사

9장은 쿠안의 역사를 간략히 설명하는 것으로 시작한다. 현대 쿠안이 초창기 역사의 결과가 아님을 보여주는 것이 주된 목적이라는 점에서 오해의 소지가 있다. 9장이 전개됨에 따라 오늘날 공동체가 최근 이주자들에 의해 주로 구성된 방식을 강조한다. 쿠안을 만드는 데 있어 이주자들의 특별한 성공을 거둔 배경과 그들의 업적에서 배울 수 있는 교훈을 검토할 것이다.

쿠안은 한동안 중요한 어촌이었고 18세기가 그 정점이었다.[01] 19세기 중반의 추정치에 따르면 2300명의 주민 중 약 400명이 어민이었다. 1880년대 이후 어업 종사자가 줄고 감자, 청어, 지역 채석장에서 석탄과 석재를 채굴하는 직업이 그 자리를 대신했다. 이러한 추세는 1940년대에 막을 내렸다. 공장에서 일할 수도 있었지만 일자리가 매우 제한적이었고 비옥한 토지는 영국의 탐욕스러운 지주들 차지였다. 도입부에서 언급했듯이 1947년 무도회장과 1948년 영화의 흥행에 힘입어 최근에는 관광객을 위한 다양한 오락거리를 갖춘 해안 관광지와 유흥 중심지가 되었다. 여름 3개월 동안은 매우 활기찬 도시였지만 나머지 기간에는 별다른 일이 일어나지 않았다. 관광은 1970년대부터 급격히 줄어들었고, 사람들은 휴가를 보내러 해외로 나가기 시작했다. 오늘날에는 에어비앤비에서 숙소를 구하는 경우를 제외하면 이 마을에 머무를 곳이 거의 없는 실정이다. 1618년부터 술집이 있었다는 기록이 있고 19세기 초에 운영된 곳은 15곳이었다. 1875년부터 중등 교육이 시작되었지만 1966년 무상 교육의 실시로 본격적으로 확대되었다. 최초의 열차 서비스는 1844년에 시작되었으며 최초의 버스는 1926년에 등장했다.

5장에서는 두 곳의 공공 지원 주택 지구에 대해 다뤘다. 첫 번째는 1950년대에 마을 중심지 밖에 조성되었으며 이후 1960년대에 더 넓은 지구가 건설되었다. 쿠안은 민간 주택의 대대적 개발을 통해 급격히 변화했으며 특히 1973년 이후 주요 지구 건설이 이어지면서 인구가 2300명에서 오늘날의 만 1000명으로 증가했다. 초창기에 새로운 민간 지구에 살고 있던 사람들의 약 60퍼센트는 더블린에서 왔거나 거기에서 일했다. 도입부에서도 밝혔지만, 이러한 발전에도 불구하고 더블린이나 아일랜드의 다른 곳에서 쿠안을 언급하면 사람들이 잘 모르는 관광 안내 책자에 거의 등장하지 않는 곳으로 인식할 것이다. 도시와 배후지에 서비스를 제공하는 훌륭한 식당이 많지만 최근 카페로의 전환과 같은 일반적인 추세에 따라 또는 코로나 바이러스의 결과, 환대 비용 등으로 인해 일부 술집이 최근 문을 닫았다. 지금은 여섯 개의 술집이 영업을 하고 있다. 오늘날 지역 고용의 대부분은 보건 및 교육을 포함한 서비스에 있으며 보육 업무에 중점을 둔다. 쿠안의 기업에서 상당 부분은 현지인 소유다.

쿠안이 최근 조성된 마을이라면 아일랜드의 전통 마을은 어땠을까? 구술 역사 증언, 소설 또는 인류학자의 초기 연구를 살펴보면 그 답은 분명하지 않다. 비록 북아일랜드가 배경이지만 헨리 글래시의 저서 《발리메논에서 시간을 보내며》에는 매력적이고 인상적인 묘사가 담겨 있다.[02] 이 책에는 일상에 스며든 구전 문화, 노래, 이야기, 대화의 풍성함을 예찬한다. 글래시의 책에서 공동체는 개인주의와 반대되는 이웃의 근본적인 단위에 기초하고 있지만, 이웃 관계는 특정 이익을 따라야 할 필요성과 균형을 이루며 모든 사람이 이상에 부합하는 것은 아니다.

스펙트럼의 반대편에는 낸시 쉐퍼 휴의 《성인, 학자, 정신분열증 환자》와 같은 책이 있는데, 일부 장에서 전통 아일랜드 가정을 부정적으로 묘사하여 파장을 일으킨 바 있다. 나는 단지 나 자신의 민족지학을 증명할 수 있을 뿐이며 아일랜드나 아일랜드의 과거에 소속된 적이 없다. 하지만 인도와 트리니다드 같은 세계 다른 지역의 작은 시골 지역 공동체에서 여러 해를 보냈다. 일반적으로 작은 공동체에서 발견되는 이웃 간의 해묵은 싸움과 사소한 질투에 더 놀랐다. 그렇더라도 그러한 공동체에서는 협력하고 위기를 함께 극복하는 경우도 많다. 기회가 상대적으로 부족한 작은 마을에서 살면서 오는 끊임없는 평가와 감시가 역사적으로 젊은 이들이 세계의 많은 지역에서 농촌 생활을 쉽게 포기하는 중요한 이유라고 믿는다. 시골과 지나간 시대에 대한 목가적인 낭만은 대부분 도시 작가들이 고안한 구성이다.

아일랜드 문헌에서도 이를 발견할 수 있다. 글래시의 긍정적 초상화에 가깝게 보이는 연극에서 이러한 장치가 종종 등장하며 특히 사람들이 다양한 이야기를 들려주고 글쓰기에 적합한 구술 문화의 장치를 활용할 수 있는 술집이 주된 배경이다. 그러한 연극에서는 또한 토지를 둘러싼 끊임없는 갈등이나[03] 약간의 희미한 기억을 묘사한다. 5장은 브린슬리 맥나마라의 악명 높은 《사시창의 계곡》을 언급했다. 이 책은 전통 공동체에 대한 디스토피아 묘사를 통해 농촌 생활을 둘러싼 낭만적인 거품을 터뜨린 것으로 유명하다. 2022년 영화 〈이니셰린의 밴시 The Banshees of Inisherin〉는 특히 아일랜드 섬에 대한 낭만적 묘사를 바로 잡았는데, 이는 초기 인류학에서 나타났던 시도이며 대중에 깊은 인상을 남겼다.

쿠안 연구 참가자의 구전 기록은 유사한 비대칭성을 나타낸다. 지배적 묘사는 가족과 교회에 기반한 마을의 낭만적 이미지에 가깝다. 사람들이 밤에 문을 잠글 필요가 없다고 느끼고 장례식, 또는 바다의 실종자로 나타나는 반복적 위기 등 온갖 종류의 의식을 위해 함께 모일 때로 묘사된다. 일반적으로 사람들은 가톨릭과 개신교 가족 사이의 긴장을 낮추고 내전의 분열을 일으키지 않는다. 사람들이 오랜 싸움의 기억을 드러내는 것은 매우 드문 일이다. 한 노인은 다른 쿠안 가족을 너무 싫어해서 결혼한 자녀와의 인연을 끊겠다고 말한 할머니에 대해 들려줬다. (할머니가 사망하고 나서야 딸은 그 가족의 일원과 결혼했다.) 그는 구시가지 광장을 '사시창의 계곡'을 보여주는 좋은 예로 묘사했다. 오늘날에도 마을이 특정 노인 가족에 의해 지배되었던 시대의 유산이 있다. 예를 들어 술집이 새로 단장하여 영업을 다시 시작할 때 성공은 소유하고 운영하는 가문과의 강한 인연으로 보장되므로 충분한 고객을 확보할 수 있었다. 많은 사람은 친척이나 옛 이웃을 마주치지 않고는 산책을 할 수 없을 정도를 끊임없는 교제와 사회 활동이 일어난다. 은퇴를 계기로 마을 경계의 새로운 저택으로 이사한 몇몇 사람들은 그다지 분명하지 않았다. 그러한 경험을 피하기 위해 이사 간 이들은 평화와 관심의 부재에 감사했다.

현장 연구에서 키아라를 만난 것은 다소 의외였다. 그즈음 나는 타지인과 현지 출생자의 구분이 기본적으로 도시의 변화를 설명하려는 목적이었으나 현대 쿠안을 이해하는 데는 특별히 중요하지 않다는 결론을 내렸다. 키아라는 30대 초반에 불과했으나 나의 속단이 시기상조라는 것을 입증했다. 그녀는 뼛속까지 원주민이었다. 가문의 다른 일원과 대화를 나누지 않고는 거리를 지날 수 없었다. 온갖 소문이 들려왔고 후회스러운 연애처럼, 듣고 나면 인생을 방해할 만한 모든 일을 '모르는' 것이 얼마나 중요한지 잘 알았다. 술집 주인이 와서 그녀가 파인트가 아닌 '잔'으로 마시고 있다는 농담을 했는데 키아라는 자신의 가족들에서는 들을 수 없는 농담이라고 덧붙였다. 쿠안에서의 자라는 것에 대한 많은 이야기를 들려줬는데, 많은 사람이 가족처럼 느껴졌다. 포용성이 있고 아일랜드에 대해 나쁜 말도 할 수 있었기 때문에 모두가 찾는 결혼 하지 않은 '큰 이모'와 같았다.

키아라는 오래된 주민이어서 겪는 부정적인 요소와 긍정적 요소를 모두 들려줬다. 타지인은 결코 키아라가 경험한 대단한 재미를 누릴 수 없었으며, 결국 대단한 재미는 삶의 방향을 알려주는 척도다. 가족이라면 약점과 죄에 눈감아주고 술에 취해 엉뚱한 사람에게 입맞춤을 하더라도 '잊는다.' 쿠안의 오래된 주민들에게는 반항적이거나 재미를 조장하는 정신에 반하는 정서가 있는 반면 타지인들은 '도덕군자'처럼 굴었다. 옛 쿠안 사람 중에는 필요할 때 부를 만한, '등 뒤에 있는' 느낌을 주는 누군가가 존재했다. 한편으로는 두 사람이 함께 해변을 따라 산책하는 것을 볼 때마다 자신에 대해 이야기하지 않을까 걱정되어 멈추지 않을 수 없었다. 그녀는 또한 이전 종교의 유산으로 두려움과 죄책감의 요소가 남아 있다고 느꼈다. 물론 그녀에게도 수년 동안 말을 섞지 않았던 한두 사람이 있었다. 키아라는 관계된 사람들에 대해 알면 가령 사업의 성공이나 실패를 포함해 돌아가는 모든 사정을 알 수 있었다. 어느 스포츠 활동을 하더라도 친구나 가족이 있었다. 그녀에게 〈쿠안 뉴스〉는 격주 단위로 나오는 잡지가 아니라 모든 가십을 알고 있는 여자의 별명과도 같았다.

타지인의 유입

쿠안 태생이 어떤 견해와 경험을 가지고 있든 과거에는 2300명 중 한 사람에 불과했다. 오늘날 대다수 인구가 타지인으로 1970년대 이후 이주했으며, 이들의 경험은 현대 쿠안을 이해하는 데 결정적인 역할을 한다. 가장 오래된 지구에 거주하고 있는 일부는 처음 도착했을 당시를 돌아보고, 기이하게도 이 도시에 거주하기 위해 온 것이 마치 외국에 가는 것처럼 느껴졌다고 회상했다. 한 더블린 사람은 몇몇 친구들이 호주로 이주했을 때 촉매제를 떠올렸다. 사람들이 그 정도로 먼 곳을 갈 때 자신은 '적어도 같은 아일랜드'에 있다는 점에서 쿠안으로 가는 것이 좋다고 생각했다. 1950년대에 이주한 한 남자는 당시 더블린과는 다른 뚜렷한 억양이 있었다고 느꼈다. 이먼은 다른 많은 사람처럼 1970년대에 더블린에서 왔다. 저렴한 주택을 찾으려면 그 정도로 멀리 가야 했던 것이다. 노엘은 그 시대에 처음으로 유입된 타지인에 속했는데 10파운드의 보증금을 지불한 것으로 기억했다. 많은 사람이 쿠안으로 이주했어야 하는 다소 우연한 이유를 가지고 있었다. 한 사람은 장인이 쿠안에서 새 주택 사업에 참여하는 건축가였기 때문에 왔다. 또 다른 사람은 미용사가 될 기회를 찾고 있었다. 마이클은 "우연히 여기까지 왔다. 세 채의 집을 살펴봤는데 위치와 집 디자인 모두 쿠안이 마음에 들었다. 도착하자마자 정착하기에 좋은 곳이고 후회하지 않으리라는 것을 알았다"라고 말했다. 가장 흔한 표현은 당시 쿠안이 그저 '발길이 닿지 않는' 곳이라는 것이다. 더블린에 있는 친구들에게 쿠안에 주택을 구입했다고 말하자 보인 반응에서 이것이 확인되었다.

이먼은 쿠안까지 해안을 따라 가는 도로가 길고 구불구불했다고 회상했다. 아내 캐서린은 처음에는 쿠안을 싫어했다. 다른 주민들을 잘 몰랐기 때문에 세 아이를 키우는 입장에서는 가족과 친구가 있는 더블린에 살 때보다 도움을 기대하기 어렵다는 의미였다. 캐서린의 유일한 외출은 하루에 두 번 바닷가를 산책하는 것이었다. 그녀는 쿠안 사람들이 타지인에 불친절하고 가식적으로 여겼다고 기억했다. 식료품점에 가서 요거트를 달라고 하자 "이 여성이 요거트를 찾는데, 대체 요거트가 뭐요?"라는 말을 들었던 일화를 들려줬다. 타지인에 대한 일반적인 표현은 '약에 의존하고 언덕에 사는 사람들'이었다.

노엘은 어떤 행사에서 누군가가 "타지인! 다른 사람이 말을 걸 때만 대꾸하시오"라고 말한 것을 기억했다. 골프 클럽에 가입하려고 했지만 지역 정치가 끼어들어 포기했다. 이러한 태도는 여전히 남아 있었다. 1장에서 언급했듯이 가로수에 대한 큰 논란이 있었다. 당시 쿠안 원주민 출신의 친구는 소란을 피우는 사람들이 쿠안 출신이 아니라고 주장했다. 자신은 그럴 시간이 없어 참여하지 않는 환경 운동을 하는 사람들은 분명 타지인일 것이라는 말이었다. 인근 지역에서 이주한 사람들은 특히 어려움이 컸다. 역사적으로 경쟁의식이 자리하고 있었기 때문에 상당 기간 외면당했다. 하지만 초기에 이주한 타지인들의 고립은 끝내 보상을 받았다. 그들 중 한 명은 원주민들이 모두 서로 연관되어 있어 어딜 가든 친척들을 대동할 수밖에 없는 것으로 보였다.

역사적으로 쿠안의 아이들 대부분은 14살에 학교를 그만두고 어업이나 농업에서 일자리를 찾았고, 아니면 수녀나 사제가 되려고 했다. 아일랜드의 잉여 아동을 기다리는 운명이었다. 하지만 특히 타지인의 자녀는 전혀 다른 운명을 맞았다. 그뿐만 아니라 이미 초기의 페미니즘에 강한 영향을 받았고 다양한 기관의 이사회에 최초의 여성이 되기 위해 노력한 타지인 여성들 무리도 마찬가지였다. 현지인들이 거부하는 미니 스커트도 착용할 수 있었다. 이어 쿠안 자체도 현대화되고 있었다. 1970년대에는 중앙 난방으로 전환되었고 모든 주택에 마침내 실내 화장실이 설치되었는데 실내 화장실은 타지인들이 정착한 새 주택의 기준이었다.

그러나 이러한 이주에는 전혀 다른 측면도 있었다. 지금까지 우연이든 경제적 이유든 쿠안에 유입된 것으로 거론한 사람들은 적어도 1970년대 초기 정착민의 경우 타지인 중에서도 소수에 해당했다. 대다수는 쿠안으로의 이주를 결심한 하나의 지배적인 이유가 있었다. 20세기 전반 수십 년 동안 쿠안은 휴양지로 각광받았고 이는 도시의 유산과 같았다. 최고의 밴드가 몰려오고 최고의 댄스 플로어가 마련되어 있던 시대였다. 관광은 상당히 독특한 전통에 기반을 두고 있었다. 쿠안에 있는 오래된 많은 집에는 꽤 큰 정원이 있었다. 5장에서 설명했듯 여름철에는 주민들이 관광객들에게 집을 빌려주고 자신들의 정원 안에 지은 훨씬 작은 집에서 살았다. 은퇴자 집단은 대화의 주제가 온통 여름 세입자를 찾을 수 있는지에 쏠려 있던 시대를 회상했다.

더블린 사람들의 관점에서 볼 때는 가족을 위해 종종 거처를 임대하고 근로자가 여름마다 주말이나 단기간 방문하기도 좋았다. 이는 곧 휴가철을 쿠안에서 보내면서 강렬하고 좋은 이미지를 가진 아이들이 많았음을 의미한다. 누군가는 멋진 스프링 댄스 플로어에 대해 떠올렸다. 또 다른 사람은 쿠안이 특히 좋게 기억되는 이유가 자신이 살던 더블린은 주요 도로가 안전하지 않았고 많은 시간을 밖에서 보낼 수 없었던 반면 쿠안에서는 완전히 자유로운 느낌을 받았기 때문이라고 말했다.

그 결과 어떤 세대에게는 쿠안이 목가적이고 가장 좋은 기억을 지닌 장소였다. 1970년대에 쿠안은 더는 관광지가 아니었지만 그곳에 머물렀던 세대는 이제 성인이 되어 자기 집을 마련하고자 했다. 이상적인 위치로 쿠안을 생각하는 기억은 거기서 정착하기로 결정하는 데에 중요한 역할을 했을 것이다. 위에서 인용했듯 일부 사람들에게 쿠안에서 초기에 겪은 경험은 매우 실망스러웠으며 기대와 달랐다. 그러나 그러한 과거의 경험은 쿠안을 원래 기대했던 위치로 변화시키려는 타지인들의 노력에 불을 지폈을 것이다. 실제로 민족지학과 구술 역사에서는 그들의 시도가 성공한 것으로 확인된다.

공동체의 출현

타지인에 대한 구전 역사는 아일랜드에서 가장 진보적인 지역을 자처하던 토착 인구의 보수적 태도를 과장했을 것이다. 결국 쿠안은 활기찬 음악 배경의 휴가지였으며 타지인이 유입되기 훨씬 전부터 현대적이고 국제적인 마을 중 하나였을 가능성이 높다. 타지인과 거리를 유지하는 사람도 있었지만 부동산 중개인 등은 이러한 변화에서 잘 대처하고 변화를 적극적으로 지지했다. 그들은 이러한 노력이 일반적으로 상업을 활성화하는 것을 목격했고 타지인과의 협력이 도시의 변화로 이어지는 것을 확인했다. 그런데도 거의 모든 사람은 이후 쿠안의 변화에 많은 에너지와 헌신을 보인 것은 타지인이라는 데 동의한다.

또한 거의 모든 것이 바뀌는 결정적 순간이 있었다는 사실에 동의한다. 타지인이 초기 공동체에서 효과적으로 결속을 다질 수 있도록 해준 사건이 있었다. 그 후에는 오늘날의 현대적이고 사랑받는 쿠안을 만드는 일에 적극적인 참여를 이끌어 낸 계기가 되었다. 앞서 언급한 이먼이 이 사건의 핵심 인물이었다. 당시 쿠안은 이미 지역 사제의 지원을 받아 드라마 협회를 운영하고 있었다. 새로운 특징 중 하나는 뮤지컬에 대한 관심이었다. 그러나 그 어떤 시도도 1979년 제작된 〈아가씨와 건달들〉의 규모에 미치지 못했다.04

어떤 이유에서든 아가씨와 건달들은 타지인 커뮤니티를 조성하는 촉매제였다. 모두가 의상을 바느질하거나 소품 제작을 돕고 티켓 판매를 조직하고 쇼를 광고하는 일을 맡았고 수백 명의 제작진이 도착했다. 등장 인물 자체가 거의 백 명에 달했다. 함께 일하거나, 줄을 서거나, 엄청나게 성공적인 작품을 즐겼던 기억은 전설의 큰 부분을 차지했다. 40년이 지나서도 역사학회는 볼링 클럽에서 이 쇼를 기념하는 연례 행사를 열었고 당시 그 자리에 있던 참석자들에게 충격이게도 이 행사에 앉을 자리가 없을 정도였다. 뮤지컬의 성공 이후 1970년 쿠안으로 이주한 열성적 타지인들이 기금 모금에 앞장섰다. 그 결과 1980년대 초에 CCA 센터가 세워졌다.

아마도 그들이 숫자상으로 다수였다는 점을 감안하면 타지인이 대부분 활동을 이끌었다는 것이 놀라운 일은 아니지만 그보다 더 많은 의미가 있었다. 타지인은 쿠안을 공동체로 부르는 아이디어 거의 모든 발언에서 주도권을 잡았다. 격주로 발행되는 〈쿠안 뉴스〉를 운영하고 CCA의 운용의 책임을 맡았으며 쿠안 역사 학회에 논문을 제출했다. 간단히 말해서 쿠안을 우연히 태어나고 자란 곳에서 주민들의 자화자찬에 빠진 자기 의식이 강한 공동체로 바

꿨다. 오늘날에도 앞장서서 가장 최근에 조성된 브리타스 지구의 이주자들이 기존의 쿠안에서 확립된 활동에 통합될 방법을 모색한다. 과거 이주 행렬이 이어질 당시와 마찬가지다.

주된 이유는 쿠안의 탄생이 원주민보다 타지인에게 훨씬 더 필요한 일을 가능성이 높기 때문이다. CCA와 같은 기관은 커뮤니티라는 추상적 개념을 기반으로 하는 자기 의식적이고 인위적인 구조다. 이전에 존재했던 쿠안은 공동체를 건설할 필요가 없었는데 가족과 교회를 삶의 구조로 당연하게 여겨졌기 때문이다. 반면 유입된 공동체는 대조적으로, 들어오는 공동체는 가족과 학교와 이웃에서 오는 우정의 네트워크에서 모두 해방되었다. 그들은 또한 더 세속적이거나 적어도 쿠안 교회에 덜 묶여 있었다. 방금 언급했듯이, 많은 사람들이 쿠안을 목가적으로 인식하게 만드는 휴가철 경험이라는 유산을 가지고 왔다. 하지만 이제 삶은 더는 휴가가 아니라 일상이었다. 만약 쿠안이 상상했던 대로 되기를 원한다면 적극적으로 그 이미지에 부합하는 도시를 만들어야 했다.

그러나 이전 마을과 타지인 사이가 계속 분리되어 있다면 결코 효과가 없었을 것이다. 오늘날 쿠안에서는 두 집단이 서로 협력한다. 그것이 가능케 된 비밀은 두 낯선 사람이 만났을 때 일어나는 일에 대해 이 책의 도입부에서 소개한 관찰을 확대하면 잘 이해할 수 있다. 먼저 지인들 중의 교집합을 찾으려고 노력하며 공통된 지인을 발견하면 관계에 편안해진다. 쿠안에 조상이 없는데도 많은 타지인이 연구와 논문을 지역 역사 학회에 제출한 이유를 설명하는 대목이다.

오늘날 많은 부유한 지역에서는 일종의 현지 역사 학회를 찾을 수 있다. 일반적으로 오랜 역사와 현지 고고학, 유물, 유적에 상당한 관심을 보이기도 한다. 이러한 논문이 발표되었지만, 쿠안 역사 학회의 정기 대담에서 압도적으로 강조되는 부분은 구전 역사를 포함한 비교적 최근의 역사다. 최근이라 하더라도 타지인이 도착하기 이전 시기다. 역사 학회 모임에는 타지인과 쿠안에 오래 거주해온 가문이 포함된다. 타지인이 강연했을 때 쿠안에 1920년대나 1940년대에 거주했던 사람들을 언급했을 것이다. 그러면 실제로 해당 개인을 알고 있거나 그 부모를 알고 있는 사람들이 의견을 밝힌다. 이 패턴이 확립되면 공통적으로 알고 있는 누군가에 대해 이야기를 하는 셈이고 이제 타지인과 현지 태생의 주민 사이에는 장벽이 없다. 두 낯선 사람에게 효과적인 또 다른 방법은 함께 일하는 것이다.

지역사회의 운영 방식

전통적으로 이 지역사회의 중심에는 가톨릭교회가 있었지만 많은 이들에게 교회 역할은 크리스마스, 첫 영성체 의식, 장례식으로 강등되었다. 그러나 여전히 노년층에게는 지역사회로 이해하는 거의 모든 것이 교회에서 비롯되었다. 이들은 정기적으로 미사에 참석하며, 이후에는 교회에서 차를 마시거나 마을 카페에서 만나 아침 내내 머물면서 소모임을 잇달아 갖곤 한다. 그들은 합창단에서 노래를 부르고, 교구 회보를 작성하고, 교회를 청소한다. 은혜, 죄, 고백, 대화 상대가 가톨릭 신자인지 여부에 대해 생각한다. 그러나 예배 중에 주위를 둘러보면 대부분 연장자이거나 노인들이다.

(앞서 언급한 스포츠 협회를 제외하고) 교회 밖에서 동등한 사람들 중에서 으뜸인 자primus inter pares에 해당하는 조직은 타이디 타운즈다. 3장에서 설명한 것처럼 타이디 타운즈는 자원 봉사 활동의 중심지다. 이 활동의 성공은 지역사회 발전을 유지하는 각종 선순환 사례 중 하나가 되었다. 앞서 언급했듯 이 운동은 환경보호주의와의 연관성이 짙어지면서 더 강화되었다. 다른 관련 기관에는 컴퓨터 과정이 제공되는 도서관이 포함된다. 또한 일부 연구 참가자들이 자원 봉사를 한 시민 상담소Citizens Advice Bureau가 있다. 자선 활동 부문에는 식사 배달 서비스, 생 뱅상 드 폴, 사마리아인, 도우미든 고객이든 사람들이 자주 만나는 인기 장소인 자선 상점이 있다. 거의 매일 이메일로 대부분의 가정에 발송되는 CCA 후원의 뉴스레터도 무척 유용하다. 격주 발행되는 쿠안 뉴스는 거의 모든 사람이 읽고 토론하며 어린이들의 활동, 누군가의 반려견 또는 100번째 생일 축하 등 모두가 관심을 가질 수 있는 소소한 성과에 초

점을 맞추어 시민들의 공감을 얻고 있다. 이밖에 출판, 음악, 기타 활동에서 쿠안 사람들의 활약상을 장황하게 소개하기도 한다.

새롭게 등장한 미디어는 페이스북이다. 현장 연구를 수행하기 십 년 전만 해도 페이스북에 대해 노년층은 십대가 셀피를 올리는 자기애가 가득한 공간으로 조롱되었다. 2013년 필자가 페이스북이 더는 청년들에게 쿨한 공간이 아니라고 말했다가 BBC와 〈이코노미스트〉에서[05] 강한 비판을 받았다.[06] 그러나 2018년이 되자 청년들이 대부분 다른 플랫폼으로 이주했다는 사실을 모두가 알게 되었다. 이제 페이스북은 전혀 다른 공간이 되었다. 예를 들어 지금은 쿠안 커뮤니티의 간판 역할을 하고 있다. 가장 활발한 페이스북 그룹에는 당연히 타이디 타운즈가 포함되며 CCA와 쿠안 뉴스도 빼놓을 수 없다. 사실상 쿠안의 모든 스포츠와 예술 집단이 페이스북에서 활동한다. 청년들 대부분은 페이스북을 떠났을 수 있지만 쿠안은 아일랜드에서 가장 유명한 인스타그램 인플루언서들을 배출한 장소다. 청년들이 출신 도시인 쿠안과 연관짓고 감명받는 또 다른 이유이기도 하다. 페이스북의 역할은 6장에서 언급했듯 코로나 바이러스 유행기에 비교적 단기간에 수천 명이 '코로나바이러스에 맞서는 쿠안Cuan Against Coronavirus'라는 페이스북 그룹에 가입하면서 더 커졌다. 이 그룹은 특히 위기로 피해를 입은 사람들을 보호하거나 식료품을 제공하는 등의 자원 봉사 활동을 조직하는 중요한 자원이 되었다.

초창기의 타지인에게 뮤지컬이 공동체 의식을 불러일으켰다면, 브리타스 지구에 유입된 최근의 타지인에게는 브리타스 지구 페이스북 그룹이 그러한 역할을 하고 있다. 이 지구의 주택은 거의 동일하기 때문에 페이스북 그룹은 주택의 기능에 대해 질문하거나 인프라를 찾을 수 없거나 문제가 생겼을 때 문의하기에 좋은 장소다. 분실물을 신고하는 공간이기도 하다. 한 세기 전이라면 설탕 한 컵을 위해 방문했을 만한 공간인 페이스북에서는 몇 년에 한 번 정도 필요한 정원 도구를 빌려달라고 요청할 수 있다. 이 그룹은 우체부를 위해 지역사회 수준의 크리스마스 컬렉션을 조직하기도 했다. 페이스북의 중요성은 이미 지역사회의 걱정거리를 나누는 역할을 한다는 점에서 분명하게 드러난다. 예를 들어 사람들은 놀이터를 배회하는 (브리타스 지구보다는 바트리 지구 출신으로 가정되는) 청소년에 대한 정보를 '나눈다.'

지역사회의 핵심은 일상의 정립이다. 사람들은 빙고를 하러 활동적인 은퇴자 그룹을 매주 방문하고 교회에서 미사에 참석하며 친구들과 커피를 마시러 카페에 가고 수유 집단에 가고 스페인어나 아일랜드어 연습 모임에 참석하며 멘즈 셰드를 찾는 등 다른 여러 모임에 간다. 그런 모임에서는 적절한 우정을 쌓기에 충분할 정도로 자주 참석하는 다른 사람들을 만날 수 있다. 적어도 쿠안에서 두 번째로 중요한 요소는 현지 기업의 적극적인 통합과 참여다. 한 미용사는 쿠안 기업 중 지역사회의 지원을 조직하도록 돕는다. 부동산 중개인은 산책 모임을 운영할 수 있다. 지역 상공회의소는 CCA와 긴밀히 협력하여 의사 결정을 내린다. 서점을 낸 사람은 또한 지역 독서 토론 모임에도 참가할 것이다. 한 술집은 구명 보트 자원 봉사와 밀접하게 관련되어 있으며 다른 술집은 지역 복권 가게와, 또 다른 술집은 다양한 스포츠와 주간 음악 세션을 주최한다. 슈퍼마켓은 지역사회 활동을 알리는 게시판을 운영하며 각종 후원에서 이름을 알린다. 이 모든 활동의 결과로 쿠안의 기업은 동떨어진 자본주의 기업이 아니라 자녀가 십대일 때 일할 만한 장소이며 해당 기업인이 같은 거리에 거주할 수도 있다.

  도시와 상업을 밀접하게 연결 짓는 또 다른 특징은 래플raffle(기금 마련을 위한 복권)이 보편적으로 활용되고 있다는 점이다. 쿠안에서 래플 없이 행사를 개최하는 것은 불가능해 보인다. 7장에서 설명했듯 행운의 요소를 더하면서 래플은 이 도시의 특징인 평등주의에도 기여한다. 그러나 지역의 상업 부문에서 상금을 제공하리라는 기대도 있다. 많은 후원 요청이 제기되다면 응해야 하며 적어도 대부분의 경우에 긍정적 반응을 보인 듯하다. 중요한 요소는 도시가 대기업의 진출을 예의주시하는 방식이다. CCA는 항상 지역의 소유 기업가를 배려하고 외부의 비즈니스 이해관계로부터 보호하는 노력을 기울였다. 언젠가는 쿠안 항구를 매입하려는 시도를 저지하도록 지원했으며, 기존의 상점이 아닌 대형 슈퍼마켓이 정착을 위해 진출을 시도한 관계에 대해 엇갈리는 보고도 있다. 마지막으로, 운동가들은 패스트 푸드 체인이 학교와 가까운 곳에 문을 열지 않도록 '튀김 금지 구역'을 설정하려고 시도했다.

마리아

대부분의 타지인은 더블린이나 변두리에서 왔다. 마리아는 아일랜드 중부의 한 농장 출신이다. 어릴 때 그녀는 농장 일꾼들에게 음식을 나르거나 식사 후 정리를 도왔다. 전기나 야외 화장실도 없었다. 마리아의 많은 기억은 아렌스버그와 킴볼의 고전적인 인류학 연구에서 묘사된 아일랜드를 떠올리게 한다.[07] 가령 한 아들이 농장을 물려받고 나머지 자녀는 다른 직업을 찾아야 하는 것이다. 교육을 중시하는 분위기였지만 어릴 적 예술에 대한 마리아의 관심은 속기 타이핑과 같은 '제대로 된 직업'을 위한 훈련으로 좌절되었다. 이후 마리아는 성직자로 일하면서 어느 정도의 재정적 독립을 얻었다. 그러던 1960년대 중반에 회계사와 결혼했고 법에 따라 직업을 포기해야만 했다. 그 후 4명의 자녀를 낳고 여러 차례 유산을 했다. 더블린에서 태어난 아이들은 각자 직업적으로 크게 성공했으며 그중 한 명은 쿠안 인근에, 나머지는 영국과 미국에 거주하고 있다.

부부는 여름 휴가마다 주택을 임대하면서 쿠안을 알게 되었고 남편이 더블린에서 통근하는 동안 마리아는 아이들과 휴가지에 머물렀다. 1973년 쿠안에 새로운 지구가 조성되자 이주를 고려하기도 했다. 하지만 큰 정원이 있는 오래된 주택을 구입했고 이는 가족이 살기에 완벽한 집이었다. 마리아는 휴가 덕분에 이미 쿠안과 몇 차례 연결되었으며 자녀들이 쿠안 학교로 전학을 가고 교회 활동에 참여하면서 많은 사람을 알게 되었다. 특히 〈아가씨와 건달들〉 제작에 깊이 관여했으며 오디션 대기 중에 만났던 사람과 지금도 친하게 지내고 있다. 많은 다른 사람들처럼 마리아는 자신과 같은 타지인에게 중요한 순간으로 인식했다. 또한 사무직으로 자원봉사 활동을 해서 초창기 CCA 설립을 도왔다. 이후 학교와 지역 예술 센터의 이사회에 참석하면서 활동 반경을 넓혔다. 이제 마리아는 예술에 대한 어릴 적 관심을 되살려 대부분 대출한 자금으로 도시에 자체 갤러리를 열기에 이르렀다. 그녀의 그림은 자신의 예술품 상점이나 지역 카페에서 판매할 수 있는 카드를 제작하기에 어울렸다. 수년 동안 그녀는 비슷한 관심사를 가진 사람들이 만나 일에 대해 토론할 수 있는 일종의 예술 클럽을 운영했다. 이제 80세가 된 마리아는 거리낌 없이 자신의 관심사를 인스타그램으로 옮기고 있으며 거기서 많은 아일랜드 예술가를 팔로우하고 자신의 작품도 게시한다. 이밖에도 자녀들이 다양한 스포츠에 참여하도록 도왔고 교회의 소소한 활동에도 관여했다. 세 자녀는 외국에 정착했지만 항상 쿠안으로 이사하는 것을 이야기한다. 온 가족이 마을을 전원생활을 할 수 있는 곳으로 기억하기 때문이다.

종종 그렇듯 자녀들은 직업에서 성공했기 때문에 업무상 쿠안으로 이주하지 못한다. 해외의 대도시에서 옮겨오는 것은 어려운 일이다.[08]

마리아의 삶에는 타지인의 많은 특징이 있지만 5장에서 소개한 앨리스의 이야기와 비교할 만하다. 앨리스는 원래 쿠안의 공공 지원 주택 지구에서 태어났으며 나중에 바트리 지구로 옮겨 그곳에서 지역사회 활동에 참여했다. 그녀가 운영한 크리스마스 저축 클럽 등의 일부 활동은 바트리 지구로 제한되었다. 하지만 학교나 타이디 타운즈 지원과 같은 다른 활동도 했으며 이를 계기로 쿠안 태생의 앨리스와 농장에서 태어난 마리아가 쿠안이라는 공통된 원인을 위해 함께 일할 수 있었다.

쿠안이 기능하는 이유: 지리와 역사

훌륭한 삶에 대한 철학적 설명과 민족지학을 비교하는 책은 자기 삶에 대해 긍정적인 주체들을 등장시켜야 하지만 도입부에 설명했듯 쿠안 사람들 이상으로 그런 유형을 찾기 어려울 것이다. 이 섹션은 이러한 찬사가 쿠안과 이 지역의 행운과 연관되어 있음을 설명한다. 이 책이 주장을 쿠안으로 제한하고 아일랜드의 다른 지역에 대해 가정하지 않는 이유다. 그렇다고 올바른 조건이 주어졌을 때 무엇이 가능한지를 보여주는 예로서 쿠안의 중요성이 사라지지 않는다. 다른 도시에는 저마다의 유리하게 작용한 역사와 환경이 있으며, 거기에서 다른 교훈을 얻을 수 있을 것이다.

보다 우연과 연관된 첫 번째 요인은 지리가 역사에 미친 영향에서 비롯된다. 쿠안이 해변에 위치한 덕분에 휴가지로 이름을 알리고 많은 타지인들에게 목가적 이미지를 남길 수 있었다. 지리적 요인 또한 쿠안이 현재의 크기를 넘어 확장하지 않을 것을 의미하므로 장기 계획자들은 미래의 성장을 위해 다른 도시를 찾고 있다. 이 공간적 제약은 쿠안을 '유기적' 공동체로 만들며 그 크기는 지리적으로 적당하다. 1만 1000명이 적은 인구는 아니지만 사람들이 분명히는 아니라도 마을 대부분의 사람들을 알고 있다고 느낄 정도의 규모다.[09] 대형 유통 체인을 유치할 정도의 크기는 아니기 때문에 대부분의 기업이 현지 기업이며 그에 따른 유익은 방금 설명했다. 다만 특히 어린이를 위한 다양한 스포츠와 기타 시설, 기회를 마련하기에는 충분한 크기다. 적당한 크기의 성 패트릭 데이 퍼레이드와 자부심을 느낄 만한 소규모 축제를 개최할 수 있다. 이미 설명했듯 GAA와 일부 스포츠 경기장의 위치도 중요하다. 그러나 십대 후반에게 쿠안은 너무 작게 느껴지기 때문에 자녀를 출산하기 위해 회귀하기 전까지 상당 시간을 외지에서 보낸다.

구전 역사에 따르면 타지인들은 한 번에 유입된 것이 아니라 주요 건설 사업에 따라 몇 차례 나누어 이주했다. 덕분에 쿠안은 이주자에게 압도당하는 느낌을 받지 않은 것이다. 유입된 인구는 정착하여 자녀를 출산한다. 그런 다음 특히 학교와 스포츠 분야에서 어린이 활동에 관여함으로써 기존 주민들과 자연스럽게 유대감을 갖는다. 예를 들어 교통이나 자원봉사 스포츠 코칭을 통해 서로 돕는다. 아직 건설이 진행 중인 광범위한 브리타스 지구를 중심으로 중요한 새 유입이 일어나고 있지만, 첫 번째 지구의 건설로 타지인이 유입된 지 50년이 흘렀다. 최근 쿠안으로 돌아온 한 사람은 '이제는 새로운 사람들이 마을로 유입되는 것이 좋다'라고 말했다. 유입이 일어날 때마다 이주자들을 통해 이점과 에너지가 발산되었다. 세계의 다른 지역에서는 차별을 받은 이주자가 다음 이주의 물결에 반대하여 지역의 정체성을 드러낸다. 그러나 쿠안의 타지인은 항상 자신감 있고 이후의 이주에 긍정적 태도를 보이면서 자신의 이전 경험을 바탕으로 도우려 했다. 게다가 이주자는 항상 아일랜드인이 압도적으로 많았다. 브리타스 부동산에 정착한 사람들의 약 1/3이 쿠안 출신의 후손이라는 증거가 있다.[10] 그들은 쿠안에 살 여유가 없을 것으로 예상했지만 시내 중심가에서 멀리 떨어진 신규 택지에서는 모기지를 이용할 수 있다.

  새로운 이주 물결이 지역사회 활성화에 도움이 되었듯이 새로운 목표도 설정되었다. 초기 CCA는 쿠안의 물리적 인프라 개발에 중점을 두었다. 나중에 유입된 인구는 불평등 완화와 같은 진보적 프로젝트를 추진했다. 가장 최근에는 환경보호와 지속 가능한 목표를 향한 분명한 변화가 일어났다. 목표가 달성되면 모멘텀이 사라지기 시작하듯 새로운 도전은 지역 이니셔티브에 새로운 에너지를 불어넣는다. 마찬가지로, CCA는 원래 고등 교육과 지역사회의 비전을 가진 사람들에게 시작되었다. 현재는 전문 지식을 가진 사람들이 많지만 오늘날 관심은 관료주의와 불필요한 요식을 없애는 것이다.

그 결과 지역사회에 대한 긍정적인 느낌이 강해졌다. 마을 사람들에게 가장 빈번하게 가장 인용되는 말은 실종이나 익사처럼 바다에서 일어나는 비극과 관련이 있다. 그러한 사건의 발생은 노력이나 슬픔을 통해 연대에 대한 감각을 조성했다. 하지만 더 작은 집단적 우려가 스며들기도 한다. 가령 주거침입이 발생하는 경우다. 지역 주민들은 사적 공간을 침해당한 사람들을 지원하기 위해서뿐만 아니라 범인이 다른 마을에서 왔을 것이라고 주장한다. 바트리 지구는 도시의 미화에 중요한 기여를 하지만 대다수 사람들이 쿠안에 대해 생각할 때 이 지역을 간단히 무시했다. 쿠안은 바트리나 브리타보다는 이러한 지구가 조성되기 이전 해변을 따라 특색 있게 지어진 오랜 주택의 이미지를 가지고 있다.

쿠안과 국가의 도덕적 관계

1장에서 묘사한 쿠안 사회의 특징은 권력에 대한 전반적인 관심이 부족하다는 것이었다. 아무도 어떤 단체의 장이 되기를 원하지 않으며, 자기 차례가 될 때에만 선량한 시민으로서 역할을 할 뿐이다. 저명한 정치인이 된 두 사람은 '해내기를' 바라는 신념을 가지고 있었다. 그런데 이 개인과 미시 정치를 아일랜드 국가 권력과 어떻게 연관 지을 수 있는가? 거의 모든 공공 업무를 달성하기 위해서는 가령 아동의 놀이터나 수자원 공급의 개선에 필요한 자금을 조성하는 데 필요한 인맥과 로비가 개입된다. 그리고 지속 가능성과 관련하여 새로운 자발적 개발 또는 도움이 필요한 사람들을 돕기 위해 동의해야 하는 모든 규정이 있다.

지방 의회의 의원들은 일반적으로 매주 멘즈 셰드 모임에 참석해 관료적 요구 사항을 다루는 조언을 제공했다. 예를 들어, 정부 보조금을 언제 신청해야 하는가를 일러주는 것이다. 또 다른 하나는 고령화 위원회가 쿠안에 미비한 지역 병원이나 요양원을 노인들이 이용할 수 있도록 돕는 계획을 수립하는 것이다. 이러한 상호 작용의 세부 사항을 관찰하면 쿠안이 국가와의 협상에서 발생하는 이익을 토대로 다른 '선순환'으로 서로 유익하게 만드는 방식을 알 수 있다. 지역 의회와 국가는 모든 지역사회와 수백 건의 상호 작용을 벌인다. 프로젝트가 성공하기 위해서는 효과적인 지역 조직이 필요하기 때문에 그런 조직이 미비한 경우 종종 실망스러운 결과가 벌어진다. 이 경우 투자와 지원에 대한 의지조차도 긍정적 결과를 거의 얻지 못했다. 일부 인구는 국가를 농락하는 약삭빠른 집단이 활개 치던 옛 아일랜드를 그리워할 수도 있다.

재정적 이익을 얻고 그러한 소송에 대한 두려움 때문에 현지에서 관여할 수 있는 정부의 능력을 손상시키는 거짓된 소송 주장으로 국가로부터 돈을 버는 데 능숙한 사람들이 있다. 반면 쿠안 사람들 중 다수는 과거에 국가를 위해 일했기 때문에 나라 편을 들고 보험사와 정부가 소송 비용을 모면하기 위해 청구에 굴복하여 그러한 행태를 '조장한다'라고 불만을 제기한다.

덕분에 국가와 지방 당국은 경험을 통해 쿠안의 이니셔티브에 대한 자금 지원에 동의하거나 지방에서 정부 지침을 실행한다면 이 도시에 원만하게 협조하는 집단을 찾을 수 있음을 알았다. 여기에는 정부에서 전문적 경험을 쌓은 사람들도 포함되었는데, 이들은 적절한 문구로 요청을 전달하고 지역사회 발전에 대해 발언하는 방법을 알고 있었다. 또한 쿠안 내부에 진정한 네트워크와 지원이 있어 기한을 지키고 높은 품질의 결과를 보장했다. 예를 들어 피오나는 이전에 지방 정부에서 중요한 직책을 맡은 바 있으며 지금은 쿠안의 자원봉사 협회 중 하나의 의장이다. 그녀는 많은 진보적인 이니셔티브가 제기된 데 따른 문제를 인식했고 그중 다수는 서로의 존재를 알지 못해 벌어진 일이었다. 피오나는 '서로 연결 짓는' 명확한 목표를 제시하고 이를 효과적으로 수행했다. 그러나 지역의 점뿐만 아니라 국가의 보건 서비스 부문이 운송 서비스와 잘 협력할 수 있도록 돕기도 했다. 이런 일은 그녀가 지역 의회에서 일할 때 했던 업무였다. 또 다른 주요 관심사는 사람들을 체크 박스로 여기는 대신 지역 주민에게 진실한 상담을 제공하는 기법을 개발하는 것이었다. 모든 노인이 5년 계획을 논의하고 싶어하는 것은 아니지만 적절한 차와 비스킷을 제공하는 가능한 일이다.

피오나와 같은 사람들의 존재는 지역 의회가 상위 당국에 존재감을 알릴 때 쿠안의 사례를 성공적 예로 들어 자본을 어떻게 투자해야 하는지 보여줄 수 있다. 다른 지역이 끝없는 불평의 원천으로 여겨진 반면 쿠안은 각종 칭송의 원천이었다. 쿠안은 지역 투자의 전형적 사례가 되었다. 쓰레기통이나 수자원 관련 요금에 대해 의견 대립이 있기는 하지만 대부분의 다른 지역사회보다 훨씬 저렴하다. 이제 쿠안 사람들은 적극성과 전문적인 리더십이 떨어지는 저소득 지역보다 더 쉽게 기금과 정부 지원을 모으기 위해 명성을 활용할 방법을 알고 있다. 주로 전문적 중산층의 활동으로 인한 선순환이었다. 결과적으로, 쿠안은 자원이 빈약한 도시와 비교하여 거의 확실히 차별적 지원을 받았다. 이는 능력주의 정신에 호소하여 정당화될 수 있다. 쿠안은 선량한 시민의 의무에 따라 행동했기 때문에 지원받을 자격이 있다고 주장했다. 이러한 관점에서 볼 때, 더 나은 지원을 받는 것은 '공정한' 것이었다.

긴장

주목할 만한 점은 의견이 합치되는 이 전원 지역에 반대되는 사례가 아예 없다는 것이다. 필자가 민족지학 연구를 수행한 다른 모든 곳에서 가장 평온한 표면 아래에서조차 끊임없는 파벌, 마찰, 역사적 논쟁이 일어났다. 쿠안에서의 이들의 빈곤함에 대한 가장 좋은 증거는 항상 역사적으로 회상되고 여러 번 언급된 동일한 두 가지 분쟁으로 보인다는 것이다. 특별히 심각하지도 않았다. 하나는 지역 연극 단체가 어떤 연극과 공연을 해야 하는지에 대한 분쟁이었다. 다른 하나는 다양한 공간, 주차 제한 및 요금에 대한 시사점을 갖는 일방통행 시스템을 통한 지역 운항의 계획적 재항로를 둘러싼 분쟁이었다. 어쨌든 이 두 사람은 쿠안 역사에서 거의 전설이 되었다. 아마도 유일한 예였기 때문일 것이다.

물론 물 공급이나 위생과 같은 일부 서비스에 대한 주기적인 불만이 있었지만, 이는 지역사회를 단절하기보다는 결속시킨다. 현장 조사 과정에서 유일한 내부 분쟁이 발생했는데 1장에서 논의한 이동성 차량의 장애가 되는 문제였다. 이미 언급했듯이 CCA는 상황을 해소하는 데 효과적이며, 광범위하고 투명한 상담이 제공된다. 다툼은 얼마 지나지 않아 궁극적으로 가장 환경적으로 허용 가능한 방식으로 변경을 수행하는 방법에 대한 질문으로 전환되었다. 환경 운동가들은 또한 이동성 차량과 노인에 관심을 가졌다.

결론

이 장에서 다루는 핵심 질문은 아주 간단하다. 쿠안은 어떻게 공동체로서 창조되었는가? 그것은 초창기 인터뷰 대상자 중 한 명이 쿠안에서 태어난 사람들은 대부분 가족 내에서나 교회를 통해 사회화되었기 때문에 지역사회를 요구하지 않는다고 주장한 데서 시작되었다. 많은 자녀와 내혼 사이에서 중요한 것은 지역사회라는 추상적 개념보다는 친척이었다. 힐더는 쿠안에서 아홉 남매 중 하나로 자랐다고 회상했다. 그녀의 형제들은 모두 같은 쿠안 학교에 다녔고 함께 붙어 있는 경향이 있었다. 많은 사람이 여전히 서로 반 마일 이내에 살았으며 교회는 힐더가 참석한 모든 공공 활동을 지배했다. 도시로서 쿠안과의 정체성은 주로 경쟁 스포츠에서 표현된 주위의 다른 지역과의 경쟁에서 비롯되었다. 다른 사람들은 댄스 홀과 유입 관광객의 이점과 쿠안을 연관 지었다.

이 가운데 무엇도 타지인에 관해서는 사실이 아니었다. 그들은 거의 전적으로 아이를 갖기를 계획하는 커플로 1970년대에 도착했는데, 이는 핵가족을 약속했지만 대가족 지원은 받지 못했다는 것을 의미했다. '언덕에 있는 약물 복용자'로서 그들은 더 세속적이고 현대적 발전에 투자하는 경향이 있었다. 종종 정부에서 일했고, 더 높은 수준의 교육을 경험했으며, 더블린의 명시적 정치에 익숙했으며 모든 것이 더 추상적이고 이상화된 모습으로 공동체의 개념을 육성했을 것이다.

지역사회는 타지인들에게 필요하고 원하던 바였고, 당연하게도 쿠안을 현대 지역사회로 건설할 때 무거운 책임을 진 사람들은 대부분 타지인이었다. 예를 들어, 가게 점원인 모나는 쿠안에 정착하기 전에 시골 지역에 살았다. 그녀는 실제로 이전 마을보다 쿠안에 훨씬 더 많은 사람들을 알게 되어 매우 놀랐다. 돌아보면서 이것이 정확히 가족이 그녀의 출생지에서는 충분했기 때문이라는 것을 깨달았고, 쿠안에서는 자녀가 완전히 통합될 수 있도록 모든 인맥을 개발해야 했다. 9장에서는 그 이유가 길게 제시되었다. 이 마을이 성공적인 공동체가 된 이유와 방식은 구체적이거나 더러 일반적이다.

오늘날 쿠안에 사는 대부분의 주민이 느끼는 쿠안에 대한 애정은 끊임없는 표현되어 부인하기 어려웠으며, 이 책은 나의 실패를 보여준다. 아무튼 인류학자들은 현장 연구 장소와 쉽게 연관되는 경향이 있다. 그러나 사회의 문제적이고 분열적인 측면을 언급해야 한다고도 느낀다. 필자가 박사 학위를 위해 연구한 인도의 마을은 위계와 착취로 인해 갈라졌다. 트리니다드의 작은 시골 정착촌에서 만난 청년들은 세대를 거슬러 올라간 싸움에서 악의와 복수심과 관련이 있는 장소를 떠날 수 없었다. 서로에 대해 속속들이 아는 것은 밀실 공포증을 일으켰다. 잉글랜드 호스피스 환자에 대한 연구는 이웃에 대한 전통적인 적개심과 국내 사생활의 보호로 인한 외로움을 드러냈다. 토착민이나 장기간의 연속성의 애정과는 거리가 먼 이전의 연구들은 역사적 빈곤이 지역사회의 구축으로 거의 이어지지 않음을 드러냈다. 대부분 경제적 상호 의존의 필요를 만들어 내고 분노를 샀다. 대조적으로 쿠안에서는 인맥이 신댁되었으며 이웃의 단순한 병치가 아니라 우정이 친척을 대체하는 것과 같은 방식으로 사회성을 선호했다. 무엇보다도 쿠안 공동체는 이민자들의 산물이었다. 쿠안은 유산이 아니라 사람들이 자신의 노동의 산물로 여길 수 있는 곳이었다. 이는 인류학자와 대부분의 사람들이 진정한 지역사회에 대해 역사와 연결 짓는 방식에 도전하는 것이 아니다. 10장에서 볼 수 있듯 적어도 매우 영향력 있는 한 철학자에게 비상한 관심을 불러일으킨다.

10장
하이데거의 위치

하이데거

 마지막 장은 우리를 출발점으로 데려다준다. 쿠안 주민들은 쿠안에 순수한 애정을 느끼고 만족스러운 삶을 살았으며, 우리는 그들에게서 기쁨을 감지하고 이를 조사하기로 마음먹었다. 이 현상은 매우 최근의 현상이며 원주민이 아니라 주로 추상적인 공동체 이상을 실현하려는 이주자들의 시도에서 비롯된 것으로 밝혀졌다. 독일의 철학자이자 대표작 《존재와 시간》으로 알려진 마르틴 하이데거Martin Heidegger(1889~1976)를 나란히 병치하는 것은 이상한 선택으로 보일 수 있다.[01] 하지만 이러한 시도가 적절한 이유는 사회과학에 하이데거의 작품을 포함하는 것이 그의 저서의 보조적 요소에 지배되기 때문이다. 공간과 장소에 관한 문제는 데이비드 하비David Harvey와 같은 영국 문화 지리학자들의 철학적 요소가 가미된 인상적이고 지속적으로 발간된 저서에서 기본 요소에 해당한다.[02] 나는 대학 시절의 대부분을 원래 들어야 하는 강의에서 벗어나 문화 지리학 강의를 청강하며 보냈다. 토론의 수준이 흥미롭고 영감 넘쳤기 때문이다. 이때 하이데거의 거주dwelling 개념이 종종 인용되었다. 인류학에서도 팀 잉골드Tim Ingold 등이 거주에 관한 하이데거의 영향력을 논한 바 있다.[03] 이는 이상적인 병치의 근거로 보인다. 하지만 10장에서는 적어도 하이데거의 대표적 작품을 논의할 때 이것이 가능하지 않음을 설명한다. 하지만 후일 그의 에세이로 관심을 돌리면 비평을 본 민족지학의 시사점에 적용할 만하다.

장소에 대한 하이데거의 생각이 민족지학의 발견 사항에 중요한 이유는 무엇인가? 10장에는 특정한 정치적 목적이 있다. 오늘날 영국 정치에서 발견되는 이주자와 망명 신청자를 향한 비인간적인 태도는 끔찍한 수준이다. 억압, 강간, 빈곤, 전쟁에서 도망친 사람들에게 믿을 수 없을 정도의 잔인한 대우가 이어져 왔다. 종종 우익 정치가들이 선거에 이기기 위한 가장 효과적 수단으로 간주되는 원주민을 향한 포퓰리즘 정치와 관련되며 반복적으로 정당화되었다. 쿠안에서 민족지학 연구를 마친 후 타지인의 업적은 진정성, 원주민과 장소 사이의 관계에 대한 일반적이고 대중적인 가정에 대한 비판을 뒷받침할 수 있는 것으로 느껴졌다. 따라서 10장의 초기 목적은 쿠안 주민의 예를 들어 철학적 전통뿐만 아니라 역사적으로나 오늘날 타인에 대한 가장 야만적 처우를 정당화하는 관념의 정치적 이용에 대응하는 것이었다. 그러므로 효과적인 공동체를 토착 인구에게 물려받는 것이 아니라 이민자가 긍정적으로 창조할 수 있음을 보여주는 것이 중요하다.

이것이 하이데거에 초점을 맞춘 두 번째 이유다. 문화 지리학 내에서 광범위한 토론을 지켜본 후 하이데거가 독일어 고향Heimat이라는 개념을 공식적으로 철학에서 강조하는 데 큰 기여를 했다고 믿게 되었다. 이러한 논의는 또한 이것이 하이데거의 공식 철학과 사적/공적 정치적 입장 간 명확한 일치를 나타낸다는 것을 시사했다. 고향은 한 민족과 고향 사이의 깊은 역사적 관계에 대한 관념과 이상을 의미하며, 수세기에 걸쳐 펼쳐져 양자 간 깊고 진정한 관계를 형성한다. 일반적으로 고향에 대한 이러한 신념은 국가 사회주의의 부상과 독일 민족주의völkisch 운동의 나치에 대한 동의가 근본이 없다고 간주된 유대인 등을 상대로 우월 의식을 만든 토대로 보인다.

처음에는 하이데거를 이 고향이라는 전통과 연결 지을 분명한 근거가 있는 것으로 보였다. 그가 국가사회주의의 많은 원칙과 정치에 확고히 집착했다는 것은 의심할 여지가 없기 때문이다. '유대인 문제'에 관한 하이데거의 실패를 설명한 책에서 베렐 랑Berel Lang은 그의 입장을 보여주는 인용과 행동을 대거 제시한다.[04] 하이데거가 대학에서 '유대인화'에 맞서는 보루 역할을 하기를 바란 교직원 후보자를 위해 쓴 긍정적 언급에서부터[05] '독일이 무엇인지 찾고 방어할 수 있다면 오직 독일인으로부터 세계 역사의 조정이 이뤄질 수 있다'는 민족Volk의 지지[06] 그리고 '조국이 존재 그 자체이며 처음부터 폴크의 역사를 존재한 것으로 매개하고 정한다'라는 데 이르기까지 다양하다.[07]

하이데거가 40년 동안 기록한 34장의 메모인 블랙 노트북이 최근 발간되어 그의 충성에 대한 일말의 의심을 불식했다. 하이데거가 나치당과 거리를 둔 것은 민족 전통의 폭넓은 이상화가 지역적 개념화보다는 국가적 또는 보편적 개념화에 기초했기 때문인 것으로 보인다. 대조적으로 하이데거는 전통적인 농촌 독일 농민에 근거한 예를 즐겨 사용했다. 예를 들어 이념으로서 민족의 나치 추상화보다는 장소로서의 직접적 의미에 의존한다. 즉, 하이데거는 나치당보다 고향에 더 이끌렸을 것이다.[09]

이러한 개인적 신념이 끊임없이 존재에 중점을 두는 철학과 나란히 할 수 있는 모든 이유가 있었다. 그의 철학은 안에 있음, 현존재, 다양한 마음의 상태를 강조한다. 제프 말파스Jeff Malpas가 하이데거 철학적 저술을 세밀하게 분석한 내용은 토폴로지(장소 간 관계)가 그의 철학에서 시간성과 더불어 중요함을 보여준다. 그렇다면 존재와 시간은 또한 존재와 장소라고 할 수 있었을 것이다. 그러나 하이데거가 실제로 그러한 용어로 의미한 바는 다른 의미로 밝혀졌다. 말파스는 특히 데이비드 하비와 도린 매시Doreen Massey 같은 문화 지리학자들의 비판적 논평을 거부하는데, 이들은 그의 정치적 충성이 공식적인 철학 표현에 반영되었다면서 하이데거를 오해한 것으로 시사했다.[10]

내 생각은 말파스의 주장에 가깝다. 하이데거를 내가 비판하고자 의도했던 가치관과 사상의 상징에 일치시키려는 욕심에도 불구하고 《존재와 시간》을 주의 깊게 읽어보면 이 책이 그런 목적에 부합할 수 없음을 알 수 있다. 대신 하이데거에 좀 더 정직하게 접근하려면 칸트를 논한 이 책의 도입부 섹션으로 돌아가 연계성을 찾는 것이다. 《존재와 시간》이 철학의 다른 부분과 마찬가지로 존재의 기본 특성에 관한 칸트의 초월적 철학과 데카르트 이후의 다른 형태의 사상과의 논쟁에 집중되어 있다고 제안하는 것이 더 그럴듯하다. 도입부에서 칸트의 토론의 일부를 재현하면 철학 내에서 칸트의 매력은 이성의 본질에 도달하기 전에 선험적이어야 하는 바에 근거한 깊은 탐구 수준에서 철학에 요구되는 바가 있음을 설명한 것이다.

이는 명백하게 보이는 모든 것의 피상성을 파헤치려고 노력하고, 보다 근본적 수준에서 고고학적 능력을 보여주려는 철학적 전통의 전형이다.

그렇다면 하이데거의 시도는 데카르트의 저술과 연관된 의식하는 '나'에 앞서는 출발점으로 우리를 되돌리는 것이다. 칸트와 마찬가지로 그는 형이상학과 초월의 전통으로 돌아갈 뿐만 아니라 한발 더 나아가려 한다. 《존재와 시간》의 비판적 읽기를 고향에 관한 정신적 위치를 의도적으로 정당화한다고 오해하는 이유다. 칸트가 공간을 이성에 대한 선험적인 것으로 이해한다면, 하이데거는 그가 현존재Dasein라고 하는 바를 어떤 형태의 객관화보다 먼저 오는 세상에 있는 존재라고 주장한다. 휴버트 드레이퍼스Hubert Dreyfus가 설명하듯 하이데거는 의식, 의도성 또는 실제 활동 이전의 존재 상태를 밝히려고 시도한다.[11] 현존재는 존재가 놓일 상태에 대한 관심에 기초한 방향성을 위한 능력이 있다는 원초적인 감각이다. 이는 실제 공간과의 참여에 앞선다. 세상과의 협조가 이루어지는 이 상태는 이유를 부여한다는 의미에서 공간 지향과 같은 의식의 측면을 통해 세상을 이해하도록 이끈다. 그러나 하이데거는 그보다 더 앞서는 잠재적인 것에 주목한다. 첫째, 현존재를 궁극적인 사전 인지의 선험적인 것으로 평가해야 한다. 하이데거는 장소에 대한 토론을 예시하는 감각 조건에 관심이 있다. 주의함에 대한 이러한 논쟁을 해석하는 긍정적인 방법은 하이데거가 세계에 대한 우리의 관심이 일차적이며 이론과 과학에서 발견되는 객관화에 앞서 주장되고 보호되어야 함을 확인하고자 했다고 보는 것이다.

《존재와 시간》에서 하이데거는 공간에 대한 기존의 이해로 환원할 수 없는 공간성의 언어를 개발하려고 노력한다.[12] 이러한 요약이 과도하게 단순화하는 것임을 알고 있다. 하지만 하이데거는 존재(현존재)가 이미 세상에 있음을 받아들이는 것에 근거한 원시적이지만 지속적인 과정이고 세상을 객관화하는 어떠한 실제 참여에 앞서는 것으로 주장한 것으로 풀이된다. 실제로 세상에 참여하기 전에 주변의 것들이 잠재성과 준비되어 있음으로 인해 관심을 갖게 된다. 망치는 우리가 사용하는 물건이지만 그 이전에는 세상에 참여하는 상상의 일부로 인식되는 가능성이다.

이러한 상상력조차도 이미 하이데거가 피하려고 하는 대상화로 이미 지나치게 기울었다. '쓸 수 있음'으로서의 감각에 앞서는 것은 우리가 자리 잡기 전에 세상이 자리했음을 인식한 것이다. 하이데거가 기술에 관한 후속 연구에서 설명했듯이,[13] 자연의 가능성은 씨앗의 발아 가능성에서와 마찬가지로 인간이 던져지는 상호 연결성의 일부다. 처음에는 우리가 이미 상호 연결된 세계 내에 위치하고 있다는 것을 알고 있지만, 이러한 지연 시간을 이해하는 것이 핵심이다. 실제로 보기 전에 무언가를 본다는 것을 개념적으로 인식할 수 있는 것과 마찬가지로 아직 개념적 형태가 아닌 지향성을 가지고 있다. 따라서 특정한 것을 만들기 전에 주의를 기울이는 대상을 쓸 준비가 되어 있다. 우리는 먼저 이러한 대상에 대해 주의하는 잠재적이지만 필수적인 준비로서 주의의 본질에 대한 감각을 가지고 있다.

하이데거는 우리가 이미 세상에 던져졌다는 논의에도 불구하고 그러한 세상의 아래와 이전을 끊임없이 욕망한다. 마치 우리가 무언가를 묘사할 수 있는 것처럼 현존재의 예가 되기에는 멀어진 것이다. 단지 우리가 이미 알고 있는 이 본질을 모을 수 있다는 것을 우리가 이미 이해하는 언어가 아닌, 발명된 용어의 개발을 통해 암시되고 문제화되는 것에 있을 뿐이다. 일상 언어는 이미 소외된 세계, 기술, 과학, 자본주의, 자만하는 상태로 가득한 세계와 밀접한 관계에 있기 때문에 하이데거는 이 원시적이고 보다 진실된 상태를 논의하기 위해 오염되지 않은 언어를 고안했다.

공간의 경험 이전에 지연 또는 공간의 가능성에 대한 생각을 전달할 핵심 개념은 거리 제거de-severance라는 개념이다. 놓인다는 것은 세계를 향한 모든 방향으로 암시된 거리를 없애는 것이다. 따라서 하이데거가 신중한 주의라고 부른, 주의를 기울이지 않는 거리의 제거로써 더 근접해짐을 암시한다.[14] 하이데거가 말했듯 '현존재에는 친밀감에 대한 본질적인 경향이 있다.'[15] 그러므로 우리가 처한 세상을 지향하는 방편으로 주의를 기울일 만반의 준비가 되어 있다. 그러나 기존 용어보다는 자체적인 용어를 사용함으로써 그는 근접성의 개념을 일상적인 공간적 근접성과 혼동하지 않도록 애썼다. 하이데거는 자신이 논하는 거리의 개념이 우리가 일반적으로 이해하는 공간상의 거리와 뒤섞이지 않기를 바랐다.

근접성은 실제 공간적 거리의 제거가 아니다. 그는 '현존재가 자신의 주의에 따라 무언가를 가까이한다면 공간적 위치에서 바로잡는 것을 의미하지 않는다'라고 밝힌다.[16] '현존재는 공간에서 결코 가까운 곳에 있지 않다.'[17] 현존재는 주의를 가진다는 개념으로 표현되는 본질이나 지연에 관한 원초적인 상태이며, 그러한 주의의 실제 표현에 앞서 중요하게 느껴질 수 있다.[18]

존재한다는 것은 처해 있는 세계에 관심을 가질 가능성과 필요성이 있어야 성립한다. 존재는 앎에 앞서 오지만 이론적인 우려보다는 있음이다. 현존재는 우리가 '존재'라는 단어를 사용할 때 일반적으로 암시하는 것보다 앞서 있다는 점에서 선이론적이다. 존재가 하나의 실체라면 더는 현존재가 아니다. 이전prior 또는 선pre

같은 용어는 시간성에 대한 언급 같지만 《존재와 시간》 역시 이러한 개념을 명시적이나 기존의 시간적 관념으로부터 멀리하는 시도와 관련된다. 칸트가 사용한 선험적이라는 용어에 더 가깝다. 이는 우리가 알고 있는 시간이 아니며 우리가 명백하거나 기존의 공간 개념에서 거리를 두듯 명백한 시간으로부터 분리해야 한다. 하이데거는 이런 방식으로만 우리가 현재 경험하고 있는 객관화된 세계를 창조한 산업과 자본주의의 힘으로부터 자유로운 세계를 드러낼 수 있다고 주장한다.

나는 철학자도 아니고 하이데거 전문가도 아니다. 《존재와 시간》을 문화 지리학자와 다른 학자들이 하이데거의 정치적 입장이나 그 무엇에 대한 입장을 비판하기 위해 활용하는 방식으로 적용할 수 없다고 생각하는 이유를 설명하기 위해 나의(거의 틀림없이 잘못되었을) 해석을 토대로 제시했을 뿐이다. 피에르 부르디외가 하이데거에 대한 비평에서 제시했듯[19] 인류에 대한 탐구를 가능하게 하는 전존재론적[20] 고려에 대한 하이데거의 강조는 실제 인류에 대한 우리의 이해에 어떠한 실제적 기여도 배제한다.[21] 우리가 시간과 공간의 세계로 인식하는 어떤 것에라도 관여하는 순간 하이데거의 현존재와 헤어지는 것이다. 철학자들과 다른 학자들이 사람들이 전존재론적인 것을 찾기 위한 추측에 근거한 노력에 관심을 두는 이유를 이해할 수 있다. 하지만 개인적으로 이러한 잠재적인 상태가 하이데거가 주조한 언어 안에서나 그 언어를 통해서가 아니라면 존재한다고 믿지 않는다. 그런 이유로, 하이데거의 명성에도 불구하고 존재와 시간은 살아있는 삶과의 관련성을 찾는 데 사용할 수 없었다.

다행히도 하이데거의 후기 에세이는 쿠안과 관련된 연구와 보다 관련성이 있다.[22] 이 에세이는 기술과 거주에 더 중점을 두었다.[23] '건축하기, 거주하기, 사유하기'는 하이데거가 쓴 에세이에서 가장 많이 인용되는데 아마도 예시에 더 근거를 두고 있기 때문일 것이다.[24] 이 에세이는 '거주하기'로 번역된 독일어 용어가 무엇을 의미하는지 묻고 건물에 산다는 개념보다 얼마나 더 깊은 의미를 지닐 수 있는지 고민한다. 거주하기는 인간이라는 본질적인 조건과 같으며, 해로움에서 벗어나 평화롭게 머물고 자유롭게 존재하려는 바람직한 조건이다. 에세이의 대부분은 다리가 제방을 연결하여 그 자체로 풍경을 만들고 하나의 장소로 바꾸는 특징을 종합하여 은유적 토론을 확장시킨다. 하이데거는 공간이 단순한 측정이 아니라 다리가 하는 역할과 비슷하다고 주장한다. 따라서, 적절한 건물은 인간이 거주하는 장소일 뿐만 아니라 생활하거나 세상에 존재하는 구조가 되어야 하며 거주 가능성으로 표현된다. 그의 이전 작품과 공통점은 거주하기가 단순한 공간의 의미로 축소되지 않도록 애썼다는 것이다. 그것은 전체론적이고, 심지어는 영적이며, 마음과 손에서 비롯된다.

에세이의 맥락은 제2차 세계 대전 이후 더 많은 주택을 지으려는 열심에 대해 폭넓게 논의하는 것이다. 하이데거는 단순히 더 많은 집을 짓는 것으로는 충분하지 않다고 주장한다. 보다 근본적인 문제는 인간이 거주할 공간이 상실되었다는 데 있기 때문이다. 이어 그는 10장의 비판을 진행할 수 있는 단초를 제공한 예시를 든다. 그의 에세이에서는 기술 관료적 현재에 대항하여 낭만적 과거를 향한 향수가 드러나기 때문이다. 아도르노와 호르크하이머의 《계몽의 변증법》에 분명한 영향을 미친 바로 그 반객관화의 정신이다.[25] 그가 원하는 거주 공간을 연상시킬 수 있는 건물은 블랙 포레스트Black Forest의 전통 농가다. 이 농가는 풍경, 날씨, 여러 세대에 걸친 유산, 영적 요소를 하나로 모았다. 하이데거의 거주가 의미하는 바의 필요 요소를 모두 갖춘 것으로, 20세기 독일의 '근대적' 주거지와는 대조적으로 농민들에게 진정성을 부여했다. 존재와 시간이 철학의 핵심 문제에 관한 것이기 때문에 하이데거의 일부 비평가들이 언급한 방식으로 정치에 관여하지 않았지만, 후기 에세이는 하이데거가 고대 독일의 고향 개념과 일치함을 보여주며(다만 이러한 개념이 나중에 개발되었기 때문에 나치와 필연적으로 연관성이 제기된다) 사람들(민족)의 진정성을 거주의 역사적 경험과 분명히 연결 짓는다.

하이데거와 쿠안

이 책의 결론에서 주장하겠지만 헤겔은 하이데거와 극명하게 대조적으로 객관화를 저주가 아니라 거주를 가능하게 하는 과정의 본질적 요소로 보았다. 거주는 단순히 장소에 사는 것이 아니라 역사가 아닌 객관화의 산물로 간주해야 한다. 하이데거보다 쿠안에서 거주에 대해 배울 점이 더 많은 이유다. 앞장에서 묘사된 쿠아의 사례는 독일 농민에 대한 하이데거의 낭만적인 향수와 다를 바가 없다. 거주는 역사나 존재의 주어진 산물로 쿠안에 나타나지 않았다. 타지인들은 윤리적 공동체의 이상과 과거 아이디어의 형태로 이성을 표현하고자 의식적으로 쿠안을 건설했다. 헤겔과 마찬가지로 객관화를 긍정적으로 받아들였고 과거 목표의 표현으로써 지역사회를 의도적이고 체계적으로 창조했다. 이들은 역사의 산물로써 주어진 조건을 상속한 것으로 추정되는 블랙 포레스트의 농민들과 공통점이 없다. 칼 마르크스도 동일하게 평가했듯 쿠안은 타지인에게 의미가 있다. 자신의 노동을 통해 창조했을 뿐만 아니라 쿠안에 있는 자신을 인식하고, 쿠안을 통해 변화된 자신을 이해했기 때문이다. 모순적이게도 하이데거의 향수는 그 자체로 산업화 못지 않게 공장의 산물이라고 볼 수 있다. 현대적 형태의 객관화 이전에 존재했던 상태에 대한 향수는 그 자체가 당대의 고도로 이념적인 비판에서 기능하는 대량 생산된 이미지가 되었으며 이러한 비판은 상당 부분 하이데거에게 빚진 바 크다.

산업화 이전의 전체론에 대한 낭만적인 이상에서 우리는 떨어져 나와 있는데, 그러한 이상은 여러 버전이 있다. 독일의 고향이라는 개념은 가장 완벽하게 발달된 개념 중 하나이며 민족이라는 인구 개념과 연결되어 있다.[26] 그러나 결코 독일에 국한되지 않는다. 19세기와 20세기를 지나는 동안 고향의 호소력은 강했다. 사람들이 근대화와 변화의 영향을 불안하게 여기면서 거대한 정치 운동이 보수 정치에 이끌리고 있었기 때문이다. 비슷한 이상과 운동이 파시즘의 다른 버전을 통해 다른 장소에서 일어났지만 보다 흔하게는 (많은 경우 날조된) 옛 뿌리와 우주론이 부활했다.

아일랜드도 이 운동에 참여했다. 독일의 역사와 아일랜드의 역사 사이에 많은 명백한 유사점이 있었기 때문에 민족이라는 독일식 이상에 준하는 지역 버전이 대두되었다. 셰인 네이글Shane Nagle은 "두 맥락 모두에서 역사가들은 국가라는 의미에서, 분열된 과거, 지연되거나 억제된 발전, 강력한 이웃에 대한 과거의 약점, 중세 이후 또는 심지어 그 이전부터 민족국가의 부재, 심각한 종교적이고 지역적인 이질성을 나타냈다"라고 밝혔다.[27] 이 모두는 아일랜드 켈트 문화와 정체성에 대한 독단적인 이상을 발전시킬 충분한 이유를 제공했으며, 새로 독립을 이룩한 아일랜드의 정치에서는 데 벌레라가 실현했고, 톰 잉글리스Tom Inglis가 '도덕적 독점'이라고 부른 가톨릭교회와의 매우 밀접한 관계가 여기에 포함되었다.[28] 요컨대 처음에 아일랜드는 고향의 정신과 유사한 운동으로 건설되었다. 쿠안 사람들은 오직 이러한 이념이나 교회와의 연관성을 급진적으로 거부함으로써 대안적인 객관화를 이뤘으며, 덕분에 만족스러운 삶에 훨씬 더 가까이 다가갈 수 있었다.

연구 참가자들은 대부분 쿠안이 이상적인 거주 장소로서 지구상의 천국을 만든 업적을 인정하고 그러한 기여가 아일랜드 출신뿐 아니라 해외의 타지인으로부터 왔다는 점을 강조했다. 동부 해안에 위치한 쿠안은 영국에서 이주한 사람들에게 강한 영향을 받았으며 이 영국인들은 아일랜드 조상이 없는 경우가 많았다. 이제는 다른 나라, 특히 동유럽에서 온 이주자들이 가세했는데 아일랜드 가톨릭교회에 동질감을 느끼고 때로는 지역 가톨릭교회를 충실하게 섬긴다. 또한 백인이면서 중산층이었기 때문에 쉽게 스며들었다. 민족지학 연구를 수행하는 동안 해외에서 태어나 쿠안이 성공적으로 유지되는 지역사회가 되도록 기여한 것으로 인정되는 개인들이 있었다. 그들과 타지인 모두 이제는 더 광범위한 쿠안 인구의 특징인 범세계적인 자유주의 전망으로부터 혜택을 받고 관심을 두고 촉진하고 있다. 여기에는 아일랜드가 EU의 일부가 된 이후 형성된 유럽 정체성에 대한 매우 긍정적인 포용이 포함된다. 이는 영국과의 역사적 연관성을 느슨하게 만들어 독립 이후 민족주의보다 더 넓은 개념의 정체성을 형성했다.

역사적으로 고향과 같은 특징을 지닌 많은 사회와 더불어 전혀 다른 사회도 있었다. 고대로 돌아간다면 그리스 폴리스는 배타성과 뿌리를 결정하는 명확한 약속이 있었다. 폴리스 내에 살았던 대부분의 사람들은 시민이 아니었으며 인구의 절반 이상이 여성이거나 노예였다. 스파르타인이나 아테네인 후손이 시민이었다. 기원전 450년부터 아테네인은 두 아테네 시민으로부터 내려온 후손들에 의존하여 사실상 동족 결혼 사회를 만들었다.²⁹ 예외를 두기 위해서는 대규모 투표가 필요했다. 당시 폴리스는 문화를 생물학적 유산으로 여길 정도로 고향과 같은 사회였다. 이는 야만인이나 노예로 시작한 사람들이 권위의 절정에 도달한 이야기로 가득한 로마 제국의 형성 과정과 현저하게 다르다. 비공식적으로는 로마 제국에도 적어도 완전한 시민이 되는 데에는 제한이 있었다. 그러나 외부인들에게 하위 등급의 시민권을 부여하는 것은 제국이 팽창하고 번영할 수 있도록 만든 로마화 정책의 일부였다. 이는 제국 자체가 점점 타지인의 산물이 되었음을 의미했다. 212년경 안토니우스 칙령으로 이러한 추세는 공식화되었다.³⁰ 비록 본서에서 쿠안을 폴리스에 빗대는 언급을 자주 했지만 이 점에서 쿠안은 로마 제국과 공통점이 더 많았다. 결론적으로 사람들이 장소를 만들고 그 장소와 연관되는 방법은 다양하다. 동족 결혼이나 내부 재생산의 고집 못지않게 이주자의 통합으로 성공적인 유지가 가능하다.

이는 인류학뿐만 아니라 철학에서도 중요한 문제다. 인류학은 문화가 오랫동안 존재해 있는 것이 거의 자명한 소규모 지역사회를 연구하는 것으로 시작되었다. 또한 인류학자들은 식민지의 역할을 고려하여 토착민을 낭만적으로 그릴 수 있으며 많은 학자가 토착민으로 간주되는 인구를 방어해야 할 도덕적이고 정치적 의무를 느꼈다. 더 문제인 것은 문화 자체는 상속된 소유로 볼 수 있음에도 인류학자들이 문화 전유에 대한 반대를 옹호하는 데 인용되는 것이다. 그러나 20세기에 인류학자들은 점차 연구 대상인 많은 사회가 실제로는 비교적 최근 발전했거나 여러 가지 다양한 역사적 기원이 통합된 결과임을 인식하기 시작했다. 또한 자신들의 편견이 이주, 변화, 재건의 역동적인 역사를 가리고 있다고 의심하기 시작했다.

인류학자로서 내 연구는 처음에 소비에 집중되었으며 나중에는 디지털 기술의 결과에 대한 관심으로 확대되었다. 두 가지 주제 모두 문화가 선험적이라기보다는 후험적이라는 인식이 점점 더 요구되었다. 디지털 기술이 전 세계에 전파되면서 분열되고 지역적인 측면이 반영된다. 그 진정성은 인구 집단의 후속적인 전용을 통해 확립되는 것이지 해당 인구에서 발생했기 때문이 아니다. 최근에 집필에 참여한 출판물 중 하나가《세상은 어떻게 소셜 미디어를 변화시켰는가 How the World Changed Social Media》인데[31] 책 제목이 '소셜 미디어는 어떻게 세상을 변화시켰는가'가 아니라는 점에 주목해야 한다. 스마트폰을 스마트하게 만드는 것은 사용자가 창의적으로 배포하고 앱과 콘텐츠 추가를 통해 스마트폰을 변화시키는 방식이다. 같은 이유로 나는 문화적 전유에 대한 오늘날의 비판에 동조하지 않는 경향이 있으며 혼합과 하이브리드의 역동성에서 비롯되는, 뿌리가 아닌 경로에서 발생하는[33] 진정성을 옹호하는 폴 길로이 Paul Gilroy의 입장에 찬성한다.[32] 모든 문화는 결국 하이브리드다. 따라서 철학적으로 타지인들이 어떻게 쿠안을 건설했으며 세상을 새롭게 하고 과거의 세계와 동일하게 진정성 있는 공간으로 인식하는 것만큼이나 인류학도 얻는 바가 크다. 이 역시 아일랜드 사회의 광범위한 자유주의에 반영된다. 쿠안 사람들은 현 총리가 인도계의 게이라는 사실에 종종 자부심을 가지고 거론하며 대화 주제로 삼는다. 궁극적으로, 타지인이 쿠안을 변화시킨 방식이 정체성이란 조상에 의해서만 결정된다는 가정을 완전히 거부하는 방식으로 객관화의 예를 들 수 있다.

주의 사항

《존재와 시간》은 10장에서 제시한 다양한 여러 해석이 제기된 밀도 높고 어려운 책이다. 많은 사람이 하이데거의 글에서 영감을 얻었다는 것을 완벽하게 인정한다. 그의 주요 작품의 빽빽한 산문에서 멀리 떨어져 나와 시와 배려의 정신에 호소하는 바가 있다. 카스텐 해리스 Karsten Harries는 거주에 관한 하이데거의 에세이가 신비주의, 향수, 시학을 통해 건축가들에게 영감을 줄 수 있는 측면이 있다고 주장했다.[34] 나보다 하이데거의 저작을 훨씬 더 오랫동안 지속적으로 연구해온 인류학자 팀 잉골드는 보다 긍정적인 병치의 가능성을 고찰한다. 이를 위해 그는 단지 건물에 사는 것이 아닌 건축에 앞선 활동으로서 주거하자는 하이데거의 주장에 초점을 둔다. 그는 일부분 내가 비평한 거주 관련 하이데거의 후기 에세이를 독자적으로 해석함으로써 이러한 주장을 제기한다. 그가 하이데거에게 취한 것은 '세상에 거주하는 것은 간단히 말해 삶에서 환경의 다양한 구성 요소와 일시적 섞어 짜기가 끊임없이 일어나는 것이다'라는 개념이다.[35] 하이데거의 에세이를 적절하고 유익하게 해석한 내용이다. 그러나 민족지학이 어떻게 이 논쟁을 더욱 급진적인 왜곡으로 만들었는지 인정하는 것은 여전히 중요하게 보인다. 이 과정이 상상했던 것보다 조상들의 과거 환경 건설에 훨씬 덜 주목했음 드러냄으로써 가능하다. 하이데거와는 달리 나는 회피를 통해서가 아니라 객관화를 통해서 경로를 통과해야 한다고 믿는다.

The Good Enough Life

11장
세상과의 소통

이 책에서 이어질 내용과 관련하여 미리 밝혀두자면, 철학사는 세상과 일부 유리되는 경향이 있었다. 철학자들은 자연스럽게 자신이 사유하는 바와 기본적으로 정신적 활동인 것을 극찬하기에 이르렀다. 이로 인해 철학은 세상을 감각적으로 경험하는 과정에서 물질적으로 교류 대신 사색을 장려하게 되었다. 12장에서 스토아 학파와 에피쿠로스 학파에 대해 다루면서 이러한 경향을 설명하겠지만, 그에 앞서 11장에서는 쿠안에서 확인되는 뚜렷한 대안을 증거로 제시할 것이다. 추상적 사색보다 신체, 감각, 소통을 확대하는 시도에 토대를 둔 우주론이 그것이다. 그러한 성향을 어떻게 바라봐야 할까? 이러한 소통 확대에 대한 욕구를 철학과 유사하거나 그와 동등한 것으로 간주할 수 있는 방법이 있을까? 아니면 양자는 세상에 양립 불가능한 상태로 존재하는 것일까? 11장의 전반부에서는 연구 참가자들과 여행이라는 활동의 관계에 관한 증거를 살피고 이어 참가자들의 사회 활동에 대해 간략히 다룰 것이다. 약간의 양해를 구하자면 11장은 대체로 서술적으로 진행되며 여기에 제시된 증거와 철학 사이의 관계에 관한 주장은 남은 두 장에서 제시될 것이다.

다음은 어디인가?

민족지학의 일부를 구성하는 다소 공식적인 면담의 일환으로 주로 은퇴자들에게 어떤 삶을 원하는지를 여러 버전으로 바꾸어 물었다.

놀랍게도, 주제를 암시하거나 주제를 이러한 질문의 일부에 포함하여 묻지 않았지만 대부분의 사람들은 남은 인생에서 무엇을 더 하고 싶은지를 묻는 것이 본질적으로 여행에 관한 질문이라는 것, 즉 가보고 싶은 곳을 묻는 것이라고 당연시했다. 상당히 예상치 못한 반응이었지만 11장의 논증과 증거에 대한 핵심을 이루기 때문에 그들의 변을 자세히 설명하겠다.

전형적인 답변은 70대인 로버트의 응답이다.

하고 싶은 건 거의 다 해봤어요. 잉글랜드의 럭비 팀에서 활동을 했었죠. 호주와 뉴질랜드에 가봤고, 남아프리카에는 가본 적이 없어요. 남아메리카도 가보고 싶네요. 멕시코와 쿠바는 방문한 적이 있고 뉴욕이랑 보스턴에도 가봤습니다.

60대의 수잔은 우루과이, 캐나다, 호주를 여행하고 싶어 했고 금전적으로 허락한다면 스페인에 별장을 사고 싶다고 했다. 60대의 패트리샤는 말했다. "당연히 여행을 하고 싶죠. 여행을 좋아하거든요. 특히 기차 여행을 즐기죠. 인도의 기차 여행은 아주 좋은 경험이 될 것 같아요." 또 다른 60대의 여성인 클라라는 "어딘가를 가고 싶다는 것 말고는 딱히 해보고 싶은 게 없네요"라고 말했다. 80대의 릴리안 역시 여행을 하고 싶다고 밝혔다. "돈이 더 있었다면 여행을 했을 텐데 그 외에는 생각나는 것이 없네요. 과거였다면… 아마 휴가를 좀 더 가지기를 바랐을 거예요."

여행에 대한 이러한 열망과 밀접하게 연관된 개념이 '버킷 리스트'다. 비록 일부가 그 용어를 싫어한다고 말했음에도 불구하고 몇몇 사람들은 명시적으로 사용했다. 버킷 리스트라는 개념은 《죽기 전에 가봐야 할 장소 50곳》 같은 널리 인기를 얻은 책 제목과도 일치한다. 버킷 리스트에 여행이 압도적으로 많이 포함되며 그 밖에 죽기 전에 만나고 싶은 대중 음악 밴드의 공연 참가부터 돌고래와 함께 수영하기 같은 대중문화의 진부한 열망까지 아우른다. 사람들은 그러한 열망을 이루기 위해 행동한다. 사라는 이탈리아의 소렌토 여행담을 들려줬는데, 남편과 함께 만든 버킷 리스트에 포함되어 있었다. 남편이 사망하기 직전을 떠올렸다.

어느 날 컴퓨터를 보고 있던 남편이 '성공했다오'라고 하더군요. '뭘 했는데요?' '소렌토 여행을 예약했어요.' 저는 여행 브로셔를 매일 펼쳐놓고 있었지만 남편이 보리라고는 생각하지 않았거든요. 우리는 멋진 시간을 보냈고 남편도 즐겼어요.

가슴 아픈 사실은 남편이 죽기 직전에야 바라던 소망을 이뤘다는 것이었다. 민족지학 연구 현장에서 확인되는 문화적 현상을 설명하고자 할 때 '원인'으로 한두 가지의 요인을 지목할 수 있는 경우는 비교적 드물다. 더 일반적인 경우는 일련의 요인이 서로 맞물리고 강화되어, 종국에는 예상치 못한 발견으로 나타나는 것이다. 이 사례 역시 마찬가지다. 지역 여행을 촉진하는 첫 번째 요소는 66세 이상의 아일랜드 국민은 아일랜드 전역의 대중 교통을 무료로 이용할 수 있는 패스를 받는다는 점이다. 상당한 혜택이다. 70대의 프랜시스는 말했다.

무료 패스로 여행을 조금 더 하고 싶어요. 벨파스트에 있는 타이타닉 전시를 보고 싶어서 다음 주에 갈 거예요. 시아버지는 무료 여행을 하며 시간을 보낸답니다. 어떤 의미에서는 낭비라고 생각해요. 어딘가에 갈 시간이 있다면 [패스를 사용할 수 있음] 알고 있지만, 온종일 코크를 돌아다니는 일은 하지 않을 거예요.

이 말은 일부 국민들이 무료 여행을 매우 빈번하게 사용한다는 의미다. 5장에서 소개한, 매주 빙고를 즐기는 중년 여성들로 주로 구성된 활동적인 은퇴자 모임은 버스를 타고 아일랜드의 다른 지역으로 일 년에 몇 번씩 소풍을 가며 그 장소에서 티 댄스(오후에 다과를 즐기고 춤을 추는 사교 행사—옮긴이) 등을 주선할 수도 있다. 부유한 가정이라면 지방으로 휴가를 떠날 수 있다. 배를 구입할 수 있기 때문에 아일랜드 해안이나 스코틀랜드로 항해하거나 샤논 강을 따라 이동하는 배 여행을 즐길 것이다.

쿠안의 사람들이 여행에 특히 끌릴 수 있는 또 다른 이유는 역사적 요인에서 찾을 수 있다. 결국 연구 참가자 중 다수가 애초에 쿠안을 알게 된 주된 계기가 휴가였다. 휴가라는 배경이 여행의 유산을 남긴 것이다. 여행을 선호하는 또 다른 일반적인 이유는 가족 방문이다. 쿠안 주민의 많은 수는 해외에 거주하는 친척이 있다. 전형적인 예가 70대의 크리스인데 이렇게 말했다. "정말 멀리 여행한 것은 호주에 갔을 때입니다. 6년 전이었는데 딸과 사위, 선주들이 거기에 살기 때문이죠." 70대의 브라이언은 말했다. "대부분의 지역을 가봤지만 가보지 못한 유일한 대륙이 호주예요. 거기에 사촌들이 살아서 가게 될 수도 있어요. 하지만 비행기를 타고 싱가포르까지 갔는데도 아직 절반밖에 오지 않았다는 걸 깨닫게 되면…." 역시 70대인 우나는 은퇴한 언니가 사는 코스타델솔을 주로 찾는다. 거기서 독립형 아파트에 머물면서 스페인에서 풍족하게 살고 있는 언니의 자녀와 손주들을 만나기도 한다. 때때로 가족의 역사도 여행지 선택에 영향을 미친다. 릴리안은 스리랑카에 가보기를 원했는데 어머니가 그곳에 묻혀 있기 때문이다. 수잔은 남편의 증조할머니가 결혼한 후 이주한 우루과이를 가보고 싶었다. 아일랜드는 유럽 변방의 작은 나라이며 이주의 역사가 길고 대규모 디아스포라가 존재한다. 해외로 일하러 나가는 것은 역사적으로 빈번하게 일어났다. 해외 여행이 비교적 평범한 사건으로 간주되는 이유 중 하나일 수 있다.

해외 방문에 대한 대조되는 정당화는 가족과 다른 책임으로부터 회피하는 것이다. 일단 외국에 나가면 누구도 돌봄을 요청할 수 없다. 한 가지 압도적인 요소가 있는데, 아일랜드 기후를 벗어나 따뜻한 곳으로 떠나는 것이다. 기상 요인은 80대의 마리아의 여행과 관련이 깊은데 '6개월이나 일 년 동안 북부 스페인에 머물러도 좋을 것'이라고 말했다. 1970년대에 스페인에서 휴가를 즐길 여유가 생기자 사람들은 휴가지로 쿠안 대신 스페인을 선택했고, 이는 쿠안이 극적인 변화를 경험한 주된 이유였다. 그런 종류의 패키지 휴가에서 사람들은 배후지대에 대해 거의 신경 쓰지 않았다. 해변에서 일광욕을 즐기거나 수영장 주변에서 카드 놀이에 열중했다. 걷기 여행 등으로 건강과 체력 단련에 집중하는 경우도 있다. 산티아고 순례길은 폴린 가비와의 공저에서 자세히 설명한 주된 사례다.[01] 걷기 여행은 심미적으로도 폭넓게 관심을 얻기도 한다. 가령 단풍을 보기 위해 뉴잉글랜드를 방문하거나 일본에서 벚꽃을 즐기는 것이다.

세계의 여러 지역은 서로 다른 가치를 지닌다. 이국적인 장소를 가보고 싶은 열망에 유럽을 향하거나 호주, 영국 또는 미국에 머물고 있는 아일랜드 디아스포라의 거주지를 방문하는 여행은 극명한 대조를 이룬다. 유럽에 대한 강조는 아일랜드 사람들이 이제 완전히 유럽인이라는 생각을 빠르게 받아들인 최근의 변화에 따른 영향이며 아일랜드인이라는 생각을 대신하기보다는 통합하는 정체성으로 간주된다. 1장에서 설명한 바와 같이 과거 영국의 식민지로 아일랜드를 이해하던 과거의 생각에서 벗어나는 환영받는 움직임으로 받아들여진다. 유럽의 일부가 되면서 느끼는 감사함은 여유 자금을 프랑스, 스페인과 같이 낯익은 서유럽 국가에 '작은 거처'를 마련하거나 방문하여 소비하는 것과 무관치 않다.

이와는 대조를 이루는 예상치 못했던 발견도 있었다. 이 특정 연령 집단이 히피는 아니었더라도 1970년대에 중요한 영향을 미쳤던 '동양' 신비주의와 음악에 강렬한 기억을 가지고 있다는 것이다. 그 영향은 70대까지 이어지는 것처럼 보였다. 그들은 해외로 나가는 것이 초월적 경험을 탐색하는 것을 의미했던 시기의 청춘을 떠올렸다. 일부는 여전히 '자신을 찾기 위해' 이국적인 장소로 떠난다는 생각을 하고 있었다. 60대인 바버라는 여행할 때만 자신이 진정으로 어떤 사람인지 알게 된다고 밝혔다. 스스로에게 진실할 수 있는 자유를 느끼는 유일한 시간이기 때문이다. 바버라는 말했다. "나를 무너뜨리지 않는 유일한 활동은 여행이다. 여행은 곧 나 자신이다." 부모가 주택을 팔았을 때 바버라는 스페인에 아파트를 구입하여 겨울 동안 12주를 보냈다. 다음으로 계획하는 바는 상트 페테르부르크를 가는 것이며 라틴 아메리카 '심장부'를 다시 여행할 계획도 있다. 여행은 집에서 억압되어 있던 마음을 되살려줬다. 바버라는 말을 이었다.

나는 아일랜드에서 택시 앞좌석에 타는 것은 꿈도 꾸지 않아요. 아일랜드, 특히 더블린에서는 택시 타는 게 긴장되거든요. 하지만 부에노스아이레스에서는 혼자 택시를 탔어요. 이제는 세상의 시선을 신경 쓰거나 하지 않아요. 어떤 이유인지는 모르지만요.

이와 관련된 시각은 진정성 상실에 대한 일부 사람들의 생각에서 비롯된다. 한 여성은 볼리비아에서 무당을 만난 경험이나 알래스카에서 보낸 시간에 대해 많은 일화를 들려주었고 또 다른 이들은 인도를 다시 여행할 수 있다고 말했다. 그들은 여행을 어떤 환상에 대한 도피로 보지 않았고, 오히려 아일랜드에서 잃어버린 진정한 자아를 찾으러 가는 것으로 느꼈다. 여행지 사람들에게서 그러한 진정성을 찾았는데, 어떤 면에서는 전근대적이며 초기의 정신을 지닌 곳으로 간주되는 곳이었다. 이러한 모색의 전혀 다른 버전은 폴린 가비와의 공저에서 자세히 논의되기 때문에 여기에 다시 언급하지 않지만[02] 순례에 관심이 증가한 것을 들 수 있다. 보스니아 메주고리예와 같은 일부 지역은 주로 독실한 가톨릭 신자들이 방문하는 곳이며 아일랜드의 루데르그나 북부 스페인의 카미노 지역은 영성을 느낄 수 있어 보다 세속적인 목적지로 각광받는다.

해외에서 자아를 찾으려는 욕구는 두 가지 양상으로 나타나지만 둘 모두에 해당하는 사람들도 있다. 첫째는 외국에 부동산을 구매하는 것이었다. 한 커플은 '프랑스에 별장'을 마련하여 일 년 중 3개월을 머문다. 그곳에서의 삶을 묘사할 때 자신들이 전혀 다른 사람이 될 수 있다고 강조했다. 예를 들어, 프랑스 집에는 텔레비전이 없지만 쿠안에는 텔레비전이 있다. 프랑스에서는 수영을 많이 했지만 쿠안에서는 그렇지 않았다. 또한 '휴가를 떠나 나만의 시간을 가지고 할 일을 하는' 자유를 더 크게 느낄 수 있었다. 프랑스 집에서 그림을 그렸고, 정원을 가꾸고, 휴식을 취하고, 훌륭한 와인에 곁들일 좋은 음식을 요리했다. 아주 작은 마을이었고 그 환경이 마음에 들었다. 겨울에 머문다면 13채의 다른 집 중 2채에만 사람이 살았다. 쿠안에서 때때로 프랑스에 거처가 있는 다른 사람들을 만났고, 이러한 문화는 스페인에 집이 있는 다른 가정도 마찬가지였다. 공통적으로 다른 지역에 집이 있다는 것은 쿠안 내에서 사회적 연대감을 심어주었다.

그러나 지정된 거처를 보유한다는 옵션을 거부하는 사람들도 꽤 있었다. 마리아는 말했다.

대체로 우리는 같은 장소에 휴가를 두 번 가지 않아요. 새로운 장소를 찾을 겁니다. 가끔 다른 사람들이 동일한 여행지를 다시 방문한다는 사실에 놀라요. 테네리페에 가는 사람들은 항상 거기만 찾는데, 그런 모습이 흥미롭기도 하고 놀랍게도 느껴집니다.

물론, 누군가가 해외에 집을 소유하고 있다는 것을 폄하하는 태도가 신 포도를 대하는 것으로 비칠 수 있지만 그런 몇몇 예를 접하면 휴가를 활용하는 양상이 다양하다는 것을 알게 된다. 모두가 삶의 경험을 확장하려는 시도지만, 한편으로는 외연을 확장하는 데 더 집중하고, 다른 한 편으로는 경험할 수 있는 범위를 확장하는 데 더 집중한다. 또한 전자는 휴식을 강조하는 반면, 후자는 은퇴자의 생활과 지속적인 모험을 균형 있게 유지하는 데 관심을 기울인다.

해외여행의 세 번째 버전은 크루즈를 선택하는 것인데, 크루즈 여행에 사회적 요소가 더 많다는 점을 이유로 내세운다. 크루즈는 새로운 친구를 만날 수 있는 곳이며 여행자가 만남을 원하는 만큼, 보기를 원하는 만큼의 모험만을 할 수 있는 공간이다. 쿠안에서 사회성이 폭넓게 강조된다는 점을 고려하면 놀라운 일이 아니다. 다른 한편으로, 쿠안은 사회성이 강한 장소이기에 아예 교류를 피하기 위해 새로운 사람만 만나거나 아무도 만나지 않는 여행을 떠나는 사람들도 있었다. 유람선은 새로운 사람만 만날 수 있는 곳이므로 타협점이 될 수 있었고, 프랑스에 거처가 있는 커플의 경우 아무도 만나지 않음으로써 탈출을 이룰 수 있었다.

이러한 모든 예는 휴가지 선택과 더 큰 가치의 표현 간 폭넓은 일치와 관련이 있다. 사람들이 휴가지에서 돌아와 휴가에 대해 나누는 방식에서도 증거를 찾을 수 있다. 쿠안 사람들은 일반적으로 피상적인 '해변과 칵테일' 휴가보다는 진정성 있는 만남을 이루었다는 일화를 좋아한다. 꼭 무당과 원주민을 만난 이야기일 필요는 없다(물론 두 가지 예가 모두 존재한다). 정통 프랑스 요리를 좋아하게 된 이야기나 그리스 섬에서 보드 게임을 즐기는 노인들을 지켜본 이야기일 수도 있다. 때로 여행은 자선 활동 참여와 직접적으로 관련될 수 있다. 가령 두 사람은 봉사 활동을 위해 정기적으로 여행을 떠나곤 했다. 그들에게는 세상의 어려움을 목격하는 것뿐만 아니라 어떤 식으로든 그 어려움의 해결에 관여하기 위해 자신들의 유리한 위치를 활용하는 것이 중요했다. 패트리샤의 경우 인도에 있는 가족과 개인적으로 강한 우정을 쌓을 수 있었다.

여행과 관련된 복잡성과 모순을 보여주는 또 다른 사안은 '만족스러운 사회'에 대한 논의와 물질주의의 관계로 되돌아가게 한다. 연구 참가자 중 많은 수가 여유 자금을 가지고 있었다. 더 많은 물건을 필요로 하거나 원하지 않았지만, 3장에서 설명했듯 주로 환경보호와 지속 가능한 정신에 따라 물건을 처분함으로써 더 높은 지위를 얻었다. 휴가에 돈을 쓰는 것은 물건을 모으지 않고도 돈을 사용하는 방법이었다. 또한 50대의 에드먼드는 "물건이 아니라 경험을 원한다. 경험을 얻기 위해 여행과 자유를 바란다. 새로운 부엌은 원하지 않는다"라고 말했다. 부유하지 않더라도 여행은 삶의 우선순위가 되었다. 조지아는 "우리는 올해 크루즈 여행을 했고 이를 위해 돈을 따로 모았다. 한 가지 언급하고 싶은 점은 남편이 크루즈 여행에 대해 비싸다고 생각했지만 나는 색다른 경험을 원했다. 내년은 아니더라도 또 갈 것이다"라고 말했다.

조지아의 발언에서 여행의 지배력과 관련한 더 중요한 증거를 찾을 수 있다. 이러한 증거는 공식 인터뷰 중에 일반적으로 물은 상당히 다른 성격의 질문에서 도출되었다. 언제 은퇴할지를 어떻게 결정하는가에 관한 질문이었다. 많은 사람이 은퇴 이후 정기적으로 휴가와 여행을 하기에 충분한 돈을 마련했다고 생각할 때까지는 일을 계속 하겠다고 분명히 밝혔다. 휴가와 여행이 미래 지출을 계획하는 데 우선순위임을 의미하는 것이다. 여행에 대한 열망은 바트리 지구의 연구 참가자 루시에게서도 확인되었다. 현재 50대인 루시는 평생을 비교적 가난하게 살았으며 지금은 카페에서 파트타임으로 설거지를 하고 있다. 루시는 남편과 이제 쉽게 해외에 나갈 여유가 있다는 점을 놀랍게 여긴다. 사실 유럽 대륙을 거의 밟지 못했다는 사실에 상심했는데 이제는 자신이 그럴 필요가 있다고 생각하며 큰 기대를 하고 있다.

여행의 빈도 자체도 크게 증가했다. 3장에서는 라스베이거스와 에인트리 등을 해마다 여행하는 택시 운전사를 소개한 바 있다. 휴가 중의 지출을 감당하기 위해 그는 택시를 열심히 몰았으며 하루에 몇 시간 밖에 못 자는 날도 많았다. 대부분의 바트리 지구 사람들은 쿠안에서 보다 여유가 있는 다른 지역과 비슷한 열망을 품고 있었다. 60대 초반의 레베카는 일 년에 세 번 정도 해외에 나갔는데 '그리 자주는 아니다'라고 말했다. 최근 포르투갈을 다녀온 마리아는 드라마 모임과 그리스를 방문했으며 러시아를 다녀오기도 했다. 자신과 남편을 '적당히 모험적인 여행자'라고 표현했다.

공공장소에서 만날 때 사람들이 흔히 나누는 대화는 어디에서 휴가를 보냈느냐다. 예를 들어 멘즈 셰드의 공식 모임이 시작되기를 기다리는 동안 회원들은 최고의 교통수단은 무엇이며 어디에 머물지 힌트를 줄 것이다. 처음에는 이런 종류의 대화가 공적인 지위를 드러내고 부의 수준을 보여주는 방법이라고 가정했다. 그러나 얼마 지나지 않아 그 생각이 왜 틀렸는지 분명히 알 수 있었다. 몇몇 사람들이 분명히 말했듯, 거의 모든 사람이 여행할 여유가 있는 환경에서 누군가의 휴가 경험은 다른 사람들에게 별다른 인상을 남기지 못한다. 대신, 휴가 관련 대화는 다른 사람들이 동일한 여행을 떠나고 싶은지와 어떻게 떠나면 좋을지에 대한 결정에 도움을 주는 조언과 경험을 공유한다면 긍정적인 사회적 관심사로 간주된다. 만족스러운 사회에 대한 주장과 같은 맥락에서 절약과 얼마나 지출을 줄였는지에 대한 사례에서 더 높은 경쟁력을 전달할 가능성이 크다. 7장에서 소개했던 63세의 그로니에의 사례에서도 확인할 수 있다.

개인적으로 호스텔에 머무는 배낭여행이 좋은 아이디어라고 생각한다. 바르셀로나에서는 매우 저렴한 펜션에서 묵었으며 마을 주위를 자전거로 여행했다. 해변으로 걸어 내려갔더니 교회에서 무료 콘서트가 열리고 있었고 사흘 동안 바르셀로나의 멋진 풍경을 감상했다. 한 소녀는 해변가에 있는 5성급 호텔에 묵었는데 도시에서 호텔이 있는 지역만 구경하고 사우나에 가서 5성급 호텔 생활을 했다고 말했다. 아마 바깥에 한두 번 나갔을 것이다. 휴가 때 여행 가방을 챙기고 옷을 가져가기 위해 5성급 호텔에 머물러야 한다고 생각하는 사람들이 안 됐다는 생각이 든다. 카나리아 제도에 가는 소녀와 일한 적이 있다. 트렁크를 가지고 있었는데 일주일치 옷과 신발이 들어 있었다. 그게 무슨 휴가일까?

그로니에게 여행은 부가 아닌 반물질주의의 표현이었다. 그러한 태도는 최근 몇 년 동안 쿠안에서 가치와 지위가 변화한 방식과 맞닿아 있었다. 사람들은 휴일에 돈을 어떻게 썼는지보다는 절약한 방법에 대해 더 자주 이야기했다.

포괄적 문화로서 여행도 교육의 일반적인 주제와 관련 있다. 은퇴한 사람들이 온라인 무료 대학 과정MOOC을 수강하는 등 이 단계의 인생 목표에 정규 교육에 관련된 많은 사례를 들을 것으로 기대했었다(내가 두 가지 강좌에 관여했다는 점도 일부분 작용했다). 이번에도 예상이 빗나갔다. 온라인 과정을 듣는 사람들이 있기는 했지만 은퇴 이후 교육을 이어가는 것은 내 예상보다 우선순위가 낮았다. 내가 잘못 짚은 이유 중 하나는 교육의 의미를 오해했기 때문일 수도 있다. 얼마 지나지 않아 많은 은퇴자가 교육을 목표라기보다는 수단으로 본다는 것을 알게 되었다. 추가로 학위를 받는 것은 40대나 50대에 저술, 음악 또는 미술과 같이 사용하는 기술을 습득할 때 의미가 있었다. 그러나 인생 후반에 가장 일반적으로 선택하는 강의는 언어 학습이었다. 예를 들어 쿠안에는 스페인어 전용 강좌 두 개가 운영되었으며 그 목적은 다름 아니라 여행 경험을 향상하기 위한 것이었다. 노인들이 스마트폰으로 듀오링고Duolingo라는 언어 학습 앱을 사용하는 것과 같은 이유였다.

이 주제와 관련된 규모는 상대적으로 건강한 삶이 연장된 맥락을 반영한다. 그렇다고 그러한 시기가 무한히 이어지는 것은 아니다. 결국 80대와 90대에 이르면 건강이 약해지면서 그러한 경험도 줄어들기 마련이다. 80대 테리는 말했다.

원체 '집순이'이기는 하지만 마음 같아서는 더 많은 여행을 할 여유가 있기를 바란다. 하지만 생각과는 달리, 요즘에는 특히 비행기를 타고 휴가를 갈 때 꽤 귀찮은 일이 생긴다는 것을 발견한다. 그렇기 때문에 더는 여행할 기회가 없다는 것이 큰 제약으로 느껴지지 않는지도 모른다. 요즘에는 오락거리로 훨씬 적은 것이 필요할 뿐이다. 산책하거나 책을 읽는 데 꽤 만족감을 느낀다.

패트리셔는 반려견을 키우는 인구가 많다는 점을 고려할 때 쿠안 사람들을 종종 딜레마에 빠뜨리는 상황에 직면했다. "여전히 여행을 즐긴다. 소파에 있는 개를 사랑하지만 여행을 가면 위탁소에 맡겨야 하기 때문에 균형을 맞춰야 한다. 반려견이 위탁소에서 지내는 것을 원하지 않는다." 80대의 레아는 건강이 나쁘지는 않지만 이렇게 말했다.

여행을 가고 싶지 않다. 이상하게 들린다는 것을 안다. 하지만 이미 머릿속에 필요한 모든 것이 있다고 생각한다. 그동안 너무 많이 이사를 다녔다. 같은 장소에 일 년 동안 머문 적이 거의 없었을 정도다. 2년을 머문 것은 더더욱 드물다. 정말 많은 이동을 했다. 그 정도면 충분하고 부러움을 살 일이 아니라고 확신한다. 모두가 여행에서 멋진 것을 보게 될 것이며 실제로 딸은 훌륭한 여행자이기도 하다.

다소 유감스럽다는 어조를 보면 자신의 생각이 일반적인 견해와 다르다는 것을 인지하고 있음을 뜻한다. 그러나 이미 충분히 여행을 다녔으며 더는 여행할 마음이 들지 않는다고 생각하는 사람들이 만족하는 사회라는 개념에 포함될 수 있음은 일반적이다. 앞서 언급한 가난 때문에 여행을 거의 떠나지 못했던 루시를 제외하면 이 대화에 등장한 거의 모든 사람이 건강이 약해지고 더는 여행을 다니기 어려운 시기가 되면 각종 여행을 여러 형태로 즐긴 혜택을 누리게 될 것이다. 그때가 되면 더 많은 여행을 할 수 없는 상태를 '충분히 공평하다'라고 느낄 수 있다. 버킷 리스트의 상당 부분을 달성했으며 이제는 쉬면서 가까운 곳에 있는 경험을 살필 것이며 그러한 탐구에 대체로 만족을 느낄 것이다.

이는 만족스러운 사회에 대한 논의와도 일치한다. 쿠안 사람들은 세상에 대한 소비를 물건의 소비와 같은 시각으로 바라본다. 여행할 만한 장소는 항상 존재하기 마련이므로 내재적으로 더 많은 여행을 바랄 만한 논리가 있지만, 이들은 여행 욕구를 무한하거나 만족을 모르는 대상으로 간주하기를 거부한다. 여행의 가치는 그들이 경험을 계속 확대하고 세상과 교류하는 욕구가 없이 틀에 박힌 삶에서 살지 않았음을 보여주는 증거인 경우가 많다. 인생의 범위를 더는 확대할 수 없다는 비난에 대한 보루다. 그들은 살 만한 가치가 있는 삶을 살기 위한 필수적인 전제 조건으로 어떤 특정한 장소에 갈 '필요가 있다'라고 느끼지 않는다. 대신, 여행은 만족스러운 삶의 일부로서 충분히 달성 가능성이 있는 활동으로 여긴다.

여기에서 옥에 티는 여행이 환경에 미치는 영향이다. 이 문제가 언급되지 않았다는 사실은 마치 바트리 지구의 불평등에 주목하지 않는 것처럼 문제를 직시하기를 원치 않는다는 모순을 드러낸다. 대부분의 사람들처럼 쿠안 주민들은 별도의 담론과 실천에서 거리를 둠으로써 종종 도덕적 모순을 해결한다.

마지막으로, '일종의' 여행이라는 현상이 있다. TV의 여행 프로그램을 특별히 언급한 참가자는 없었지만, 데이비드 아텐버러David Attenborough의 자연 프로그램을 무척 선호했다. 시청자가 접근할 수 없는, 인간 이외의 생명체를 가까이 만나게 해주는 프로그램이다. 이 프로그램은 실제 탐조 활동부터 사파리 여행의 상상에 이르기까지 여행을 떠날 이유를 잘 설명해준다. 여행을 홍보하는 많은 핵심 경험은 TV에 간편하게 접근하는 것으로 새로운 보상을 얻는다. 여행을 하기에는 쇠약해진 사람들과 사파리에 갈 만한 돈을 마련할 수 없는 대다수 쿠안 사람들에게는 유익한 프로그램이다.

본 논의의 시작에서 여행을 강조하는 '원인'으로 단 하나를 들 수 없음을 밝혔다. 날씨부터 가치, 역사, 또 다른 자아의 발견에 이르기까지 여러 이유가 상호 강화하는 과정이다. 마지막 발언은 이러한 몇 가지 정당성을 제공한 60대의 마이클에게 맡기고자 한다.

재량을 발휘해 사용할 돈이 있다면 누군가가 베트남과 캄보디아로 휴가를 다녀왔다면서 꼭 가봐야 한다고 추천할 것이다. 그 외에도 남아메리카, 남아프리카공화국, 중국 등 갈 만한 곳이 많다. 나는 완전히 다른 문화, 역사, 생활 방식을 가진 문화를 파악하기를 즐긴다. 평범한 삶이란 무엇인지 알고자 노력한다. 또한 가고 싶은 장소가 있다면 지금 가는 편이 낫다고 생각할 것이다. 5년 뒤에는 건강이 허락하지 않을 수도 있기 때문이다.

사회적 세계

12장에서는 사람들이 여행에 관심을 두는 이유에 대한 증거와 여행에 관해 대화하는 방식을 쿠안 우주론에 이르는 수준으로 발전시키는 시도를 할 것이다. 그러나 이를 위해서는 단지 여행으로 한정하는 것을 넘어 쿠안 주민들이 삶 속에서 기본 가치를 표현하는 다른 분야를 논의해야 한다. 12장에서 더 많은 예시를 살펴볼 것이다. 11장의 나머지 부분에서는 사람들이 쿠안 내에서 여행뿐 아니라 다양한 사회 활동에 참여하고 동일한 열망을 품은 다른 사람들을 돕기 위해 정보를 공유하는 등으로 지평을 넓히는 방식으로 다시 돌아갈 것이다. 이러한 사회 활동의 설명은 폴린 가비와의 공저와 겹치는 또 다른 영역이다.[03] 공저의 의도는 개인이 책 부제인 '삶이 기술이 되는' 사례를 보여주는 것이며, 이 책에서는 그러한 목적을 개인이 아닌 사회가 추구하는 의도를 강조할 것이다. 전형적인 '예술가의 초상'은 개인이 스튜디오에서 작품 활동을 하는 모습이다. 그러나 쿠안의 그림 대부분은 특정 미술 수업과 연관된 모임에서 그려졌다. 예를 들어 카페에 전시되는 작품은 어느 한 개인의 작품이 아니라 해당 미술 수업에서 일 년 동안 그린 결과물이다.

  민족지학 연구는 균형을 추구하는 의도에서 개인에 초점을 맞춘 것으로 간주할 수있는 영역을 찾고자 했다. 종교는 보다 개인적인 성찰을 촉진할 수 있는 영역이 될 가능성이 보였다. 그러나 교회는 주로 집단적이고 공동체적인 기관이며, 교구 사제와 개신교 성직자의 주요 일원은 쿠안에서 종교적 사상이나 철학적 관념 자체를 사유 활동으로 토론하기 원하는 사람을 찾는 것이 어렵다고 말했다. 두 기관 모두 유감을 표현했는데 특히 개신교 지도자는 그러한 토론을 여러 번 시도했지만 성공한 적이 거의 없었다.

완전히 다른 상태에서 대부분의 사람들은 TV를 시청하거나 혼자 또는 가족과 함께 인터넷에 접속하며 시간을 보낸다. 그러나 세계의 많은 지역에서와 마찬가지로 쿠안에도 미디어의 사회적 길들이기가 관찰된다. 스카이, 넷플릭스, 아마존 프라임과 위성 프로그램에서 갈수록 많은 프로그램에 노출되면서 파편화가 발생할 수 있다. 그러나 4장에서 언급했듯 모든 사람이 대화의 주제로 삼는 주요 TV 시리즈가 있다. 현장 연구 당시에는 〈왕좌의 게임〉이 그랬고, 그 밖에 여러 BBC 드라마도 인기였다. 프로그램은 사람들의 대화 소재가 바닥날 때 사회 담론을 '채우는' 역할을 했다. 이러한 예는 쿠안에서 삶에 대해 개인 또는 명상적 접근보다는 사회적 측면을 지속적으로 강조하는 전반적인 일반화를 확인시켜준다. 민족지학 연구의 후반부로 갈수록 그러한 경향이 두드러졌다. ASSA 프로젝트는[04] 각 현장에서 발견한 내용을 토대로 사람들의 현지 인구의 복지를 직접 개선시키는 프로젝트를 구성함으로써 연구자들에게 관용을 베풀어 준 참가자들에게 감사함을 표현하고자 했다. 연구진 역시 참가자들에게 관심을 가지고 있고 가치를 지키기 때문이다.[05] 그러한 결론에 따라 폴린 가비와 나는 실질적인 개입의 일환으로 '사회적 처방'이라는 프로젝트를 개발하기로 결정했다. 사회적 처방은 개인에게 사회적 활동의 대안적 '처방'을 제공하면 우울증 등을 치료하는 약물 처방이 감소할 수 있다는 시도다.[06] 그러한 활동의 종합적인 목록을 작성하고 개발하고 지역 심리 치료사, 의사 등 이를 유용하게 활용할 수 있는 전문가에게 제공하는 것이 목표였다. 이러한 계획은 코로나 대유행으로 축소되었지만 쿠안에서 할 수 있는 컴퓨터 강좌와 배드민턴, 필라테스, 실크 자수, 치료용 스크랩북 활동, 가톨릭 카리스마파 그룹, 휘스트 모임 등 70가지 이상의 활동을 확인했다. 폴린은 더블린 현장에서 동일한 활동을 모색했다. 많은 그룹이 비공식적으로 활동을 시작했고 쿠안의 다른 사람들은 그러한 활동이 존재하는지 알지 못할 수도 있지만 이는 우리 계획이 정확하게 의도한 바다.

  이 사회적 처방으로 도움을 받으리라 예상된 사람들은 비교적 적었지만, 실행된 많은 활동은 대다수 사람들이 이미 사회적으로 교류하고 취미와 목표의 범위를 확대하고 있는 정도를 보여준다. 쿠안의 전형적인 은퇴자가 만족스러운 삶을 이루기 위해 신중하게 관리하는 가장 중요한 요소는 시간이다. 폴린과의 공저는 사람들이 주간 일상을 만드는 방식을 탐색했다.[07] 화요일은 요가 수업을, 목요일은 아일랜드 전통 춤 수업으로 서로 다른 날이 되었다. 나는 공저에서 몇 가지 활동을 자세히 설명했는데 예를 들면 쿠안의 우쿨렐레 수업과 멘즈 셰드 모임의 예를 들었다. 폴린은 지역 교회가 조직한 산책 모임과 공예 활동, 커피 모임을 묘사했다. 그러한 책은 이미 출판되었기 때문에 여기에서는 세 가지 활동을 간단하게 요약하고자 한다. 두 가지는 술집에서, 하나는 야외에서 진행되는 활동이다.

세 가지 활동

아일랜드 마을 내에서 술집이 중요한 위치를 차지하고 있다고 말하는 사람이 없는 것은 놀라운 일이다. 영국에서는 술집이 일반적으로 친구들과 먹고 마실 수 있는 장소인 반면 쿠안의 술집은 북아일랜드의 유리 구슬에 담긴 전통 스토리텔링의 순화된 버전으로 간주할 수 있는 활동뿐 아니라 각종 활동이 벌어진다.[08] 몇몇 술집은 주간 음악 세션을 열었다. 훌륭한 연주자들의 세션에 관객으로 참가한 적도 있다. 하지만 다른 경우에는 나를 포함해 비공식적이지만 정기적으로 모인 사람들이 연주했다. 보통 6~10명이 모였고 중년 남성들이 대부분이었으며 격주로 저녁 9시부터 11시까지 모였다. 통상 각자 돌아가며 네 번 정도 연주하면서 2파인트의 기네스를 마셨다. 한 남성은 매우 조용했고 농담에 거의 끼지 않았지만 잘 알려진 노래를 상당히 인상적이고 섬세한 기교를 발휘해 기타로 연주했다. 반면 훌륭한 연기로 유명한 다른 남성은 악기 없이 노래를 불렀으며 대개 앞장서서 농담을 했다. 두 명의 여성 참가자가 정기적으로 참여했지만 그중 한 명은 한 번도 연주를 하지 않았다. 한 기여자는 항상 노래를 제대로 기억하는지, 또는 감기에 걸렸는지 등에 관해 짧은 사과로 시작했다. 또 다른 기여자는 레너드 코헨Leonard Cohen의 곡 목록 대부분을 외우고 있었으며 레퍼토리에 코헨의 곡이 빠짐없이 등장했다. 세 번째 기여자는 다른 악기를 다룰 줄 아는 능력으로 깊은 인상을 남겼다. 예를 들어 두 개의 주석 피리를 동시에 연주하면서도 서로 조화를 이루도록 연주했다. 연주곡의 약 40퍼센트는 내용이나 작곡자 등에서 아일랜드와 관련이 있었다. 가장 인기 있는 곡은 아일랜드 독립 투쟁과 관련된 노래였다. 다른 곡으로는 랄프 맥텔Ralph McTell의 〈스트리트 오브 런던Street of London〉과 같은 고전적인 팝송이나 코믹 송이 연주되었다. 전체적인 인상은 연주가의 개성을 닮은 기여자의 스타일이 드러났다는 점이다. 예를 들어 배우는 머리를 뒤로 젖히고 열정적으로 노래를 불렀다. 레너드 코헨의 노래를 부르는 사람은 풍자적인 표정을 지어 코헨과 곡에 대한 자연스러운 친밀감을 느끼게 했다. 연주가 끝날 때마다 박수와 축하 인사가 뒤따랐다. 절반 정도는 처음 연주가 이어진 후 다른 사람이 배경 연주를 추가하는 방식이었다. 은퇴자들 대부분은 아일랜드가 상당히 가난하던 시절 태어났지만 아일랜드에서 매년 쏟아져 나오는 문학작품에서 알 수 있듯 식자율이 1911년 기준 90퍼센트로 매우 높았다. 이는 쿠안에서 배출된 작가 수와 두 곳의 집필 모임에서도 잘 드러난다. 내가 가끔 참석했던 모임에서는 각 참여자가 비판적인 논평을 위한 시나 산문 작품을 차례로 발표했다. 시인이 된 정육점 주인인 밥의 이야기를 영화로 만든 적이 있는데, 사람들이 배경과 직업에 관계없이 창작 활동을 시작할 수 있음을 보여주는 사례다.⁰⁹ 보다 일반적인 활동은 비공식적 독서 모임이었다.¹⁰ 내가 참여했던 모임은 한 달에 두 번 오후 8시에 술집에서 모였고 대부분 60대와 70대였던 여성 12명과 나를 포함한 남성 2명이 구성원이었다. 그러한 여느 모임과 마찬가지로 의장과 비서의 역할은 성실한 의무로 간주되어 돌아가면서 맡았다. 각 모임에서는 누군가가 단편 소설 낭독을 자원하면 또 다른 사람이 시를 읽었다. 신랄함, 아이러니, 때로는 비극, 일반적으로 유머를 담고 있고 주로 아일랜드와 연관되어 있는 이야기를 선택한 것에 대체로 절제된 의견을 냈다.

    술집에서 모였지만 사실상 음주 행위는 거의 없었다. 책에 대한 합의에 도달하려는 시도도 없었다. 오히려 사람들은 대조적인 의견을 주고받기를 즐겼고 모두가 자신의 독서를 온전하게 만들려는 노력을 기울였다. 어떤 책이 형편없거나 지루하다고 폄하했는데 다른 누군가는 서정적이고 매력적이라고 평가하는 것도 문제없었다. 마찬가지로, 누군가는 책에서 발췌한 한두 가지 글을 낭독하는 것을 포함해 5분 동안 자유롭게 말했으며, 다른 누군가는 할 말이 별로 없다면서 두 문장 정도만 말하고 다음 사람에게 발언을 넘기기도 했다. 박식함과 지식으로 지위를 따지지 않았다. 책은 인기 작가의 베스트셀러부터 문학적 작품까지 다양했다. 예를 들어 마이크 맥코맥Mike McCormack의 《태양 뼈Solar Bones》를 읽었는데 마침표가 전혀 없는 것이 특징인 아일랜드의 최신 실험적(이면서 훌륭한) 소설이었다. 마침표가 없음에도 대중적인 범죄 스릴러처럼 즐길 수 있었다. 구성원들이 합의를 이룬 부분은 홀로코스트나 이주자에 대한 공감을 표현한 책을 토론하는 과정에서 표현된 자유주의 정신이었다. 또한 크리스마스에 벨파스트에서 열린 타이타닉 전시회를 찾는 등 때때로 별도의 활동이 열렸다.

지역사회 활동의 마지막 사례는 환경보호주의와 지속 가능성이 오늘날 갖는 중요성을 다룬 앞선 논의와 같은 맥락에 있다. 쿠안의 주말 농장은 비교적 최근 조성되었으며 지역 의회에서 부여받은 토지에 의존한다는 점에서 여전히 기반이 약하다.[11] 그렇지만 즉각적인 성공을 거두었으며 5년 동안 250곳 이상이 임대되며 성장했다. 멘즈 셰드도 자체 주말 농장을 운영했고 다른 연구 참가자들이 관련 위원회에서 일했다. 작물을 수확한 직후 소비해야 하는 경우가 대부분이기 때문에 자신의 몫을 나누고 다른 사람의 수확물을 받을 인센티브가 충분했다. 또한 주말 농장에는 동유럽 이주자들도 참여해 기업처럼 여러 비닐 터널을 개발하기도 했다. 조부모는 손주들이 이따금 여행으로라도 찾아와 즐기기를 바랐고 주말 농장은 편안한 대화와 교제를 나누기 좋은 장소였다.[12]

주말 농장 주인과의 전형적인 대화 주제는 해마다 어떤 작물을 키웠는지였다. 라즈베리, 딸기, 블랙베리, 레드커런트, 근대, 대황, 민트, 파슬리, 비트, 상추, 강낭콩, 마늘, 양파 등 다양했다. 바트리 지구의 한 어민은 해변을 정돈할 때 의회에서 해초를 없애지 말고 주말 농장의 비료로 사용하자는 캠페인을 제안했다. 주말 농장은 유기농 재배지와 그렇지 않은 지역으로 균등하게 나뉘었다. 닭과 돼지 사육과 같은 집단적 실험도 진행되었다.

수준 높은 삶의 공유

세 가지 활동에 대한 이러한 설명은 쿠안에서 실시된 70가지 이상의 다른 사회 활동의 맥락에서 읽어야 한다. 11장에서 제시된 증거를 완성할 마지막 주제는 이러한 활동 과정에서 발전된 사회성을 앞서 설명한 여행과 통합한다. 이러한 추가 논의는 쿠안을 구성하는 벽에 많은 사례를 덧붙이는 접착제 역할을 한다는 점에서 중요한 의미를 지닌다. 이 도시에서 발견되는 활동의 숫자보다 더 중요한 것은 활동의 질이다. 은퇴한 사람 중 많은 이들이 시간을 낭비하는 것에 공포를 느낀다. 하지만 단순히 할 일이 있다는 것을 넘어 가치 있는 일을 하고 있음을 확신하는 것이 중요하다.

그 결과 쿠안에서는 한 개인이 다른 개인에게 줄 수 있는 최고의 선물이 시간의 질을 높이는 능력이다. 즐기거나 성취감을 느낄 가능성이 있는 활동에 대해 알려주는 것이다. 여기에는 일반적으로 최근에 읽은 책, 시청하는 TV 시리즈, 멋진 해안 산책, 방문할 만한 새 레스토랑, 요즘은 유용한 스마트폰 앱 추천이 포함된다. 대화 참여자 모두 다양한 활동, 오락거리, 여행을 두루 경험했을 것이며 대화의 목적은 상대방이 지루하거나 형편없는 경험으로 시간을 낭비하지 않도록 개인적인 추천을 하는 것이다. (이 연극을 굳이 볼 필요는 없다. 나는 중간에 나와버렸다.) 이러한 사회적 교류가 지속되면 세 가지 결과가 일어난다. 첫째, 모든 사람이 시간을 질적으로나 양적으로 효율적으로 사용하며 바람직하지 않은 활동은 하지 않도록 돕는다. 둘째, 독서 모임의 사례에서 언급했듯 더 큰 합의 규범성에 이르도록 기여하되 반대되는 의견도 포용한다. 셋째, 사람들이 자신의 취향을 공유하거나 이러한 유용한 팁의 신뢰할 만한 제공자와의 친분을 소중히 여길 수 있도록 도와준다.

휴가지에 관한 정보가 유용한 팁의 가장 일반적인 주제인 것은 당연한 일이다. (겨울을 날 장소로 카나리아 제도를 좋아한다면 아조레스 제도도 고려해보라.) 여행은 돈과 시간이 드는 활동이기에 친구나 친척의 경험을 토대로 실망스러운 선택을 피하는 것이 중요하다. 대화는 여행에 깊이를 더할 수 있다. (몰타에 간다면 이 유서 깊은 도시나 아름다운 교회를 꼭 방문하세요. 몰타 기사단의 역사, 현지 요리, 관찰할 수 있는 새에 관한 이 책을 읽으면 배경을 이해할 수 있답니다.) 또는 일몰을 감상할 수 있는 리조트를 알려주거나 훨씬 멋진 경치를 즐길 수 있는 다른 호텔을 추천할 수도 있다. 16개월 동안 항해 모임과 역사 학회의 대담에 참석한 후 이 은퇴자들이 상세한 조사에 얼마나 뛰어난지 알 수 있었다. 2주간의 휴가는 해변에 앉아 쉬는 시간을 의미할 수 있지만 은퇴자들에게는 시칠리아의 역사와 사람들에 대한 책을 읽고 전통 사원을 방문하며 트립어드바이저에 달린 댓글을 통해 최고의 평점을 받은 아란치니, 카놀리, 카포나타를 찾을 가능성이 더 크다. 메모는 먼저 시칠리아를 여행한 다른 쿠안 주민들과의 대화에서 시작될 것이다.

결론

 11장에서는 설명 위주로 구성되었으며 다음 두 장에 앞서 이토록 자세한 사례를 포함한 이유를 분명하게 이해하기 어려울 수 있다. 강조하려는 특징에는 사람들이 만족스러운 삶을 이루는 데 있어 폭과 깊이의 균형을 이루는 방식이 포함되며, 11장에서는 사람들이 휴가를 선택하는 방법을 소개했다. 동일한 증거는 은퇴자들이 더 넓은 세상과 계속 소통하기 위해 노력하는 방식에 대한 광범위한 조사가 이뤄질 토대 역할을 할 것이다. 은퇴자들은 개인적으로나 합치된 경험을 통해 세상에 대해 더 많이 알고자 하는 지속적인 열망을 품고 있다. 방문할 새로운 장소를 광범위하게 탐색하든, 현지 요리를 심도 있게 연구하든 모두 삶을 어떻게 살아야 하는지를 보여준다. 이 주제는 11장의 후반부에서 사람들이 쿠안의 활동을 통해 소통을 이어가는 모습을 조명하면서 다뤄졌으며, 그러한 활동은 사회적 교류를 이어가려는 주민들의 노력에도 부합한다. 활동 자체의 성격에서 비롯된 것이 아니더라도 그러한 활동이 필연적으로 다른 사람들과 함께 수행되기 때문이다.

  11장과 민족지학 연구를 담은 여러 장의 문제는 언급된 사례를 진지하게 받아들이기 어렵다는 것이다. 사람들이 휴가지를 선택하는 논의에 누가 신경을 쓰겠는가? 다행히도 이러한 논의와 철학적 논쟁을 병치하는 시도를 저자의 기호 이상으로 해석할 수 있는 근거가 있다. 11장 앞머리에서 언급했듯이 여행에 관한 진술은 휴가에 관한 질문에 대한 답변이 아니었다. 삶의 목적을 묻는 말에 대한 답이었다. 여행은 연구 참가자들의 삶의 단계에서 여전히 원하는 활동이었던 것이다. 인류학은 민족지학 연구에 참여한 은퇴자들이 답변한 내용을 진지하게 고려한다. 뭔가 심오한 일이 벌어지고 있는 듯하다. 우리의 과제는 그 일이 무엇이며 이유는 무엇인지 밝히는 것이다.

12장
스토아 학파와 에피쿠로스 학파

이 책은 만족스러운 삶에 대한 민족지학 연구를, 기원전 5세기 아테네보다 앞서 훌륭한 삶에 대해 고민한 철학적 질문과 비교한다. 이에 따라 소크라테스와 아리스토텔레스와 같은 고대 철학자들을 언급했다. 그러나 도덕철학에 관해서는 고대와 헬레니즘 시대를 지배한 두 학파가 적어도 플라톤의 영향을 덜 받은 것으로 보이며 여러 스포츠 비유를 사용한 소크라테스 대화와 분명한 대조를 보였다. 이들 중 하나인 스토아 학파는 많은 문학적 유산을 남겼으며 다른 학파인 에피쿠로스는 주로 루크레티오스의 2차 저술과 함께[01] 일부 파편과 편지를 통해 알려졌다.[02] 일반적으로 두 학파 간의 차이는 매우 큰 것으로 가정한다. 그러나 민족지학에서 추정된 삶의 목적에 관한 접근법을 배경으로 하면 그러한 차이는 상대적으로 미미해 보인다. 12장에서는 먼저 이러한 철학 학파들이 삶의 관조를 지지하고 불필요한 쾌락으로 여기는 바에 반대하는 방식에서 나타난 부정적인 측면을 살필 것이다. 그런 다음 뚜렷한 대조를 제시하여, 쿠안 은퇴자들의 폭넓은 쾌락 추구와 쾌락이라는 목적을 위해 이성을 사용한 것이 어떻게 대안적 우주론과 동일시되는지 분명히 보여준다. '우주론'이라는 용어는 우주에 대한 관념을 의미하는 것이 아니라 종교 이외의 기본 가치 체계를 의미하며 인구의 전형적인 문화 성향이나 습관(아래 참고)을 그릴 수 있도록 돕는다.

스토아 학파

코로나 대유행 기간 동안 마르쿠스 아우렐리우스Marcus Aurelius의 《명상록》 판매가 급증한 것으로 알려졌다.03 스토아 철학에 대한 그의 예시에 이끌리는 것은 이해가 가는 바다. 이동 제한으로 드넓은 세계와의 소통하지 못하고 고립된 생활을 하게 되면서 사람들은 명상에 더 많은 시간을 쓸 수밖에 없었기 때문이다. 그러나 마르쿠스 아우렐리우스는 명상을 특별한 수준으로 발전시켰으며 작가에 대한 평판을 높였다. 역사적 인물 가운데 그처럼 세상과 소통한 인물은 없었다. 기원전 161~80년의 로마 황제이자 중요한 인물이었던 그는 여러 번 전쟁에 참여했으며 끊임없이 정쟁에 휘말렸고 초기 기독교인에 대한 박해를 포함하여 당시 세계 최대의 제국을 효과적으로 이끄는 중요한 결정을 내렸다. 사실 《명상록》은 군사 작전을 펼치는 동안 작성되었다. 그러나 이 책은 그러한 모든 경험을 일관적으로 회피함으로써 더 나은 삶을 살 수 있다고 주장하는 것에 가깝다. 이러한 불일치가 발생하는 이유는 《명상록》이 철학적 저술 활동에서 상당히 별개의 연습으로 구성되었기 때문이었는데, 그리스의 스토아 학파인 에픽테토스의 영향으로 로마 지배층이 흔히 행하던 관행이었다.

마르쿠스 아우렐리우스의 《명상록》은 내면의 자아에 대한 사색에 완전히 몰입하여 규범적 아포리즘이라는 매개체를 통해 순수한 영혼을 발전하기 위한 도전에 나설 것을 제안한다. 모든 선한 것은 물러남과 외부 세계에 대한 상대적 무관심에서 온다고 그는 주장한다. 예를 들어 아우렐리우스는 "잠에서 깨어난 즉시 타인이 정의롭고 옳은 일을 하는 것이 자신에게 어떤 영향을 미칠지 자문해보라. 아무런 영향을 미치지 못할 것이다"라고 말한다.[04] 또는 "자신이 죽었다고 생각하고 여기고 현 시점에 삶을 완성하였다고 여기며 자신에게 허락된 남은 생을 순리에 따라 살아라"라고 말한다.[05] "만물이 곧 사라지고 그저 이야깃거리가 될 뿐이며 곧 완전한 망각에 묻혀버린다"라고도 한다.[06] 요컨대, 무엇이든 성취하려고 애쓰거나 세상에 큰 관심을 기울이이 무의미함을 강조하는 것이다. 자기 제한은 세계의 우연성과 인간이 가치 있게 여길 수 있는 모든 것의 취약성과 타협을 이루는 방식으로 해석된다. 누군가에게는 위안을 주는 것처럼 보이지만 나는 마르쿠스 아우렐리우스가 모든 철학자 가운데서 가장 우울한 부류임을 깨달았다.

그가 누구인지와 그가 쓴 내용을 고려할 때, 삶과 일종의 철학 사이의 완벽한 분리를 가장 잘 보여주는 사례라 할 수 있다. 제국을 실제로 통치하는 방법에 대해 알아볼 필요는 없을 것이다. 안타깝게도 이 주제는 모방하고 싶지 않을 수도 있지만, 지적이고 내성적인 로마 황제로부터 배운 교훈은 매혹적일 수 있다.[07]

때때로, 쿠안 사람들도 세상으로부터의 후퇴와 비슷한 모습을 보일 수 있지만 그러한 후퇴는 야단법석을 피하려는 의도이며 앞서 언급한 휴가에 대한 토론, 정원이나 풍경 감상, 손주와 시간 보내기 등 가까이에서 찾을 수 있는 아름다움을 온전히 평가하기 위한 것이다. 그들은 한 종류의 경험을 다른 경험으로 대체하고자 한다. 이는 마르쿠스 아우렐리우스의 제안과 일치하지 않는다. 아우렐리우스에게 유일하게 진정한 후퇴는 명상으로 돌아가 가능한 한 바깥 세상과 통하는 문을 닫는 것이다. 쿠안 사람들이 (로마인들과 마찬가지로) 세상에서의 후퇴를 그리는 방식과 아우렐리우스의 차이는 다음과 같은 설명에서 분명하게 드러난다.

인간은 시골 집, 해변, 산에서 자신만의 도피처를 찾아야 하며 그러한 공간을 고대해야 한다. 이 모두는 전적으로 가장 일반적인 사람들의 표시다. 자신으로 후퇴를 선택할 때마다 자신의 힘에서 비롯되기 때문이다. 고난으로부터 조용하거나 더 자유롭기를 바라는 인간은 자기 자신의 영혼 속으로 물러나 자기 내면의 생각들을 들여다볼 때 즉시 완전한 평온에 빠져든다. 고요함이야말로 완벽하게 마음이 질서를 이룬 상태라고 확신한다.[08]

마르쿠스 아우렐리우스는 사람들이 해변이나 산이 보이는 근사하고 조용한 작은 곳을 원한다고 밝혔는데 쿠안이 바로 그런 곳이다. 《명상록》에서와 같이 명시적으로 기록될 수 있는 것이기는 하지만 철학 자체만큼이나 내면의 명상으로 부를 만한 활동이 없다. 철학 그 자체가 영혼의 평안을 위한 시도이기 때문이다. 금욕주의자들이 보기에 쿠안 사람들이 추구하는 모든 활동, 가령 세상을 감상하고 아름다움과 다양성을 찬미하며 그들이 가장 좋아하는 활동인 해안 산책을 통해 헌신을 경험하는 것은 철학적 가치에 따라 사는 것과 우발적이고 약한 것으로 기피할 대상이다.

세상에 대한 그와 같은 무관심이 스토아 철학의 핵심이다. 가장 잘 알려진 신봉자 중 한 명인 세네카(기원전 1년~기원전 65년)는 황제는 아니었지만 안타깝게도 모범성이 떨어지는 네로의 스승이었다. 세네카는 즐겁고 만족스러운 경험의 축적과 같은 쿠안 사람들의 이상에 반대할 것이다. 마음을 상하게 하는 사건을 막지 않는 것을 매우 강조하기 때문이다. 역경은 삶의 변덕으로부터 자신을 성장시키는 근본적인 훈련을 제공하기 때문에 선호되었다. 세네카는 일부 편지에서 지나친 슬픔은 그 자체가 일종의 방종이며 금욕주의자의 세계관에 해롭다고 암시하여 사람들을 '위로하려고' 시도했다. 예를 들어, "외적인 것들에 연관된 것은 거의 중요하지 않으며 어느 방향으로든 큰 영향력을 가질 수 없다. 현자는 번영으로 일어서지도, 역경으로 무너지지도 않는다"라고 설명했다.[09] 마르쿠스 아우렐리우스와 마찬가지로 세상의 비애로부터 해방되는 죽음에 대한 낭만에 가까운 이상을 품고 있었던 것이다. "죽음은 모든 고통에서 벗어나는 것이며 고통이 침범할 수 없는 경계이다. 죽음은 태어나기 전에 처해 있던 평화의 상태로 돌아가게 한다."[10] 사람들의 세속적인 욕망과 열망을 존중하기를 바라는 민족지학 연구자로서 애초에 태어나지 않았다면 더 나을 것이었다는 철학적 접근에서 대단한 가치를 발견하기는 어렵다.

이는 철학자들 자신이 속한 세계의 특징이 아니었다. 고대 그리스의 삶과 보다 일반적 삶에서의 소비에 대한 가장 정확한 묘사는 제임스 데이비슨James Davidson의 저서 《매춘부와 어묵Courtesans and Fishcakes》에서 찾을 수 있다.[11] 데이비슨은 고대 그리스인이 탐닉한 고상한 쾌락을 매우 자세히 설명한다. 고대 로마는 보다 극단적인 금욕주의자 반응을 설명하는 데 도움이 될, 다소 과도하고 제멋대로의 쾌락을 묘사한 유베날리스에게 크게 기대고 있다.[12]

스토아 학파가 관심을 가졌던 한 가지 경험은 죽음 그 자체였다. 고전 철학적 전통의 탄생을 결정짓는 순간으로 간주할 만한 사건을 꼽는다면 소크라테스의 죽음을 빼놓을 수 없다. 비록 소크라테스는 폴리스에서 사형 선고를 받았지만 간단하게 탈출하여 망명할 수도 있었다. 대신 그는 자살의 감행을 철학적 노력의 절정으로 만드는 기회로 삼았다. 세네카 역시 자신의 운명에 대한 통제권을 장악하고 자신의 행동에서 죽음의 중요성에 대한 수사학을 연속성 있게 수행할 수 있는 능력을 상징하는 듯 자신의 자살을 고대하는 것처럼 보였다. 적어도 이 스토아 학파는 자기 말에 진실했다고 말할 수 있을 것이다. 로마 철학은 스토아 학파의 전유물이 아니었다. 예를 들어 키케로는 우정부터 노화에 이르기까지 다양한 주제에 관한 많은 유요하고 실용적인 제언을 했다. 아마도 그와 동시대 철학자들이 정치, 경제활동에 온전히 관여하고 철학을 세상과의 교류로 만들었기 때문이다.

성찰적인 사색에 전념하는 생의 마지막 단계라는 아이디어는 남아시아에서 일반적인 관행으로 남아 있다. 박사 학위 연구를 위해 인도의 한 마을에 머물 당시에는 아침에 그런 생을 살기 위한 지원을 요청하는 탁발승을 쉽게 볼 수 있었다. 공통된 유산도 남아 있을 수 있다. 고대와 남아시아 세계 간에는 끊임없는 교류가 있었다. 알렉산드로스 대왕은 인도 북서부 정복 중에 현자들을 만났다. 메가스테네스는 인도에 관한 책을 쓰고 그곳에서 대사를 지냈다.[13] 기독교인들은 은둔 생활을 비롯하여 그들만의 거리두기와 물러남의 수도를 행했는데, 이러한 염원이 힌두교, 특히 불교처럼 근본적인 성격은 아니었다. 불교와 감각적 경험 간의 반감을 이해하는 흥미로운 방법 중 하나는 소설 그리스인 조르바를 읽는 것이다.[14] 이 모든 문제는 철학자들이 세속적인 문제로부터 그러한 물러남의 미덕에 대해 논의하는 동안, 역사적으로 이 목표를 나타낸 것은 주로 종교였기 때문이다.

에피쿠로스

언뜻 보면, 에피쿠로스 학파는 금욕주의에 대한 환영할 만한 대안으로 비춰졌다. 두 학파가 인생의 쾌락을 둘러싸고 극명하게 엇갈리는 태도를 취했다는 평을 종종 듣는다. 물론 스토아 학파는 쾌락 그 자체에 대해 전혀 긍정적인 말을 하지 않았다. 아이러니하게도 세네카에게 허용할 만한 유일한 쾌락은 경멸하는 쾌락이었다. 그는 "자체적으로 가진 자원을 즐기고 자기 의도보다 더 큰 즐거움을 바라지 않는" 사람이었다. 사소한 것들과 무가치한 것들과 육체의 덧없는 감각에 대한 쾌락에 해당하는 것의 정당화하는 참을 수 없는 일이었다. 그날에 인간은 쾌락을 이기고 고통을 이길 것이다.'[15]

오늘날 '에피쿠로스'라는 단어는 쾌락주의를 가리키며 세속적 교류에서 얻을 수 있는 경험에 반대되는 것을 암시한다. 기원전 341년부터 기원전 270년까지 살았던 에피쿠로스의 글이 제한적으로 남아있는데 이를 통해 명백하게 긍정적인 세계관을 엿볼 수 있다.[16] 예를 들어 그는 고대 철학자들로서는 특이하게 여성과 시종이 정원에 같이 거하면서 그들과 철학적 담론을 전개하는 것을 반겼다. 쿠안 사람들과 에피쿠로스, 더 정확히 말하면 루크레티우스 사이에는 적어도 하나의 공통점을 찾을 수 있다. 루크레티우스의 작품이 전승되어 오늘날 에피쿠로스 철학으로 간주하는 사상의 근간이 되었기 때문이다. 아일랜드인들이 급진적인 세속화의 시기를 겪었다면 루크레티우스는 고대에 기본적으로 세속 철학에 해당하는 대표적인 예로서 인류가 죄책감과 죄 또는 신으로부터의 형벌에 종속되는 것을 거부했다. 루크레티우스의 저작에는 가톨릭이 아일랜드인들에게 미친 영향의 축소에 이어진 세속주의에 가깝게 여겨지는 부분들이 있다. 루크레티우스의 탁월한 시 〈사물의 본성에 대하여De Rerum natura〉[17]에 대한 유용한 안내서로 스티븐 그린블랫Stephen Greenblatt의 《1417년, 근대의 탄생: 르네상스와 한 책 사냥꾼 이야기》라는 훌륭한 책이 있다.[18] 그린블랫은 르네상스가 초기 계몽주의로 발전한 것은 일부분 기독교 신정주의에 대한 급진적인 대안으로 부상했기 때문이며 이 시기의 루크레티우스 재발견으로 개념화될 수 있다고 주장한다.

문제는 스토아 학파와 에피쿠로스 학파 사이에 큰 차이가 존재할 수 있지만 11장과 가장 관련되어 있는 논의에서는 그 차이가 흐릿해진다는 점이다. 놀랍게도 그 차이가 일반적 묘사의 정도에 미치지 않는 부분은 쾌락과의 관계다. 스토아 학파와는 달리 에피쿠로스 학파는 '그 어떤 쾌락도 그 자체로 나쁘지 않다'[19] 또는 '쾌락은 축복받은 인생의 출발점이자 목표다'와 같은 주장을 할 준비가 되어 있다.[20] 그러나 자세히 들여다보면 에피쿠로스와 오늘날 에피쿠로스라는 단어 사이에는 공통점이 없다. 에피쿠로스의 세속적 우주론에서는 욕망이 인생 목적의 핵심에 자리를 차지하고 있지만, 그로 인해 유효한 유일한 쾌락은 우리가 진정으로 필요로 하는 것에 대한 욕망의 충족이다. 헤겔은 철학사 강의에서[21] 에피쿠로스에 대한 세네카의 인정을 인용하면서 동일한 주장을 했다. "에피쿠로스의 가르침은 거룩하고 정직하며, 면밀히 살펴보면 엄격하다. 널리 알려진 쾌락에 대한 그의 신조는 작고 협소하게 축소되고 그가 쾌락에 대해 규정한 덕은 우리가 규정하는 법칙으로 축소된다."[22] 에피쿠로스는 스토아 학파의 방식으로 고통을 강인해지는 일종으로 규정하지 않는다. 그러나 헤더 리드의 주장처럼,

로마의 에피쿠로스 추종자들은 방종보다는 규율을 통해 쾌락을 장려했다. 이런 의미에서 그들의 철학은 소크라테스를 계승하지만, 쾌락주의는 사회와의 교류보다는 독립을 목표로 하고 탁월함을 향한 분투보다는 마음의 평화(아타락시아)를 포용한다는 점에서 고대 그리스 윤리와 다르다.[23]

이러한 관점에서 이해하면 에피쿠로스는 스토아 학파보다 쿠안에 더 가깝다고 볼 수 없다. 두 고전 학파의 공통점은 사람들을 죽음에 대한 두려움으로부터 구원하려는 시도다. 에피쿠로스가 말했듯이, 망자에게는 죽음의 문제가 없다. 그러나 파편적으로 남아 있는 그의 글에서 고통을 피할 수 있는 능력을 훨씬 뛰어넘는 쾌락에 대한 열망을 찾기는 어렵다. 먹고 마시는 것은 굶주림과 갈증을 없애는 수준에서 환영받지만 연회나 고급 요리의 인정으로 이어지지는 않았다. 이른바 쾌락의 철학자라 하는 에피쿠로스는 주로 빵과 물로 연명했으며 때때로 치즈 항아리와 와인을 탐닉한 데 그쳤던 것으로 알려졌다. 에피쿠로스는 삶의 요체는 고통을 피하는 것이며 삶과 깊은 관계를 맺는 것은 고통의 원천이므로 회피

하는 것이 최선이라고 여겼다는 점에서 스토아 학파와 기본적으로 맞닿아 있다. 그는 "조용한 삶과 많은 사람들로부터 물러나는 것이 가장 순수하게 누릴 수 있는 안전이다"라고 말했다.[24] 에피쿠로스는 고통을 일으키지 않는 쾌락조차도 얻기 위해 많은 노력을 기울여야 한다면 피해야 한다고 말했다.[25] 다른 여러 철학자와 마찬가지로 그는 지성에 대한 의존도가 높아지면 쾌락에 대한 폭넓은 욕망에서 물러나게 되리라 여겼다. 에피쿠로스의 주된 긍정적 측면은 그가 개인주의적 내면의 사색에 깊이 열중하지 않았다는 점이다. 오히려 그는 우정을 장려했으며 앞서 언급했듯이 인간을 미신으로부터 해방시키려 했다. 그러나 에피쿠로스의 저서들에는 훗날 그의 이름과 연결되는 쾌락주의라는 용어를 지지하는 요소가 없어 보인다.

그러나 감각 세계의 포용에 대한 이러한 작은 양보조차 《실천이성비판》을 쓴 노녁수의자 칸트에게는 지나치다고 인식되었다.

그(에피쿠로스)는 이 쾌락을 동기로 삼았다는 점에서 대체로 스토아 학파와 달랐고, 스토아 학파가 그것을 거부한 것은 옳은 처사였다. 한편으로 선량한 에피쿠로스는 원칙을 충분히 깊이 생각하지 않는 오늘날의 선의를 가진 많은 사람들처럼, 그가 덕의 샘을 제공하고자 하는 사람들에게 선한 성품을 전제하는 오류에 빠졌기 때문이다.[26]

고통을 피하기 위한 기본적이고 긍정적인 태도로서 쾌락에 기우는 것이 칸트에게 도덕적 혼란의 원천이 되는 이유는 무엇인가? 쾌락에 의한 행위는 의무에 따른 행위와는 범주적으로 다르며 덕이란 후자의 문제이기 때문이다. 도덕적인 사람들은 좋은 기분이 들어서가 아니라 그것이 옳은 일이기 때문에 또는 도덕적으로 필요하기 때문에 그렇게 한다. 고통이 뒤따를 것을 알면서도 괴롭힘에 맞서 목소리를 높일 때, 그런 일을 해야하는 것에서 긍정적 불편함을 느낄 수도 있다. 도덕적이 되려는 칸트주의자는 올바른 일을 하는 것에 시선을 두어야 한다. 그것에 대해 어떤 감정을 느끼는가는 부차적 문제다.[27]

그렇다면 에피쿠로스가 어떻게 쾌락주의로 이어졌을까? 루크레티우스의 재발견에 대한 그린블랫의 설명에 따르면, 에피쿠로스가 실제로 주창했던 바와 후대에 그가 얻은 쾌락주의자라는 명성의 불일치는 당시 기독교에서 비롯된 것이다. 이들에게 가장 극악한 범죄는 신들이 거의 관심을 갖지 않는 원자로 만들어진 세계를 묘사한 루크레티우스의 진정한 세속주의였다. 쾌락주의의 붓으로 에피쿠로스를 덧칠함으로써, 그들은 세속적 관점에 대한 근본적인 주장을 비난할 방법을 발견했다. 에피쿠로스에 대한 이 허위 주장은 지금까지 통용되는 것으로 보인다.

이러한 철학 학파들은 종종 그들이 훈계의 양식으로 활용한 격언을 통해 지속적인 영향을 미쳤다. 실제로 쿠안의 연구 참가자였던 제임스는 인터뷰에서 에피쿠로스를 인용하면서 인간이 자기 자신과 화해하고 좋은 친구를 사귀고 인생에서 너무 많은 것을 기대하지 말아야 한다고 말했다. 나는 제임스를 꽤 잘 알고 있었고 이러한 인용이 은퇴기의 삶에 대한 그의 구상이라고 느꼈다. 또한 인정해야 할 점은 스토아와 에피쿠로스는 고전 철학의 두 학파에 불과하다는 사실이다. 예를 들어 키케로가 말한 훌륭한 삶을 살려는 접근 방식은 매우 다르며 더욱 적합할 것이다.[28] 키케로는 만족스러운 삶에 관한 철학을 주창한 후보자로 분류할 수 있을 것이다. 마르쿠스 아우렐리우스도 타인과 잘 지내는 방법에 대해 언급했다. 그런데도 내 설명이 스토아 학파와 에피쿠로스의 부정적인 측면에 초점을 맞춘 이유는 쿠안과의 병치로 돌아가기 위해서다.

쿠안과 세계

만약 고대 철학자들과 칸트 같은 후대 철학자들이 감각을 합리적으로 만드는 예로 철학을 알리고 쾌락을 경솔하게 추구하는 데 반대한다면, 쿠안 사람들은 이번에도 역시 놀랍도록 중요한 것을 성취한 것이다. 쿠안 사람들이 어떻게 휴가에 관한 선택을 내리는지에 대한 자세한 논의는 그들이 인생의 명백한 목표로서 쾌락의 추구를 확장하고, 정제하고, 흡수하는 일에 어떻게 이성을 발휘하는지를 보여준다. 쿠안 은퇴자들은 쾌락을 이성의 반대에 두기는 커녕 일반적으로 이성의 주요하고 최선의 용도가 즐겁고 만족스러운 삶을 사는 것이라고 여긴다. 이성과 쾌락 간에 일종의 반감이 있다고 가정하지 않는 것이다. 물론 나는 칸트의 철학과 고대 도덕철학에서 세밀한 부분을 간과했다. 그러나 쿠안 사람들이 상당한 사려 깊음과 이성적 쾌락의 기준을 적용함으로써 쾌락에 접근하는 방식은, 일반적으로 사람들이 필요한 욕망의 충족이라고 여겨질 수 없는 각종 쾌락을 추구한다고 생각하는 일부 철학 학파와는 매우 다른 것처럼 보였다.

11장에서 결론에 앞서 다뤘던 마지막 관찰 부분은 사람들이 휴가지를 조사하고 다른 사람들의 조언과 경험을 추구하는 정도를 다뤘다. 그러면서 설명한 바와 같이 쿠안은 일반적 논의에서 중요한 구성 요소인 대화 버전의 트립어드바이저 서비스를 제공한다. 여행에 대한 초기의 상세한 논의에서는 대체로 많은 요소가 관련되어 있음을 보여주었고, 이성의 적용은 주로 어디로 여행을 가야 하고 그곳에서 무엇을 해야 하는지 정리하고, 우선 순위를 정하고, 균형 잡힌 의견에 도달하기 위한 것이다. 마지막으로, 쿠안 사람들에게 휴일이 얼마나 중요한지 발견했다. 계획한 휴가를 실천할 수 있는 충분한 자금을 마련할 때까지 은퇴를 연기하는 것이 그 증거다.

이와 같이 휴가를 우선시하는 것은 세계의 경험을 극대화하는 계획에 기반한 훨씬 더 넓은 우주론의 분명한 예다. 세계로부터 물러나라는 스토아 철학의 권고와는 대조를 이룬다. 쿠안의 우주론은 이러한 철학자들과 그냥 다른 정도가 아니라 근본적으로 다르며 삶의 목적에 대해 대척점에 있는 접근법을 취한다. 쿠안에서의 삶은 단순한 사색으로 축소되어서는 안 된다. 그보다는 긴 산책에서 자연을 즐기는 것과 같은 감각적 경험을 향상시키기 위해 사색을 직접적으로 활용한다. 사색하기에 이상화된 여행은 스페인의 순례길 여행이지만 순례길 여행은 항상 길 위에서 만나는 사람에 대한 이야기와 다양한 호스텔에서 경험하는 와인과 사회적 교류의 조합으로 가득하다. 연구 참가자들은 스토아 학파 수준은 아니더라도 죽음에 대해 생각할 것이다. 그러나 스토아 철학자들이 삶이 무의미한 것처럼 보이게 하기 위해 죽음의 비유를 이용했다면 쿠안의 은퇴자들은 궁극적으로 죽음에 이르기 전 수십 년 동안 은퇴기를 즐기면서 죽음을 그들이 아직 누리고 있는 삶을 최대한 즐길 수 있는 근거로 바라본다. 사후 세계에 대한 과거의 믿음은 청년 시절 죄와 죄책감에 대한 가톨릭의 강조와 결합되어 천국의 약속과 죽음 이후의 지옥행이라는 위협을 통해 산자의 삶의 목표를 억눌렀다. 이러한 억압이 사라지자 현재와 미래 삶의 가능성에 다시 초점을 맞추는 열정이 되살아났다.

    이러한 세대를 아우르는 해방 덕분에 대부분의 연구 참가자들은 다른 조건이 동일하고 감당할 수 있는 정도라면 최대한 많은 것을 보고, 경험하고, 무엇보다도 최대한 즐기는 것을 기본적인 욕구로 여긴다. 행복은 고통을 피하고 죽음에 대한 두려움을 피하는 것이 아니다. 그 자체로 음미할 수 있는 특성이다. 철학자들과의 결정적인 차이점은 쾌락이 필요한 쾌락과 연관되는 것이 아니라 불필요한 쾌락과도 연관되어 쾌락과 기쁨을 만족스러운 인생의 달성을 위한 삶의 목표와 기준으로 만든다. 이 광범위한 비전이 보장하는 가능성은 오늘날의 상황에 매우 적합하다. 이 은퇴자들의 삶은 끊임없이 팽창하는 우주와도 같았기 때문이다. 인생에서 등장한 중요 기술 혁신 덕분에 세계는 날이 갈수록 커졌다. 텔레비전에 이어 인터넷은 과학과 기술 개발이 교육에 미친 영향과 마찬가지로 세상에 대한 지식을 크게 확장했다. 한편으로는 저렴한 항공편 덕분에 세계의 더 많은 지역을 방문할 기회가 생겼다. 스마트폰 앱은 외국의 낯선 도시에서 길을 찾고, 메뉴를 번역하고, 마주치는 모든 것에 대한 배경 정보를 이해하는 데 도움을 준다. 이 모두가 부의 증가로 뒷받침되며 더 많은 교육을 받고 더 많은 곳을 여행하며 온라인 탐색을 할 수 있는 형태로 나타났다. 휴가 중이 아닐 때 감각적 즐거움은 (쿠안 현지에서 최고의 시기를 지칭하는) 훌륭한 재미craic를 권하는 데에서 드러난다. 재미는 목적을 이루는 수단이 아니다. 이성은 계획에 활용되며, 계획의 목적은 훌륭한 재미가 가득할 만한 환경을 조성하는 것이다.

팽창하는 우주가 필연적으로 팽창주의 우주론으로 이어지는 것은 아니다. 이 책이 광범위한 토론을 위한 장은 아니지만, 광대한 세계에 대한 동일한 노출이 다른 많은 인구 집단에 정반대의 영향을 미쳤을 가능성이 크다. 오늘날 이러한 노출에 대한 공포가 외국인 혐오, 복고주의, 포퓰리스트들의 지역주의 등 다양한 버전에 반영되어 있다. 파시즘은 적어도 부분적으로는 세계주의의 위협을 거부한 것이었으며, 전위적 예술에 대한 파괴적인 반응과 원초적 고향의 진정성이라는 허위 역사의 이상에 대한 호소에서 찾아볼 수 있다. 오늘날 우익 정치의 부상 대부분은 1930년대 이래로 짙어진 더욱 강력한 세계주의를 부정하는 새로운 물결이다. 차이에 익숙해지는 세계주의는 엘리트와 연관될 수 있는데, 이들은 더 큰 두려움을 느끼는 사람들을 위협하는 인상을 풍기기 쉽다. 앞서 교육, 직업, 영향력, 자유를 다루면서 강조한 요소들은 쿠안 사람들이 포퓰리즘적이고 외국인을 혐오하는 견해로 후퇴하기보다는 모범적 세계인이 되기로 선택한 이유를 설명할 수 있다.

 쿠안 사람들이 세계주의를 발휘하도록 만드는 주요 역량 중 하나는 이성의 발휘다. 그들은 끊임없이 팽창하는 우주에서 길을 잃을 수 있다는 명백한 위협 요인을 잘 알고 있다. 모든 곳을 바라보거나 모든 것을 경험할 수는 없는 노릇이다. 그렇게 하려는 욕구는 반세계적 외국인 혐오증이 아니라면 깊이 대신 넓이를 중시하는 새로운 피상성으로 이어질 수 있다. 대중 소비 사회에서 매우 흔하게 나타나는 결과다.

 독일의 위대한 사회학자 게오르그 짐멜은 특히 도시 경험이 인구 집단을 군중 속의 얕은 외로움으로 축소시킬 수 있는지, 어떻게 개인이 과도한 소비자 경험을 시도함으로써 지나치게 늘어날 수 있는지 설명하고, 결과적으로 어떤 것과도 유의미한 관계를 맺을 수 없다고 강조했다. 이 모두가 현대의 확장된 삶과 소비자 자본주의의 거침없는 황폐화가 끊임없이 이어진 탓이다.[29] 4장에서 아도르노와 호르크하이머가 자신들과 달리 평범한 사람들은 오락 세계를 통해 홍보되는 대중문화에 직면하여 순전한 피상성에 굴복했음을 당연하게 여겼다고 주장했다. 솔직히, 연구 참가자들조차도 다른 집단처럼 관광객을 모욕하는 경향이 있다. 관광객이 세계와의 피상적으로 조우하리라 추정하는 것이다.

휴가지 선택에 관한 증거가 12장의 논거에서 매우 중요한 또 다른 이유가 여기에 있다. 더 큰 지식과 경험을 적극적으로 통합하고 단순한 피상성의 가능성을 개선하기 위해 팽창하는 우주를 받아들이는 최선의 방법은 폭과 깊이의 균형을 맞추는 과업에서 이성을 신중하게 사용하는 것이다. 이번에도 쿠안은 아도르노나 다른 많은 철학자들과는 달리 평범한 사람들에게 충분한 존경을 표현할 수 없을 정도의 능력이 있음을 보여준다. 비록 연구 참가자들이 아리스토텔레스의 책을 읽지 않았더라도 세계를 최대한 활용하는 팽창주의적 접근에 균형을 유지하는 방법, 사람과 사물 및 장소와 맺는 관계의 깊이 측면에서 성취할 수 있는 바를 고려하는 신중한 전략을 결합했다.

휴가에 관한 토론을 주의 깊게 들으면 이러한 내적인 협상이 드러난다. 연구 참가자들은 매년 알가르베의 여름 별장을 방문한다면 파타고니아에 가거나 일본의 벚꽃 철을 경험할 수 없다는 것을 잘 알고 있다. 그러나 이는 폭 또는 깊이 간의 궁극적 선택 그 자체로 간주되지 않는다. 정보 제공자들은 폭과 깊이의 균형이 두 세계의 최고를 선사할 수 있다고 믿는 듯했다. 깊이는 프랑스에 투자한 '작은 공간'으로 돌아갈 때의 이득에 해당한다. 그 작은 공간에서는 현지 빵집과 파티세리에서 좋은 관계를 쌓을 수 있다. 또는 산티아고 순례길을 완주할 때까지 스페인 북부를 여러 번 방문하는 여행도 있다.

해마다 해외로 나가지 않고 노란 가시금작화를 배경으로 붉은색과 자줏빛이 섞인 인근 코네마라에서 아름다운 경치를 감상할 수도 있다. 그러면 가끔 발리나 아이슬란드로 값비싼 관광을 떠날 만한 돈을 저축할 수 있다. 그들은 고음과 저음의 음표가 대비를 통해 공명하는 악보처럼 인생을 작곡해 나간다. 3장에서 소득이 적은 택시 운전사의 예를 들었는데 그는 평상시에는 에인트리에서 경마를 즐기고 일 년에 한 번은 라스베이거스를 방문했다.

이처럼 은퇴자들이 욕구와 열망에 지배당하는 대신 그것을 통제할 수 있는 능력은 3장의 만족스러운 사회에서 분명하게 드러났고, 이 중년의 인구가 마침내 노인이 되는 방식에서도 확인된다. 노년에 이르면 폭과 깊이는 건강의 쇠락에 수반되는 점진적인 축소를 받아들이는 수단이 된다. 이제는 갈라파고스 섬에서 다이빙을 즐길 수 없다는 것을 알게 되면 TV에서 자연을 다루는 프로그램을 충분히 시청할 수 있음에 감사하게 된다. 해외 여행을 할 여유가 없을 때는 노인들이 아일랜드 국내 여행을 무료로 다닐 수 있음에 감사한다. 만약 바깥 출입이 어렵고 몸이 약한 상태라면 새로운 모험을 찾는 대신 과거의 기억에 힘입어 현재 상황을 받아들인다. 또한 간헐적인 통증과 쇠약함, 고관절 치환 수술이나 화학 요법으로 인한 긴장을 푸는 데 도움이 되는 활동을 위해 관심 분야를 양보할 준비가 되어 있다. 〈포와로〉 또는 〈파더 테드〉의 과거 에피소드나 1970년대의 축구 경기를 다시 보거나 오래전 토스카니니 버전의 교향곡을 감상하거나 아일랜드 전통 민요 세션을 즐기거나 손주들이 보내는 왓츠앱 이미지에 행복감을 느낄 수도 있다. 주변 환경이 점점 더 어려워지는 가운데 최대한 편안한 마음을 갖는 것을 우선시하는 시기인 것이다. 사람들은 불가피하게 두려움을 느끼면서도 우아하고 감사한 마음으로 나이 드는 것에 대한 격언을 이해한다. 지난 수십 년 동안 놀라움이 가득하고 민첩함과 확장성을 추구하는 인생을 살았다면 이제 몇 가지 중요한 관계에 집중하고 아무리 원하더라도 일부 활동 이외에는 할 수 없음을 인정한다. 어디를 다녔는지 무엇을 할 수 있었는지에 대한 기억은 현재 당면한 한계를 받아들이는 데 도움이 된다. 전반적으로 은퇴자들은 나이가 들면서 '자신의 피부를 점점 더 편안하게'

느끼는 것의 중요성을 강조한 마사 누스바움과 솔 레브모어^{Saul} ^{Levmore}에 동의하게 된다.[30]

  단순한 휴일에 대한 논의에 어떤 철학적 가치를 주장하는 것은 가식처럼 보일 수 있다. 하지만 이러한 관찰을 토대로 추론하고 다른 여러 활동에서도 은퇴기의 삶을 개발하는 유사한 논리가 발견된다면 정당한 시도라고 할 수 있다. 깊이와 폭 사이의 이러한 균형은 주민들이 쿠안에서의 활동을 통해 관계를 구축하는 핵심이기도 하다. 첫째, 폭에는 매력이 있다. 사회적 처방 프로젝트의 개발을 위해 확인한 70개 이상의 활동은 폭넓은 선택지를 제공한다. 은퇴자들은 새해가 되면 보다 진지하게 사진 촬영을 배우고 시민 상담소에서 봉사하며 와인을 배우거나 주석 피리 실력을 키우는 등의 결심을 한다. 마찬가지로 깊이의 가능성에는 끝이 없다. 해안 조류, 제2차 세계대전 중 아일랜드의 역사, 종이 접기의 예술에 대한 지식을 더한다. 전문가 수준에 도달한다는 지나친 기대 없이 그림, 우쿨렐레 연주, 산책, 연기, 브릿지 또는 노래를 배운다. 노인을 위해 가정에서 우쿨렐레를 놀이 삼아 연주할 정도에 만족하지만, 일반적으로 충분한 수준이다. 탁월함의 추구는 삶에 선험적인 사회성에 의해 조절된다. 이들은 광범위한 지식, 기술, 성과에 대한 이야기로 다른 사람들을 지루하게 만들거나 위화감이 조성되기를 원하지 않는다. 과시하기를 원치 않는데, 앞서 설명했듯 아일랜드인들은 타인보다 높은 위치에서 말하면서 남들을 끌어 내리는 것에 대해 모욕과 욕설로 응수하는 데 일가견이 있다는 점이 일부분 작용한 결과다. 그러한 경계가 막대기라면, 지식을 지위에 대한 주장이 아닌 평등한 선물로 공유할 때 다른 사람들이 얻게 되는 즐거움은 당근이다. 유용한 팁을 겸손한 태도로 공유한다. 이번에도 역시 사회성의 강조가 폭과 깊이 간의 적절한 균형을 찾는 데 있어 이성의 활용에 토대 역할을 한다.

쿠안의 우주론

지금까지 제기된 주장을 종합해보겠다. 앞서 사람들이 휴가지를 선택하고, 사회 활동을 개발하고, 지식을 공유하는 방법을 다루면서 제시한 증거는 이성의 활용, 폭과 깊이의 균형, 세계를 포용하려는 확장주의적 노력과 같은, 보다 추상적인 원칙의 집합에서 출발했다. 이를 한 단계 더 발전시켜 이른바 '쿠안의 우주론'에 대한 증거라고 제안하기 위해서는 논의를 토대로 추론함으로써 주민들의 삶에서 더 많은 측면을 포함해야 한다.

두 가지 예를 제시할 텐데 의도적으로 삶의 서로 다른 부분에서 발췌한 것이다. 첫 번째로 특히 남성에 대한 페미니즘의 결과를 탐색할 것이다. 두 번째는 스마트폰의 사용이다.

전통적인 성 역할은 종종 사람들이 인생에서 할 수 있는 일을 크게 제한했다. 중년 남성들이 젊었을 때는 특별히 '남자'로 성장하도록 사회화되었다. 그 결과 요리나 기저귀 교환, 놀이터 벤치에서 지켜보기 같은 육아의 평범한 경험이 제한적인 경우가 많다. 페미니즘이 적어도 어느 정도는 쿠안 주민들의 보편적으로 지지를 받으면서 은퇴한 남성들이 이러한 활동을 수행하는 것이 일반화되었다. 이것이 애정에서 우러난 행동일 수도 있지만 다른 지역 남성들처럼 양육이나 요리에 대한 새로운 참여를 자랑하는 모습을 찾아보지 못했다. 오히려 이들은 처음에 육아에 관여하지 않아서 얼마나 많은 것을 '놓쳤는지'에 대해 끊임없이 이야기했다. 1장에서 설명한 예는 조부모의 양육 참여다. 조부모 양육에 대한 과도한 노력이 은퇴기의 자유 상실로 이어질 가능성을 경계한 쪽은 할머니일 가능성이 훨씬 높았던 반면 남성들은 동일한 노력에 열의를 보일 가능성이 더 높았다.

두 상반된 태도는 양육에 대한 대조적인 경험에서 비롯했다. 많은 면에서 여성의 힘든 노동과 남성의 침여 부족이 반영된 밀피다. 페미니즘은 비록 최초의 원인이 역사적으로 이어진 남성 특권의 득세였더라도, 자신이 이전에 배제되었던 활동을 남성이 잠재적으로 정복하는 시대를 열었다. 요점은 이것이 휴가지 선택에서 분명하게 드러나는 기본적인 확장주의 우주론과 거의 동일하다는 것이다. 과거에 배제되었던 감각적인 경험(기저귀 갈기)의 세계에 이제 진입할 수 있게 되었고 그들은 기꺼이 그렇게 했다. 예를 들어 잼 만들기와 같은 요리 등의 활동에 남성의 참여가 증가할 것이다. 주말 농장에서 베리를 키운다는 한 남성은 자신의 성과를 장황하게 설명했다.

아이들은 내 기준이 얼마 지나지 않아 나아졌다고 말했습니다. 빵도 구워봤고, 잼을 만들었는데 이전에는 해본 적이 없었던 일들이죠. 저는 블랙베리를 따고, 맛있는 블랙베리 잼과 사과잼을 만들었고, 지난주에 한 회분을 제작했습니다. 대황으로 대황 잼과 생강 잼도 직접 만들고요.
블랙베리 잼은 정말 쉽게 만들 수 있어요. 210℃로 설정하면 된다더니 정말 정확한 온도입니다. 아이들은 저를 두 가지 강좌에 보냈는데 제빵 과정과 냄비 하나로 요리를 만드는 과정이었어요.

이상은 일반화의 사례다. 성별 역할을 바꾸는 지루한 사례도 얼마든지 마주칠 수 있다. 한 남성은 자신이 잼 만들기나 레고 만들기를 얼마나 잘하는지 쉴 새 없이 떠들었다. 과거에 정확히 같은 일을 하고도 뒤이어 자랑할 권리를 기대하지 못했던 많은 여성에게 당연히 분노를 살 만한 행동이었다. 하지만 이는 드문 일이었다. 남자들이 의식적으로 자랑을 삼간 것이 아니라 인용한 사례에 나와 있듯 진정한 관심에 기술과 실용성을 더하기 시작한 것이다.
페미니스트 동전의 다른 면에는 일, 리더십, 기타 활동과 관련한 여성의 평등의식이 있다. 은퇴한 여성들은 확실히 자신감을 내뿜었고 주로 현재의 경험보다는 과거에 겪었던 양성 불평등을 이야기했다. 또 한편으로는 여전히 불평등이 남아 있는 분야를 지적했는데, 민족지학 연구에서도 확인되듯 남성은 여전히 죽어가는 부모나 치매를 앓고 있는 부모를 돌보는 주된 역할을 여성에게 부담시키는 경우가 많다. 반면 여성들은 사회적 인맥을 개발하는 데 더 편안함을 느꼈으며 이는 은퇴기에 전면에 부각된 강력한 성별의 차이였다. 이 유산과 남성의 상대적인 전문 지식 부족에 대한 인지는 멘즈 셰드의 배경에 있는 정신이었고 멘즈 셰드는 이 문제를 해결하기 위한 매우 성공적인 시도로 보였다. 남자들은 도시의 외관을 개선하는 신체적 활동을 수행하기로 결의했고, 멘즈 셰드는 남성들이 요리나 원예 같은 분야에도 관심을 갖도록 독려했다.

이 책의 앞부분에서 다룬 논의에 기반하지만 광범위한 우주론의 증거로 간주할 만한 매우 다른 사례는 노인들이 스마트폰으로 대표되는 우주의 확장에 반응하는 방식이었다. 이는 내가 수행한 연구 프로젝트의 공식 주제이기도 했다. 자신감이 충만한 노인들은 스마트폰이 선사한 20가지의 새로운 가능성을 완전히 받아들여 이제는 스마트폰 없는 삶을 상상할 수 없는 수준이 되었다. 물론 이제 그들은 항상 휴대하는 스마트폰의 앱을 사용하여 버스가 오는지 확인하고, 공항에서 휴대전화 화면을 통해 체크인하며, 온라인으로 물건을 구입하고, 스마트폰 카메라가 제공하는 '지속적인 기회주의'를 활용하여 예정된 연극을 알리는 게시판을 촬영한다. 또는 왓츠앱 가족 그룹을 계속 들여다본다.

그런 일들은 '눈 깜짝할 사이에' 흔한 경험이 되었다. 이는 인터넷 자체의 점진적 식민지가 절정에 도달한 모습이며, 최근 수십 년 동안 인간의 우주가 팽창했음을 보여주는 가장 분명한 하나의 예일 것이다. 더 많이 알아보고, 찾아보고, 할 일이 늘었다. 어떤 경우에는 몇 년 전 잃어버린 좋아하는 밴드의 LP를 스트리밍 음악을 통해 재발견하기도 한다.

언제나처럼 은퇴자들은 이러한 경험을 사회성 확장으로 바꿀 방법을 찾을 것이다. 60대의 한 여성은 새벽 3시까지 ancestry.com 통해 새로운 친척을 찾아 헤맸다. 일 년 뒤에는 새로 찾은 미국 친척들을 방문할지 모를 일이다. 이 시점에서 스마트폰은 방문객을 현지에서 만나는 준비를 훨씬 수월하게 만들었다. 청년들의 셀카를 비롯한 스마트폰 사용을 반사회적 나르시시즘의 증거로 비난한 지 불과 10년 만에 70대 사용자가 하루에 백 번쯤 스마트폰을 능숙하게 꺼내 드는 상황이 되었다. 반사회적 변화와는 거리가 멀게 이 기기는 사회성을 높여주는 특별한 능력을 지녔기 때문이다. 또한 스마트폰에 내장된 검색 엔진은 정보를 찾을 수 있는 무한한 능력을 부여했다. 과거에는 많은 TV 시리즈를 즐길 때 배우가 이전에 출연했던 프로그램을 기억해내느라 즐거움에 방해를 받기도 했다.

휴가, 사회 활동, 페미니즘, 스마트폰이라는 서로 다른 네 가지 사례를 종합적으로 고려하면 모든 사례가 더 깊은 확장주의 우주론의 동일한 표현이라고 주장하기 충분하다. 모두 인류학자들이 부르디외를 따라[31] 아비투스habitus라고 한 바와 동일하다. 아비투스는 공통된 렌즈를 통해 세상을 바라보는 구조적 성향을 가리킨다. 이는 종교적 신앙일 수도 있고 항상 공손하게 행동하겠다는 약속일 수도 있으며, 어린 시절에 당연한 습관으로 습득되었다고 가정한다. 그러나 이 경우 아비투스는 초기 사회화에서 생겨난 것이 아니었다. 민족지학자로서 수행한 여러 프로젝트에서 발견한 증거에 따르면 정신 분석 같이 널리 취하는 접근법과 달리, 우리가 인생에 적용하는 지배적인 사회 구조의 주요 결정 요인은 6개월에서 6년 사이에 정해지는 것이 아니라 26세, 때로는 60세에 발전하는 경우도 많다. 쿠안의 확장주의 우주론은 은퇴기에 비로소 꽃을 피운다.

쿠안에서 은퇴는 인생에서의 은퇴가 아니라 월급 생활의 제약을 벗어난다는 의미다. 이 예외적으로 자유로운 사람들은 보다 풍성하고 즐거움 가득한 인생 경험을 통해 스스로 성장하는 자유를 누린다. 일반적으로 쾌락의 추구를 청년과 연관짓는 경향이 있다. 즐거움이 노년층의 목표로 재고된다면 그 즐거움의 중요성을 다시 생각할 수 있다. 철학자들과 다른 사람들이 습관적으로 그렇게 하듯 불필요한 쾌락의 추구를 단순히 폄하하기가 어려워지기 때문이다. 또한 쾌락을 이성에 반대되는 곳에 위치시키기도 어려워진다. 대신 이성을 사람들이 시간을 구성하는 도구로 다시 활용함으로써, 손주 양육과 새로운 친구나 사랑하는 사람들 무리와 즐기는 여러 사회적 활동 간에 우선순위를 정하고 또 한편으로는 휴식을 취하거나 새로운 장소를 방문하거나 쿠안 자체를 즐길 수 있다.

이제 이 혼합된 사례를 만족스러운 사회에 대한 3장의 증거에 추가하는 것도 가능하다. 쿠안 사람들은 지속적으로 더 나은 컴퓨터와 스마트폰으로 업그레이드했지만 어느 순간 업그레이드가 비용에 준하는 가치를 제공하는 것으로 보이지 않았다. 그러자 그러한 습관을 유지시키려는 광고 업계의 시도가 느슨해지지 않았음에도 업그레이드를 중단했다. 그들은 소비자 사회에 살고 있지만 지금은 소비 능력과 환경보호주의를 위한 물건 정리의 도덕적 미덕과 균형을 추구한다. 대량 소비가 필연적으로 개인주의로 이어진다는 생각은 소비자로서의 노인들에 대해 생각하면 단호하게 부인된다. 만족스러운 사회를 가능하게 하는 능력은 이성의 동일한 특성이다. 만족하는 것은 하나의 추구 목표에 따른 혜택을 통합하는 것이며, 다른 새롭고 흥미로운 취미나 모험에 관심을 가질 수도 있고 그렇지 않을 수도 있다.

사색이 아니라 도구적 행동의 이러한 확장은 종종 키어런 세티야Kieran Setiya가 가정하고 옹호했던 삶과는 전혀 다른 중년에 대한 접근을 나타낸다. 최근 저서에서 세티야는 중년을 목적론적 목표가 덜한 방향으로 나아가는 시기로 바라봤는데, 이는 노년이 더 많은 사색을 하기에 적합하다는 서양철학 내부의 일반적 목소리를 따른 것이다.³² 이는 여러 면에서 매우 합리적인 판단이며 경탄할 만한 감상이다. 하지만 쿠안의 접근과는 전혀 다르다. 은퇴자의 일부는 술을 몇 잔 마시면 철학적 이야기를 하는 경향이 있다고 생각할 수 있지만 여기에서 핵심은 음주다. 진지한 철학은 흥겨운 재미를 망칠 가능성이 매우 높다. 다행히도 술에 기댄 철학적 허세는 아침이면 생각이 나지 않기 십상이다. 어깨를 짓누르는 가톨릭교의 죄의 무게가 사라지면 이 세대는 쾌락주의에 깊이 빠졌으리라 예상한 사람도 있을 것이다. 그러나 오랫동안 또 다른 부담으로 작용했던 알코올의존증을 물리치면서 오늘날 쿠안 사람들의 음주 문화는 과거에 비해 상대적으로 양호한 수준이다. 오늘날 이들은 이성을 지키면서 술을 즐긴다.

결론

고대 헬레니즘 철학자들에 대한 나의 설명에 대한 강력한 응수로서 마사 누스바움은 에피쿠로스와 특히 스토아 철학의 치료적 가치를 자세히 설명하고, 그들의 여러 긍정적 기여를 강조하는 한편 내가 묘사한 대조보다 키케로와의 관련성에 주목했다.³³ 이러한 텍스트의 부정적 해석을 내가 강조한 것에 대해 방어하자면, 그러한 극명한 대비가 쿠안 사례와 직접적으로 병치한 데서 비롯되었다는 것이다. 궁극적으로 고통으로부터의 자유에 중점을 둔 철학적 전통의 한계는 쿠안 은퇴자들 사이에서 발견되듯 세계와 광범위하고 감각적인 관계를 맺는 가능성을 고려할 때 더욱 분명해진다. 쿠안의 관점에 대한 비판적 기여는 평범한 사람들이 과도한 수준에 이르지 않으면서도 삶의 목적에 광범위하고 참여적으로 접근하는 방식을 포용하는 능력을 존중할 수 있다는 것이다. 많은 철학 작품의 문제는 일상에서 분별할 수 있는 도덕적 역량을 존중하지 않는다는 것이다. 그러나 제임스 데이비슨이 고대 그리스의 일상과 소비에 대해 보다 '민족지학적' 묘사를 한 것에서 당시 사람들 역시 쾌락을 누리는 방법을 끊임없이 신중하게 고려했음을 알고 있다.[34] 쾌락을 위하면서도 과도한 수준이 되지 않도록 절제력을 발휘하여 마시고 먹으며(특히 생선) 성관계를 하는 올바른 방법을 모색했다. 아리스토텔레스는 처음으로 아비투스라는 개념을 발전시켰지만 이미 아리스토텔레스를 설명하는 데 도움이 되는 아비투스가 있었다.

또한 스토아 학파에서 유래하고 현대 사회를 괴롭히는 다소 파괴적이면서 오래 지속되어 온 유산이 있다. 오늘날 환경보호주의 운동의 많은 부분이 기대만큼 성공을 거두지 못하는 주된 이유에는 미래를 황량하게 보이게 한다는 점이 포함될 것이다. 환경보호주의자들이 과잉 소비와 관련된 일부 쾌락을 포기하고 금욕주의를 훌륭한 삶을 가능케 하는 덕으로 다시 앞세운다면, 환경 행동가들은 우리가 수긍하고 누릴 수 없는 것을 찬미하는 스토아 학파의 경향을 때때로 따르는 것으로 보일 것이다.

인류학자 리처드 윌크Richard Wilk는 탄소 배출량과 과다 소비를 줄이는 것이 반드시 재미와 쾌락이 덜한 미래로 이어지는 것이 아님을 보여줌으로써 환경보호주의 목표에 더 가까이 갈 수 있다고 주장했다.[35]

에너지 소비와 비교하여 상대적으로 가벼운 오락 세계의 지속적 팽창이 선사하는 쾌락과 즐거움에 이르는 여러 경로에 집중함으로써 환경보호주의라는 쓴 약에 설탕을 입히는 것은 무해한 일이다. 좋은 소식은 최근 경제 성장과 탄소 배출량 증가 사이의 역사적 연계가 상당한 단절을 보였다는 점이다. 오늘날 탄소 배출량 감축에 나선 것은 대부분 경제 선진국이다. 이는 기후 목표 준수를 방해했을 가능성이 있는 문제가 다분한 도덕적 설명을 드러낸다. 대신, 유해한 배출량 감축을 그 자체로 궁극적 목표로 집중할 수 있도록 이끈다. 이제는 일부분 스토아 학파의 유산에 따라[37] 경제 개발에 금욕적으로 반대하는 시도를 정당화시키기 위해 환경보호주의를 이용할 필요가 없다.[36] 기후변화와의 싸움을 폄하하는 태도에서 벗어나 기생적인 금욕주의를 벗겨내는 것이 더 효과적일 수 있다.

게다가 오랫 동안 빈곤을 연구한 인류학자로서 나는 환경 피해를 일으키지 않는 한 훨씬 더 빠른 경제 발전에 전적으로 찬성한다. 기후 재앙을 피하는 것 외에도 오늘날 가장 중요한 단일 목표는 보다 빠른 경제 발전이 절실하게 필요한, 빈곤의 제거여야 한다. 빈곤은 그동안 비극적일 정도로 간과되었던 지역에 집중되어 있다.

앞서 쿠안 주민들은 덕에 대한 명확한 생각을 가지고 있다고 밝힌 바 있다. 그러나 그러한 의견에 스토아 학파나 다른 고전 철학의 방식으로 집착하지 않는다. 날마다 쾌락이 행복에 기여한다고 느끼는 환경에서 덕이 행복으로 가는 유일한 길이라고 단정할 이유가 없다. 스토아 철학자들이 쾌락에 철책을 치는 데에는 실증적 근거가 없다. 로마 제국 통치기에 점철된 고통과 비극으로 인해 금욕주의 이상이 널리 인기를 얻었을 가능성이 높으며, 오늘날 그들의 견해에 더 공감하게 만드는 이유일 것이다. 키케로는 스토아 학파를 찬성하며 인용했을지 모르지만 그 자신은 스토아 학자도 쾌락주의자도 아니었다. 언제나 인생을 더 나은 곳으로 인도하는 안내자였다. 만족스러운 삶은 덕과 행복을 동시에 발전시키는 것이지, 어느 하나를 위해 다른 하나를 억누르는 것이 아니다. 재미와 기쁨을 본질상 도덕적인 것으로 간주하고 민족지학에서 얻은 또 다른 교훈으로 여기는 데는 여러 이유가 있다. 사실과는 달리 많은 사람들이 에피쿠로스가 한 말이라고 생각한다.

쿠안으로 돌아가자면, 연령대가 높은 이 은퇴자들은 지구상에서의 시간이 끝나가고 있음을 잘 알고 있었다. 의심의 여지없이 우울하게 만드는 생각이었지만, 대부분의 경우 그러한 인식에서 벗어나지 않았다. 다시 강조하지만 그들은 죽음보다는 치매가 더 두렵다고 말했는데 이는 에피쿠로스가 인정했을 법한 감정이었다. 내세에 대한 강한 믿음이 없다면 인류가 죽음을 삶의 무의미함에 대한 증거로 볼 것이라는 이론적 또는 종교적 가정은 완전히 잘못된 것으로 드러났다. 은퇴자들은 프랑스 좌안 학자들이 즐기던 살구 칵테일이 아닌 기네스를 마셨다. 베케트는 아일랜드인이었지만, 이 은퇴자들은 베케트가 아니었다. 많은 사람들은 지금 할 수 있는 활동을 제한했던 다양한 약점을 이미 경험했다. 일부는 더는 운전하거나 술을 마실 수 없었으며, 어떤 남성들은 더는 할 수 없고 즐길 수 없는 '다른 것'에 대해 놀라울 정도로 열린 태도를 보였다. 전체적으로 은퇴자들은 더 많은 경험으로 얻을 수 있는 유익을 시도할 가치가 있는지에 대해 신중하게 기꺼운 마음으로 포기했다. 그들은 추가로 휴가를 즐길 수도 있겠지만, 비행기를 타고 짐을 싸고 각종 도구를 챙겨야 하는 것을 고려하면 더는 삐걱대는 관절과 가쁜 호흡으로 무리할 필요를 느끼지 못했다.

이 시기의 판단에 큰 보탬이 된 것은 다름 아니라 그동안 이룬 성취였다. 80대의 사람들은 충분히 여행하고, 충분히 보고, 충분한 활동이나 음식을 즐긴 것이 분명했다. 만족스러운 사회는 삶이 가치 있다고 인식하는 축복을 받은 만족하는 개인이 지탱한다. 애초에 살아 있지 않았을 수도 있다는 실패 가능성에 직면하여 금욕주의자의 선제적 자기 제한에 대항하는 쿠안 은퇴자들은 세상이

맛보게 해준 성취감을 느꼈다거나, 설사 그렇지 않았더라도 시도조차 하지 않았던 것은 아님을 인식하면서 죽음에 이른다.

The Good Enough Life

결론
: 헤겔, 인류학, 철학

헤겔

　이 결론의 목적은 훌륭한 삶에 관한 일부 철학자의 저술과 쿠안 은퇴자들의 일상생활에서 추정된 만족스러운 삶 간의 조화를 발전시키는 것이다. 이러한 목적을 달성하기 위해 독일의 철학자 게오르크 빌헬름 프리드리히 헤겔Georg Wilhelm Friedrich Hegel(1770~1831년)이라는 인물을 선택했다. 이 결론은 쿠안을 좀 더 깊고 폭넓게 이해할 수 있도록 헤겔의 해석을 제시할 것이다. 헤겔이 쓴 많은 주제 가운데 여기서는 가장 관련 있어 보이는 일부 측면에만 초점을 맞출 것이다. 쿠안에 대한 평가에 헤겔의 이론을 적용하는 것은 주민들이 지역사회를 사회적으로 창조하여 만족스러운 삶의 원천으로 삼았을 뿐만 아니라 도시에 대한 애정을 키우고, 내가 민족지학 연구를 통해 파악하려는 특권을 누리게 되는 과정에서 어떻게 주체성을 발휘했는지 이해하려는 시도다. 동시에 쿠안의 예는 헤겔이 주장한 자기실현self-actualization 개념을 설명한다. 개인적인 추구가 아니라 합리적인 사회 행동을 지칭하는 용어다. 여기에는 장에서와 같이 주의 사항이 적용된다. 이어질 내용은 무척 난해한 글을 쓴 철학자에 대한 개인적인 해석이다. 그러나 궁극적으로 이 책은 어떤 철학자를 올바르게 해석하려고 시도하는 데 목적을 두지 않았다. 철학자에 대한 나의 제한된 해석을 민족지학의 깊은 이해에 도달하는 데 적용함으로써 효과를 높이려는 시도다.

처음에는 앨런 우드Allen Wood가 쓴 《헤겔의 윤리적 사고》라는 프리즘을 통해 헤겔을 고찰한다. 우드는 헤겔이 사변 논리 체계로 기존 논리를 대체하려는 시도를 비롯하여 저작 대부분을 실패로 간주해야 한다는 인정에서 출발한다. 우드가 특별히 이에 대해 자세히 설명하지 않지만 헤겔을 읽는 독자는 《정신현상학》에서[01] 자신의 글이 마침내 자신의 진정한 본성을 이해하게 된 순간에 이르렀으며 철학과 역사의 종말을 대표한다고 느끼는 저자의 강한 오만을 눈치채지 않을 수 없다. 우드는 찰스 테일러Charles Taylor의 기술에 따라[02] 헤겔이 자신의 사회적, 윤리적 논의가 방대한 논리 체계에 기반한 것처럼 썼지만 실제로는 그 반대였다고 주장한다. 이러한 거창한 서사 프로젝트를 간단히 버리면서도 헤겔이 윤리 분야와 사회 연구에 기여한 바에 존경심을 유지할 수 있다.[03]

이 민족지학과의 관련성을 찾는 과정에서 헤겔의 매력은 많은 철학과는 달리 개인에 덜 주목한다는 것이다. 헤겔의 인륜Sittlichkeit은 그가 가족, 시민 사회, 국가라는 세 개의 연속 계층으로 간주하는 폭넓은 세상에 참여하여 얻는 윤리적 삶이다. 이 책의 대부분이 비슷한 수준의 시민 사회에 관심을 기울이기에 이에 대한 설명은 특히 유용하다. 쿠안이라는 도시는 가족보다는 크고 아일랜드보다 작지만, 여기에 설명한 대부분의 활동의 원천이자 주제이기도 하다.[04] 헤겔에게 있어 시민 사회에 대한 강조는 개인의 억압을 의미하지 않는다. 개인이 윤리적 삶의 목표를 달성할 수 있는 것은 시민 사회와 국가라는 매개체를 통해서만 가능하기 때문이다.[05] 사실 그는 시민 사회가 너무 개인주의라는 점을 비판한다. 보다 기본적인 수준에서 보면, 사람들이 개인주의를 감정적 수준에서 사회 구성원과 조화시키는 것을 돕는 공동체 단위는 가족이다.[06] 앞서 논의했던 몇몇 철학자들과는 달리 헤겔은 이 모든 것을 역사적 상황으로 인식했다. 윤리는 시대의 상황과 관련되어야 하며, 일상적인 세계와의 복잡한 약속 위를 맴도는 보편적 인간 본성과 동일시해서는 안 된다. 헤겔과 마찬가지로 쿠안의 연구 참가자들은 사회의 윤리적 구성원이 되려는 욕구가 개인적인 입장이 아닌 기관을 통해 표현되어야 한다는 것을 이해했다. 그들의 행동은 단순히 관습적인 것이 아니며, 과거의 유산에서 비롯되었다. 은퇴자들이 자신들이 무엇을 하고 있는지 알고 있었다는 점에서 의식의 발산물이었고, 헤겔의 윤리적 행동의 중요한 구성 요소였던 사회적 자기 창조의 또 다른 측면이었다.

헤겔은 이 윤리적 세계의 건설에 의식적으로 참여함으로써 성취된 자유를 향한 길을 지지한다. "합리적인 사회 질서의 구성원으로서 내 의무는 나를 제약하는 것이 아니라 오히려 해방시킨다."[07] 쿠안의 한 개인은 적극적인 시민이 됨으로써 2장에서 논의한 자유를 나타내고 경험할 수 있음을 잘 알고 있었다. 그들은 게임을 하고, 타이디 타운즈 활동에 자부심을 느끼고, 스포츠 발전을 돕고, 독서 모임에서 만나고, 무엇보다도 다른 사람들의 복지를 효과적으로 지원할 수 있는 훌륭한 사람이 될 수 있는 무수한 기회가 있는 도시를 만들었다. 이러한 자유는 강압으로 얻어질 수 있는 게 아니다. 그 자유는 사회 활동과 제도가 집단적으로 건설된 덕분에 존재하는 역량이다. 여기에는 또한 소문자 p 정치를 수행할 수 있는 능력이 포함된다. 즉, 자신의 작은 마을에 즉각적인 영향을 미치는 정치 행동에 적극적으로 참여하는 것이다. 그들은 쿠안에서 누릴 수 있는 자유를 창조해냈다. 이 책에서 설명한 바와 같이 쿠안의 기관은 폭넓은 다원주의를 존중하면서 규범적이고 합의에 이르는 경향을 보였고, 토론과 타협을 통해 협상했으며, 도시의 복지를 향상하는 실용적인 프로젝트의 집단적 개발을 허용했다.

  헤겔과 마찬가지로 쿠안의 은퇴자들은 현대 자유주의의 고도로 개인주의적인 윤리와 '자유'라는 단어의 구어적 의미로부터 멀리 떨어져 있다. 양자 모두 나름대로 '자유로운 개인'이라는 개념을 용어의 모순으로 간주할 수 있다. 자유는 특별히 개인의 선택과 관련이 없다. 미국을 개인의 선택에 집착하며 심지어 식당의 메뉴가 개인의 선택을 표현할 수 있는 수준으로 변형되어야 하는 사회로 본다면 쿠안과 대조할 수 있다. 미국의 방식은 사람들이 자유를 누릴 능력을 부여하는 관계, 윤리, 조직 내에서 개성을 해체함으로써 자유를 얻는 쿠안의 방식과 다르다. 헤겔과의 중요한 차이점은 일반적으로 쿠안 사람들은 가족과의 관계를 시민 사회와 국가 간 관계보다 낮은 수준으로 간주하지 않는다는 것이다. 그들에게는 가족이 최우선이었다. 하지만 가족은 개인이 관계를 만들기보다는 관계가 개인을 만드는 또 다른 장이다. 헤겔, 쿠안, 인류학을 위한 사회적 관계는 선험적인 것이며 도입부에서 소개한 칸트에 대한 초기 반응을 다시 한번 확인시켜준다.

객관화

이러한 주장을 더 발전시키려면 주로 헤겔의 마지막 작품인 법철학에 초점을 맞춘[08] 우드에게서 벗어나 헤겔의 가장 광범위한 저서인 《정신현상학》을 살펴야 한다. 오만함으로 점철되어 있다는 타당한 비판을 받는 또 다른 책이다. 내가 1987년 《물질문화와 대량소비》라는 책에서 처음 제기한 논쟁을 여기에 요약하고자 한다. 이 책의 첫 번째 부분은 '객관화'라는 용어를 살핀다. 구어체 대화에서 우리는 주변 세계에 대해 논할 때 일반적으로 사람이나 기관을 주어진 것으로 받아들인다. 그 사람이 하는 일이나 기관이 하는 일에 대해 이야기한다. 반면 헤겔의 해석에서 개인이나 기관은 항상 무엇이 되려는 과정에 있다고 간주해야 한다. 사람이 행동하면 그 행동은 반대로 그 사람이 누구인지를 바꿀 수 있다. 정신현상학의 임무 중 하나가 이러한 과정을 설명하는 것이다.

대부분의 사람들은 카를 마르크스의 글을 통해 객관화에 대한 헤겔의 사유를 접한다. 마르크스는 파리에서 작성된 초고에서 헤겔의 관점으로부터 출발한다.[09] 인류는 단순히 주어진 것이 아니다. 인간은 노동을 통해 자신을 만든다. 인간은 성장하거나 생산하며 외부 세계를 창조하고, 자기를 소외시킴으로써 새로운 능력뿐만 아니라 자신이 누구인지를 되돌아보는 일종의 거울을 만든다. 인간은 이 세상에서 자신을 인식할 수 있다. 세상을 자신의 외부 버전으로 창조했기 때문이다. 불행히도 자본주의의 조건에서는 자신이 창조하고 성장할 수 있는 대상으로서의 세계의 인식에서 분리된다. 우리가 창조한 세계는 타인의 사적 소유가 되었고, 따라서 권리에 의해 우리 자신의 한 측면이 되어야 하는 것으로부터 우리를 배제한다.

본래 헤겔식 객체화는 이를 막는 힘에 중점을 두지 않고 이 과정을 완료하는 것으로 본다. 그 예가 법 제도다.[10] 처음에 인간은 법을 제약하고 억압적인 것으로 경험할 수 있다. 다른 사람들이 내 자유를 제한하기 위해 만든 명령에 왜 복종해야 하는가? 그러나 나중에는 법이 (적어도 원칙적으로) 자유에 대한 반대가 아니라 자유의 가능성을 허용하는 제도임을 인식하게 된다. 우리에게는 타인에게 억압받지 않고 자신을 개발할 자유가 있다. 누군가에게 위협을 받거나 속임수를 당하는 즉시 우리의 법이 보호해주기를 바란다. 법이 이에 실패하고 압제자의 편을 들게 되면 법이 제 역할을 하지 못한다고 느낀다.

그것은 법이 아니라 본래의 목적에 반하기 위해 왜곡된 무언가다. 이는 우리 역시 타당한 법에 대한 개념을 가지고 있음을 암시한다. 비록 지금은 법이 단지 변호사들이 부를 얻는 도구로 변질된 것처럼 느껴지더라도, 법이 이성의 전형이 되기를 바라는지 갈망을 자각하게 되었다. 애초에 법을 억압으로 인식하도록 이끈 그 추론은 공동의 복지를 추구하면서 창조된 잠재적 이성의 추정인 '실제' 법의 본질을 확인시켜줄 수 있다.

이와 유사한 방식으로 헤겔은 가족, 시민 사회, 국가와 같은 다른 기관에 대해 비록 현재 대표자들이 그러한 이상과 일치하지 않더라도 이성의 추정으로 사유할 수 있다고 생각했다. 헤겔은 기관으로 구현된 이러한 이성의 이상과 기관이 이성의 논리를 저버리는 방식 간의 불일치에 주목한다. 이 접근법의 문제점은 그가 프로이센 국가와 같은 논란이 있는 기관에 대해 보증된 것보다 이성을 구체화하는 데 너 낳은 공도를 인성하노록 이글었을 여시가 있다는 것이다. 오늘날 우리는 실제 기관이 잠재적 자유보다는 현재의 억압의 도구가 되는 방향으로 얼마나 이탈했는지에 초점을 맞추는 경향이 있다. 그러나 이 같은 비난은 규범적 이성에 대한 이상을 확증한다. 현재 기관의 모습과 비교해 주로 우리 자신이 국가나 가족에게 품고 있는 이상을 확증한다.

모두 헤겔이 객관화라는 개념으로 의미한 바를 보여주는 예시다. 이는 자기 소외에서 시작되는 전 과정을 의미한다. 법, 가족 관계 또는 국가 등이 만들어지면 억압당하는 느낌을 받고 처음에는 동질감을 느끼지 못한다. 그러다 자신의 이성에 대한 역량을 상기시키고 이상적으로 표현하는 세상의 측면이라는 것을 깨닫는다. 우리는 가족이나 시민으로서 동질감을 느끼게 된다. 자신을 양육과 교육의 산물이라고 생각하는 사람은 주변의 세상을 조성하고 변화시키는 차례를 이어받는다. 헤겔에서 유래된 '객관화'는 우리 주변의 세계를 창조하는 과정에서 우리가 어떻게 자신을 창조하는지에 대한 긍정적 주장이 된다. 그러나 오늘날 이 용어는 다른 철학자들이 공포에 사로잡혀 바라보는 대상에 흔히 적용된다. 하이데거에게 현존재는 근대 데카르트주의와 과학적 객관화와 함께 존재할 수 없다. 아도르노에게, 지금은 일상 대화에서 대다수 사람에게 객관화의 대상이 된다는 마르크스주의 연구의 렌즈를 통해 볼 수 있는 용어다. 그 이유는 마르크스가 헤겔의 객관화 개념을 물려받았지만 변형한 방식에 있다. 마르크스는 객관화에서 완결된 과정으로 후퇴하여 거의 전적으로 자본주의에 의해 해결되는 다양한 방법에 초점을 맞춘다.[11] 그런 다음 '객관화'라는 용어를 재구성하여 물신숭배, 소외, 물화라는 불경한 3개 개념을 통한 파열을 설명한다. 현대 용어로 객관화는 더 나아가 인류를 단순한 객체와 같은 지위로 축소하는 용어로 축소된다. 오늘날 자기 소외로 불리는 대상을 고려하고 이를 우리 자신이 되기 위해 거쳐 가는 긍정적이고 필수적인 단계로 상상하기란 매우 어렵다. 부정적인 전환은 《계몽의 변증법》과 아도르노의 물화에 관한 폭넓은 저작에서 분명하게 드러난다. 이 철학자들은 다양한 방식으로 사회를 객관화에서 구해내는 데 일생을 보냈다. 그러나 이는 헤겔이 설명하고자 했던 폭넓은 개념과 비교하여 객관화 자체를 더 제한적이거나 구체적으로 바라본 것에서 비롯되었을 수 있다.

본 결론의 주장은 헤겔이 의미했던 바로 되돌아가는 것에 달려 있다. 인간과 세상과의 교류를 통해 건설되는 필수 과정으로 객관화를 인식하는 것이다. 다행히도 인류학의 많은 전제가 이러한 시도에 근접했다. 대부분의 인류학자들에게 전문화적 인간이 없기 때문에 객관화에 앞선 것으로 간주될 수 있는 인간 존재란 없다.[12] 현대 인류학은 어떤 사람들은 다른 사람들보다 더 문화적이라고 암시하는 원래의 프리미티비즘primitivism을 이제 부인했기를 바란다. 인류학자들이 보기에 우리는 이미 사회화되는 문화 가치의 산물로서 세상에 던져졌다. 우리는 사람들이 어떻게 문화와 동일시하고 세상에서 자신의 행동과 그로 인해 변화되는 방식을 통해 더 많은 객관화 가능성을 책정하는지 관찰한다. 인류학은 객체화 연구가 되고 있다. 헤겔과의 차이점은 대부분의 인류학자들은 일반적으로 문화와 기관을 이성의 추상적 추정과 연관 짓지 않고, 역사적으로 우발적이며 종종 임의적이라고 본다는 것이다.

자유

문화적 과정이 객관화의 한 형태라는 것을 인식하게 되면, 1장과 2장에서 살펴본 자유에 대한 논의가 더 의미를 지닌다. 지난 세기 동안 많은 사회가 상대적으로 해방되는 시기를 겪었다. 특히 역사적으로 오늘날보다 더 억압받았던 여성이나 LGBTQ + 등이 자유를 얻고 있다. 교육과 과학 덕분에 인류는 훨씬 더 큰 세상을 알아가고 있다. 일생 동안 우리는 태어날 당시에는 존재하지도 않았던 광활한 온라인 공간이 새로 추가되는 것을 목격했다. 그러나 이러한 역사적 과정이 모든 사람을 더 자유롭게 만든 것은 아니다. 12장에서 언급했듯이, 사회학자 게오르그 짐멜은 문화 팽창의 모순적인 성격에 대해 논의했다.[13] 헤겔의 객관화 순서를 따르지 못하고 이 세상의 확장을 잠재력으로 동일시함으로써 초기의 소외를 부정할 수 없다면 우리를 억압할 수 있다는 것이다. 인류학자들은 호주와 같은 원주민 사회와 종종 교류하는데, 자체 문화적 전통을 지닌 이 사회들은 그들을 둘러싸고 변질시키는 광대한 세계에 노출됨으로써 확장되기보다는 축소되었다고 여긴다. 많은 사람이 일종의 축소를 경험한다. 더 큰 세상이 있지만 자신의 세상은 아니라고 느낀다.

따라서 사람들을 자유롭게 만드는 가능성의 확장이 아니다. 설명된 바는 자기 소외의 상황 속에 남아있는 것과 같은 조건이다.

객관화를 이루기 위해서는 더 많은 일이 일어나야 한다. 그러한 일은 확장된 능력의 창조자가 적어도 소비에 적극적으로 참여하는 과정이다. 쿠안은 적어도 특정 상황에서 일부 사람들에게 이것이 가능한 상태로 남아 있음을 알게 해준다. 쿠안 주민들은 스마트폰을 구입할 뿐만 아니라 앱을 삭제하거나 추가하고 설정을 변경하고 콘텐츠를 추가한다. 이를 통해 자신이 만든 특정한 스마트폰이 탄생하며 이 스마트폰은 사용자의 관심사와 성격이 확장된 물건이다. 그뿐만 아니라 스마트폰을 소유하기 이전보다 더 많은 역량을 선사한다. 지역사회 단체나 스포츠에 참여하는 경우에도 마찬가지다. 그들 자신이 팽창하는 세계의 창조에 적극적이거나, 적어도 그 안에 반영된 것을 볼 수 있을 때에만 세계는 반대로 그들을 확장시킨다. 법의 예로 돌아가면, 시민 사회와의 긍정적 동일시 덕분에 퇴직자들은 코로나 제한의 준수를 감시하는 데 있어 경찰보다 뛰어난 능력을 발휘했다. 그들은 엄격하고 집단적이며 합의된 법의 적용을 통해서만 자유를 얻을 수 있다고 믿었으며 이 경우에는 코로나로부터 자유로워졌다.

  헤겔은 객관화도 의식과 자기 의식의 점진적 성장이어야 한다고 주장했다. 타지인들은 쿠안을 지역사회로 건설하면서 자신들의 역할을 잘 알고 있었다. 무대에서 은퇴 시기에 그들은 자기만의 역사를 살았고 거기에서 깨달음을 얻었다. 하이데거의 블랙 포레스트 농민과는 정반대로 자신의 과거를 부정했고 의식적으로 현재를 창조하고 포용했으며, 가능한 한 자녀들을 위해 미래를 만들었다. 핀탄 오툴의 《우리는 자신을 모른다》와 본 민족지학 연구를 같이 읽으면 오툴의 책 제목과 반대의 결론에 도달한다. 내가 협력했던 다른 어떤 인구와 비교하여 이 아일랜드 사람들은 진정으로 자신을 알고 있었다. 오툴에 의해 훌륭하게 묘사한 바로 그 삶을 살았기 때문이다. 그들은 과시적 소비가 만연한 시기를 경험했기 때문에 이제 만족스러운 사회로 나아가고 있다. 경제적으로 이웃에게 의존하는 대가족에서 태어났을 때의 문제를 개인적으로 빈번하게 경험했다. 어떤 사람들은 민중으로서 《사시창의 계곡》에 대한 기억을 간직하고 있었는데, 이 계곡에서는 사회적 비교가 지지하기보다는 혐오스러운 방향으로 일어났다. 부가 증가함에 따라 안주하는 녹이 슬었다면 최근의 심각한 불황으로 녹이 깨끗하게 닦여 나갔다.

따라서 헤겔은 민족지학을 통해 묘사된 것에 대해 보다 심오한 이해를 돕는다. 이 책은 객관화, 즉 인구 집단이 스스로 구성하고 교육, 과학, 예술, 여행 체계를 갖춘 확장된 세계를 활용할 자신감을 얻음으로써 자유를 얻어 이전보다 더 많은 일을 해낼 수 있는 과정을 다룬다. 이러한 객관화가 아직은 일반적인 조건이 아닐 수 있으며 안타깝게도 매우 예외적인 상황에 해당할 수 있다. 세상의 비극은 우리가 온라인과 오프라인으로 팽창된 시대에 살고 있지만 이것이 자유만큼이나 억압의 가능성이 있다는 점이다. 그러나 올바른 상황이 주어지면 만족스러운 삶을 발전시킬 자유를 얻을 수 있다.

다원주의

이 민족지학을 통해 묘사된 바와 같이 철학을 실제 사회 궤적과 일치시키는 데 있어서 헤겔의 저작은 가치가 있다. 관련된 또 다른 증거는 헤겔에게 영감을 받은 철학자들의 연구에서 찾을 수 있다. 한동안 이러한 생각은 공동체주의라는 기치 아래 모였다.[14] 이 운동은 다원주의를 분명히 지지하기 때문에 인류학의 잠재력을 더 존중했다. 비록 철학자들이 인권과 같은 보편적 목표에 더 많은 관심을 기울이는데도, 이러한 원칙을 적용하려면 훌륭한 삶에는 여러 버전이 있을 수 있음을 인정해야 한다.[15]

다원주의를 상세히 고찰하면서 공동체주의 운동은 마사 누스바움과 아마르티아 센과 마찬가지로 가령 동양에서 인식하는 훌륭한 삶과 서양의 훌륭한 삶 간 관계를 주목하고 중국과 인도 같은 나라에서 발전된 훌륭한 삶의 모델을 무시한 서구 제국주의를 과오를 피하고자 했다.[16] 찰스 테일러와 같은 철학자들은 다양한 버전들에 공통적으로 존재하는 바로부터 훌륭한 삶에 관한 일반적 특징을 도출할 수 있는지를 살폈다.[17] 추상적 사유와 달리 정책과 실천의 구체적인 내용에 더욱 관심을 갖게 되면 철학과 다른 학문 사이의 경계도 모호해진다. 센은 경제학자인가, 철학자인가? 공동체주의라는 개념을 현대적으로 발전시킨 아미타이 에치오니Amitai Etzioni는 사회학자였는가 아니면 철학자였는가?

헤겔에 이어 이 철학자들은 가족이나 시민 사회 같은 기관과 자유주의적 개인에게 환원되지 않는 훌륭한 삶의 개념에 보다 직접적으로 관여한다.[18] 에치오니 등은 쿠안과 유사한, 훌륭한 공동체와 자발적인 조직의 역할 등의 폭넓은 문제를 언급하면서 복지국가의 범위 및 자발적 조직의 역할과 같은 더 넓은 문제를 언급하면서 실제로 함께 만나는 공동 지역사회와 마찬가지로 연결된 것으로 생각하는 사람들의 상상 공동체를 비교했다. 이는 쿠안의 성공이 지리학과 얼마나 관련이 있는지 또는 가족에 대한 헌신이 사람들이 시민으로서 더 넓은 참여를 발전시키는 개발하는 표현 양식이 되는지에 관련되는 토론이다.[20] 그러한 논쟁은 이러한 철학자들을 정책과 정치에 대한 친숙한 논쟁으로 이끈다.

합리적인 폴리스

헤겔에 관한 책을 안 읽었을지 모르지만 연구 참가자들은 확장된 세계를 포용하고 자신의 세계로 만들기 위해 새로운 능력과 지식을 사용했다. 더욱이 그들이 이를 성취한 방식은 헤겔 철학에 비추어 다시 그려볼 때 심오한 면을 더 잘 이해할 수 있는 행동의 측면을 조명한다. 헤겔에게 있어 우리의 참여와 확장은 이성을 구현하는 기관을 통해 이루어진다. 그렇다면 민족지학에서 발견되는 이성의 핵심적인 역할은 무엇일까?

실제적으로 철학자가 아닌 일반인들이 이성을 평가할 때 사용하는 경향이 있는 기준은 '합리적'이라는 용어에 담겨 있다.[21] CCA는 쿠안 시민들이 원하는 바를 얼마나 합리적으로 간섭해야 하는가? 가족을 보살피는 것과 기후변화에 관심을 기울이는 것 중 합리적인 것은 무엇인가? 아일랜드어 '공정한 게임'이라는 표현을 널리 사용하기에 합당한 행동에는 무엇이 있는가? 이성을 추상적으로 언급하는 경우는 거의 없지만 쿠안 사람들은 합리적인 것과 동일한 용어를 지속적으로 거론한다.

보다 추상적인 '이성'과 대조적으로 '합리적'이라는 용어를 고려할 때 상당한 이점이 있다. 우리가 직면하는 거의 모든 조건에는 모순의 요소가 있다. 스마트폰은 동시에 부정적이면서도 긍정적인 면을 가지고 있으며 양육도 마찬가지다. 우리는 이성을 거의 접하지 못하지만 무엇이 합리적인지 평가해야 하는 상황에 끊임없이 직면한다. 헤겔은 이성을 중심으로 추상적인 철학을 구성했지만, 시민 사회와 같은 주제를 중심으로 복잡한 토론에 깊이 관여했다. 이 주제는 해로움과 이익 간의 균형을 맞추기 위해 합리성의 추정과 보다 쉽게 연계될 수 있다. 쿠안 사람들은 전형적으로 이러한 힘을 합리적으로 여겨지는 정도로 그들이 동일시하는 사회적, 제도적 힘과 조화를 이루어 행복을 성취한다. 합리성은 규범의 근거를 제공한다. 쿠안의 사례에서 이는 멘즈 셰드나 미술 강좌 참여 또는 자폐증 아동을 돕는 자원봉사, 술집에서 재미를 유발하는 활동에 참여함으로써 동료들의 사회적 기대에 부응함을 의미했다. 균형에 대한 동일한 접근 방식은 연구 참가자들이 사람, 사물, 세계와 맺는 관계를 평가하는 방식에서 확인할 수 있다. 친구가 많거나 더 깊은 우정을 유지하는 것이 보다 바람직한 일인가? 유다이모니아에 관해 고대 그리스인들이 제기한 근본적인 질문에 대한 쿠안 사람들의 대답이다. 어떻게 하면 덕과 행복의 추구에 균형을 이루어서 덕이 행복에 기여하도록 만들 수 있을까?

이 책에서는 사람들이 휴가지 선택 방법을 모색하여 깊이와 폭의 보상 간 균형을 추구하는 예를 제시했으며 이제는 이성의 적용을 통해 합리적 결과에 도달하는 것으로 재구성했다. 이러한 원칙이 확인되면 자녀가 어떤 스포츠에 참여해야 하는지부터 새 옷을 사야하는지, 지역사회 계획에 얼마나 많은 시간을 투입해야 하는지에 이르기까지 이 책의 모든 장에서 다룬 사례에서 이 원칙을 발견할 수 있다.

주의 사항

이 모든 논의는 쿠안에 대한 다소 긍정적 시각인 일종의 예언적 향수에 좌우되는가? 좀 더 회의적인 시각을 반영하기 위해 이 책의 초고가 완성된 뒤 쿠안을 다시 찾았지만, 나는 패배하고 말았다. 이 도시/폴리스에는 긍정적 판단을 할 만한 새로운 사례가 너무나도 많다. 모든 사람이 자유롭게 자기 과일을 수확할 수 있는 개방된 과수원을 새로 만들고 있었다. 과수원 경계에 심은 꽃의 숫자와 아름다움이란. 내가 개인적으로 증명할 수 있는 활동적인 정치인들은 이타적 소명으로 정치에 입문했으며 이는 투표 전에 그들과 나눈 대화에서 분명히 확인할 수 있었다. 자폐증과 시 축제의 평등주의에 대해 이들은 더 민감하게 접근했다. 이 중 어느 것도 만족스러운 삶이 곧 훌륭한 삶이라는 것을 의미하지는 않는다. 여전히 많은 사람이 쿠안의 중심에 위치한 국영 주택을 무시하는지에 관한 5장의 증거가 여전히 유효하여 이 도시에 남은 불평등의 정도를 곱씹게 한다. 또한 우울증, 약물 사용, 정신적 외상의 치료에 도움을 주는 심리 치료사 등의 숫자에 관한 증거도 있다. 이러한 문제의 원인에는 쿠안이 거둔 성공이 청년들에게는 압박으로 작용한 점이 포함된다. 부모의 집을 떠나려는 청년들이 처한 곤경은 이 '황금 세대'가 처음이자 마지막이 될 것인지에 대한 의문을 제기한다. 세대 간 부담을 분배하는 과정에서 불평등의 문제에 대한 우려도 점점 커지고 있다.

또한 쿠안의 모든 사람이 민족지학 연구에 포함된 것은 아니라는 점을 분명해야 한다. 5장에서 '주머니'로 표현한 사람들은 쿠안에서 중요한 일부이지만 도시의 나머지 사람들과 나의 일반화를 거의 공유하지 못했다. 그들은 바트리 지구 주민들이 본 연구의 주요 원천으로서 쿠안의 묘사에 포함된 것과 대조를 이룬다. 쿠안 사람들은 모두 중산층은 아니지만 여행에는 일가견이 있다. 이 책은 또한 쿠안 전체보다는 대체로 은퇴자를 다루었다. 쿠안은 당연히 일반화한 용어이며 각 개인은 여러 면에서 예외에 해당할 것이다. 그들은 과거의 고용, 저축의 유무, 개인 연금의 존재 측면에서 매우 다른 배경을 가지고 있다.

바트리 거주자들은 다른 주민들이 누리는 것과 동일한 수준의 부를 누리지 못했다. 그리스철학의 중요한 갈래에서는 민주적 폴리스와 유다이모니아로서 만족스러운 삶의 이상을 발전시킨 바 있으며, 최초의 철학자들이 이를 논의하고 설명했다. 그러나 현실은 특권을 가진 남성 시민들에게만 매우 배타적이었다. 이러한 그리스 폴리스와 달리 쿠안은 매우 포용적이다. 이 마을은 노인이나 자폐증 환자에 대한 완전한 접근을 보장하기 위해 열심히 노력한다. 바트리 지구의 예상보다 훨씬 느렸지만 점진적으로 개선되고 있다. 가야 할 길이 남아 있고 또 그래야 하기에, 지금은 비록 훌륭한 삶에 크게 못 미친다 해도 쿠안은 지향해야 할 방향을 확인시켜 주며 현재로서는 몇 가지 신호를 발견할 수 있다.

연구 참가자들은 일반적으로 삶이 그 어느 때보다 더 행복하다는 것을 알고 있다. 사실, 가장 많이 접한 토론 중 하나는 현재의 행복이 이전의 경험에 달려 있는지 여부였다. 이는 다음 세대에 대한 걱정으로 이어졌다. 만약 은퇴자들이 그저 향수를 피하고 자신들이 투쟁과 빈곤을 경험했기 때문에 현재의 유익을 인식할 수 있는 것이라면, 상대적으로 부유한 시대에 태어난 새로운 세대는 행운을 인식할 수 없을 것이고 그에 따라 행동하지 못할 것인가? 빈곤하게 자란 배경은 노인들에게 이 청년들과 비교해 이점으로 작용했는가? 나는 민족지학 연구 중에 이런 대화를 여러 번 나눴다. 그 질문에 대한 답을 대담자들도, 나도 몰랐다. 그러나 이전에 다른 지역의 청년들과 함께 일했던 적이 있었기 때문에 일반적인 대화나 언론이 암시하는 것보다 훨씬 성숙하고 인상적이라는 것을 알았다. 분명한 것은 이러한 질문에 대해 일반적으로 명백한 방식으로 논쟁함으로써 은퇴자들은 자신이 누구인지, 만족스러운 삶의 배후에 있는 요소에 대해 어떻게 이해하고 있는지 들려준다는 것이다.

인류학과 철학

처음부터 철학의 중심부에서는 훌륭한 삶의 본질을 묘사하려고 시도했다. 그러나 쿠안에 대한 연구에서 확인된 만족스러운 삶의 경우 유사한 정의를 찾으려는 시도가 없었다. 쿠안 사람들은 학문적 철학자가 아니며 그러한 과제에 대체로 관심이 없다.

나 또한 학문적으로 철학을 연구하고 싶은 욕심이 없다. 쿠안은 사람들의 삶과 가치에 관한 거의 모든 것이 역사와 상황에 따라

달라진 단일 사례 연구를 구성한다. 이는 민족지학의 가능성과 한계를 동시에 나타낸다. 민족지학의 큰 장점은 특이성이 없다는 것이다. 실제로 관찰할 수 있는 인구와의 만남이며, 적어도 하나의 인구가 성취한 만족스러운 삶을 확인할 수 있다. 반면 이 책의 민족지학 관련 장에는 배경 역사와 관찰 내용을 설명하는 데 도움이 되는 요인을 자세히 곁들였다. 예를 들어 쿠안과 더블린 사이의 정확한 거리, 은퇴자의 대부분이 고용되었던 형태를 밝혔다. 이 도시/폴리스보다 훨씬 더 작거나 더 큰 도시에서도 비슷한 결과를 기대할 수 있을까?[22] 페르디난드 퇴니스Ferdinand Tönnies가 게마인샤프트Gemeinschaft와 게젤샤프트Gesellschaft라고 명명한 대상, 또는 에밀 뒤르켐이 기계적 연대와 유기적 연대라고 했던 것 사이에 균형을 이루는 데 규모가 핵심인가?[23] 단정하기에는 상황 변수가 너무나 많다. 특정한 역사나 요소가 조합된 결과 존재하는 인구 집단은 하나뿐이며 이 책에서는 쿠안에 집중했다. 도시 밖을 다닌 적이 거의 없기 때문에 아일랜드에 대해서는 거론하기 어렵다.

   대부분 인류학자들은 철학보다는 비교 연구를 통해 이러한 민족지학적 특수성을 폭넓은 주장을 발전시킨다. 오직 비교 연구를 통해서만 규모의 영향에 대해 퇴니스와 뒤르켐 관련하여 제기되는 질문에 답할 수 있다. 인류학자들이 철학에 곧장 접근하는 것은 일종의 속임수다. 인류학자들은 철학자들에게 인내심이 많은 단계를 없애는 보편주의 수준을 부여하는 경향이 있다. 우리가 민족학과 함께 제공되는 특정 가치의 보유를 보장하는 비교를 통해 더 인내심이 많은 단계를 없애는 경향이 있기 때문이다.

예를 들어 ASSA 프로젝트는 본 민족지학 연구에 자금과 이론적 근거를 제공했으며 《글로벌 스마트폰》[24]으로 결과물을 냈다. 이 책에는 동시에 진행된 열 건의 민족지학 연구 결과가 담겨 있으며 나이의 의미, 은퇴의 목적, 스마트폰의 잠재력에 대한 색다른 관점을 제공했다. 《글로벌 스마트폰》에는 스마트폰이 단순히 전화가 아니라 현재 인류가 거주하는 '트랜스포털 가정transportal home'이라는 공간에 해당한다는 일반적인 진술이 포함된다. 이어 일반화가 여러 지역의 가족 이주자, 또는 다른 가정을 꾸릴 여유가 없는 청년에게 서로 다른 의미를 갖는지 논의한다. 아울러 일본의 현장과 우간다 현장에서 확인된 서로 다른 집의 의미를 살핀다. 반면 이 책은 전형적인 민족지학 논문이 아니다. 민족지학을 철학과 연계시킨 시도는 연구 참가자들의 가치를 명확하게 제시하기 위해 전통 민족지학 논문에서 지양했던 광범위한 규범적 토론과 도덕적 논쟁의 추가로 이어졌다. 주로 연구 주제에 초점을 맞추는 대신 스포츠, 휴가, 빙고 등 관찰한 바를 연구하려는 나의 전체론적 이상에 대해 다른 인류학자들은 다소 구시대적이라고 생각할 수 있다. 이 시대의 강조는 내 추정(오늘날의 투박한 학문적 용어로는 '위치positionality')에 더 가까울 텐데, 타인을 연구할 때 나의 관점을 알려주고 탈식민지 관점의 중요한 발전에서 비롯된 비판을 인정

하는 것이다.[25]

　이 책은 인류학과 철학 사이의 경계를 흐리지 않고 오히려 상당히 다른 분야로 나란히 배치하려고 노력했으며, 각 학문은 저마다의 온전함과 목표를 유지한다. 초기 아이디어는 각 장의 병치를 통해 민족지학을 철학에 비추어 판단하거나 그 반대의 시도를 하는 척도를 제공한다는 것이었다. 돌이켜 보면 이 계획을 따른 유일한 짝은 본 결론에서 헤겔을 언급한 것과 6장에서 롤스의 주장을 다룬 것이다. 7장의 스포츠와 8장의 소크라테스 병치에서는 이와 다르지만 긍정적인 결과가 있었기를 희망한다. 철학의 탄생을 재검토하는 것은 쿠안의 삶에서 스포츠의 영향을 인식하는 데 상당한 도움이 되었다. 다른 병치 시도에서는 관련 철학의 부정적인 평가를 통해 쿠안의 특성을 이끌어냈다. 서구 마르크스주의를 다룬 4장은 《계몽의 변증법》의 거들먹거리는 엘리트주의를 비판하는 내용으로 주로 구성되었다. 신자유주의 자본주의 안에서 살면서 반물질주의 입장을 발전시킬 수 있는 은퇴자들의 역량은 경제와 사회적 가치 간 관계에 관한 철학과 사회과학의 가정을 부인하기 위해 사용되었다. 스토아 학파와 에피쿠로스를 다룬 12장 역시 대체로 비판적이었다. 감각적 경험에서 사색으로의 물러남을 통해 훌륭한 삶을 찾으려는 시도와 죽음으로 소멸하기 전에 최대한 감각적인 삶을 경험하려는 팽창적 우주론 간의 극명한 차이를 강조하려는 시도였다.

다른 경우에는 병치 시도가 좌절감을 안겨줬다. 사르트르와 벌린(2장)과 같은 자유를 주창한 중요한 철학자들은 존재론, 정치 문제와 연결지었는데, 쿠안의 은퇴자 한 세대 내에서 발견되는 자유의 경험에서 일어난 특별한 변화와 동일시하기 어렵다는 점이 입증되었다. 다행히 누스바움과 센은 문화적 상대주의로 축소되지 않으면서도 철학과 보편적 원칙을 현대 인구의 구체적인 조건과 투쟁에 어떻게 연결할 것인지에 대한 모범적인 사례를 제공했다. 하이데거(10장)의 경우 원래의 의도는 그의 철학을 독일의 고향Heimat 개념과 연관시켜 기원과 진정성 간의 관계에 대한 공통된 가정에 이의를 제기하는 것이었다. 이러한 시도는 하이데거의 후기 에세이를 다룬 부분에서 일부분 성취되었지만 존재와 시간에 대한 나의 제한적 이해는 그가 현존하는 인구 집단을 가늠하는 척도 역할을 하기에는 특정 철학적 궤도에 깊이 관여되어 있음을 시사했다.

인류학에 반하는 것으로 보일 수 있는 여러 철학적 저서에서 발견되는 공통된 주제에는 개인과 보편성 간의 관계 강조(칸트, 롤스 등), 선존재와 기타 세속적 의미론 탐구(하이데거)가 포함되며, 이를 민족지학 연구와 일치시키기는 어려운 일이다. 스토아 학파로 대표되는 철학자들의 삶을 이상화하고 금욕주의를 강조하는 경향도 있다. 하지만 그러한 일반화에 부합하지 않는 철학자들의 이름을 거론하기란 아주 쉬운 일이다. 모리스 메를로 퐁티Maurice Merleau-Ponty가 어떤 비난을 받든 여기에는 경험의 수단으로서 몸의 경시가 포함되지 않는다.[26] 이 책의 주요한 결점은 그 자체로 문제적 범주인 '서구' 철학의 일부 철학자와 학파만 다뤘다는 것이다. 내가 보다 광범위한 지식과 배경을 가졌더라면 정말 좋았겠지만, 현실은 그렇지 못하다.

철학에 대해서와 마찬가지로 인류학의 약점이나 한계를 증명할 수 있는 많은 주장이 있다. 인류학자들이 전문적 철학에 기대되는 강도 높은 학문적이고 일관된 추론을 시도하는 일은 매우 드물다. 오히려 오늘날 인류학자들은 논쟁의 엄격한 기준을 나타내지 않는 문학적 인물들에게 다가가 예증의 설명적 힘을 부여하기를 선호한다. 인류학자들은 연구한 대상의 규범적 관행을 관찰하고 설명하는 데 탁월하지만, 스스로를 판단하고 복잡한 경고를 곁들이고 결과를 고려하는 사변 철학의 노력으로 상세하게 규범을 논의하려는 시도는 하지 않는다.

인류학자들은 분명 민족지학으로 특징 지을 수 있는 특성을 보이곤 한다. 수전 니먼Susan Neiman이 주장했듯 철학이 인류학의 각본을 뛰어넘어 영감을 주는 이상과 도덕적 명확성을 개발한 여러 방법이 있다.[27]

이 책의 도입부에서는 본서 이전에도 철학과 인류학의 관계를 조명하려는 시도가 있었음을 밝힌 바 있다. 양자의 관계에 대한 매우 다른 예로 비나 다스Veena Das의 최근 저서를 들 수 있다.[28] 또한 도입부에서는 많은 철학자들이 사회과학과의 병치를 통해 자신의 주장한 전개한 여러 방식이 있음을 언급했다. 특히 영향력 있는 책으로는 알레스데어 매킨타이어의 《덕의 상실》을 들 수 있는데 우리가 나아가야 할 길을 열어준 책이다.[29] 매킨타이어는 모든 도덕 이론이 사회학을 어떤 사회적 환경에 적용하는 것만큼이나 사회학의 연관성을 시사한다고 주장한다.[30] 찰스 테일러와 더불어 서로 다른 문화적 전통이 적어도 서로를 존중하고 공통점이 무엇인지 고려할 가능성을 발견했다.[31] 이는 철학을 비교 인류학 프로젝트에 더 가깝게 만든다. 매킨타이어는 이성의 단일 관념에 기초한 보편적인 도덕철학은 실패하기 마련이라고 주장한다. 대신 기독교나 명예에 관한 역사적 이상과 같은 문화 전통에서 대체로 취하는 여러 도덕적 주장을 인식해야 한다. 그는 메리 더글라스의 구조 인류학과 어빙 거프만의 사회학에서 분명한 영향을 받아 여러 문화적 규칙의 임의성을 인식하는 한편, 니체 철학에서 어떻게 임의성이 유사하고 초기에 인식되었는지에 주목했다.[32]

그러나 몇 가지 측면에서 이 책의 결론은 매킨타이어의 《덕의 상실》과 같은 방향을 따르지 않는다. 철학과 인류학의 많은 부분에서 적극적인 개인의 행위 주체성과 선택에서 발휘되는 창의성에 반대되는 집단적이고 상속된 문화 전통 사이에 일반적으로 대조성이 도출된다. 그러나 쿠안의 유다이모니아 창조는 이 둘 중 어느 것에도 부합하지 않는다. 주로 특이성이나 비정형성으로 표출되는 독특한 개인적 선택보다는 상당한 규범성과 합의에 기초한 철저한 사회적, 문화적 과정이다. 최근 인류학에서 도덕과 자유에 대한 가장 영향력 있는 접근법을 제시한 레이드로Laidlaw, 매팅리Mattingly, 로빈스Robbins[33] 등은 개인의 도덕적 딜레마와 결정을 강조하여 철학자에 가까워진다는 점에서 전통적인 인류학 저술과 차별된다. 그들은 초기 인류학 연구에서 종종 지나치게 일반화하여 사람들을 묘사하는 것에 반가운 교정 시도를 한다.[34] 반면 이 책은 거의 전적으로 쿠안이나 은퇴자 집단에 주목한다. 뒤르켐처럼 사회의 개념을 메타 수준으로 끌어올릴 필요가 없는 집단이다. 쿠안은 오히려 실증적 집단이다. 민족지학은 상대적으로 합의를 이루고 자체적인 규범성을 만들고 유지한 것으로 확인된 인구와 조우했으며, 이 책에 표현된 방식을 뒷받침한다. 일반적이고 전형적인 특성을 강조하기로 선택한 주된 이유는 만족스러운 삶의 토대로서 도시/폴리스의 조성을 이해하는 것은 개인이 윤리적 선택을 내리는 방식에 대한 연구와 매우 다르기 때문이다.

또 다른 차이점은 쿠안의 건설이 매킨타이어와 많은 사회과학자들이 강조한 계승된 전통에 기반하지 않았다는 것이다. 조성자들은 가톨릭의 가치든 소비주의든 과거의 거부에 훨씬 더 큰 영향을 받았다.[35] 이 책에서는 타지인을 주축으로 한 사람들이 토착 인구보다는 자신들이 필요로 한 지역사회에 대한 비전을 외부로부터 가져와서 쿠안을 역사 속 쿠안과는 완전히 다른 장소로 구축할 수 있었던 비결에 초점을 맞추었다. '구축'이라는 단어는 그러한 시도의 인위성, 유연성 그리고 최종적이고 뛰어난 진정성을 동시에 표현한다는 점에서 울림을 준다. 지폐 위조부터 강철 단조에 이르는 움직임을 표현하는 단어다. 대부분의 경우 유다이모니아는 지역사회로서의 문화를 집단적으로 창조한 결과다.

   결론을 맺는 이 장의 주된 목적은 헤겔의 객관화 개념을 사용하여 이 인구 집단이 어떻게 쿠안을 조성했는지에 대한 이야기를 쿠안을 구축해낸 노력이 이 인구 집단을 형성한 이야기로 바꾸는 것이다. 절묘하게도 최종 결론은 내가 쿠안에 처음 방문한 첫날 들었던 말을 되풀이하는 것이다. 연구 참가자들은 내게 동일한 것을 설명하려고 노력했다. 이 책에 대한 구상은 쿠안 사람들이 자신이 이룩한 개인적 행복이나 개인적인 덕목에 대해 이야기하지 않는다는 초기 관찰에서 시작되었다. 대신, 그들은 끊임없이 쿠안을 살 만한 최고의 장소로 칭송했다. 처음에는 쿠안에서 산다는 것이 얼마나 행운이고 축복받은 것인지에 '과정된' 확신을 가지고 있다고 느꼈는데, 점차 이 프로젝트를 계획하는 촉매제 역할을 했다. 쿠안은 고대 그리스의 폴리스가 주어진 맥락에서 존재했다는 점을 제외하고는 유다이모니아의 근원이자 가정이라는 점에서 마찬가지이며, 이 책은 사람들이 어떻게 도시를 구축했는지를 탐구했다.

마침

 이 원고의 초안을 읽은 쿠안 주민은 다음과 같은 평가를 내렸다. "각 장에서 묘사한 모든 것이 정확하다고 생각하지만, 너무 '완벽한 그림'으로 보인다. 쿠안이 훌륭한 도시이긴 하지만 그 정도로 완벽한 것은 아니며 문제가 없지도 않다. 주민들도 마찬가지다." 마침 원고에서도 쿠안 주민들에 대해 드러내놓고 칭찬받는 것을 꺼리는 겸손한 사람들로 그렸다. 5장에서 묘사한 바와 같이 뿌리 깊은 구조적 불평등, 약물 사용과 우울증의 문제는 쿠안이 이상적인 사회의 후보자로 추천하지 않을 상당한 이유를 제공한다. '만족스럽다'라는 용어는 이 책 전반에 걸쳐 인류학적 비교 기준을 강조하기 위해 사용되었다. 요점은 쿠안이 얼마나 좋은가 아니라 오늘날 현존하는 사회에서 명백히 더 나은 사회를 찾는 것이 얼마나 어려운가다. 심리학에서 쓰이는 '그만하면 괜찮은 어머니'라는 용어와 유사하게, 평범한 삶의 투쟁을 통해 성취되는 타협과 성과에 대한 존중을 표현하기 위한 단어다. 이는 훌륭한 삶을 사변적 이상으로 고찰하는 철학적 고려와는 그 목적이 매우 다르다.
 이 책의 도입부에서 언급했듯이 과거에 내가 경험한 민족지학 연구는 곤고한 삶이 특징인 인구를 대상으로 했다. 박사 학위를 위해 수행한 첫 번째 민족지학 연구는 가난과 압제에 시달리고 현대 의학에 접근할 수 없는 인도의 한 마을을 대상으로 했다. 나중에는 자메이카의 빈곤과 관련된 프로젝트에 참여했다.[36] 필리핀에서 온 영국의 이주 여성들은 남겨진 아이들의 어머니 역할을 하려고 애썼고[37] 최근에는 말기 진단을 받은 사람들과 호스피스 병동에서 지냈다.[38] 그러나 인류학의 임무는 인류 전체를 이해하는 것이다. 고통과 빈곤과 관련된 연구는 더 운이 좋은 역사적 환경으로 축복을 받았을 때 인구가 어떻게 변할 수 있는지를 이해함으로써 균형을 이뤄야 한다.

그런데도 찬사 일색의 책은 현대 사회과학에서 특이한 시도에 해당하는 것이 분명하다. 이 글은 수단, 미얀마 또는 현재 러시아의 우크라이나 침공과 같은 많은 참상이 벌어지는 기간에 집필되었다. 연구 참가자들은 수천만 인구가 도달하기를 꿈꾸고 모방하려는 중산층이자 부유하고 조용하고 교외에 위치한(대도시도 농촌도 아니라는 의미) 사회로 볼 수 있는 예에 해당한다. 미래에 언젠가 이러한 생활 조건을 충족하기 위해 굳이 이주하지 않아도 되는 시대가 오기를 바란다. 아프리카, 동남아시아, 라틴 아메리카의 지역이 빈곤을 완화할 수 있다면 쿠안은 만족스러운 삶의 실현 가능성 높은 이상향과 연관될 수 있다. 안타깝게도 그 날은 그리 가까워 보이지 않는다. 오히려 상황이 개선되기보다는 악화되는 것처럼 보이기도 한다. 그저 전 세계적 불평등의 심화 때문만은 아니다. 지역 내부를 살펴보면, 내 집을 마련할 여력이 없는 쿠안의 많은 청년들은 쿠안에 대한 일반적 묘사에 자신은 해당 사항이 없다고 느낄 것이다. 밀레니엄 세대는 부모와 같은 이점을 누릴 가능성이 낮다.

그러나 한 인구 집단에서 나타나는 인간미와 덕에 찬사를 보내는 것은 안주하는 태도도, 순진한 접근도 아니다. 본 연구는 쿠안이 미래의 전형이나 징조라는 추정에 근거한 것이 아니라 쿠안의 존재가 가능했다는 사실에 근거한다. 결점이 있지만 실재하는 인구 집단을 통해 이상향을 그려볼 수 있도록 돕는 책이다. 이상적이지만 사변적인 모델에서는 가능하지 않은 시도다. 특히 그럴 만한 이유로 비관적 시각에 물든 역사적 순간에 꼭 필요한 연구일 수 있다. 쿠안이 상대적 특권을 누리고 풍요로운 조건 덕분에 존재할 수 있지만, 한편으로는 특권과 부를 누리면서도 쿠안 같지 않은 사회가 많다는 점을 인식하는 것이다. 기원전 5세기에 시작되었지만 그 어느 때보다 중요한 의미를 지니는 훌륭한 삶에 대한 논의를 앞으로도 이어가야 한다. 그러기 위해서는 이상적으로 훌륭한 삶은 어떠한 모습인지에 대한 철학적 기여와 더불어 이미 구현된 비교적 만족스러운 삶의 다양한 모습을 보여주는 민족지학 증거 모두 필요하다.

감사의 글

더블린에서 유사한 연구를 수행하고 공동으로 프로젝트 관련 저서를 집필한 폴린 가비Paulin Garvey에게 특별히 감사드린다. 이 책에 활용된 많은 아이디어와 구절은 공저에서 빌려왔다. 또한 데이비드 프렌더개스트David Prendergast와 애덤 드라진Adam Drazin에게도 감사의 말씀을 전한다. 현장 연구에 참여하고 이 책의 편집을 도와준 아내 리키 버먼Rickie Burman에게도 특별한 감사 인사를 전한다.

쿠안의 많은 주민께도 감사의 말씀을 전하고 싶다. 일일이 이름을 부를 수는 없지만 마리아 A., 모니카 A., 에델 B., 에릭 B., 로렌스 B., 피터 B., 레이첼 B., 힐다 C., 헬렌 D., 메리 G., 팻 G., 페이그, 에이든 H., 수잔 H., 디드러 J., 캐롤 K., 엘리노어 K., 마리 K., 시안 K., 밥 L., 디드러 L., 카트리나 M., 도미니크 M., 제럴딘 M., 이먼 M., 유진 M., 존 M., 캐서린 M., 마이클 M., 노마 M., 올리버 M., 레이몬드 M., 빈센트 M., 캐서린 N., 케빈 O., 마이클 O., 마틴 R., 밥 S., 헨리 S., 노엘 S., 리암 S., 마리아 S., 폴 S., 자넷 W., 세레나 W.에게 감사드린다. 마리아 A.와 헨리 S. 역시 이주자와 새로운 지구에서 추가로 연구 참가자를 물색하는 데 도움을 주었다.

원고에 의견을 보내준 마리아 A., 레이첼 밀러Rachel Miller, 매튜 도일Mathew Doyle, 하이디 가이스마르Haidy Geismar, 폴린 가비, 리처드 밀러Richard Miller, 셰바 모하미드Sheba Mohammid, 펠릭스 Ó 머차다Felix Ó Murchadha, 마리아 놀란Maria Nolan, 특히 마틴 홀브라드Martin Holbraad, 밥 L.Bob L., 폴리티 프레스의 독자들에게 감사드린다. 또한 놀랍도록 성실하고 세밀하게 원고를 검수한 저스틴 다이어Justin Dyer에게 큰 감사를 드린다.

생일 선물로 앞표지를 그려준 로라 하피오 커크Laura Haapio-Kirk에게도 특별한 감사의 인사를 전한다.

이 책을 쓰는 동안 철학이라는 학문에 개인적인 배경이나 훈련 없이 철학자들을 상세하게 다루는 것이 오해와 왜곡으로 이어지지 않을까 크게 염려했다.

따라서 학문적으로 철학을 연구한 분에게 원고를 검토받는 것이 필수 과정으로 보였다. 철학과 관련된 장에서 오해와 와전을 일부 바로잡도록 도와준 철학자 제레미 데이비드 벤딕 케머Jeremy David Bendik-Keymer에게 감사드린다. 고전적이지만, 특별히 진실되고 적절한 경고의 말씀을 덧붙이자면, 그럼에도 남은 허위 진술과 오류는 필자인 나의 책임이다.

민족지학 연구의 자금은 유럽연합의 호라이즌 2020Horizon 2020 연구 및 혁신 프로그램(보조금 협약 번호 740472)에 따라 유럽 연구 위원회ERC에서 지원했다.

각주

도입

01. 이 부분이나 다른 곳에서 원문의 성 편견을 따랐으며 이러한 관점은 관련 작품에 대해서만 해당한다.

02. Plato, Euthydemus 282a, in The Dialogues of Plato: Volume 2, trans. B. Jowett, London: Sphere Books, 1970, p. 147.

03. Aristotle, The Nicomachean Ethics, trans. J.A.K. Thomson with H. Tredennick, London: Penguin, 2004.

04. The results published jointly as P. Garvey and D. Miller, Ageing with Smartphones in Ireland: When Life Becomes Craft, London: UCL Press, 2021.

05. D.W. Winnicott, Babies and Their Mothers, New York: Addison Wesley, 1987.

06. X. Wang, Social Media in Industrial China, London: UCL Press, 2016.

07. 동일하게 중요한 점은 스스로 현대화에 '뒤처졌다'라고 여기는 사람들이 극단적으로 어려운 환경에서 우수한 성과를 낼 수 있는 경우에 대한 민족지학 연구이며, 이에 대한 예시를 확인하려면 B. Knauf, 'Finding the Good: Reactive Modernity amongst the Gebusi, in the Pacific and Elsewhere', The Australian Journal of Anthropology 30 (2019): 84-103.

08. D. Miller, The Comfort of People, Cambridge: Polity, 2017.

09. D. Miller, Social Media in an English Village, London: UCL Press, 2016.

10. Ibid.

11. Ø. Rabbås, E. Emilsson, H. Fossheim, and M. Tuominen (eds), The Quest for the Good Life: Ancient Philosophers on Happiness, Oxford: Oxford University Press, 2015.

12. H. Walker and I. Kavedžija (eds), Values of Happiness: Toward an Anthropology of Purpose in Life, Chicago: Hau Books, 2016.

13. For example, A. Jiménez Corsín (ed.), Culture and Well-Being: Anthropological Approaches to Freedom and Political Ethics, London: Pluto, 2008; I. Kavedžija, Making Meaningful Lives: Tales from an Aging Japan, Philadelphia: University of Pennsylvania Press, 2019; M. Lambek, 'Value and Virtue', Anthropological Theory 8(2) (2008): 133–57; J. Robbins, 'Beyond the Suffering Subject: Toward an Anthropology of the Good', Journal of the Royal Anthropological Institute 19(3) (2013): 447–62. 윤리학와 도덕성의 인류학에 관한 많은 우려가 있으며 이를 참고하려면, M. Lambek, V. Das, D. Fassin, and W. Keane, Four Lectures on Ethics, Chicago: Hau Books, 2015; or J. Zigon, Morality: An Anthropological Perspective, Oxford: Berg, 2008. 이러한 연구는 윤리학의 위치에 대해 초점을 맞추는 경우가 많다. D. Henig, A. Strhan, and J. Robbins (eds), Where is the Good in the World?, New York: Berghahn, 2022. 그러한 위치는 상호작용 내에서 일어날 수 있으며 (e.g. W. Keane, Ethical Life: Its Natural and Social Histories, Princeton: Princeton University Press, 2016) 일상 속일 수도 있고 (e.g. M. Lambek, ed., Ordinary Ethics: Anthropology, Language, and Action, New York: Fordham University Press, 2010) 윤리학의 다양한 예시일 수 있다. (e.g. J. Robbins, 'Where in the World

are Values? Exemplarity and Moral Motivation', in C. Mattingly, R. Dyring, M. Louw, and T. Wentzer (eds), Moral Engines: Exploring the Ethical Drives in Human Life, London: Berghahn, 2018, pp. 155-73) 반면 이 책에서는 쿠안이 훌륭한 삶을 살기에 이상적인 장소로 볼 수 있는 이유를 파악하고자 시도하며 덕으로서 행복에 많은 관심을 둔다.

14. 이 책에서 민족지학과 철학의 관계를 강조한 것과 달리 인류학과 철학의 관계에 집중한 확장된 에세이로 묘사할 수 있는 책을 읽어보려면, J. Laidlaw, The Subject of Virtue, Cambridge: Cambridge University Press, 2014. 또한 특정 철학적 접근과의 대화로 볼 수 있는 인류학과 민족지학의 다음과 같은 여러 저서가 있다. V. Das, Textures of the Ordinary: Doing Anthropology after Wittgenstein, New York: Fordham University Press, 2020. 민족지학과 도덕철학 간 관계에 대한 보다 일반적 논의를 참고하려면, C. Mattingly, R. Dyring, M. Louw, and T. Wentzer (eds), Moral Engines: Exploring the Ethical Drives in Human Life, London: Berghahn, 2018.

15. A. MacIntyre, After Virtue: A Study in Moral Theory, 3rd edn, Notre Dame, IN: University of Notre Dame Press, 2007 [1981].

16. F. Mckay, 'Eudaimonia and Culture: The Anthropology of Virtue', In J. Vitterso (ed.), Handbook of Eudaimonic Well-Being, Cham: Springer, 2016, pp. 409–26.

17. T. Widlock, 'Virtue', in D. Fassin (ed.), A Companion to Moral Anthropology, Oxford: John Wiley and Sons, 2012, pp. 186–203.

18. M. Nussbaum and A. Sen (eds), The Quality of Life, Oxford: Clarendon Press, 1993.

19. See note 4 above.

20. 이후의 섹션에서 많은 부분이 명백한 이유에서 Garvey와 Miller 공저의

《Ageing with Smartphones》의 도입부와 중복된다. 폴린 가비는 해당 섹션의 공동 저자로 온전히 인정받아야 한다.

21. F. O'Toole, We Don't Know Ourselves: A Personal History of Ireland since 1958, London: Head of Zeus, 2021.

22. P. Share, H. Tovey, and M.P. Corcoran, A Sociology of Ireland, Dublin: Gill & Macmillan, 2007.

23. One example is the Global Irish Civic Forum, which encourages the Irish diaspora abroad to come to Dublin to discuss their work and engage with government. See https://www.dfa.ie/global-irish/support-overseas/global-irish-civic-forum/.

24. T. Inglis, Moral Monopoly: The Rise and Fall of the Catholic Church in Modern Ireland, 2nd edn, Dublin: University College Dublin Press, 1998. 1937년 아일랜드 자유 국가 헌법 41조 2항 '어머니들이 경제적 필요성에 의해 노동에 참여하여 가정에서의 의무를 경시하지 않도록 만드는 노력'에서 나타난다. 추가 논의를 참고하려면, C. Wills, 'Women, Domesticity and the Family: Recent Feminist Work in Irish Cultural Studies', Cultural Studies 15(1): 33–57.

25. T. Inglis, Global Ireland: Same Difference, New York: Routledge, 2007.

26. M. Keenan, 'Sexual Abuse and the Catholic Church', in T. Inglis (ed.), Are the Irish Different?, Manchester: Manchester University Press, 2014, pp. 99–110.

27. E. Drążkiewicz et al., 'Repealing Ireland's Eighth Amendment: Abortion Rights and Democracy Today', Social Anthropology 28(3): 1–25.

28. D. Hakim and D. Dalby, 'Ireland Votes to Approve Gay Marriage,

Putting Country in Vanguard', The New York Times, 23 May 2015.

29. 실업 급여는 아이슬란드와 더불어 OECD에서 세 번째로 높은 수준이며, 연금은 주당 243유로(2021년 기준)로 영국의 159파운드와 비교해 많은 편이다. 일부분은 아일랜드의 생활비가 유럽 다른 나라에 비해 많이 든다는 점으로 설명할 수 있다.

30. S. O'Riain, The Rise and Fall of Ireland's Celtic Tiger: Liberalism, Boom and Bust, Cambridge: Cambridge University Press, 2014.

31. 아일랜드 디아스포라의 아일랜드 방문을 장려하는 2013년 이니셔티브에 대한 보다 자세한 내용은 다음을 참고. https://www.discoverireland.ie/The-Gathering-Ireland.

32. F. Murphy, 'Austerity Ireland, the New Thrift Culture and Sustainable Consumption', Journal of Business Anthropology 6(2): 158–74.

33. J. Garry, N. Hardman, and D. Payne, Irish Social and Political Attitudes, Liverpool: Liverpool University Press, 2006.

34. H. Forsberg and V. Timonen, 'The Future of the Family as Envisioned by Young Adults in Ireland', Journal of Youth Studies 21(6): 765–79.

35. 위에 설명된 많은 추세는 전형적으로 개인주의 증가의 측면으로 해석된다. J. Gray, R. Geraghty, and D. Ralph, Family Rhythms: The Changing Textures of Family Life in Ireland, Manchester: Manchester University Press, 2016, p. 101. Inglis (Global Ireland)는 가톨릭의 지배부터 자유 개인주의적 소비 문화에 이르기까지 21세기 후반 아일랜드 사회에서 일어난 주요 변화를 기록하면서 매체와 시장의 영향력을 강조했다.

36. L. Connolly, 'Introduction' and 'Locating "the Irish Family": Towards Plurality of Family Forms?', in L. Connolly (ed.), The 'Irish' Family,

London: Routledge, 2015, pp. 1–9 and pp. 10–38 respectively.

37. Gray et al., Family Rhythms.

38. Connolly, 'Locating "the Irish Family"'.

39. S. Arber and V. Timonen (eds), Contemporary Grandparenting: Changing Family Relationships in Global Contexts, Bristol: Policy Press, 2012; Forsberg and Timonen, 'The Future of the Family'; Gray et al., Family Rhythms.

40. For a more detailed discussion, see D. Miller, 'Brexit and the Decolonization of Ireland', Hau: Journal of Ethnographic Theory 10(2) (2020): 356–60.

41. M. Norris, Property, Family and the Irish Welfare State, Cham: Springer, 2016; M. Norris, 'Davis Now Lectures: Unmaking Home: Making Homes for Shelter or for Investment?', RTE.IE, 4 February 2020: https://www.rte.ie/culture/2020/0131/1112298-davis-now-lectures-making-homes-for-shelter-or-for-investment/.

42. M. Hickman, 'Thinking about Ireland and the Irish Diaspora', in T. Inglis (ed.), Are the Irish Different?, Manchester: Manchester University Press, pp. 133–44.

43. O'Toole, We Don't Know Ourselves, p. 567.

44. 쿠안은 어떤 면에서 다음의 주민들이 표현하는 목가적 이상향과 양육에 대한 긍정적 의미에 비견할 수 있는 도시로 보인다. Ratoath in M. Corcoran, '"God's Golden Acre for Children": Pastoralism and Sense of Place in New Suburban Communities', Urban Studies 47(12) (2010): 2537–54.

45. 폴린 가비가 과거에 나의 박사 과정 학생이었다는 점에서 학습의 전통을 말

그대로 공유했다고 볼 수 있다. 하지만 다른 경우에서는 사회적 위치가 상당히 결과에 영향을 미칠 수 있으며 관련해서는 발간 예정인 ASSA 논문을 참고. C. Hawkins, Ageing with Smartphones in Urban Uganda, London: UCL Press, forthcoming.

46. D. Miller, Material Culture and Mass Consumption, Oxford: Blackwell, 1987.

47. I. Kant, Critique of Pure Reason, ed. and trans. P. Guyer and A.W.Wood, Cambridge: Cambridge University Press, 1998 [1781].

48. I. Kant, Critique of Practical Reason, ed. and trans. M. Gregor, Cambridge: Cambridge University Press, 2015 [1788].

49. I. Kant, Fundamental Principles of the Metaphysics of Morals, trans. T.K. Abbott, Project Gutenberg, 2002 [1785]: https://www.gutenberg.org/ebooks/5682.

50. 칸트는 《도덕 형이상학을 위한 기초》 세 번째 섹션에서 '자유는 모든 이성적 존재의 의지에 내재된 속성으로 가정해야 한다'라고 밝혔다. 또한 칸트의 《실천이성 비판》 서문을 참고.

51. 다만 칸트는 맥락에 따라 미묘한 차이를 허용했는데 이에 대해서는, S. Neiman, Moral Clarity, Princeton: Princeton University Press, 2009, p. 214.

52. Lambek는 인류학이 윤리학을 기본적으로 이성의 학문으로 가정하여 어려움을 겪었으며 행위로 예증되는 윤리학에 대한 아리스토텔레스의 강조로 더 나은 대우를 받았으리라 지적했다. M. Lambek, 'Introduction', in M. Lambek (ed.), Ordinary Ethics: Anthropology, Language, and Action, New York: Fordham University Press, 2010, pp. 1–36 (p. 14).

53. M. White, 'The Virtues of a Kantian Economics', in J.A. Baker and M.D. White (eds), Economics and the Virtues: Building a New

Moral Foundation, Oxford: Oxford University Press, 2016, pp. 94–115.

54. J. Otteson, 'Kantian Individualism and Political Libertarianism', Independent Review 13(3) (2009): 389–409.

55. D. Miller, Tales from Facebook, Cambridge: Polity, 2011, pp. 111–21.

56. M. Strathern, After Nature, Cambridge: Cambridge University Press, 1992.

57. A. Macfarlane, The Origins of English Individualism, Oxford: Blackwell, 1979.

58. D. Miller et al., How the World Changed Social Media, London: UCL Press, 2016.

59. Miller, Social Media in an English Village.

60. Published as The Comfort of People (see note 8 above).

61. 문제는 마틴 맥도나(Martin McDonagh) 감독의 최신 영화 〈이니셰린의 밴시〉에 훌륭하게 묘사되었다.

62. 칸트와 뒤르켐을 비롯한 인류학의 선험적 사회성에 주장하는 방식 간의 유사점과 차이에 대한 흥미로운 대안적 논의에 대해서는, M. Holbraad, 'The Contingency of Concepts', in P. Charbonnier, G. Salmon, and P. Skafish (eds), Comparative Metaphysics, London: Rowman & Littlefield, pp. 131–56.

63. 유사한 철학적 비평을 참고하려면, I. Hacking, The Social Construction of What?, Cambridge, MA: Harvard University Press, 1999.

64. M. Klein, Envy and Gratitude and Other Works, London: Delacorte

Press, 1975.

65. 이 책 이전에도 사회에 대한 실증 연구가 철학을 보완할 수 있음을 시사하는 책이 있었으며 요점은 뒤르켐의 1909년 에세이까지 거슬러 올라간다. 'The Contribution of Sociology to Psychology and Philosophy', in É. Durkheim, The Rules of Sociological Method, trans. W.D. Halls, New York: The Free Press, 1982, pp. 236-40.

66. 문제는 윤리학, 책임, 선택에 관해 연구한 위에서 언급한 인류학자들이 매우 상세하게 다룬 바 있다.

67. C. Mackenzie, 'Relational Autonomy, Normative Authority and Perfectionism', Journal of Social Philosophy 39(4) (2008): 512-33; C. Mackenzie, 'Three Dimensions of Autonomy: A Relational Analysis', in A. Veltman and M. Piper (eds), Autonomy, Oppression and Gender, Oxford: Oxford University Press, 2014, pp. 15-41; C. Mackenzie and N. Stoljar (eds), Relational Autonomy: Feminist Perspectives on Autonomy, Agency, and the Social Self, New York: Oxford University Press, 2000.

68. 칸트 도덕철학의 이러한 기여를 요약한 글을 찾는다면, Neiman, Moral Clarity, pp. 93-110, 151-62.

69. 문화 상대주의 개념과 '문화'라는 단어는 인류학 관행 내에서 종종 비판의 대상이 되며 이에 관해서 확인하려면 L. Abu-Lughod, 'Do Muslim Women Really Need Saving? Anthropological Reflections on Cultural Relativism and Its Others', American Anthropologist 104(3) (2002): 783-90.

1장

01. Garvey and Miller, Ageing with Smartphones in Ireland.

02. O'Toole, We Don't Know Ourselves, pp. 158–73.

03. Garvey and Miller, Ageing with Smartphones in Ireland, p. 183.

04. Inglis, Moral Monopoly; Inglis, Global Ireland.

05. M. Duque, Ageing with Smartphones in Urban Brazil: A Work in Progress, London: UCL Press, 2022.

06. Details of these activities can be found in Garvey and Miller, Ageing with Smartphones in Ireland, chapter 3.

07. D. Miller and P. Garvey, 'Grandparenting as the Resolution of Kinship as Experience', Journal of the Royal Anthropological Institute 28(3)(2022): 975–92.

08. 아일랜드의 조부모 양육에 대한 보다 일반적 논의에 대해서는, R. Geraghty, J. Gray, and D. Ralph, 'One of the Best Members of the Family: Continuity and Change in Young Children's Relationships with Their Grandparents', in L. Connolly (ed.), The Irish Family, London: Routledge, 2015, pp. 124–39; M. Share and L. Kerrins, 'The Role of Grandparents in Childcare in Ireland: Towards a Research Agenda', Irish Journal of Applied Social Studies 9(1) (2009): 33–47; M. Ward and C. McGarrigle, 'The Contribution of Older Adults to Their Families and Communities', Dublin: TILDA, 2018 (https://tilda.tcd.ie/publications/reports/pdf/w3-key-findings-report/Chapter%202.pdf).

09. D. Miller, 'The Ideology of Friendship in the Era of Facebook', Hau: Journal of Ethnographic Theory 7(1) (2017): 377–95.

10. P. Higgs and C. Gilleard, Rethinking Old Age: Theorising the Fourth Age, London: Macmillan International Higher Education, 2015.

11. Drążkiewicz et al., 'Repealing Ireland's Eighth Amendment'.

12. 이 부분에 대한 보다 일반적 논의에 대해서 파악하려면, Hickman, 'Thinking about Ireland and the Irish Diaspora'.

13. 이 주장의 확장된 버전을 확인하려면 Miller, 'Brexit and the Decolonization of Ireland'.

14. R. Wilkinson and K. Pickett, The Spirit Level, London: Penguin, 2009.

15. David Whyte와의 개인적 소통에 대해서는, D. Whyte, 'Viral Intimacy and Catholic Nationalist Political Economy: COVID-19 and the Community Response in Rural Ireland', Anthropology in Action 27(3) (2021): 39–43. Also E. Devereux, 'The Lonely Furrow: Muintir Na Tire and Irish Community Development 1931–1991', Community Development Journal 28(1) (1993): 45–54.

16. R. Breen, D. Hannan, D. Rottman, and C. Whelan, Understanding Ireland: State, Class and Development in the Republic of Ireland, Basingstoke: Palgrave Macmillan, 1990, p. 6.

17. A. Koster and K. Garde, 'Sexual Desire and Menopausal Development: A Prospective Study of Danish Women Born in 1936', Maturitas 16(1) (1993): 49–60. For a counter-argument, see Duque, Ageing with Smartphones in Urban Brazil, pp. 181–207.

18. 아일랜드의 식민지 독립 이후 정체성에 대한 복잡성에 대해서 확인하려면 M. Free and C. Scully, 'The Run of Ourselves: Shame, Guilt and Confession in Post-Celtic Tiger Irish Media', International Journal of Cultural Studies 21(3) (2018): 308–24; S. Howe, Ireland and Em-

pire: Colonial Legacies in Irish History and Culture, Oxford: Oxford University Press, 2000; D. Kiberd, Inventing Ireland: The Literature of the Modern Nation, Cambridge, MA: Harvard University Press, 1995; G. Moane, 'A Psychological Analysis of Colonialism in an Irish Context', Irish Journal of Psychology 15 (1994): 250–65.

19. T. Scharf, V. Timonen, C. Conlon, and G. Carney, Changing Generations: Findings from New Research on Intergenerational Relations in Ireland, Trinity College Dublin and National University of Ireland Galway, April 2013: http://www.tara.tcd.ie/handle/2262/75620.

2장

01. J.-P. Sartre, Being and Nothingness: An Essay in Phenomenological Ontology, trans. S. Richmond, London: Routledge, 2020 [1943].

02. S. Bakewell, At the Existentialist Cafe: Freedom Being and Apricot Cocktails, London: Chatto & Windus, 2016.

03. Sartre, Being and Nothingness, pp. 482–92.

04. J.-P. Sartre, Anti-Semite and Jew, trans. G.J. Becker, New York: Schocken, 1995 [1946].

05. J.-P. Sartre, Critique of Dialectical Reason: Volume 1: Theory of Practical Ensembles, trans. A. Sheridan-Smith, London: Verso, 2004[1960]; Critique of Dialectical Reason: Volume 2: The Intelligibility of History, trans. Q. Hoare, London: Verso, 2006 [1985].

06. J.-P. Sartre, Nausea, trans. R. Baldick, London: Penguin, 2000 [1938].

07. I. Berlin, Four Essays on Liberty, Oxford: Oxford University Press, 1969.

08. I. Berlin, Liberty, Oxford: Oxford University Press, 2003.

09. I. Berlin, Freedom and Its Betrayal: Six Enemies of Human Liberty, London: Chatto & Windus, 2002.

10. Ibid., pp. 74-104.

11. 적극적 자유의 대표 사례는 공산주의 중국의 예로, 다음을 참고. W. Hinton, Fanshen: A Documentary of Revolution in a Chinese Village, New York: Monthly Review Press, 1966.

12. A.W. Wood, Hegel's Ethical Thought, Cambridge: Cambridge University Press, 1990, pp. 41-2.

13. M. Nussbaum, 'Nature, Function, and Capability: Aristotle on Political Distribution', Working Paper 31, Helsinki: World Institute for Development Economic Research of the United Nations University, 1987.

14. Aristotle, The Politics, trans. T.A. Sinclair, London: Penguin, 1962, pp.255-98.

15. Ibid., p. 5.

16. Ibid., p. 7.

17. M. Nussbaum, Women and Human Development: The Capabilities Approach, Cambridge: Cambridge University Press, 2000, pp. 11-13.

18. A. Sen, Development as Freedom, Oxford: Oxford University Press, 1999.

19. Ibid., p. 17.

20. M. Nussbaum, Frontiers of Justice: Disability, Nationality, Species

Membership, Cambridge, MA: Harvard University Press, 2006, pp.75–81.

21. Nussbaum, Women and Human Development.

22. Sen, Development as Freedom, pp. 189–203; Nussbaum, Women and Human Development.

23. E. Durkheim, Suicide: A Study in Sociology, trans. J.A. Spaulding and G. Simpson, New York: Free Press, 1979 [1897].

24. S. Marks, 'Durkheim's Theory of Anomie', American Journal of Sociology 80(2) (1994): 329–63.

25. Miller, 'The Ideology of Friendship in the Era of Facebook'.

26. E. Norbeck and H. Befu, 'Informal Fictive Kinship in Japan', American Anthropologist 60(1) (1958): 102–17.

27. A. Sen, The Idea of Justice, London: Penguin, 2010.

3장

01. T. Veblen, A Theory of the Leisure Class, London: George Allen & Unwin, 1970 [1899].

02. J.K. Galbraith, The New Industrial State, Boston: Houghton Mifflin, 1967.

03. C. Campbell, The Romantic Ethic and the Spirit of Modern Consumerism, Oxford: Basil Blackwell, 1987.

04. P. Bourdieu, Distinction: A Social Critique of the Judgement of Taste, trans. R. Nice, London: Routledge & Kegan Paul, 1984 [1979].

05. M. Douglas and B. Isherwood, The World of Goods, London: Allen Lane, 1979.

06. M. Sahlins, Culture and Practical Reason, Chicago: University of Chicago Press, 1976.

07. D. Miller and S. Woodward, Blue Jeans: The Art of the Ordinary, Berkeley: University of California Press, 2012.

08. Words by Mick McConnell.

09. Garvey and Miller, Ageing with Smartphones in Ireland, pp. 156-78.

10. 아일랜드의 환경보호주의에 대해서는 다음을 참고. L. Leonard, The Environmental Movement in Ireland, New York: Springer, 2007; H. Tovey, Environmentalism in Ireland: Movement and Activists, Dublin: Institute of Public Administration, 2007.

11. https://www.tidytowns.ie/about-us/history/.

12. 아일랜드에서 높은 사회 계급과 교육 수준, 환경에 대한 관심 간의 상관관계를 보다 일반적으로 보여주는 증거들이 있다. 다음을 참고. B. Motherway, M. Kelly, P. Faughnan, and H. Tovey, Trends in Irish Environmental Attitudes between 1993 and 2002: First Report of National Survey Data, Dublin: Environmental Protection Agency, 2003, pp. 48-54.

13. G. Simmel, The Philosophy of Money, trans. T. Bottomore and D. Frisby, London: Routledge & Kegan Paul, 1989 [1907].

14. https://dogsfirst.ie/holisitic-vets-in-ireland/.

15. K. Thomas, Man and the Natural World, London: Penguin, 1983.

16. 또는 이제 '비리얼(BeReal)'이다. 충분히 젊다면 틱톡은 이미 한물간 셈이다.

17. D. Miller et al., The Global Smartphone: Beyond a Youth Technology, London: UCL Press, 2021.

18. Ibid., pp. 135–56.

4장

01. D. Horowitz, The Morality of Spending: Attitudes towards the Consumer Society in America, 1875–1940, Chicago: Ivan R. Dee, 1992; The Anxieties of Affluence: Critiques of American Consumer Society, 1939–1979, Cambridge, MA: University of Massachusetts Press, 2004; Consuming Pleasures: Intellectuals and Popular Culture in the Postwar World, Philadelphia: University of Pennsylvania Press, 2012.

02. O. Gurova, 'Ideology of Consumption in Soviet Union: From Asceticism to the Legitimating of Consumer Goods', Anthropology of East Europe Review 24(2) (2006): 91–8.

03. 프랑크푸르트 학파가 인류학에 미친 영향의 요약은 다음을 참고. C. Lynteris, 'The Frankfurt School, Critical Theory and Anthropology', in M. Candea (ed.), Schools and Styles of Anthropological Theory, London: Routledge, 2018, pp. 159–72.

04. T. Adorno and M. Horkheimer, Dialectic of Enlightenment, trans. J. Cumming, London: Verso, 1977 [1944].

05. 아도르노와 호르크하이머의 '변증법' 용어 사용과 전문적 철학자들의 그러한 시도를 이해한다고 주장하지 않겠다. 다만 '규정적 부정(determinate negation)'과 같은 이들의 불가해한 이론의 복잡한 설명을 제외하면 텍스트의 요지에는 대중문화의 소비자에 대한 일관된 비판이 포함되며 나는 이를 논의하기로 선택한 것이다.

06. Adorno and Horkheimer, Dialectic of Enlightenment, p. 6.

07. 저자들은 이러한 모든 모순이 자신들이 발전시킨 이론적 구조 내에서 정당화될 수 있다고 믿었다. 하지만 우리가 이를 받아들일 의무는 없다.

08. Galbraith, The New Industrial State.

09. Adorno and Horkheimer, Dialectic of Enlightenment, p. 120.

10. Ibid., p. 159.

11. Ibid., p. 134.

12. Ibid., p. 136.

13. Ibid., p. 128.

14. Bourdieu, Distinction, pp. 11–18.

15. W.F. Haug, Critique of Commodity Aesthetics: Appearance, Sexuality and Advertising in Capitalist Society, trans. R. Bock, Cambridge: Polity, 1986 [1971].

16. J. Baudrillard, For a Critique of the Political Economy of the Sign, trans. C. Levin, St Louis, MO: Telos Press, 1981 [1972]. See also The Mirror of Production, trans. M. Poster, St Louis, MO: Telos Press, 1981 [1973].

17. H. Marcuse, One-Dimensional Man, London: Routledge & Kegan Paul, 1964.

18. C. Lasch, The Culture of Narcissism, New York: W.W. Norton, 1979.

19. Miller, Material Culture and Mass Consumption.

20. D. Miller, A Theory of Shopping, Cambridge: Polity, 1998.

21. R. Wiggershaus, The Frankfurt School: Its History, Theories, and Political Significance, Cambridge, MA: MIT Press, 1995.

22. D. Ferris (ed.), The Cambridge Companion to Walter Benjamin, Cambridge: Cambridge University Press, 2004.

23. W. Benjamin, 'The Work of Art in the Age of Mechanical Reproduction', in Illuminations: Essays and Reflections, ed. H. Arendt, trans. H. Zohn, New York: Schocken Books, 1969, pp. 166–95.

24. W. Benjamin, The Arcades Project, trans. H. Eiland and K. McLaughlin, Cambridge, MA: Belknap Press, 1999.

25. W. Benjamin, 'Unpacking My Library: A Talk about Book Collecting', in Illuminations: Essays and Reflections, ed. H. Arendt, trans. H. Zohn, New York: Schocken Books, 1969, pp. 1–11.

26. Ibid., p. 2.

27. Ibid., p. 4.

28. Ibid., pp. 4–6.

29. Ibid., pp. 6–7.

30. Adorno and Horkheimer, Dialectic of Enlightenment, p. 124.

31. My favourites from last year were Self Esteem and Wolf Alice.

32. O'Toole, We Don't Know Ourselves, pp. 105–13.

33. Baudrillard, For a Critique of the Political Economy of the Sign.

34. 쇼샤나 주보프(Shoshana Zuboff)의 '감시 자본주의'에 대한 글을 읽은 사람

들은 필자의 관찰이 순진한다고 생각하면서, 자유롭게 보이는 대상이 있다면 데이터 형태의 상품 때문이라고 주장할 것이다. 하지만 비평가들의 가정보다 개인 정보에 대한 관심이 훨씬 덜한 것으로 보이는 사람들을 대상으로 필자가 수행한 다른 연구에서 확인된 증거와도 일관성을 보인다. 타겟 광고는 감시의 효과를 보여주지만, 사용을 예측할 수 있는 휴대전화의 기능 개선으로 보상 받는 사소한 자극제로 간주된다. 삶에서 감시는 종종 확인해야 할 동전의 다른 면으로 간주된다. 즉, 사람들이 급습과 추출로부터 보호받아야 한다는 주장은 실제 그러하다는 증거가 아니다. 어떤 경우든 많은 부분이 비즈니스의 뒤편에서 벌어지는 감시 자본주의에 대한 주장과 모순되지 않는다. 대부분의 사람들이 감시를 큰 위협으로 보지 않는다는 사실 자체는 주보프에게 유리하며 이에 관해서는 S. Zuboff, The Age of Surveillance Capitalism: The Fight for a Human Future at the New Frontier of Power, London: Profile Books, 2019. D. Miller, 'Care and Surveillance – The Good Citizens of COVID-19', in S. Abram, L. Lambert, and J. Robinson (eds), How to Live through a Pandemic, London: Routledge, 2023.

35. T. Piketty, Capital in the Twenty-First Century, Cambridge, MA: Harvard University Press, 2014.

36. 머리 길이가 어깨까지 오고 꽃무늬 셔츠 차림이며 목걸이를 하고 나팔 모양 바지를 입은 저자를 상상할 필요는 없지만 공통적인 인생 궤적의 한 예다.

37. K. Soper, Post-Growth Living: For an Alternative Hedonism, London: Verso Books, 2020. For the potential contribution of the citizen consumer to the good life, see also K. Soper, 'Re-thinking the "Good Life"', Journal of Consumer Culture 72(2) (2007): 205–29.

38. Miller 등과 공동 집필한 《The Global Smartphone》에 등장하는 여러 현장에서 다양한 방식이 보고되었다.

39. Miller et al., The Global Smartphone, pp. 227–39.

40. R. Braidotti, The Posthuman, Cambridge: Polity, 2013.

41. 이 방향의 강력한 주장을 참고하려면, R. Miller, The Triumph of Prometheus: The Rise and Fall of Animal Experimentation, Oxford: Oxford University Press, 2023. 참고로 리처드 밀러는 필자의 남자 형제.

42. 인류학적 논의를 참고하려면, A. Smart and J. Smart, Posthumanism: Anthropological Insights, Toronto: University of Toronto Press, 2017. Also L. Kopnina, 'Anthropocentrism and Post-Humanism', International Encyclopaedia of Anthropology, Oxford: Wiley, 2019: https://doi.org/10.1002/9781118924396.wbiea2387.

43. D. Haraway, 'The Companion Species Manifesto: Dogs, People and Significant Otherness', in Manifestly Haraway, Minneapolis: University of Minnesota Press, 2016, pp. 91-198.

44. N. Charles, 'Post-Human Families? Dog-Human Relations in the Domestic Sphere', Sociological Research Online 21(3) (2016). 또한 다음을 참고. N. Charles and C. Davies, 'My Family and Other Animals: Pets as Kin', Sociological Research Online 13(5) (2017). 이 글은 의인화와 탈인본주의 간의 상충되는 입장을 시사한다. 아울러 다음을 참고. E. Power, 'Furry Families: Making a Human-Dog Family through Home', Social and Cultural Geography 9(5) (2008): 535-55; Thomas, Man and the Natural World.

45. See D. Miller and J. Sinanan, Webcam, Cambridge: Polity, 2014, pp. 4-20, for a more detailed account of these ideas.

46. T. Ahlins, Calling Family: Digital Technologies and the Making of Transnational Care Collectives, New Brunswick, NJ: Rutgers University Press, 2023.

47. For example, P. Descola and G. Palsson (eds), Nature and Society: Anthropological Perspectives, London: Routledge, 1996.

5장

01. 불평등이라는 주제는 아일랜드에서 빈번하게 논의된다. 여기에는 켈틱 타이거의 붕괴에 이어진 심각한 경기 후퇴가 포함되며 다음을 참고. M. Savage, T. Callan, B. Brain, and B. Colgan, The Great Recession, Austerity and Inequality: Evidence from Ireland, Dublin: Economic and Social Research Institute Working Paper 499 (2015): https://www.econstor.eu/bitstream/10419/129395/1/823265064.pdf. 대부분의 공통적 주제는 주택 불평등 등에 대한 다음과 같은 예를 참고. R. Grotti, H. Russell, E. Fahey, and B. Maitre, 'Discrimination and Inequality in Housing in Ireland', Dublin: Economic and Social Research Institute, 2018: https://www.esri.ie/publications/discrimination-and-inequality-in-housing-inireland; and S. Burke, Irish Apartheid: Healthcare Inequality in Ireland, Dublin: New Island, 2009.

02. 오늘날 아일랜드에서 나타나는 불평등에 대한 보다 일반적 안내는 다음에서 빈번하게 발간하는 자료를 참고. Economic and Social Research Institute, Dublin.

03. See https://www.youtube.com/watch?v=7EJUVkcpXB4&t=11s.

04. 'Fucking'이 아닌 'fecking'이라고 말한 것에서 잉글랜드 태생임을 알 수 있다.

05. 반면 세대 간 빈곤이 아일랜드와 더불어 유럽 전반에서 증가하고 있다는 증거에 대해서는 D. Curristan, B. Maitre, and H. Russell, Intergenerational Poverty in Ireland, Dublin: Economic and Social Research Institute, 2020.

06. C. Ryan, 'The Power of Bingo during COVID-19', 25 May 2020: http://somatosphere.net/2020/bingo.html/.

07. 빙고에 대한 다른 저작에 대해서는, K. King, 'Neutralizing Marginally Deviant Behavior: Bingo Players and Superstition', Journal of Gambling Studies 6(1) (1990): 43–61 and J.-C. Moubarac, N.W. Shead, and J. Derevensky, 'Bingo Playing and Problem Gambling: A Review of Our Current Knowledge', Journal of Gambling Studies 24 (2010): 164–84.

08. D. Scott and G.C. Godbey, 'An Analysis of Adult Play Groups: Social versus Serious Participation in Contract Bridge', Leisure Studies 14(1) (1992): 47–67. See also T. Brkljačić, L. Lučić, and I. Sučić, ' 'Well-Being, Motives and Experiences in Live and Online Game Settings: Case of Contract Bridge', International Journal of Gaming and Computer-Mediated Simulations 9(4) (2017): 19–43.

09. M. Young, The Rise of the Meritocracy, London: Thames & Hudson, 1958.

10. 반면 아프리카계 이주자들은 인근 도시의 중요 구성원이었다. 보다 일반적 논의에 대해서는, M. Maguire and F. Murphy, Integration in Ireland: The Everyday Lives of African Migrants, Manchester: Manchester University Press, 2015.

11. M. Gilmartin and B. Migge, 'European Migrants in Ireland: Pathways to Integration', International Journal of Health Services 22(3) (2015): 459–82.

12. 이주자와 연결시켜주고 이 프로젝트를 지원하며 많은 도움을 준 마리아 A.에게도 감사드린다.

13. A. Mauger, 'A Great Race of Drinkers? Irish Interpretations of Alcoholism and Drinking Stereotypes, 1945–1975', Medical History 65(1) (2010): 70–89; E. Malcolm, 'Ireland Sober, Ireland Free': Drink and Temperance in Nineteenth-Century Ireland, Syracuse,

NY: Syracuse University Press, 1986.

14. 코카인과 남성성, 높은 지위의 연관성에 대해서는, C. Darcy, 'Making the Invisible Visible: Masculinities and Men's Illicit Recreational Drug Use', Irish Journal of Sociology 26(1) (2018): 5–24.

15. M. Keyes, Rachel's Holiday, London: Michael Joseph, 1998.

16. 최근 상황의 요약은, A. Doyle et al., Drugnet Ireland 82 (2022): https://www.drugsandalcohol.ie/37086/1/Drugnet_Ireland_Issue_82.pdf. 이 자료는 청년들의 알코올 사용이 급격히 줄었다는(pp. 10~13) 쿠안에서 확인된 증거가 아일랜드의 일반적 사례와 일치함을 보여준다. 하지만 코카인의 사용은 증가했으며 유럽의 기준으로도 높은 수준이다(pp. 18~20). 기타 논의에 대해서는, D. Bellerose et al., Trends in Treated Problem Cocaine Use in Ireland, 2002 to 2007, Dublin: Health Research Board, 2011: https://www.lenus.ie/bitstream/handle/10147/84034/HRB_Trend_Series_6.pdf?sequence=1; P. Maycock, 'Cocaine Use In Ireland: An Exploratory Study', in R. Moran et al., A Collection of Papers on Drug Issues in Ireland, Dublin: Health Research Board, 2021, pp. 80–152.

17. M. Foucault, The History of Sexuality: Volume 1: An Introduction, trans. R. Hurley, London: Allen Lane, 1979 [1976].

18. N. Scheper-Hughes, Saints, Scholars and Schizophenics, Berkeley: University of California Press, 1979.

19. 높은 발생률을 시사하는 자료는, https://www.irishtimes.com/news/social-affairs/young-irish-women-suffer-highest-levels-of-depression-in-europe-1.3947527 and https://ec.europa.eu/eurostat/web/products-eurostat-news/-/EDN-20181010-1.

20. https://www.darknessintolight.ie/.

21. For example, J. Bowlby, Attachment: Volume 1: Attachment and Loss, 2nd edn, New York: Basic Books, 1969.

22. For example, Winnicott, Babies and Their Mothers.

23. D. Miller, 'The Tragic Denouement of English Sociality', Cultural Anthropology 30(2) (2015): 336–57. See also E. Cockayne, Cheek by Jowl: A History of Neighbours, London: Vintage Books, 2012.

24. B. MacNamara, The Valley of the Squinting Windows, Dublin: Maunsel and Company, 1918.

25. See P. Stafford (ed.), The Global Age-Friendly Community Movement, New York: Berghahn Books, 2019.

26. 나는 노래를 하지 못하기 때문에 제외다. 내 차례가 되었을 때 노랫말이나 시를 암송했다.

6장

01. J. Rawls, A Theory of Justice, Cambridge, MA: Harvard University Press, 1999 [1971].

02. C.F.A. Marmoy, 'The "Auto-Icon" of Jeremy Bentham at University College, London', Medical History 2(2) (1958): 77–86.

03. H. Sidgwick, The Methods of Ethics, New York: Macmillan and Co., 1907 [1874].

04. Rawls, A Theory of Justice, p. 87.

05. Ibid., p. 64.

06. Ibid., p. 234.

07. Ibid., p. 237.

08. A. Nove, The Economics of Feasible Socialism, London: Routledge, 1983.

09. 정의 전반에 대한 민족지학/인류학 접근에 대한 주장은, S. Brandtstadter, 'Rising from the Ordinary: Virtue, the Justice Motif and Moral Change', Anthropological Theory 21(2) (2021): 180–205.

10. Rawls, A Theory of Justice, p. 53.

11. Ibid., p. 63.

12. Rawls' text subsumes women within the generic male.

13. Piketty, Capital in the Twenty-First Century.

14. Rawls, A Theory of Justice, pp. 124, 464–74.

15. Ibid., pp. 474–5.

16. G. Doppelt, 'Rawls' System of Justice: A Critique from the Left', Nous 15(3) (1981): 259–307.

17. M.J. Sandel, Liberalism and the Limits of Justice, Cambridge: Cambridge University Press, 2012.

18. Nussbaum, Frontiers of Justice, p. 1.

19. Ibid., pp. 408–15.

20. Sen, The Idea of Justice, p. 7.

21. Ibid., pp. 102–5, 225–52, 299–304.

22. Ibid., pp. 155–73.

23. For example, J. Rawls, Political Liberalism, New York: Columbia University Press, 1993.

24. Rawls, A Theory of Justice, p. 480.

25. Miller, A Theory of Shopping.

26. Rawls, A Theory of Justice, p. 482.

27. Ibid., p. 483.

28. V. Munoz-Darde, 'Rawls, Justice in the Family and Justice of the Family', The Philosophical Quarterly 48(192) (2003): 335-52.

29. C.M. Arensberg and S.T. Kimball, Family and Community in Ireland, Cambridge, MA: Harvard University Press, 1940.

30. See also Scheper-Hughes, Saints, Scholars and Schizophrenics.

31. Ibid.

32. S. Barry, The Secret Scripture, London: Faber & Faber, 2008.

33. O' Toole, We Don't Know Ourselves, pp. 351-6.

34. https://www2.hse.ie/services/fair-deal-scheme/about-the-fair-deal-scheme.html.

35. Young, The Rise of the Meritocracy.

36. M.J. Sandel, The Tyranny of Merit: What's Become of the Common Good?, London: Penguin, 2020.

37. For example, M. Rojas, Sweden after the Swedish Model: From Tutorial State to Enabling State, trans. R. Tanner and C. Edbrooke, Stockholm: Timbro, 2005.

38. I. Wallerstein, World-Systems Analysis, Durham, NC: Duke University Press, 2004.

39. M. Anwar and M. Graham, The Digital Continent, Oxford: Oxford University Press, 2022; M. Gray and S. Suri, Ghost Work, Boston: Houghton Mifflin Harcourt, 2019.

40. P. Sweeney, 'Ireland's Low Corporation Tax: The Case for Tax Coordination in the Union', Transfer 16(1) (2010): 55–69.

41. A. Brick and S. Connoll, 'Waiting Times for Publicly Funded Hospital Treatment: How Does Ireland Measure Up?', The Economic and Social Review 52(1) (2021): 41–52.

42. 유럽 전반과 비교하여 현재 아일랜드의 불평등에 대한 평가에 대해서는, R. Sweeney and D. Storrie, The State We Are In: Inequality in Ireland 2022, May 2022: https://www.tasc.ie/assets/files/pdf/2205-4_tasc_inequality_in_ire_2022.pdf.

43. 필자의 파트너가 망명 신청자의 대기 센터에서 자원 봉사를 하기 때문에 이러한 이야기를 잘 알고 있다.

44. 하지만 켈틱 호랑이 시기에 이어진 경기 후퇴는 주로 쿠안의 청년층에 깊은 상처를 남겼다.

7장

01. H. Tovey and P. Share, A Sociology of Ireland, Dublin: Gill and Macmillan, 2007.

02. 오늘날 더블린 청년들이 GAA에 가입하는 동기에 대한 연구를 참고하려면, M. Lawler, C. Heary, G. Shorter, and E. Nixon, 'Peer and Parental Processes Predict Distinct Patterns of Physical Activity Participation among Adolescent Girls and Boys', International Journal of

Sport and Exercise Psychology 20(2) (2022): 497–514.

03. For more on the GAA, see K. Liston, 'The GAA and the Sporting Irish', in T. Inglis (ed.), Are the Irish Different?, Manchester: Manchester University Press, 2014, pp. 199–210; W. Mandle, The Gaelic Athletic Association and Irish Nationalist Politics, 1884–1924, London: Christopher Helm and Dublin: Gill & Macmillan, 1987.

04. T. Collins and W. Vamplew, Mud, Sweat and Beers, Oxford: Berg, 2002.

05. See G.H. Mead, Mind, Self and Society, Chicago: University of Chicago Press, 2015 [1934].

06. 이탈리아 사람들이 자신의 스타일과 외모를 시민의 의무로 간주함을 보여주는 좋은 예를 확인하려면 R. Nicolescu, Social Media in Southeast Italy, London: UCL Press, 2016.

07. Healthy Ireland – A Framework for Improved Health and Wellbeing 2013–2025, Dublin: Department of Health, 2013: https://www.drugsandalcohol.ie/19628/1/Healthy_Ireland_Framework.pdf.

08. '성공적인 노화'라는 개념에 의문을 품고 있는 것은 분명 아일랜드인뿐만은 아니며, 이에 대한 논의를 참고하려면 S. Lamb (ed.), Successful Aging as a Contemporary Obsession, New Brunswick, NJ: Rutgers University Press, 2017.

09. Garvey and Miller, Ageing with Smartphones in Ireland, pp. 132–41.

10. For more general discussion, see J.A. Astin, 'Why Patients Use Alternative Medicine: Results of a National Study', JAMA 279(19) (1998): 1548–53.

11. 아일랜드에서 수행된 다른 연구와 달리 나는 새로운 형태의 보완 치료에 관한 전통적 민간 요법을 거론하는 사람들을 거의 만나지 못했다. 다만 이들이 선례로 간주될 여지는 있으며 이에 관한 논의는, R. Foley, 'Indigenous Narratives of Health: (Re)Placing Folk-Medicine within Irish Health Histories', Journal of Medical Humanities 36 (2015): 5–18; A. Murphy and C. Kelleher, 'Contemporary Health Practices in the Burren', The Irish Journal of psychology 16(1) (1995): 38–51.

12. 이 현상에 대한 인류학적 관심을 확인하려면 J. Cook and J. Cassaniti (eds), 'Mindfulness and Culture', Anthropology Today 38(2) (2022).

13. For details of which, see P. Garvey, D. Miller, and S. Mohammid, 'From Menopause to Hypertension: The Problem of Securing Engagement', in C. Hawkins, P. Awondo, and D. Miller (eds), mHealth: An Anthropological Approach, London: UCL Press, forthcoming.

14. C.L.R. James, Beyond a Boundary, London: Hutchinson, 1963. See also T. Fletcher, 'The Making of English Cricket Cultures: Empire, Globalization and (Post)colonialism', Sport in Society 14(1) (2011): 17–36.

15. D. Miller, 'Dr Google will see you first', in C. Hawkins, P. Awondo, and D. Miller (eds), mHealth: An Anthropological Approach, London: UCL Press, forthcoming.

16. Garvey and Miller, Ageing with Smartphones in Ireland, pp. 139–41.

8장

01. For example, H.L. Reid, Introduction to the Philosophy of Sport, Lanham, MD: Rowman & Littlefield, 2012.

02. S. Miller, Ancient Greek Athletics, New Haven: Yale University Press, 2004.

03. S. Miller, Arete: Greek Sports from Ancient Sources, Berkeley: University of California Press, 2012.

04. H.L. Reid, Olympic Philosophy: The Ideas and Ideals behind the Ancient and Modern Olympic Games, Sioux City, IA: Parnassos Press, 2020.

05. Miller, Ancient Greek Athletics, p. 284.

06. H.L. Reid, Athletics and Philosophy in the Ancient World: Contests of Virtue, London: Routledge, 2011.

07. P. Hadot, What is Ancient Philosophy?, trans. M. Chase, Cambridge, MA: Harvard University Press, 2002 [1995], p. 12.

08. H.L. Reid, 'Athletics and Philosophy in Ancient Greece and Rome: Contests of Virtue', Sport, Ethics and Philosophy 4(2) (2010): 109–234 (p. 119).

09. H.L. Reid, 'Sport and Moral Education in Plato's Republic', Journal of the Philosophy of Sport 34(2) (2007): 160–75.

10. H.L. Reid, 'Athletic Virtue and Aesthetic Values in Aristotle's Ethics', Journal of the Philosophy of Sport 47(1) (2020): 63–74.

11. Reid, 'Athletics and Philosophy in Ancient Greece and Rome', p. 158.

12. Ibid., p. 165.

13. Thanks to Jeremy David Bendik-Keymer for this point and this phrasing.

14. Hadot, What is Ancient Philosophy?

15. 스포츠와 종교 간의 관계를 보다 일반적인 우주론의 관점에서 논의한 사례로는, E. Bain-Selbo and D. Sapp, Understanding Sports as a Religious Phenomenon, London: Bloomsbury, 2016.

16. MacIntyre, After Virtue, p. 93.

17. B. Duggan and G.A. Mohan, 'Longitudinal Examination of Young People's Gambling Behaviours and Participation in Team Sports', Journal of Gambling Studies 39 (2023): 541-57.

18. Z. Papakonstantinou, 'Alciabiades in Olympia: Olympic Ideology, Sport and Social Conflict in Classical Athens', Journal of Sport History 30(2) (2003): 173-82.

19. N. Besnier, S. Brownwell, and T. Carter, The Anthropology of Sport, Berkeley: University of California Press, 2017. See also N. Besnier and S. Brownell, 'Sport, Modernity and the Body', Annual Reviews of Anthropology 41 (2012): 443-59.

20. Besnier et al., The Anthropology of Sport, pp. 71-4.

21. Ibid., pp. 74-6.

22. G. Samuel, The Origins of Yoga and Tantra: Indic Religions to the Thirteenth Century, Cambridge: Cambridge University Press, 2012, p. 336. See also E. de Michelis, A History of Modern Yoga, London: Continuum, 2004.

9장

01. 이 역사적 논의를 뒷받침하는 학문적 자료를 제시할 수는 없는데, 쿠안이라는 가명을 사용한 의미가 훼손되기 때문이다.

02. H. Glassie, Passing the Time in Ballymenone, Bloomington: Indiana University Press, 1982.

03. For example, J.B. Keane, The Field, Cork: Mercier Press, 1966.

04. 상품명은 익명을 보장하기 위해 변경되었다.

05. 'Unfriending Mum and Dad –Fears That Teenagers Are Deserting Facebook Are Overblown', The Economist, 4 January 2014.

06. https://blogs.ucl.ac.uk/global-social-media/2013/11/24/what-will-we-learn-from-the-fall-of-facebook/.

07. For example, Arensberg and Kimball, Family and Community in Ireland.

08. 마리아의 최근 축소에 대한 설명을 참고하려면, Garvey and Miller, Ageing with Smartphones in Ireland, pp. 166–7.

09. 따라서 '15분 도시' 내에 거주하여 누릴 수 있는 이점에 부합하며, 이에 대한 설명을 참고하려면, A. Duany and R. Steuteville, 'Defining the 15-Minute City', Public Square, 8 February 2021: https://www.cnu.org/publicsquare/2021/02/08/defining-15-minute-city.

10. 정보는 이 지구로 이사하는 사람들에게 모기지를 제공하는 주요 기업에서 일하는 임직원과의 인터뷰에서 확인한 것이다.

10장

01. M. Heidegger, Being and Time, trans. J. Macquarrie and E. Robinson, New York: Harper & Row, 1962 [1927].

02. For example, D. Harvey, The Condition of Postmodernity, Oxford: Blackwell, 1989. See also D. Massey, Space, Place and Gender, Minneapolis: University of Minneapolis Press, 1994.

03. T. Ingold, The Perception of the Environment: Essays on Livelihood, Dwelling and Skill, London: Routledge, 2000, pp. 185–6.

04. B. Lang, Heidegger's Silence, Ithaca, NY: Cornell University Press, 1996.

05. Ibid., p. 36.

06. Ibid., p. 41.

07. Ibid., p. 43.

08. A. Mitchell and P. Trawny, Heidegger's Black Notebooks, New York: Columbia University Press, 2017.

09. J. Malpas, Heidegger's Topology: Being, Place, World, Cambridge, MA: MIT Press, 2008, p. 23.

10. Ibid., pp. 18–20.

11. H. Dreyfus, Being-in-the-World: A Commentary on Heidegger's Being and Time, Division 1, Cambridge, MA: MIT Press, 1991, pp. 13–14, 49–50.

12. Heidegger, Being and Time, pp. 134–48 and 419.

13. M. Heidegger, The Question Concerning Technology and Other

Essays, trans. W. Lovitt, New York: Garland, 1977.

14. Ibid., p. 142.

15. Ibid., p. 140. Italicized in the original.

16. Ibid., p. 142.

17. Ibid., p. 419.

18. Dreyfus, Being-in-the-World, pp. 128-33.

19. Bourdieu, P., The Political Ontology of Martin Heidegger, trans. P. Collier, Cambridge: Polity, 1991 [1988].

20. Pre-ontological in the sense that Dasein is the entity that does ontology. See J. Haugeland, Dasein Disclosed, Cambridge, MA: Harvard University Press, 2013, p. 83.

21. J. Weiner, 'Anthropology Contra Heidegger Part 1: Anthropology's Nihilism', Critique of Anthropology 12(1) (1992): 75-90.

22. Malpas (Heidegger's Topology, p. 20) dates such essays to the period after 1945.

23. Heidegger, The Question Concerning Technology and Other Essays.

24. M. Heidegger, 'Building Dwelling Thinking', in M. Heidegger, Poetry, Language, Thought, trans. A. Hofstadter, New York: Harper Perennial, 1971, pp. 143-59.

25. 아도르노와 하이데거 간의 반감에도 불구하고 두 사람은 객관화에 대해 유사한 경계심을 품었던 것으로 보인다.

26. 체험(lived experience)로서 고향(Heimat)의 복잡성에 대한 논의를 참고

하려면, M. Svasek, 'Narratives of "Home" and "Homeland": The Symbolic Construction and Appropriation of the Sudeten German Heimat', Identities 9(4) (2002): 495-518.

27. S. Nagle, Histories of Nationalism in Ireland and Germany: A Comparative Study from 1800 to 1932, London: Bloomsbury, 2016, p. 152.

28. Ingles, Moral Monopoly.

29. J. Blok, Citizenship in Classical Athens, Cambridge: Cambridge University Press, 2017.

30. J. Gardner, Being a Roman Citizen, London: Routledge, 1993.

31. Miller et al., How the World Changed Social Media.

32. P. Gilroy, The Black Atlantic, London: Verso, 1993.

33. 이 구분에 대한 인류학의 기여에 관해서는, J. Clifford, Routes: Travel and Translation in the Late Twentieth Century, Cambridge, MA: Harvard University Press, 1997.

34. K. Harries, The Ethics of Architecture, Cambridge, MA: MIT Press, 1997, pp. 152-78.

35. Ingold, The Perception of the Environment, p. 348.

11장

01. Garvey and Miller, Ageing with Smartphones in Ireland, pp. 198-202.

02. Ibid., pp. 196-200.

03. Ibid., pp. 50-73.

04. 스마트폰과 스마트 에이징의 인류학(ASSA) 연구는 2017년부터 2022년까지 유럽 연구위원회의 지원을 받아 필자와 연구팀이 수행했으며 자세한 내용을 확인하려면 https://www.ucl.ac.uk/anthropology/assa/

05. ASSA 팀에서 수행한 모든 연구 프로젝트에는 연구 대상인 인구의 건강과 복지를 증진하기 위해 수행한 해당 연구를 토대로 실제적인 보건 프로젝트를 수립하는 과제가 부여되었다. 수행된 일부 연구를 요약한 내용을 참고하려면 C. Hawkins, P. Awondo, and D. Miller (eds), mHealth: An Anthropological Approach, London: UCL Press.(발간 예정) 하지만 아일랜드의 경우 필자가 수행한 사회적 처방 프로젝트를 제외하고는 완경기에 관한 소통을 개선하기 위한 병행 연구에서 이러한 과제 수립에 실패했다. 관련된 논의는 mHealth에 관한 편집 모음(발간 예정)에서 다룬다. 코로나 유행으로 인해 다시 연구를 재개해야 했지만 폴린 가비는 더블린의 현장에서 사회적 처방에 관한 프로젝트를 부활시키기를 희망하고 있다.

06. H. Chatterjee, P. Camic, B Lockyer, and L. Thomson, 'Non-Clinical Community Interventions: A Systematised Review of Social Prescribing Schemes', Arts & Health 10(2) (2018): 97-123.

07. Garvey and Miller, Ageing with Smartphones in Ireland, pp. 50-73.

08. Glassie, Passing the Time in Ballymenone.

09. See chapter 5, note 3.

10. See also C. Craig, 'Reading Identity: American and Irish Women's Book Clubs, Culture, and Identity', Irish Journal of Sociology 27(2) (2019): 128–52.

11. For allotments in Dublin, see P. Kettle, 'Motivations for Investing in Allotment Gardening in Dublin: A Sociological Analysis', Irish Journal of Sociology 22(2) (2014): 30–63.

12. See also M. Corcoran and M. Hayes, 'Towards a Morphology of Public Space in Suburban Dublin', Built Environment 41(4) (2015): 519–37.

12장

01. Lucretius, The Nature of Things, trans. A.E. Stallings, London: Penguin, 2007.

02. B. Inwood and L. Gerson (ed. and trans.), The Epicurus Reader, Indianapolis: Hackett Publishing Company, 1994.

03. Marcus Aurelius, Meditations, London: Collins Classics, 2020.

04. Ibid., p. 104.

05. Ibid., p. 69.

06. Ibid., p. 31.

07. 최근에 발간된 Gordon Brown: Seven Ways to Change the World, New York: Simon & Schuster, 2022 에 비추어 마르쿠스 아우렐리우스에 대한 이러한 비평이 더 수월해졌다. 정치인으로서의 경험을 회고하는 원로 정치인에게 무엇을 배울 수 있는지를 보여주는 좋은 예다.

08. Marcus Aurelius, Meditations, p. 24.

09. Seneca, 'Consolation to Helvia', in Dialogues and Essays, trans. J. Davie, Oxford: Oxford University Press, 2007, pp. 163–87 (p. 166).

10. Seneca, 'Consolation to Marcia', in Dialogues and Essays, trans. J. Davie, Oxford: Oxford University Press, 2007, pp. 53–84 (p. 74).

11. J. Davidson, Courtesans and Fishcakes: The Consuming Passions of Classical Athens, London: Fontana Press, 1998.

12. Juvenal, The Satires, trans. N. Rudd, Oxford: Oxford University Press, 2008.

13. R. Stoneman, Megasthenes' Indica: A New Translation of the Fragments with Commentary, London: Routledge, 2021.

14. N. Kazantzakis, Zorba the Greek, trans. C. Wildman, London: Faber & Faber, 2008 [1946].

15. Seneca, 'On the Happy Life', in Dialogues and Essays, trans. J. Davie, Oxford: Oxford University Press, 2007, pp. 85–111 (p. 89).

16. Inwood and Gerson (ed. and trans.), The Epicurus Reader.

17. Lucretius, The Nature of Things.

18. S. Greenblatt, The Swerve: How the Renaissance Began, New York: Vintage Books, 2011.

19. Inwood and Gerson (ed. and trans.), The Epicurus Reader, p. 32.

20. Ibid., p. 30.

21. G.W.F. Hegel, Lectures on the History of Philosophy: Vol. 2: Greek Philosophy, ed. and trans. R.F. Brown, London: Routledge & Kegan Paul, 1955, pp. 302–4.

22. Seneca, 'On the Happy Life', p. 95.

23. Reid, 'Athletics and Philosophy in Ancient Greece and Rome', p. 196.

24. Inwood and Gerson (ed. and trans.), The Epicurus Reader, p. 33.

25. Ibid., p. 34.

26. Kant, I. 2015 Critique of Practical Reason. Cambridge: Cambridge University Press P94

27. 이 요지와 표현은 Jeremy Bendik-Keymar에게 빌려온 것이다.

28. M. Cicero, On the Good Life, trans. M. Grant, London: Penguin, 1971.

29. G. Simmel, 'The Metropolis and Mental Life' (1903), in D. Levine (ed.), Simmel: On Individuality and Social Forms, Chicago: University of Chicago Press, 1971, pp. 324–39.

30. M. Nussbaum and S. Levmore, Aging Thoughtfully: Conversations about Retirement, Romance, Wrinkles, and Regret, Oxford: Oxford University Press, 2017, p. 1.

31. P. Bourdieu, Outline of a Theory of Practice, trans. R. Nice, Cambridge: Cambridge University Press, 1977 [1972].

32. K. Setiya, Midlife, Princeton: Princeton University Press, 2017.

33. M. Nussbaum, The Therapy of Desire: Theory and Practice in Hellenistic Ethics, Princeton: Princeton University Press, 1994.

34. Davidson, Courtesans and Fishcakes.

35. R. Wilk, 'Taking Fun Seriously in Envisioning Sustainable Con-

sumption', Consumption and Society 1(2) (2022): 255-72.

36. 'Climate Change: Green Light', The Economist, 12 November 2022, pp.75-6.

37. Juvenal's Satires might be regarded as a kind of hyper-moralizing version of the Stoics.

결론

01. G.W.F. Hegel, Phenomenology of Spirit, trans. A.V. Miller, Oxford: Oxford University Press, 1977 [1807].

02. C. Taylor, Hegel, Cambridge: Cambridge University Press, 1975.

03. Wood, Hegel's Ethical Thought, p. 6.

04. 쿠안의 시민 사회가 견고한 것으로 묘사되었으나 아일랜드의 다른 지역에서는 국가와의 관계가 훨씬 약함을 보여주는 증거가 있으며, 이를 확인하려면 M. Murphy, 'Civil Society in the Shadow of the Irish State', Irish Journal of Sociology 19(2) (2011): 170-87.

05. 헤겔 역시 시민 사회, 개인주의, 경제적 기반에 비판적이었으며 국가가 다양한 문제를 처리하는 보다 적합한 계층이라고 간주했는데 이에 관한 설명을 확인하려면 D. Kolb, The Critique of Modernity: Hegel, Heidegger and After, Chicago: University of Chicago Press, 1986, pp. 20-37.

06. M. Hardimon, Hegel's Social Philosophy, Cambridge: Cambridge University Press, 1994, p. 182.

07. Wood, Hegel's Ethical Thought, p. 50.

08. G.W.F. Hegel, Philosophy of Right, trans. T.M. Knox, Oxford: Oxford University Press, 1942 [1820].

09. K. Marx, Early Writings, trans. R. Livingstone and R. Benton, Harmondsworth. Penguin, 1975.

10. 헤겔은 성문법의 강력한 지지자였으며 이에 관한 설명을 확인하려면 Wood, Hegel's Ethical Thought, pp. 103-6.

11 See, for example, C. Arthur, 'Objectification and Alienation in Marx and Hegel', Radical Philosophy 30 (1982): 14-24; J. Hyppolite, Studies on Marx and Hegel, trans. J. O'Neill, London: Heinemann, 1969 [1955]; J. Torrance, Estrangement, Alienation and Exploitation, London: Macmillan, 1977.

12. 인류학자 낸시 먼의 논의를 통해 이 주장을 제기한 글을 확인하려면 Miller, Material Culture and Mass Consumption, pp. 50-67. N. Munn, The Fame of Gawa, Cambridge: Cambridge University Press, 1986.

13. G. Simmel, The Conflict in Modern Culture and Other Essays, ed. and trans. K.P. Etzkorn, New York: Teachers College Press, 1968.

14. https://plato.stanford.edu/entries/communitarianism/.

15. For example, Sandel, Liberalism and the Limits of Justice.

16. For example, M. Walzer, Spheres of Justice, Oxford: Blackwell, 1983. Also Nussbaum and Sen (eds), The Quality of Life.

17. C. Taylor, 'Conditions of an Unforced Consensus on Human Rights', in J.R. Bauer and D. Bell (eds), The East Asian Challenge for Human Rights, New York: Cambridge University Press, 1999, pp. 124-44.

18. Sandel, Liberalism and the Limits of Justice.

19. A. Etzioni, The Spirit of Community, New York: Crown Publishers, 1993.

20 See the discussion of Tonnies and Durkheim below.

21. 이성과 합리성 간의 관계, 후자의 규범적 함의 등에 대한 논의에 관심이 있다면 Moral Clarity, pp. 189-225.

22 See chapter 9, note 9 regarding the '15-minute city'.

23. 사회의 두 특징화 간의 논쟁에 대해 확인하려면 J. Aldous, E. Durkheim, and F. Tonnies, 'An Exchange between Durkheim and Tonnies on the Nature of Social Relations, with an Introduction by Joan Aldous', American Journal of Sociology 77(6) (1972): 1191-200.

24. Miller et al., The Global Smartphone.

25. For example, W. Mignolo, 'Epistemic Disobedience, Independent Thought and Decolonial Freedom', Theory, Culture and Society 26(7-8)

(2009): 159-81; F. Nyamnjoh, 'Blinded by Sight: Divining the Future of Anthropology in Africa', Africa Spectrum 47(2-3) (2012): 63-92.

26. N. Crossley, 'Merleau-Ponty, the Elusive Body and Carnal Sociology',

Body and Society 1(1) (1995): 43-63.

27. Neiman, Moral Clarity.

28. Das, Textures of the Ordinary.

29. MacIntyre, After Virtue, pp. 88-108. See also Mckay, 'Eudaimonia and Culture'.

30. MacIntyre, After Virtue, pp. 88-108.

31. Ibid., p. 276. See also Taylor, 'Conditions of an Unforced Consen-

sus on Human Rights'.

32. 인류학 관점에서 매킨타이어에 대한 유용한 비평을 확인하려면 Laidlaw, The Subject of Virtue, pp. 55-77.

33. 로빈스는 사람들이 경쟁 관계의 체계 간의 도덕성에 관한 관념과 실천을 협상하는 방식의 강조가 뒤르켐의 사회/규범적 결정과 최근의 개인주의적 접근 사이에 위치한다고 주장하며, 이에 관한 자세한 내용은 J. Robbins, 'Between Reproduction and Freedom: Morality, Value, and Radical Cultural Change', Ethnos 72(3) (2007): 293-314 에서 확인하면 된다. 매팅리 역시 이 수준의 분석에 반하는 구조주의와 탈구조주의적 개인의 도덕적 행위에 반대되는 개인의 도덕적 행위를 강조하는 것을 옹호했는데 자세한 내용을 확인하려면 C. Mattingly, 'Two Virtue Ethics and the Anthropology of Morality', Anthropological Theory 12(2) (2012): 161-84; T. Wentzer and C. Mattingly, 'Towards a New Humanism', Hau: Journal of Ethnographic Theory 8(1-2) (2018): 144-57.

34. 인류학자들은 심리학의 주류 연구와 차별화를 유지하는 것에도 관심을 기울였다. 개인의 윤리적 선택에 대한 인류학적 담론과 자연과학의 접근법 사이의 관계를 다룬 훌륭한 논의를 참고하려면 J. Laidlaw, Riches and Renunciation: Religion, Economy, and Society among the Jains, Oxford: Oxford University Press, 1995; and J. Robbins, Becoming Sinners: Christianity and Moral Torment in a Papua New Guinea Society, Berkeley: University of California Press, 2004.

35. Keane, Ethical Life.

36. 매킨타이어가 염두에 둔 바에 근접한 설명은 람벡Lambek의 스위스 농부 묘사를 참고하면 된다. 인생에서 성취를 이루고 이어 행복을 느끼는 것에 대한 증거는 보수적 전통에서 발견된다. 스위스인이 된다는 것은 새로운 폴리스를 건설하는 적극적 개입을 통해서 달성하는 것이 아니라 물려받는 선물이기 때문이다. M. Lambek, 'Le bonheur Suisse, again', in H. Walker and I. Kavedžija (eds), Values of Happiness: Toward an Anthropology of

Purpose in Life, Chicago: Hau Books, 2016, pp. 237–65.

37. H. Horst and D. Miller, The Cell Phone, Oxford: Berg, 2006.

38. M. Madianou and D. Miller, Migration and New Media, London: Routledge, 2012.

39. Miller, The Comfort of People.

참고 문헌

- Abu-Lughod, L., 'Do Muslim Women Really Need Saving? Anthropological Reflections on Cultural Relativism and Its Others', American Anthropologist 104(3) (2002): 783–90.

- Adorno, T., and M. Horkheimer, Dialectic of Enlightenment, trans. J. Cumming, London: Verso, 1977 [1944].

- Ahlins, T., Calling Family: Digital Technologies and the Making of Transnational Care Collectives, New Brunswick, NJ: Rutgers University Press, 2023.

- Aldous, J., É. Durkheim, and F. Tönnies, 'An Exchange between Durkheim and Tönnies on the Nature of Social Relations, with an Introduction by Joan Aldous', American Journal of Sociology 77(6) (1972): 1191–200.

- Anwar, M., and M. Graham, The Digital Continent, Oxford: Oxford University Press, 2022.

- Arber, S., and V. Timonen (eds), Contemporary Grandparenting: Changing Family Relationships in Global Contexts, Bristol: Policy Press, 2012.

- Arensberg, C.M., and S.T. Kimball, Family and Community in Ireland, Cambridge, MA: Harvard University Press, 1940.

- Aristotle, The Nicomachean Ethics, trans. J.A.K. Thomson with H.

Tredennick, London: Penguin, 2004.

- Aristotle, The Politics, trans. T.A. Sinclair, London: Penguin, 1962.

- Arthur, C., 'Objectification and Alienation in Marx and Hegel', Radical Philosophy 30 (1982): 14–24.

- Astin, J.A., 'Why Patients Use Alternative Medicine: Results of a National Study', JAMA 279(19) (1998): 1548–53.

- Bain-Selbo, E., and D. Sapp, Understanding Sports as a Religious Phenomenon, London: Bloomsbury, 2016.

- Bakewell, S., At the Existentialist Café: Freedom Being and Apricot Cocktails, London: Chatto & Windus, 2016.

- Barry, S., The Secret Scripture, London: Faber & Faber, 2008.

- Baudrillard, J., For a Critique of the Political Economy of the Sign, trans. C. Levin, St Louis, MO: Telos Press, 1981 [1972].

- Baudrillard, J., The Mirror of Production, trans. M. Poster, St Louis, MO: Telos Press, 1981 [1973].

- Bellerose, D., et al., Trends in Treated Problem Cocaine Use in Ireland, 2002 to 2007, Dublin: Health Research Board, 2011: https://www.lenus.ie/bitstream/handle/10147/84034/HRB_Trend_Series_6.pdf?sequence=1.

- Benjamin, W., The Arcades Project, trans. H. Eiland and K. McLaughlin, Cambridge, MA: Belknap Press, 1999.

- Benjamin, W., 'Unpacking My Library: A Talk about Book Collecting', in Illuminations: Essays and Reflections, ed. H. Arendt, trans. H. Zohn, New York: Schocken Books, 1969, pp. 1–11.

- Benjamin, W., 'The Work of Art in the Age of Mechanical Reproduction', in Illuminations: Essays and Reflections, ed. H. Arendt, trans. H. Zohn, New York: Schocken Books, 1969, pp. 166–95.
- Berlin, I., Four Essays on Liberty, Oxford: Oxford University Press, 1969.
- Berlin, I., Freedom and Its Betrayal: Six Enemies of Human Liberty, London: Chatto & Windus, 2002.
- Berlin, I., Liberty, Oxford: Oxford University Press, 2003.
- Besnier, N., and S. Brownell, 'Sport, Modernity and the Body', Annual Reviews of Anthropology 41 (2012): 443–59.
- Besnier, N., S. Brownwell, and T. Carter, The Anthropology of Sport, Berkeley: University of California Press, 2017.
- Blok, J., Citizenship in Classical Athens, Cambridge: Cambridge University Press, 2017.
- Bourdieu, P., Distinction: A Social Critique of the Judgement of Taste, trans. R. Nice, London: Routledge & Kegan Paul, 1984 [1979].
- Bourdieu, P., Outline of a Theory of Practice, trans. R. Nice, Cambridge: Cambridge University Press, 1977 [1972].
- Bourdieu, P., The Political Ontology of Martin Heidegger, trans. P. Collier, Cambridge: Polity, 1991 [1988].
- Bowlby, J., Attachment, vol. 1: Attachment and Loss, 2nd edn, New York: Basic Books, 1969.
- Braidotti, R., The Posthuman, Cambridge: Polity, 2013.

- Brandtstädter, S., 'Rising from the Ordinary: Virtue, the Justice Motif and Moral Change', Anthropological Theory 21(2) (2021): 180–205.

- Breen, R., D. Hannan, D. Rottman, and C. Whelan, Understanding Ireland: State, Class and Development in the Republic of Ireland, Basingstoke: Palgrave Macmillan, 1990.

- Brick, A., and S. Connoll, 'Waiting Times for Publicly Funded Hospital Treatment: How Does Ireland Measure Up?', The Economic and Social Review 52(1) (2021): 41–52.

- Brkljačić, T., L. Lučić, and I. Sučić, 'Well-Being, Motives and Experiences in Live and Online Game Settings: Case of Contract Bridge', International Journal of Gaming and Computer-Mediated Simulations 9(4) (2017): 19–43.

- Brown, G., Seven Ways to Change the World, New York: Simon & Schuster, 2022.

- Burke, S., Irish Apartheid: Healthcare Inequality in Ireland, Dublin: New Island, 2009.

- Campbell, C., The Romantic Ethic and the Spirit of Modern Consumerism, Oxford: Basil Blackwell, 1987.

- Charles, N., 'Post-Human Families? Dog–Human Relations in the Domestic Sphere', Sociological Research Online 21(3) (2016).

- Charles, N., and C. Davies, 'My Family and Other Animals: Pets as Kin', Sociological Research Online 13(5) (2017).

- Chatterjee, H., P. Camic, B. Lockyer, and L. Thomson, 'Non-Clinical Community Interventions: A Systematised Review of Social Prescribing Schemes', Arts & Health 10(2) (2018): 97–123.

- Cicero, M., On the Good Life, trans. M. Grant, London: Penguin, 1971.
- Clifford, J., Routes: Travel and Translation in the Late Twentieth Century, Cambridge, MA: Harvard University Press, 1997.
- Cockayne, E., Cheek by Jowl: A History of Neighbours, London: Vintage Books, 2012.
- Collins, T., and W. Vamplew, Mud, Sweat and Beers, Oxford: Berg, 2002.
- Connolly, L., 'Introduction', in L. Connolly (ed.), The 'Irish' Family, London: Routledge, 2015, pp. 1–9.
- Connolly, L., 'Locating "the Irish Family": Towards Plurality of Family Forms?', in L. Connolly (ed.), The 'Irish' Family, London: Routledge, 2015, pp. 10–38.
- Cook, J., and J. Cassaniti (eds), 'Mindfulness and Culture', Anthropology Today 38(2) (2022).
- Corcoran, M., '"God's Golden Acre for Children": Pastoralism and Sense of Place in New Suburban Communities', Urban Studies 47(12) (2010): 2537–54.
- Corcoran, M., and M. Hayes, 'Towards a Morphology of Public Space in Suburban Dublin', Built Environment 41(4) (2015): 519–37.
- Craig, C., 'Reading Identity: American and Irish Women's Book Clubs, Culture, and Identity', Irish Journal of Sociology 27(2) (2019): 128–52.

- Crossley, N., 'Merleau-Ponty, the Elusive Body and Carnal Sociology', Body and Society 1(1) (1995): 43–63.

- Curristan, D., B. Maître, and H. Russell, Intergenerational Poverty in Ireland, Dublin: Economic and Social Research Institute, 2020.

- Darcy, C., 'Making the Invisible Visible: Masculinities and Men's Illicit Recreational Drug Use', Irish Journal of Sociology 26(1) (2018): 5–24.

- Das, V., Textures of the Ordinary: Doing Anthropology after Wittgenstein, New York: Fordham University Press, 2020.

- Davidson, J., Courtesans and Fishcakes: The Consuming Passions of Classical Athens, London: Fontana Press, 1998.

- de Michelis, E., A History of Modern Yoga, London: Continuum, 2004.

- Descola, P., and G. Palsson (eds), Nature and Society: Anthropological Perspectives, London: Routledge, 1996.

- Devereux, E., 'The Lonely Furrow: Muintir Na Tire and Irish Community Development 1931–1991', Community Development Journal 28(1) (1993): 45–54.

- Doppelt, G., 'Rawls' System of Justice: A Critique from the Left', Noûs 15(3) (1981): 259–307.

- Douglas, M., and B. Isherwood, The World of Goods, London: Allen Lane, 1979.

- Doyle, A., et al., Drugnet Ireland 82 (2022): https://www.drugsandalcohol.ie/37086/1/Drugnet_Ireland_Issue_82.pdf.

- Drążkiewicz, E., et al., 'Repealing Ireland's Eighth Amendment: Abortion Rights and Democracy Today', Social Anthropology 28(3): 1–25.

- Dreyfus, H., Being-in-the-World: A Commentary on Heidegger's Being and Time, Division 1, Cambridge, MA: MIT Press, 1991.

- Duany, A., and R. Steuteville, 'Defining the 15-Minute City', Public Square, 8 February 2021: https://www.cnu.org/publicsquare/2021/02/08/defining-15-minute-city.

- Duggan, B., and G.A. Mohan, 'Longitudinal Examination of Young People's Gambling Behaviours and Participation in Team Sports', Journal of Gambling Studies 39 (2023): 541–57.

- Duque, M., Ageing with Smartphones in Urban Brazil: A Work in Progress, London: UCL Press, 2022.

- Durkheim, É., 'The Contribution of Sociology to Psychology and Philosophy' (1909), in É. Durkheim, The Rules of Sociological Method, trans. W.D. Halls, New York: The Free Press, 1982, pp. 236–40.

- Durkheim, É., Suicide: A Study in Sociology, trans. J.A. Spaulding and G. Simpson, New York: Free Press, 1979 [1897].

- Etzioni, A., The Spirit of Community, New York: Crown Publishers, 1993.

- Ferris, D. (ed.), The Cambridge Companion to Walter Benjamin, Cambridge: Cambridge University Press, 2004.

- Fletcher, T., 'The Making of English Cricket Cultures: Empire, Globalization and (Post)colonialism', Sport in Society 14(1) (2011):

17–36.

- Foley, R., 'Indigenous Narratives of Health: (Re)Placing Folk-Medicine within Irish Health Histories', Journal of Medical Humanities 36 (2015): 5–18.

- Forsberg, H., and V. Timonen, 'The Future of the Family as Envisioned by Young Adults in Ireland', Journal of Youth Studies 21(6): 765–79.

- Foucault, M., The History of Sexuality: Volume 1: An Introduction, trans. R. Hurley, London: Allen Lane, 1979 [1976].

- Free, M., and C. Scully, 'The Run of Ourselves: Shame, Guilt and Confession in Post-Celtic Tiger Irish Media', International Journal of Cultural Studies 21(3) (2018): 308–24.

- Galbraith, J.K., The New Industrial State, Boston: Houghton Mifflin, 1967.

- Gardner, J., Being a Roman Citizen, London: Routledge, 1993.

- Garry, J., N. Hardman, and D. Payne, Irish Social and Political Attitudes, Liverpool: Liverpool University Press, 2006.

- Garvey, P., and D. Miller, Ageing with Smartphones in Ireland: When Life Becomes Craft, London: UCL Press, 2021.

- Garvey, P., D. Miller, and S. Mohammid, 'From Menopause to Hypertension: The Problem of Securing Engagement', in C. Hawkins, P. Awondo, and D. Miller (eds), mHealth: An Anthropological Approach, London: UCL Press, forthcoming.

- Geraghty, R., J. Gray, and D. Ralph, 'One of the Best Members of the Family: Continuity and Change in Young Children's Relationships with Their Grandparents', in L. Connolly (ed.), The 'Irish' Family, London: Routledge, 2015, pp. 124–39.

- Gilmartin, M., and B. Migge, 'European Migrants in Ireland: Pathways to Integration', International Journal of Health Services 22(3) (2015): 459–82.

- Gilroy, P., The Black Atlantic, London: Verso, 1993.Glassie, H., Passing the Time in Ballymenone, Bloomington: Indiana University Press, 1982.

- Glassie, H., Passing the Time in Ballymenone, Bloomington: Indiana University Press, 1982.

- Gray, J., R. Geraghty, and D. Ralph, Family Rhythms: The Changing Textures of Family Life in Ireland, Manchester: Manchester University Press, 2016.

- Gray, M., and S. Suri, Ghost Work, Boston: Houghton Mifflin Harcourt, 2019.

- Greenblatt, S., The Swerve: How the Renaissance Began, New York: Vintage Books, 2011.

- Grotti, R., H. Russell, É. Fahey, and B. Maître, 'Discrimination and Inequality in Housing in Ireland', Dublin: Economic and Social Research Institute, 2018: https://www.esri.ie/publications/discrimination-and-inequality-in-housing-in-ireland.

- Gurova, O., 'Ideology of Consumption in Soviet Union: From Asceticism to the Legitimating of Consumer Goods', Anthropology of East Europe Review 24(2) (2006): 91–98.

- Hacking, I., The Social Construction of What?, Cambridge, MA:

Harvard University Press, 1999.

- Hadot, P., What is Ancient Philosophy?, trans. M. Chase, Cambridge, MA: Harvard University Press, 2002 [1995].

- Hakim, D., and D. Dalby, 'Ireland Votes to Approve Gay Marriage, Putting Country in Vanguard', The New York Times, 23 May 2015.

- Haraway, D., 'The Companion Species Manifesto: Dogs, People and Significant Otherness', in Manifestly Haraway, Minneapolis: University of Minnesota Press, 2016, pp. 91–198.

- Hardimon, M., Hegel's Social Philosophy, Cambridge: Cambridge University Press, 1994.

- Harries, K., The Ethics of Architecture, Cambridge, MA: MIT Press, 1997.

- Harvey, D., The Condition of Postmodernity, Oxford: Blackwell, 1989.

- Haug, W.F., Critique of Commodity Aesthetics: Appearance, Sexuality and Advertising in Capitalist Society, trans. R. Bock, Cambridge: Polity, 1986 [1971].

- Haugeland, J., Dasein Disclosed, Cambridge, MA: Harvard University Press, 2013.

- Hawkins, C., Ageing with Smartphones in Urban Uganda, London: UCL Press, forthcoming.

- Hawkins, C., P. Awondo, and D. Miller (eds), mHealth: An Anthropological Approach, London: UCL Press, forthcoming.

- Hegel, G.W.F., Lectures on the History of Philosophy, vol. 2: Greek

Philosophy, ed. and trans. R.F. Brown, London: Routledge & Kegan Paul, 1955.

- Hegel, G.W.F., Phenomenology of Spirit, trans. A.V. Miller, Oxford: Oxford University Press, 1977 [1807].

- Hegel, G.W.F., Philosophy of Right, trans. T.M. Knox, Oxford: Oxford University Press, 1942 [1820].

- Heidegger, M., Being and Time, trans. J. Macquarrie and E. Robinson, New York: Harper & Row, 1962 [1927].

- Heidegger, M., 'Building Dwelling Thinking', in M. Heidegger, Poetry, Language, Thought, trans. A. Hofstadter, New York: Harper Perennial, 1971, pp. 143–59.

- Heidegger, M., The Question Concerning Technology and Other Essays, trans. W. Lovitt, New York: Garland, 1977.

- Henig, D., A. Strhan, and J. Robbins (eds), Where is the Good in the World?, New York: Berghahn, 2022.

- Hickman, M., 'Thinking about Ireland and the Irish Diaspora', in Tom Inglis (ed.), Are the Irish Different?, Manchester: Manchester University Press, pp. 133–44.

- Higgs, P., and C. Gilleard, Rethinking Old Age: Theorising the Fourth Age, London: Macmillan International Higher Education, 2015.

- Hinton, W., Fanshen: A Documentary of Revolution in a Chinese Village, New York: Monthly Review Press, 1966.

- Holbraad, M., 'The Contingency of Concepts', in P. Charbonnier, G. Salmon, and P. Skafish (eds), Comparative Metaphysics, London: Rowman & Littlefield, pp. 131–56.

- Horowitz, D., The Anxieties of Affluence: Critiques of American Consumer Society, 1939–1979, Cambridge, MA: University of Massachusetts Press, 2004.

- Horowitz, D., Consuming Pleasures: Intellectuals and Popular Culture in the Postwar World, Philadelphia: University of Pennsylvania Press, 2012.

- Horowitz, D., The Morality of Spending: Attitudes towards the Consumer Society in America, 1875–1940, Chicago: Ivan R. Dee, 1992.

- Horst, H., and D. Miller, The Cell Phone, Oxford: Berg, 2006.

- Howe, S., Ireland and Empire: Colonial Legacies in Irish History and Culture, Oxford: Oxford University Press, 2000.

- Hyppolite, J., Studies on Marx and Hegel, trans. J. O'Neill, London: Heinemann, 1969 [1955].

- Inglis, T., Global Ireland: Same Difference, New York: Routledge, 2007.

- Inglis, T., Moral Monopoly: The Rise and Fall of the Catholic Church in Modern Ireland, 2nd edn, Dublin: University College Dublin Press, 1998.

- Ingold, T., The Perception of the Environment: Essays on Livelihood, Dwelling and Skill, London: Routledge, 2000.

- Inwood, B., and L. Gerson (ed. and trans.), The Epicurus Reader, Indianapolis: Hackett Publishing Company, 1994.

- James, C.L.R., Beyond a Boundary, London: Hutchinson, 1963.

- Jiménez Corsín, A. (ed.), Culture and Well-Being: Anthropological Approaches to Freedom and Political Ethics, London: Pluto, 2008.

- Juvenal, The Satires, trans. N. Rudd, Oxford: Oxford University Press, 2008.

- Kant, I., Critique of Practical Reason, ed. and trans. M. Gregor, Cambridge: Cambridge University Press, 2015 [1788].

- Kant, I., Critique of Pure Reason, ed. and trans. P. Guyer and A.W. Wood, Cambridge: Cambridge University Press, 1998 [1781].

- Kant, I., Fundamental Principles of the Metaphysics of Morals, trans. T.K. Abbott, Project Gutenberg, 2002 [1785]: https://www.gutenberg.org/ebooks/5682.

- Kavedžija, I., Making Meaningful Lives: Tales from an Aging Japan, Philadelphia: University of Pennsylvania Press, 2019.

- Kazantzakis, N., Zorba the Greek, trans. C. Wildman, London: Faber & Faber, 2008 [1946].

- Keane, J.B., The Field, Cork: Mercier Press, 1966.

- Keane, W., Ethical Life: Its Natural and Social Histories, Princeton: Princeton University Press, 2016.

- Keenan, M., 'Sexual Abuse and the Catholic Church', in T. Inglis (ed.), Are the Irish Different?, Manchester: Manchester University Press, 2014, pp. 99–110.

- Kettle, P., 'Motivations for Investing in Allotment Gardening in Dublin: A Sociological Analysis', Irish Journal of Sociology 22(2) (2014):

30–63.

- Keyes, M., Rachel's Holiday, London: Michael Joseph, 1998.

- Kiberd, D., Inventing Ireland: The Literature of the Modern Nation, Cambridge, MA: Harvard University Press, 1995.

- King, K., 'Neutralizing Marginally Deviant Behavior: Bingo Players and Superstition', Journal of Gambling Studies 6(1) (1990): 43–61.

- Klein, M., Envy and Gratitude and Other Works, London: Delacorte Press, 1975.

- Knauf, B., 'Finding the Good: Reactive Modernity amongst the Gebusi, in the Pacific and Elsewhere', The Australian Journal of Anthropology 30 (2019): 84–103.

- Kolb, D., The Critique of Modernity: Hegel, Heidegger and After, Chicago: University of Chicago Press, 1986.

- Kopnina, L., 'Anthropocentrism and Post-Humanism', International Encyclopaedia of Anthropology, Oxford: Wiley, 2019: https://doi.org/10.1002/9781118924396.wbiea2387.

- Koster, A., and K. Garde, 'Sexual Desire and Menopausal Development: A Prospective Study of Danish Women Born in 1936', Maturitas 16(1) (1993): 49–60.

- Laidlaw, J., Riches and Renunciation: Religion, Economy, and Society among the Jains, Oxford: Oxford University Press, 1995.

- Laidlaw, J., The Subject of Virtue, Cambridge: Cambridge University Press, 2014.

- Lamb, S. (ed.), Successful Aging as a Contemporary Obsession,

New Brunswick, NJ: Rutgers University Press, 2017.

- Lambek, M., 'Le bonheur Suisse, again', in H. Walker and I. Kavedžija (eds), Values of Happiness: Toward an Anthropology of Purpose in Life, Chicago: Hau Books, 2016, pp. 237–65.

- Lambek, M., 'Introduction', in M. Lambek (ed.), Ordinary Ethics: Anthropology, Language, and Action, New York: Fordham University Press, 2010, pp. 1–36.

- Lambek, M. (ed.), Ordinary Ethics: Anthropology, Language, and Action, New York: Fordham University Press, 2010.

- Lambek, M., 'Value and Virtue', Anthropological Theory 8(2) (2008): 133–57.

- Lambek, M., V. Das, D. Fassin, and W. Keane, Four Lectures on Ethics, Chicago: Hau Books, 2015.

- Lang, B., Heidegger's Silence, Ithaca, NY: Cornell University Press, 1996.

- Lasch, C., The Culture of Narcissism, New York: W.W. Norton, 1979.

- Lawler, M., C. Heary, G. Shorter, and E. Nixon, 'Peer and Parental Processes Predict Distinct Patterns of Physical Activity Participation among Adolescent Girls and Boys', International Journal of Sport and Exercise Psychology 20(2) (2022): 497–514.

- Leonard, L., The Environmental Movement in Ireland, New York: Springer, 2007.

- Liston, K., 'The GAA and the Sporting Irish', in T. Inglis (ed.), Are the Irish Different?, Manchester: Manchester University Press,

2014, pp. 199–210.

- Lucretius, The Nature of Things, trans. A.E. Stallings, London: Penguin, 2007.

- Lynteris, C., 'The Frankfurt School, Critical Theory and Anthropology', in M. Candea (ed.), Schools and Styles of Anthropological Theory, London: Routledge, 2018, pp. 159–72.

- Macfarlane, A., The Origins of English Individualism, Oxford: Blackwell, 1979.

- MacIntyre, A., After Virtue: A Study in Moral Theory, 3rd edn, Notre Dame, IN: University of Notre Dame Press, 2007 [1981].

- Mackenzie, C., 'Relational Autonomy, Normative Authority and Perfectionism', Journal of Social Philosophy 39(4) (2008): 512–33.

- Mackenzie, C., 'Three Dimensions of Autonomy: A Relational Analysis', in A. Veltman and M. Piper (eds), Autonomy, Oppression and Gender, Oxford: Oxford University Press, 2014, pp. 15–41.

- Mackenzie, C., and N. Stoljar (eds), Relational Autonomy: Feminist Perspectives on Autonomy, Agency, and the Social Self, New York: Oxford University Press, 2000.

- MacNamara, B., The Valley of the Squinting Windows, Dublin: Maunsel and Company, 1918.

- Madianou, M., and D. Miller, Migration and New Media, London: Routledge, 2012.

- Maguire, M., and F. Murphy, Integration in Ireland: The Everyday Lives of African Migrants, Manchester: Manchester University Press, 2015.

- Malcolm, E., 'Ireland Sober, Ireland Free': Drink and Temperance in Nineteenth-Century Ireland, Syracuse, NY: Syracuse University Press, 1986.

- Malpas, J., Heidegger's Topology: Being, Place, World, Cambridge, MA: MIT Press, 2008.

- Mandle, W., The Gaelic Athletic Association and Irish Nationalist Politics, 1884–1924, London: Christopher Helm and Dublin: Gill & Macmillan, 1987.

- Marcus Aurelius, Meditations, London: Collins Classics, 2020.

- Marcuse, H., One-Dimensional Man, London: Routledge & Kegan Paul, 1964.

- Marks, S., 'Durkheim's Theory of Anomie', American Journal of Sociology 80(2) (1994): 329–63.

- Marmoy, C.F.A., 'The "Auto-Icon" of Jeremy Bentham at University College, London', Medical History 2(2) (1958): 77–86.

- Marx, K., Early Writings, trans. R. Livingstone and R. Benton, Harmondsworth: Penguin, 1975.

- Massey, D., Space, Place and Gender, Minneapolis: University of Minneapolis Press, 1994.

- Mattingly, C., 'Two Virtue Ethics and the Anthropology of Morality', Anthropological Theory 12(2) (2012): 161–84.

- Mattingly, C., R. Dyring, M. Louw, and T. Wentzer (eds), Moral Engines: Exploring the Ethical Drives in Human Life, London: Berghahn, 2018.

- Mauger, A., 'A Great Race of Drinkers? Irish Interpretations of Alcoholism and Drinking Stereotypes, 1945–1975', Medical History 65(1) (2010): 70–89.

- Maycock, P., 'Cocaine Use In Ireland: An Exploratory Study', in R. Moran et al., A Collection of Papers on Drug Issues in Ireland, Dublin: Health Research Board, 2021, pp. 80–152.

- Mckay, F., 'Eudaimonia and Culture: The Anthropology of Virtue', in J. Vittersø (ed.), Handbook of Eudaimonic Well-Being, Cham: Springer, 2016, pp. 409–26.

- Mead, G.H., Mind, Self and Society, Chicago: University of Chicago Press, 2015 [1934].

- Mignolo, W., 'Epistemic Disobedience, Independent Thought and Decolonial Freedom', Theory, Culture and Society 26(7–8) (2009): 159–81.

- Miller, D., 'Brexit and the Decolonization of Ireland', Hau: Journal of Ethnographic Theory 10(2) (2020): 356–60.

- Miller, D., 'Care and Surveillance – The Good Citizens of COVID-19', in S. Abram, L. Lambert, and J. Robinson (eds), How to Live through a Pandemic, London: Routledge, 2023.

- Miller, D., The Comfort of People, Cambridge: Polity, 2017.

- Miller, D., 'Dr Google will see you first', in C. Hawkins, P. Awondo, and D. Miller (eds), mHealth: An Anthropological Approach, London: UCL Press, forthcoming.

- Miller, D., 'The Ideology of Friendship in the Era of Facebook', Hau: Journal of Ethnographic Theory 7(1) (2017): 377–95.

- Miller, D., Material Culture and Mass Consumption, Oxford: Blackwell, 1987.

- Miller, D., Social Media in an English Village, London: UCL Press, 2016.

- Miller, D., Tales from Facebook, Cambridge: Polity, 2011.

- Miller, D., A Theory of Shopping, Cambridge: Polity, 1998.

- Miller, D., 'The Tragic Dénouement of English Sociality', Cultural Anthropology 30(2) (2015): 336–57.

- Miller, D., and P. Garvey, 'Grandparenting as the Resolution of Kinship as Experience', Journal of the Royal Anthropological Institute 28(3) (2022): 975–92.

- Miller, D., and J. Sinanan, Webcam, Cambridge: Polity, 2014.

- Miller, D., and S. Woodward, Blue Jeans: The Art of the Ordinary, Berkeley: University of California Press, 2012.

- Miller, D., et al., The Global Smartphone: Beyond a Youth Technology, London: UCL Press, 2021.

- Miller, D., et al., How the World Changed Social Media, London: UCL Press, 2016.

- Miller, R., The Triumph of Prometheus: The Rise and Fall of Animal Experimentation, Oxford: Oxford University Press, 2023.

- Miller, S., Ancient Greek Athletics, New Haven: Yale University Press, 2004.

- Miller, S., Arete: Greek Sports from Ancient Sources, Berkeley: University of California Press, 2012.

- Mitchell, A., and P. Trawny, Heidegger's Black Notebooks, New York: Columbia University Press, 2017.

- Moane, G., 'A Psychological Analysis of Colonialism in an Irish Context', Irish Journal of Psychology 15 (1994): 250–65.

- Motherway, B., M. Kelly, P. Faughnan, and H. Tovey, Trends in Irish Environmental Attitudes between 1993 and 2002: First Report of National Survey Data, Dublin: Environmental Protection Agency, 2003.

- Moubarac, J.-C., N.W. Shead, and J. Derevensky, 'Bingo Playing and Problem Gambling: A Review of Our Current Knowledge', Journal of Gambling Studies 24 (2010): 164–84.

- Munn, N., The Fame of Gawa, Cambridge: Cambridge University Press, 1986.

- Munoz-Dardé, V., 'Rawls, Justice in the Family and Justice of the Family', The Philosophical Quarterly 48(192) (2003): 335–52.

- Murphy, A., and C. Kelleher, 'Contemporary Health Practices in the Burren', The Irish Journal of Psychology 16(1) (1995): 38–51.

- Murphy, F., 'Austerity Ireland, the New Thrift Culture and Sustainable Consumption', Journal of Business Anthropology 6(2): 158–74.

- Murphy, M., 'Civil Society in the Shadow of the Irish State', Irish Journal of Sociology 19(2) (2011): 170–87.

- Nagle, S., Histories of Nationalism in Ireland and Germany: A Comparative Study from 1800 to 1932, London: Bloomsbury, 2016.

- Neiman, S., Moral Clarity, Princeton: Princeton University Press,

2009.

- Nicolescu, R., Social Media in Southeast Italy, London: UCL Press, 2016.

- Norbeck, E., and H. Befu, 'Informal Fictive Kinship in Japan', American Anthropologist 60(1) (1958): 102–17.

- Norris, M., 'Davis Now Lectures: Unmaking Home: Making Homes for Shelter or for Investment?', RTE.IE, 4 February 2020: https://www.rte.ie/culture/2020/0131/1112298-davis-now-lectures-making-homes-for-shelter-or-for-investment/.

- Norris, M., Property, Family and the Irish Welfare State, Cham: Springer, 2016.

- Nove, A., The Economics of Feasible Socialism, London: Routledge, 1983.

- Nussbaum, M., Frontiers of Justice: Disability, Nationality, Species Membership, Cambridge, MA: Harvard University Press, 2006.

- Nussbaum, M., 'Nature, Function, and Capability: Aristotle on Political Distribution', Working Paper 31, Helsinki: World Institute for Development Economic Research of the United Nations University, 1987.

- Nussbaum, M., The Therapy of Desire: Theory and Practice in Hellenistic Ethics, Princeton: Princeton University Press, 1994.

- Nussbaum, M., Women and Human Development: The Capabilities Approach, Cambridge: Cambridge University Press, 2000.

- Nussbaum, M., and S. Levmore, Aging Thoughtfully: Conversations about Retirement, Romance, Wrinkles, and Regret, Oxford: Oxford

University Press, 2017.

- Nussbaum, M., and A. Sen (eds), The Quality of Life, Oxford: Clarendon Press, 1993.

- Nyamnjoh, F., 'Blinded by Sight: Divining the Future of Anthropology in Africa', Africa Spectrum 47(2–3) (2012): 63–92.

- O'Riain, S., The Rise and Fall of Ireland's Celtic Tiger: Liberalism, Boom and Bust, Cambridge: Cambridge University Press, 2014.

- O'Toole, F., We Don't Know Ourselves: A Personal History of Ireland since 1958, London: Head of Zeus, 2021.

- Otteson, J., 'Kantian Individualism and Political Libertarianism', Independent Review 13(3) (2009): 389–409.

- Papakonstantinou, Z., 'Alciabiades in Olympia: Olympic Ideology, Sport and Social Conflict in Classical Athens', Journal of Sport History 30(2) (2003): 173–82.

- Piketty, T., Capital in the Twenty-First Century, Cambridge, MA: Harvard University Press, 2014.

- Plato, Euthydemus 282a, in The Dialogues of Plato: Volume 2, trans. B. Jowett, London: Sphere Books, 1970, p. 147.

- Power, E., 'Furry Families: Making a Human–Dog Family through Home', Social and Cultural Geography 9(5) (2008): 535–55.

- Rabbås, Ø., E. Emilsson, H. Fossheim, and M. Tuominen (eds), The Quest for the Good Life: Ancient Philosophers on Happiness, Oxford: Oxford University Press, 2015.

- Rawls, J., A Theory of Justice, Cambridge, MA: Harvard University

Press, 1999 [1971].

- Rawls, J., Political Liberalism, New York: Columbia University Press, 1993.

- Reid, H.L., 'Athletic Virtue and Aesthetic Values in Aristotle's Ethics', Journal of the Philosophy of Sport 47(1) (2020): 63–74.

- Reid, H.L., 'Athletics and Philosophy in Ancient Greece and Rome: Contests of Virtue', Sport, Ethics and Philosophy 4(2) (2010): 109–234.

- Reid, H.L., Athletics and Philosophy in the Ancient World: Contests of Virtue, London: Routledge, 2011.

- Reid, H.L., Introduction to the Philosophy of Sport, Lanham, MD: Rowman & Littlefield, 2012.

- Reid, H.L., Olympic Philosophy: The Ideas and Ideals behind the Ancient and Modern Olympic Games, Sioux City, IA: Parnassos Press, 2020.

- Reid, H.L., 'Sport and Moral Education in Plato's Republic', Journal of the Philosophy of Sport 34(2) (2007): 160–75.

- Robbins, J., Becoming Sinners: Christianity and Moral Torment in a Papua New Guinea Society, Berkeley: University of California Press, 2004.

- Robbins, J., 'Between Reproduction and Freedom: Morality, Value, and Radical Cultural Change', Ethnos 72(3) (2007): 293–314.

- Robbins, J., 'Beyond the Suffering Subject: Toward an Anthropology of the Good', Journal of the Royal Anthropological Institute 19(3) (2013): 447–62.

- Robbins, J., 'Where in the World are Values? Exemplarity and Moral Motivation', in C. Mattingly, R. Dyring, M. Louw, and T. Wentzer (eds), Moral Engines: Exploring the Ethical Drives in Human Life, London: Berghahn, 2018, pp. 155–73.

- Rojas, M., Sweden after the Swedish Model: From Tutorial State to Enabling State, trans. R. Tanner and C. Edbrooke, Stockholm: Timbro, 2005.

- Ryan, C., 'The Power of Bingo during COVID-19', 25 May 2020: http://somatosphere.net/2020/bingo.html/.

- Sahlins, M., Culture and Practical Reason, Chicago: University of Chicago Press, 1976.

- Samuel, G., The Origins of Yoga and Tantra: Indic Religions to the Thirteenth Century, Cambridge: Cambridge University Press, 2012.

- Sandel, M.J., Liberalism and the Limits of Justice, Cambridge: Cambridge University Press, 2012.

- Sandel, M.J., The Tyranny of Merit: What's Become of the Common Good?, London: Penguin, 2020.

- Sartre, J.-P., Anti-Semite and Jew, trans. G.J. Becker, New York: Schocken, 1995 [1946].

- Sartre, J.-P., Being and Nothingness: An Essay in Phenomenological Ontology, trans. S. Richmond, London: Routledge, 2020 [1943].

- Sartre, J.-P., Critique of Dialectical Reason: Volume 1: Theory of Practical Ensembles, trans. A. Sheridan-Smith, London: Verso, 2004 [1960].

- Sartre, J.-P., Critique of Dialectical Reason: Volume 2: The Intelligibility of History, trans. Q. Hoare, London: Verso, 2006 [1985].

- Sartre, J.-P., Nausea, trans. R. Baldick, London: Penguin, 2000 [1938].

- Savage, M., T. Callan, B. Brain, and B. Colgan, The Great Recession, Austerity and Inequality: Evidence from Ireland, Dublin: Economic and Social Research Institute Working Paper 499 (2015): https://www.econstor.eu/bitstream/10419/129395/1/823265064.pdf.

- Scharf, T., V. Timonen, C. Conlon, and G. Carney, Changing Generations: Findings from New Research on Intergenerational Relations in Ireland, Trinity College Dublin and National University of Ireland Galway, April 2013: http://www.tara.tcd.ie/handle/2262/75620.

- Scheper-Hughes, N., Saints, Scholars and Schizophenics, Berkeley: University of California Press, 1979.

- Scott, D., and G.C. Godbey, 'An Analysis of Adult Play Groups: Social versus Serious Participation in Contract Bridge', Leisure Studies 14(1) (1992): 47–67.

- Sen, A., Development as Freedom, Oxford: Oxford University Press, 1999.

- Sen, A., The Idea of Justice, London: Penguin, 2010.

- Seneca, 'Consolation to Helvia', in Dialogues and Essays, trans. J. Davie, Oxford: Oxford University Press, 2007, pp. 163–87.

- Seneca, 'Consolation to Marcia', in Dialogues and Essays, trans. J. Davie, Oxford: Oxford University Press, 2007, pp. 53–84.

- Seneca, 'On the Happy Life', in Dialogues and Essays, trans. J. Davie, Oxford: Oxford University Press, 2007, pp. 85–111.
- Setiya, K., Midlife, Princeton: Princeton University Press, 2017.
- Share, M., and L. Kerrins, 'The Role of Grandparents in Childcare in Ireland: Towards a Research Agenda', Irish Journal of Applied Social Studies 9(1) (2009): 33–47.
- Share, P., H. Tovey, and M.P. Corcoran, A Sociology of Ireland, Dublin: Gill & Macmillan, 2007.
- Sidgwick, H., The Methods of Ethics, New York: Macmillan and Co., 1907 [1874].
- Simmel, G., The Conflict in Modern Culture and Other Essays, ed. and trans. K.P. Etzkorn, New York: Teachers College Press, 1968.
- Simmel, G., 'The Metropolis and Mental Life' (1903), in D. Levine (ed.), Simmel: On Individuality and Social Forms, Chicago: University of Chicago Press, 1971, pp. 324–39.
- Simmel, G., The Philosophy of Money, trans. T. Bottomore and D. Frisby, London: Routledge & Kegan Paul, 1989 [1907].
- Smart, A., and J. Smart, Posthumanism: Anthropological Insights, Toronto: University of Toronto Press, 2017.
- Soper, K., Post-Growth Living: For an Alternative Hedonism, London: Verso Books, 2020.
- Soper, K., 'Re-thinking the "Good Life"', Journal of Consumer Culture 72(2) (2007): 205–29.
- Stafford, P. (ed.), The Global Age-Friendly Community Movement,

New York: Berghahn Books, 2019.

- Stoneman, R., Megasthenes' Indica: A New Translation of the Fragments with Commentary, London: Routledge, 2021.
- Strathern, M., After Nature, Cambridge: Cambridge University Press, 1992.
- Svasek, M., 'Narratives of "Home" and "Homeland": The Symbolic Construction and Appropriation of the Sudeten German Heimat', Identities 9(4) (2002): 495–518.
- Sweeney, P., 'Ireland's Low Corporation Tax: The Case for Tax Coordination in the Union', Transfer 16(1) (2010): 55–69.
- Sweeney, R., and D. Storrie, The State We Are In: Inequality in Ireland 2022, May 2022: https://www.tasc.ie/assets/files/pdf/2205-4_tasc_inequality_in_ire_2022.pdf.
- Taylor, C., 'Conditions of an Unforced Consensus on Human Rights', in J.R. Bauer and D. Bell (eds), The East Asian Challenge for Human Rights, New York: Cambridge University Press, 1999, pp. 124–44.
- Taylor, C., Hegel, Cambridge: Cambridge University Press, 1975.
- Thomas, K., Man and the Natural World, London: Penguin, 1983.
- Torrance, J., Estrangement, Alienation and Exploitation, London: Macmillan, 1977.
- Tovey, H., Environmentalism in Ireland: Movement and Activists, Dublin: Institute of Public Administration, 2007.
- Tovey, H., and P. Share, A Sociology of Ireland, Dublin: Gill and

Macmillan, 2007.

- Veblen, T., A Theory of the Leisure Class, London: George Allen & Unwin, 1970 [1899].

- Walker, H., and I. Kavedžija (eds), Values of Happiness: Toward an Anthropology of Purpose in Life, Chicago: Hau Books, 2016.

- Wallerstein, I., World-Systems Analysis, Durham, NC: Duke University Press, 2004.

- Walzer, M., Spheres of Justice, Oxford: Blackwell, 1983.

- Wang, X., Social Media in Industrial China, London: UCL Press, 2016.

- Ward, M., and C. McGarrigle, 'The Contribution of Older Adults to Their Families and Communities', Dublin: TILDA, 2018: https://tilda.tcd.ie/publications/reports/pdf/w3-key-findings-report/Chapter%202.pdf.

- Weiner, J., 'Anthropology Contra Heidegger Part 1: Anthropology's Nihilism', Critique of Anthropology 12(1) (1992): 75–90.

- Wentzer, T., and C. Mattingly, 'Towards a New Humanism', Hau: Journal of Ethnographic Theory 8(1–2) (2018): 144–57.

- White, M., 'The Virtues of a Kantian Economics', in J.A. Baker and M.D. White (eds), Economics and the Virtues: Building a New Moral Foundation, Oxford: Oxford University Press, 2016, pp. 94–115.

- Whyte, D., 'Viral Intimacy and Catholic Nationalist Political Economy: COVID-19 and the Community Response in Rural Ireland', Anthropology in Action 27(3) (2021): 39–43.

- Widlock, T., 'Virtue', in D. Fassin (ed.), A Companion to Moral Anthropology, Oxford: John Wiley and Sons, 2012, pp. 186–203.

- Wiggershaus, R., The Frankfurt School: Its History, Theories, and Political Significance, Cambridge, MA: MIT Press, 1995.

- Wilk, R., 'Taking Fun Seriously in Envisioning Sustainable Consumption', Consumption and Society 1(2) (2022): 255–72.

- Wilkinson, R., and K. Pickett, The Spirit Level, London: Penguin, 2009.

- Wills, C., 'Women, Domesticity and the Family: Recent Feminist Work in Irish Cultural Studies', Cultural Studies 15(1): 33–57.

- Winnicott, D.W., Babies and Their Mothers, New York: Addison Wesley, 1987.

- Wood, A.W., Hegel's Ethical Thought, Cambridge: Cambridge University Press, 1990.

- Young, M., The Rise of the Meritocracy, London: Thames & Hudson, 1958.

- Zigon, J., Morality: An Anthropological Perspective, Oxford: Berg, 2008.

- Zuboff, S., The Age of Surveillance Capitalism: The Fight for a Human Future at the New Frontier of Power, London: Profile Books, 2019.

충분히 괜찮은 삶

초판 1쇄 인쇄 2025년 6월 11일
초판 1쇄 발행 2025년 6월 18일

지은이 대니얼 밀러
옮긴이 박홍경
펴낸이 고영성

책임편집 박유진 | **저작권** 주민숙, 한연

펴낸곳 주식회사 상상스퀘어
출판등록 2021년 4월 29일 제2021-000079호
주소   경기 성남시 분당구 성남대로43번길 10, 하나EZ타워 3층 307호 상상스퀘어
팩스   02-6499-3031
이메일   publication@sangsangsquare.com
홈페이지 www.sangsangsquare-books.com

ISBN 979-11-94368-38-0 (03300)

- 상상스퀘어는 출간 도서를 한국작은도서관협회에 기부하고 있습니다.
- 이 책은 저작권법에 따라 보호를 받는 저작물이므로 무단 전재와 복제를 금지하며, 이 책 내용의 전부 또는 일부를 사용하려면 반드시 저작권자와 상상스퀘어의 서면 동의를 받아야 합니다.
- 파손된 책은 구입하신 서점에서 교환해 드리며 책값은 뒤표지에 있습니다.